한국의 교통물류 중심지, 경기·인천

한국의 교통물류 중심지, 경기·인천

한국역사연구회·인천문화재단·경기도박물관

경인문화사

간행사

　한국역사연구회와 경기문화재단, 인천문화재단은 2018년부터 경기·인천 지역의 역사 나아가 한국 역사 전체를 조망하기 위해 공동 학술대회를 개최하고, 그 성과를 학술서로 간행해 왔습니다. 올해는 '한국의 교통물류 중심지, 경기·인천'이라는 주제로 학술대회를 개최하였습니다.

　최근 코로나 상황을 맞아 로지스틱스(logistics)에 대한 관심이 부쩍 높아졌습니다. 한반도의 중심에 자리한 경기·인천 지역의 교통물류사를 통해 그것의 원류를 추적해보자는 논의를 바탕으로 이번 주제를 정하였습니다.

　경기·인천이 한국의 교통물류 중심지로 부상한 것은 조선시대였습니다. 한양을 수도로 삼은 조선은 한양을 중심으로 하는 역도망, 대로망을 구축하여 전국의 물자를 서울로 쉽게 수송하도록 하였습니다. 또한 경도-사도체제가 완성되면서 서울과 경기도 간의 긴밀한 연계가 확립되었고 강화도조약으로 인한 인천 개항과 경인철도의 개통으로 경기도의 육로와 수로가 큰 변화를 맞았습니다.

　이번 학술회의에서는 조선 이전의 경기·인천 지역의 교통물류의 역사도 살펴보았습니다. 고대에 삼국이 경기만을 중심으로 한 연안항로를 어떻게 경영했는지를 살폈고 신라 통일기 한주漢州의 물자 이동과 조운에 관하여 분석하였습니다. 고려의 경우에는 강도 시기를 중심으로 고려가 수도를 옮기는 위기 상황에도 남부지역과 연결되는 기존의 해양 교통과 조운 시스템이 유지하고 있었음을 분석하였습니다. 조선에서는 연산군대의 한성부·경기의 농작물 생산 기반과 유통망 붕괴가 중종반정의 원인 가운데 하나였음을 짚어보았고 18세기에 서해안 방어체제의 강화와 조운로의 확보 등을 통해 강화도의 위상이 변화하고 있었음을 분석하였습니다. 개항 이후 경기·인천의 교통·물류와 관련해서는 먼저 인천 개항 이후 일본 수출로 형성된 미곡 유통망과 서울 중심의 기존 유통망이 공존하고 있음에 주목하였고 중일전쟁 이후 '황해'의 중심지로 부상한 인천항과 그 연안의 변용에 대해 분석하였습니다. 식민지기 인천미두취인소의 비공식적 부속기관이었던 미구락부米俱樂部와 외상거래의 일종인 연시장延市場에 대해서는 '인취문제仁取問題'와의 관련성을 중심으로 검토하였습니다. 인천항의 한국전쟁으로 인한 피해상황과 전후 복구사업에 대한 분석을 통해서는 1966년 인천항을 본격적으로 개발하기 이전의 모습을 확인할 수 있었습니다.

종합토론에서는 해상지배세력과 국가의 관계 설정, 수류 전체의 네트워크 속의 경기·인천의 양상, 군산·목포·부산 등 타지역과의 비교, 국방사·도시사·경제사 측면에서의 경기·인천 등 지역사 연구와 일반 역사 연구와의 연계 등에 대한 논의가 제기되었습니다. 이를 통해 경기·인천 지역의 고대에서 현대에 이르기까지 교통·물류 역사의 흐름과 함께 지역적 위상의 변화를 확인할 수 있었습니다(학술대회 내용 정리는 웹진 '역사랑' 2021년 5월호의 실린 중세 2분과 김우진 선생님의 글을 참조하여 정리했습니다).

올해도 많은 분들의 관심과 참여 덕분에 학술대회를 잘 마무리하고 이 책을 간행하게 되었습니다. 먼저 해마다 많은 관심을 갖고 지원해 주신 경기문화재단의 강헌 대표이사님과 인천문화재단 최병국 대표이사님께 깊은 감사를 드립니다. 또한 한국역사연구회와 함께 학술대회를 기획하고 준비하신 경기도박물관과 인천문화유산센터의 실무 담당자 분들께도 감사의 마음을 전해 드립니다.

올해도 어김없이 학술대회를 기획하고 실무를 총괄해주신 한국역사연구회의 배석만 연구위원장님과 박기훈 연구간사님, 기조 강연은 물론 종합토론의 좌장까지 맡아주신 고동환 교수님을 비롯하여 발표와

토론을 맡아주신 집필자와 선생님들께도 깊이 감사드립니다. 끝으로 정성스럽게 책을 만들어주신 편집자 여러분께도 고마운 마음을 전합니다.

2021년 12월
한국역사연구회장 김정인
전 경기도박물관장 김성환
인천문화유산센터장 정학수

목차

한국 교통물류의 중심지, 경기·인천
- 조선시대를 중심으로

고동환
(KAIST)

1. 머리말

전근대 우리나라의 교통망은 한반도의 자연조건뿐만 아니라 중앙집권적인 정치체제에 의해서도 규정된다. 국가는 중앙에서 지방으로 뻗어나간 교통로를 통해 지방에 중앙과 동일한 정치적 이념과 문화, 사회구조를 구축하고자 한다. 그러므로 고대 국가가 형성 이후부터 수도와 지방의 주요도시를 연결하는 도로망을 근간으로 간선도로망이 형성되었다. 예컨대 신라 경주를 중심으로 한 도로망, 고려 개경을 중심으로 한 X자형 22역도망驛道網, 조선 서울을 중심으로 한 X자형 역로망은 전근대 육상교통망의 분포가 모두 수도를 중심으로 이루어졌음을 단적으로 보여준다.

반면 한반도에서의 수상 교통은 육로 교통보다 훨씬 중요했다. 한반도의 내륙 깊숙한 곳까지 주요 강이 흘러 한반도 면적의 70%가량을 하운河運이 감당할 수 있었다. 강의 곳곳에는 나루와 포구가 발달하여 하운과 육운을 연결하는 결절점 구실을 하였다. 삼면이 바다이고, 내륙 깊숙한 곳까지 물길로 연결될 수 있었기 때문에 한반도의 교통은 수운이 중심이 될 수밖에 없었다.[1]

이와 같은 육상, 수운 교통로의 조건이 수도 입지를 결정한 중요한 조건이다. 한반도에서 흥기한 전근대 대부분 왕조의 수도는 육상교통로가 널리 펼쳐질 수 있는 서부 저지대, 그리고 주요 강의 조류가 미치는 최상류지점 근처에 위치했다. 이와 같은 육상과 해상, 수상 교통망은 수도 중심의 통합성을 강화시켰지만, 지방간 상호교류를 촉진하는 데는 장애요인이었다. 특히 수도는 주변으로부터 물자를 공급받지 않

---

1 고동환, 2015, 『한국전근대교통사』 들녘 참고.

으면 자립할 수 없었으므로 국가권력은 수도와 주변 지역 즉 경기지역 사이의 물류에 많은 관심을 기울이지 않을 수 없었다. 그러므로 수도를 끼고 있는 경기지역의 교통과 물류는 다른 지방과 달리 수도 집중성이 강화됨에 따라 함께 성장하는 양상을 띠게 된다.

이하에서는 조선시대를 중심으로 서울과 경기지역의 육상, 수상 교통망과 물류 양상을 살펴보고, 1899년 경인 철도의 부설과 1900년 한강철교의 완공으로 서울과 인천지역을 연결하는 새로운 교통망인 철도가 놓이면서 전통적인 한강 수운에 기초한 교통 시스템과 물류가 어떻게 변모했는지를 간단히 살펴보고자 한다.

2. 경인지역의 육로 교통망과 물류

1) 서울 중심의 X자형 역로망과 경기

고려시대 확립된 역도망은 525개역으로 이루어진 22역도망이었다. 고려시대 도로망의 기본을 이루는 22역도망은 개경을 중심으로 X자형으로 형성되었다.[2] 조선 왕조는 고려의 제도를 계승하여 역참 제도를 운영했다. 『경국대전』에 반영된 조선 전기의 역제는 서울을 중심으로 한 41개의 역도망에 41개의 주역主驛과 503개의 속역屬驛으로 구성되었는데, 이는 큰 변동 없이 조선 말기까지 유지되었다. 조선시대의 역로망은 그 중심이 개경에서 서울로 변했을 뿐 고려시대의 역도망과 크게 달라진 것이 없었다. 다만 역참의 숫자는 고려시대에 비해 10여 개가 증가했지만, 역도망은 22개에서 41개로 거의 두 배 가까이 늘었다는 점이 차이였다. 이는 고려에 비해 조선시대 역로망의 분지화分枝化가 훨씬 가속화되었음을 의미한다.[3]

---

2 정요근, 2008, 『고려, 조선초의 역로망과 역제 연구』 서울대 박사논문 참조.

『경국대전』에 나타난 역참의 도별 분포를 보면, 경기 53개역, 충청 72개역, 전라 59개역, 경상 159개역, 강원 82개역, 황해 33개역, 평안 34개역, 함경 52개역으로, 경기도의 역참수는 전체의 10%를 차지했다. 경기도가 서울을 연결하는 중심지였음에도 불구하고 역참의 수가 삼남에 비해 적은 것은 도내를 통과하는 역로간 거리가 짧고 도로 규격이 지방에 비해 우월해서 통행에 편리했기 때문이다.[4] 조선왕조는 전국의 도로를 대, 중, 소로로 구분하여 관리했는데, 대로는 서울에서 개성, 죽산, 직산, 포천까지의 도로를, 중로는 서울에서 양근, 죽산-상주, 진천-성주, 직산-전주, 개성-중화, 포천-회양까지의 도로였다.[5] 그 외의 도로는 모두 소로로 구분하였다. 그러므로 경기도의 주요 도로는 다른 지방의 도로에 비해 우월했던 것이다.

한편 1746년(영조 22)에 간행된 『속대전』에는 역참의 위치를 대로, 중로, 소로로 구분하였는데, 대로상에 위치한 12개역은 서울에 가까운 경기지역에 위치한 역이었다. 중로에 위치한 109개역 중에 경기지역에는 9개역이 있었다. 나머지 400여 개의 역은 소로에 위치했다. 여기서 보듯이 『경국대전』의 도로 등급 분류보다 『속대전』에는 도로의 등급이 더 나뉘어 있고, 중로 이상이 상당히 연장되고 있다. 이는 조선후기에 서울을 중심으로 한 도로망이 발전했음을 보여주는 것이다.[6]

2) 조선후기 간선도로망의 확대

41개의 역도망과 달리 조선후기 각종 도로관련 서적에는 서울을 중심으로 한 간선도로망을 대로大路라고 하여 따로 인식하고 있었다. 신경준의 『도로고』에는 6대로, 서유구의 『임원경제지』에는 7대로, 김정호의

---

3 조병로, 2005, 『한국 근세 驛制史 연구』 한국자료원 참조.
4 홍경희, 박태화, 1981, 「『大東輿地圖』에 나타난 역참의 분포와 입지」, 『교육연구지』 23.
5 『경국대전』 工典 工典 院宇 [京城底院則五部].
6 김종혁, 2004, 「조선후기의 대로」 『역사비평』 69, 370~373쪽.

『대동지지』에는 10대로로 기록하고 있다. 대체로 18세기 후반에서 19
세기 중엽으로 갈수록 간선도로망이 증가하고 있는 것이다. 이와 같은
간선도로망의 확대 과정을 보면 다음의 〈표 1〉과 같다.

〈표 1〉 조선후기 간선도로망의 확대 과정

도로고 道路攷 (1770)	동국문헌비고 東國文獻備考 (1770)	임원경제지 林園經濟誌 (19세기 초)	정리표 程里表 (19세기 중엽)	대동지지 大東地志 (1860년대)
의주로	의주	의주	의주	의주
경흥로	경흥	경흥	경흥	경흥
평해로	평해	평해	평해	평해
동래로	부산	부산	부산	동래
제주로	제주		제주	해남(제주)
강화로	강화	강화	강화	강화
		태백산	태백산	봉화
	통영	통영	통영	통영별로
	충청수영		충청수영	충청수영
	통영일로			수원별로
6대로	9대로	7대로	9대로	10대로

* 전거: 1770(A) 『道路攷』; 18세기후반(B)『東國文獻備考』; 19세기 초(C) 『林園經濟誌』, 『山里考』;
19세기 중엽(D) 『箕封方域誌』, 『程里表』, 『海東舟車圖』; 1864년(E) 『程里考』, 『大東地志』

이처럼 간선도로망이 확대된 것은 그 이전에 없었던 도로망이 새로
생겼다는 의미가 아니라 그 이전에 간로間路, 별로別路와 같이 한 등급
낮았던 도로가 도로의 이용률과 중요성이 높아지면서 대로로 승격했음
을 의미한다. 예컨대『동여기략東輿紀略』에는 기충전삼도畿忠全三道 간로라
하여 경기, 충청·전라도의 삼도로 이어지는 대로로서 과천을 경유하여
천안 삼거리에서 충청수영에 이어지는 길, 천안 삼거리에서 삼례, 전주
를 지나 해남에 이르는 길, 전주에서 남원, 진주로 이어지는 길을 기록
하고 있다.[7] 이처럼 간로로 취급되었던 서울-충청수영로와 서울-해남로
는 그 후에 대로로 승격하였다. 서울을 기점으로 한 10대로 중에서 서
울-봉화, 서울-동래, 서울-통영로 등 3개의 대로가 경상도를 종점으로

---

7 『東輿紀略』(奎 6240).

하고 있는 반면, 전라도를 종점으로 하는 대로는 서울-해남로 하나뿐이
다. 이와 같은 조선후기 대로망을 지도로 표기하면 다음의 〈그림 1〉과
같다.

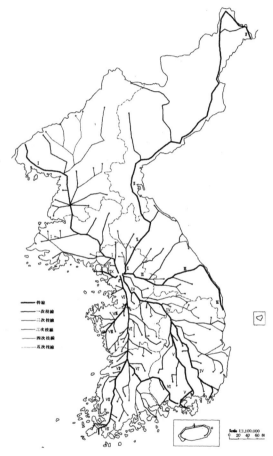

〈그림 1〉 조선후기 9대로와 그 지선도로[8]

---

8 홍경희·박태화, 1981, 위의 논문, 74쪽 재인용.

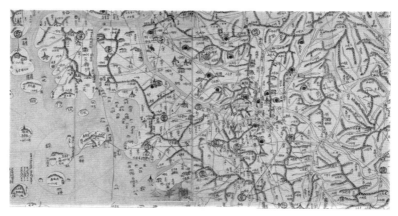

〈그림 2〉『동여도』의 서울, 경기지역의 간선도로망과 지선도로망

조선후기 도로망의 발달 양상은 19세기 전반 김정호가 만든 『대동어
지도』를 필사한 것으로 추정되는 규장각 소장 『동여도東輿圖』에서 잘
나타난다. 동여도에는 도로를 붉은 실선으로 표시하고 있는데, 다음의
〈그림 2〉는 서울을 중심으로 한 도로망을 보여준다. 이 지도에서 서울
을 중심으로 한 도로망이 마치 거미줄처럼 사방으로 뻗어있음을 확인
할 수 있는데, 이는 조선후기 도로망 발달의 단면을 보여주는 것이 아
닐 수 없다.

3) 조선후기 경기지역 장시망의 확대와 물류

원래 서울과 가까운 경기지역에는 개성을 제외하고는 장시 설립이
금지되어 있었다. 서울 주민들은 공납이나 전세, 소작료 또는 시장을
통해 지방에서 다양한 물품이 반입돼야 생활이 가능했기 때문이다.[9]
경기지역의 장시금지 조치는 임진왜란 이후 점차 완화되어 경기지역에
도 장시가 설치되기 시작하였고, 18세기에는 급증하였다.[10] 경기도의 장

---

9 『비변사등록』 128책 영조 31년 정월 16일,
  國初不許近畿之設場市者 盖欲使物貨輻輳於京市意也.

시수는 『임원경제지』에는 92개,[11] 『만기요람』에는 102개로 기록되고 있다.[12] 전국의 장시수가 1천여 개를 헤아렸기 때문에 경기도의 장시는 전국 장시의 10% 정도를 차지하고 있는 셈이다.

이처럼 18세기 이후 장시가 확산되고 연계가 강화된 결과 19세기 초 지역간 상품유통의 거점으로 15개의 대장大場이 출현하였다. 15개 대장 중에 광주의 사평장沙坪場과 송파장, 안성의 읍내장, 교하의 공릉장 등 4곳이 경기도에 소재한 장시였다.[13] 이들 경기도의 대장들은 모두 서울 상업의 성장을 배경으로 전국적 물류의 중심으로 성장한 것이다.[14]

한편 조선후기 상품유통의 발달에 따라 자연히 도로교통에 대한 관심이 커져갔다. 이에 따라 18세기 이후 기존 도로가 확충되거나 정비되었고, 새로운 교통로가 개설되기도 하였다. 이 시기 개설되거나 정비되는 도로들은 이전 시기와 달리 모두가 상인들이 상품유통을 빠르게 하기 위해 개척한 첩로였다는 점에서 공통점을 가지고 있었다.[15] 첩로를 이용하는 사람들은 관원들이 아닌 일반주민들이나 상인들이었고, 이들 도로변에는 점막이 새로 생겨나기 시작하였다. 관인의 행차는 역원驛院이 위치한 도로를 주로 이용했지만, 첩로가 새로 개설됨으로써 역원이 쇠퇴하고, 점막이 늘어난 것이다.[16] 그러므로 19세기에 편찬된 경

---

10 『增補文獻備考』 권 163, 市糴考 1,

　　八路各官 各有場市 以便貿遷 惟京畿不得濫設者 意非偶然 盖京城爲人民之都會 而且
　　是不耕不耘之地 必待四方之委輸貨物流通 而有所相資 京畿近京 故畿甸之民 各以土
　　産來京換貿 則庶京中畿甸 相依爲賴也 經變以後 京畿設場 其數有繁.

11 林園經濟誌 倪圭志 貨殖 八域場市.

12 만기요람 재용편 5 各廛 附 鄕市.

13 만기요람 재용편 5 各廛 附 鄕市.

14 조선후기 서울의 상업발달에 대해서는 고동환, 1997, 『조선후기 서울상업발달사연구』 지식산업사 ; 고동환 2007, 『조선시대 서울도시사』 태학사 ; 고동환, 2013, 『조선시대 시전상업연구』 지식산업사 참조.

15 고동환, 1996, 「조선후기 교통발달과 전국적 시장권의 형성」 『문화역사지리』 8 참조.

16 『大東地志』 권27 程里考.

기읍지는 그동안 기재되지 않았던 장시와 점막店幕이 새로운 항목으로 추가되었다. 1842년경에 편찬된『경기지京畿誌』의 점막조를 보면, 9개군에 총 45개 점막이 기록되고 있다.[17] 점막의 주된 이용자가 상인들이었으므로 자연히 점막은 상품유통시장의 기능도 겸하게 되었다.

경기도 지역에서 신경준의『도로고』의 각 도로의 노정에 위치한 점막과『도로고』의 향시鄕市,『임원경제지』의 팔역장시에 나타난 점막과 장시명의 일치하는 곳을 찾아보면, 고양의 휴류암점에 휴암장, 파주의 이천점에 이천장, 양주의 가라비점에 가라비장, 포천의 송우점에 송우장, 수원의 오산신점에 오산장 등지가 있다. 이들 사례는 상인들의 통행증가로 점막이 점차 장시로 전화된 지역으로 볼 수 있을 것이다. 이처럼 점막이 장시 기능을 수행한 대표적인 지역은 양주의 누원점, 궁동점, 퇴계원점, 포천의 송우점, 삼거리점 등이었다. 이들 지역은 서울과 원산을 연결하는 주요 교통로에 위치하면서 상당한 양의 물화가 지속적으로 거래된 곳이었다.

이처럼 점막이 장시화된 곳은 주변 농촌에서 생산된 잉여생산물 처분시장으로서의 성격보다 서울과 지방을 연결하는 원격지간 상품거래를 중개하는 시장의 성격이 강했다. 이는 그동안 농촌 장시연구에서 주목하지 않았던 장시의 새로운 성격인 것이다. 물론 농촌부에 위치한 경기도 장시의 대부분은 여전히 농가의 잉여생산물 처분의 장으로 기능하였지만, 점막이 장시화한 곳은 서울시장권과의 매개기능을 중심으로 발달하고 있음을 주목해야 하는 것이다.[18]

舊制大中小路 各置院宇以通行旅 自壬丙經亂以後 院宇盡廢 而店舍興焉 或因院名而爲店者多 店舍之興焉 亦無常則 院與店之所在 不可考者亦多矣.

17 『京畿誌』(아세아문화사 영인본『邑誌』京畿道) 각 군현읍지 店幕條.

18 고동환, 1997,「조선후기 京畿地域 場市網의 확대 -서울 시장권과의 연계성을 중심으로-」『한국 고중세 지배체제와 농민』지식산업사.

3. 경인지역의 수로 교통망과 물류

1) 한강 수로의 특성

철도가 놓이기 전 한국에서 가장 중요한 교통로는 물길이었다. 정약용은 이와 같은 사정을 다음과 같이 얘기하고 있다.

> 우리나라는 3면이 바다로 둘러싸였고, 녹수淥水, 살수薩水, 패수浿水, 저수瀦水, 대수帶水, 열수洌水, 사비수泗沘水, 영수濚水, 잔수潺水, 황수潢水, 남수灆水는 위緯가 되어서, 강과 바다에 다니는 큰 배 작은 배는 천으로 만으로 헤아리게 된다. 무릇 곡식, 생선, 소금, 재목, 땔감 등을 모두 다 배로 운반한다. 나라에는 수레가 없고, 암소를 흘레붙이고 망아지가 달리는 풍속이 없다. 모든 일용품들을 운반하는 방법이 배 아니면 메어 나르는 두 가지뿐이니, 배의 쓰임이 이와 같이 중요했다.[19]

정약용은 삼면이 바다로 둘러싸여 있고, 주요 강들이 내륙 깊숙한 곳까지 흐르기 때문에 대부분의 물산들은 모두 배로 운송한다고 얘기하고 있는 것이다.

한반도의 강 중에서도 한강은 서해와 연결되면서 수도를 끼고 국토의 중앙을 흐르는 가장 중요한 물길이었다. 총길이 514km에 달하는 한강의 유역 면적은 약 2만 6,000km²로, 전 국토의 약 12%에 해당한다. 한강은 조류의 도달 지점感潮區間을 기준으로 수상水上과 수하水下 지역으로 구분된다. 수상, 수하 지역은 물의 흐름이 달랐으므로, 이 지역을 운항하는 선박도 달랐다. 수하 지역과 해양에서 동시에 사용할 수 있는 해선海船을 수하선라 했고, 수상 지역을 운항하는 강선江船을 수상선이라 했다. 해선은 밑바닥이 넓은 반면, 강선은 좁고 길었다. 이러한 구조의 차이 때문에 수하선은 수상지역을, 수상선은 수하지역을 제대

---

19 정약용, 『경세유표』 권14, 「均役事目追議」, 總論.

로 운항할 수 없었다.[20]

수상과 수하를 구분하는 경계는 시기에 따라 달랐다. 한강의 오랜 퇴적 작용으로 인하여 점차 조류가 올라오는 지점이 하류 쪽으로 이동 했다. 조선후기에는 한강진(현재 한남대교) 이상으로 조류가 올라오지 못 했던 것으로 보인다. 한강의 퇴적 현상은 19세기에 더욱 심화된 것으로 보인다. 『만기요람』에는 이러한 사정을 다음과 같이 기록하고 있다.

> 행주幸州의 염창항鹽倉項: 근년부터 풀 등이 많이 생기고, 모래가 막혀서 물
> 이 얕아지므로 큰 배가 통행할 수 없어서 큰 배들은 반드시 조수潮水가 차오른
> 후에 출발한다. 조운선이 경강에 도착하는 것은 그믐이나 보름이 많다.[21]

즉, 모래와 풀 등으로 수위가 얕아져, 조운선은 사리때인 보름이나 그믐에 용산이나 서강에 정박할 수 있었다는 것이다. 이처럼 한강의 수심이 얕아지고 있었기 때문에 조운선도 한강 하류를 거슬러 올라가 는 항행에 많은 어려움을 겪고 있었다. 1875년 3월 25일 성당창을 출 발한 조운선단은 4월 8일 강화도의 연미정에 도착하였다. 금강 하류에 서 서해 항행에 14일이 걸렸지만, 연미정에서 한강을 소강하여 서강의 광흥창까지 도달하는 데는 11일이나 걸렸다. 한강을 소강하는 데 가장 어려운 곳이 염창항이었다. 염창항을 지나려면 사리 때를 기다려야 했 다. 선단은 다행히 물때를 맞추었으나 비와 바람이 여의치 않아 이틀 을 꾸물거리다가 결국 갈고리와 밧줄을 이용하여 배를 당기면서 한강 을 거슬러 올라가야 했다.[22] 이와 같은 염창항의 여울 뿐만 아니라 서 해의 조석간만의 차이도 한강의 항행을 어렵게 하는 요소였다. 조석간 만에 따라 인천항의 수심은 17척에서 33척까지, 용산의 수심은 3척에 서 7척까지 오르내렸다. 한강을 운항하는 선박은 이러한 수위변동을

---

20 『비변사등록』 정조 14년 2월 20일, 水下船 不能行上江之淺灘 水上船不能當下江之險濤.
21 『만기요람』 재용편, 漕轉 漕規 險灘.
22 안길정, 2008, 「〈漕行日錄〉으로 본 19세기 조운의 운영실태」『士林』 수선사학회.

항상 염두에 두고 배를 운항하지 않으면 안되었던 것이다.[23]

2) 한강 수로를 통한 시장권 형성

한강에서 가장 번성한 포구는 용산, 마포, 서강이었다. 이들 포구가 상업 중심지로 번성했던 까닭은 이 포구들이 수상과 수하를 나누는 경계 지점에 위치했기 때문이다. 서해안에서 반입된 물자는 이들 포구에 하역된 뒤에 다시 수상선인 강배로 옮겨 상류로 이동했기 때문에, 이 포구들이 물류의 중심으로서 상업 중심지가 될 수 있었다. 수상과 수하의 경계 지역의 포구와 더불어 한강 수로의 소강 종점 또는 가항 종점들도 상업 포구로 번성했다. 하천 상류로 갈수록 수심이 얕아지므로, 큰 규모의 상선이 왕래하는 구간은 제한되기 때문이다. 그 상류에서는 소규모 거룻배를 이용하는 수준에 그칠 뿐이다. 일제강점기까지, 한강에서는 남한강 충주의 목계 포구, 북한강 춘천의 우두촌牛頭村(강원 춘천시 우두동)이 가항 종점으로 번성했다. 18세기 중엽 이중환은 북한강의 상류인 춘천의 우두촌에는 한강 수로를 이용하여 소금과 생선을 교역함으로서 부자가 된 사람이 많았다고 얘기하고 있다.[24]

한강을 통한 물자의 교류는 임진강까지 연결되어 수로를 통한 시장권을 형성하고 있었다. 이중환은 이러한 사정을 다음과 같이 말하고 있다.

> 강배가 오가는 것을 말한다면 (중략) 나라 안에서 오직 한강이 가장 크고, 근원이 멀며 조수를 많이 받는다. 동남쪽으로 청풍淸風의 황강黃江, 충주의 금천金遷과 목계木溪, 원주의 흥원창興原倉, 여주의 백애촌白涯村과 동북쪽은 춘천의 우두촌牛頭村, 낭천狼川의 원암元巖과 정북쪽으로 연천漣川의 징파도澄波渡에는 배편이 서로 통하며, 아울러 장삿배가 외상 거래를 하는 곳이다.[25]

23 조선총독부, 1914, 『京城商工業調査』, 13쪽.
24 李重煥, 『擇里誌』卜居總論, 江居.
25 李重煥, 『擇里誌』卜居總論, 生利.

즉, 장삿배들이 외상으로 거래할 수 있는 곳으로 북한강 상류인 춘천과 낭천, 남한강 상류인 청풍과 충주, 원주, 여주, 임진강의 연천을 들고 있다. 이중환은 북한강, 남한강, 경강京江, 임진강이 수로를 통해 하나의 시장권으로 통합되고 있음을 얘기하고 있는 것이다. 다음의 〈그림 3〉 경강부임진도京江附臨津圖는 이중환이 얘기하는 한강과 임진강 수로를 통해 형성되는 시장권을 한눈에 보여준다.

〈그림 3〉 『동국여도東國輿圖』의 경강부임진도京江附臨津圖

〈그림 3〉에서 보듯이 서울과 경기, 강원, 충청일부지역은 한강과 임진강의 수로를 통하여 하나의 시장권으로 통합되고 있는 것이다.

한강에서 수심이 낮은 여울을 통과하려면 배를 끈으로 묶어 사람이 끌어올려야 했다. 한강의 장삿배가 상류로 출발할 때는 보통 3~5척의 선단을 구성하였고, 배 한 척이 여울 통과하는 데에는 보통 한나절이 걸렸다. 3~5척의 배가 여울 하나를 통과하는데에는 2~3일이 걸리는 것이 보통이었다. 여울을 통과하는 2~3일동안 배 위에서 상행위가 이루어졌는데, 이를 갯벌장이라고 하였다. 갯벌장은 선박이 들어올 때만 열리던 일종의 부정기시장으로 수량이 많을 때는 거의 매일 열렸으나, 갈수기에는 상거래가 거의 없는 것이 주요한 특징이었다. 한강 상류의 여울이 있어서 갯벌장이 열렸던 곳은 18세기 후반 이후 대부분 오일장이 서는 곳으로 변모하였다.[26] 갯벌장이 오일장으로 변모하는 것과 함께 포구가 장시로 변하는 경우도 많았다. 대표적인 곳이 고양의 이포장, 덕은리장, 기포장, 파주의 문산포장, 장단의 고랑포장, 남양의 구포장, 부평의 지탄장, 광주의 송파장, 사평장 등이었다.[27] 이처럼 갯벌장과 포구가 오일장 체제안에 포함되면서 한강 수로를 통한 시장권에서의 상품유통이 더욱 활성화될 수 있었던 것이다.[28]

4. 京都-四都 체제의 형성과 물류

1) 18세기 말 사도체제의 형성

사도四都는 지방임에도 불구하고 경직京職인 종2품 유수留守를 배치한 서울 주변의 개성, 강화, 수원, 광주부를 의미한다. 원래 조선초기 유수를 둔 곳은 한때 경京의 지위를 차지했던 개성이 유일했다.[29] 그 후 정묘호란이 일어난 1627년(인조 5) 강화부가 유수부留守府로 승격했으며,[30] 화성華城 축조를 계기로 수원이 1793년(정조 17)에,[31] 1795년(정조 19)에는 광주가 유수부로 승격함으로써 사도체제가 완성된 것이다.[32] 유수를 둔 개성, 강화, 화성, 광주부에는 관리영, 진무영, 장용외영, 수어영이라는

---

26 최영준, 1987, 「南漢江水運硏究」, 『지리학』 35호 ; 金鍾赫, 1991, 「北漢江水運硏究」, 고려대 석사논문 참조. 북한강, 소양강, 홍천강변에 위치한 춘천, 인제, 양구, 홍천의 읍내장과 홍천의 천감장, 춘천의 부내장, 천전장, 홍천장, 인제장, 양구장, 가평장, 화천의 구만리장, 원천장 등은 갯벌장의 형태로 발달하다가 정기시장으로 발전한 것이다.
27 『임원경제지』 倪圭志 八城場市.
28 이상 갯벌장, 포구의 장시화에 대해서는 고동환, 1997, 앞의 논문 참조.
29 『경국대전』 이전 경관직 종2품아문, 開城府 留守 二員.
30 『대전통편』 이전 경관직 종2품아문, 江華府 原都護府. 光海戊午, 陞府尹. 仁祖朝丁卯, 置留守.
31 『정조실록』 정조 17년 1월 12일, 改號水原府爲華城, 御筆揭額于壯南軒. 陞府使爲留守, 兼壯勇外使.
32 『정조실록』 정조 19년 8월 18일, 罷守禦京廳, 陞廣州府爲留守.

군단을 두어 유사시 서울을 방어하는 기능을 담당하게 하였다. 정조가 수원과 광주를 유수부로 승격시킨 것은 유수부의 군사적 기능과 아울러, 유수부에 행정권과 군사권을 집중시킴으로써 군제개편과 재정절약, 경기지역개발을 모두 이루려했기 때문이다.[33]

사도가 형성됨으로써 전국은 경도-사도-팔도의 행정구역으로 구분되었다. 매년 1월 1일 내려지는 왕의 권농윤음勸農綸音도 1793년까지는 팔도와 양도兩都에 내려졌지만,[34] 1794년(정조 18)에는 팔도와 삼도三都에 내려졌고,[35] 1796년(정조 20)부터는 팔도와 사도四都에 내려지고 있다.[36] 이후 중앙에서 내려지는 각종 행정명령의 전달체계도 경도-사도-팔도 순서로 내려지고 있다. 사도는 지방이면서도 경직京職인 유수가 다스렸기 때문에 팔도와 달리 서울과의 연계가 더욱 긴밀하였다. 사도는 군사기능과 경제기능을 통해 수도 서울을 보완하는 성격을 지녔던 것이다. 이처럼 서울이 경기지역과 긴밀하게 연계되고 있음을 보여주는 지도는 다음의 〈그림 4〉이다.

---

33 고동환, 2011, 「조선시대 한양의 수도성」 『역사학보』 209.
34 『정조실록』 정조 17년 1월 1일, 下綸音于八道兩都. 『정조실록』 정조 12년(1788) 1월 1일에 내려진 권농윤음이 반포대상이 팔도, 사도로 기록되고 있는데(下綸音于八道四都), 이는 실록편찬자들의 착오로 보인다. 수원과 광주가 유수부로 승격하여 四都가 형성되는 것은 정조 17년과 19년이기 때문이다.
35 『정조실록』 정조 18년 1월 1일, 下綸音于八道四都.
36 『비변사등록』 정조 20년(1796) 1월 1일, 下諭于諸道道臣四都留守處.

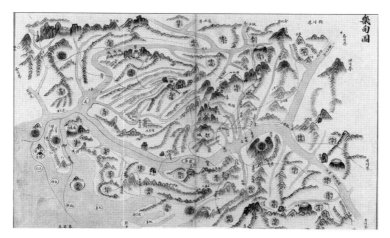

〈그림 4〉『동국여도東國輿圖』의 기전도畿甸圖

〈그림 4〉는 서울과 북쪽의 개성부, 남쪽의 수원부, 동쪽의 광주부, 서쪽의 강화부가 임진강, 한강 수로를 통해 긴밀하게 연계되고 있음을 잘 보여준다. 이 지도에서 보이는 경도-사도의 지리적 공간은 오늘날 수도권 영역과 대체로 일치하고 있음을 확인할 수 있다. 휴전선으로 남북이 단절되었기 때문에 오늘날의 수도권은 개성이나 강화부로 확대되지 못하고 인천 쪽으로 확대되었다. 수도권의 공간은 이미 18세기 말에 확정되었던 것이다.[37]

2) 서울과 경기지역의 물류

17세기 후반 이후 서울 경제의 성장을 배경으로 수원, 광주와 삼남지역의 물산이 집결하는 안성과 함경도지역의 물산이 집결하는 양주의 누원점이 경기지역 상품유통중심지로 발달하였다.

수원은 서울과 밀접히 연결되면서 성장하였다. 정조 연간에는 수원성의 축성으로 수원과 서울을 연결하는 도로가 새로 개설되거나 더욱

---

37 고동환, 2007, 『조선시대 서울도시사』 태학사 참조.

확장되면서 수원의 상업도 크게 발달하였다. 수원에 살았던 우하영禹夏永은

> 수원부 민인들이 돈을 사용하는 방법은 오로지 쌀농사에 있으며, 농업중에
> 서 벼농사에 가장 힘쓴다. 그런 까닭에 시장에 나오는 것이 모두 이 쌀이다.
> (중략) 수원부의 민인들이 돈을 얻는 길은 오로지 곡물에 있기 때문에 장시에
> 서 미곡상을 업으로 하여 자생하는 무리가 경향京鄕에 연이어져 있다. 이들에
> 의해 수원장시에서 매매되는 미곡량은 5백여 바리駄에 달한다.[38]

고 하여 채소농업 외에 벼농사까지 모두 상업적 농업으로 영위되고 있
음을 말하고 있다. 이와 같이 상업적 농업으로 재배된 농산물들은 수
원부내에서만 팔리는 것이 아니라 "크게는 말이나 선박에 싣고, 적게
는 머리에 이거나 손에 들고 서울로 반입"되고 있었다.[39] 수원의 상인
들은 서울의 시전에서 미곡, 비단, 어물, 미역 등 각종 상품을 구입한
뒤에 수원에서 판매하기도 했다.[40] 여기서 보듯이 수원의 시장은 서울
상권과 밀접한 관련을 맺고 있었던 것이다.

광주의 송파장은 영남지방으로부터 충청내륙지방을 경유하는 상경
로와 영남 내륙지방인 태백산, 봉화와 관동지방에서 여주, 이천을 경유
하는 상경로가 만나는 한강변의 유통거점이었다.[41] 송파장은 이름은 오
일장이었지만, 실제 거래는 매일 이루어졌고, 이는 서울의 시전상인을
위협할 정도였다.[42] 그러므로 시전상인들은 송파장의 혁파를 조정에 건

---

38 禹夏永, 『千一錄』 觀水漫錄 十二日 募民興販之策.
39 위와 같은 조.
40 『비변사등록』 178, 정조 15년 정월 15일, 717쪽.
　　大抵設廛以後　緞紬布木魚藿等物　貿取於京廛與南北各處　或積置廛房而興販　或分數
　　行商而散賣.
41 申景濬, 『道路攷』 京城東低平海路第三, 京城東南低東萊路第四.
42 『승정원일기』 영조 31년 1월 13일,
　　至於松坡居民輩　締結京外中都兒輩亂廛之類　誘引三南及北道嶺東商賈　皆聚會於此
　　而京人之以亂廛爲業　畏禁吏者　亦往於此　名雖一月六場　而實則積置各廛物種於村中
　　日日買賣　以致京市之歲漸失利.

의하여 송파장의 치폐置廢를 둘러싸고 격렬한 논쟁이 벌어지기도 했다.[43]

송파장은 신해통공 이후에도 여전히 중요한 상품유통의 거점으로 기능하였다. 특히 어물의 경우 1801년 내·외어물전이 육의전에 포함되어 금난전권이 부활되면서 어물유통의 근거지로서 송파장은 중요한 구실을 하고 있었다. 1807년(순조 7) 송파, 삼전도, 파주민인들이 서울로 향하는 어물을 독점하여 송파에서 도고난매都賈亂賣하거나, 1809년(순조 9) 광주 송파장의 독점상인이 북어상과 체결하여 서울로 반입되는 어물을 쌓아두고 값을 올리는 사례 등에서 송파장시가 서울외곽의 중요한 상품유통의 거점으로 기능하고 있음을 알 수 있다.

18세기에는 송파와 더불어 양주의 누원점樓院店(다락원점)이 서울 주변의 큰 시장으로 발전하였다. 송파가 서울에서 영남과 영동으로 가는 교통요지였다면, 누원점은 서울에서 동북지역인 함경도 경흥서수라로 가는 초입에 위치한 유통로 상의 중심지였다. 이 지역도 18세기 중엽 이후 송파장과 마찬가지로 서울의 시전상업을 위협하는 유통거점으로 변하고 있었다. 18세기 이후 동북지역에서 생산되는 북어나 마포와 삼남지역에서 생산된 면포 등 의류의 교환이 활발해지면서 누원을 통과하는 상품량도 증가하였다. 특히 내·외어물전 밑에 종속되어 어물유통에 참여하고 있었던 서울의 이현梨峴, 칠패七牌 시장의 중도아中都兒들은 18세기 중엽부터 개별적으로 동북어상들이 서울에 진입하는 길목인 누원점에 가서 어물을 독점하여 이를 어물전에 넘기지 않고 행상층에게 직접 판매함으로써 많은 이익을 남기고 있었다. 이현, 칠패의 난전상인들은 누원점에 건방乾房을 설치하여 동북어물을 매집하였기 때문에 이현, 칠패의 어물유통량은 어물전에 비해 10배나 많았던 것이다.[44]

---

43 송파장의 치폐에 관한 논쟁에 대해서는 고동환, 1997, 『조선후기 서울상업발달사연구』 지식산업사, 83~88쪽 참조.

44 이상 송파장과 누원점의 어물유통에 대해서는 고동환, 2013, 「6장 시전과 상품유통-어물전과 어물유통」『조선시대 시전상업연구』 지식산업사 참조.

서울 외곽의 상품유통거점이었던 송파, 누원과 달리 안성의 읍내장은 삼남지역에서 서울로 반입되는 물화가 집결되는 시장이었다.[45] 『택리지』에서도 안성은 "경기와 삼남지방 사이에 위치하여 물화의 유통이 왕성하고 상인의 왕래가 빈번하여 한강 이남의 대도회를 이루고 있다"고 말하고 있다.[46] 안성은 삼남과 서울 시장과의 유통·결점점의 기능과 더불어 수공업생산기지로서의 성격도 가지고 있었다. 안성지역은 조선후기 유기산업의 전국적 중심지였고, 그 밖의 수공업생산품도 다량 생산되었다. 그러므로 이곳에는 유기점을 비롯한 철점鐵店, 주점鑄店, 시점匙店, 립점笠店, 연죽점煙竹店, 야점冶店, 목수점木手店, 피점皮店, 혜점鞋店, 마록점馬鹿店 등 각종 수공업점들이 번성하였다.[47] 이와 같은 수원, 송파, 누원, 안성 등 경기 상권의 성장은 전국적 시장권의 형성과정에서 나타난 것으로 서울 상권과는 보완적 관계를 지니는 것이었다.

5. 경인철도 개통 전후 교통 물류의 변화

1) 개항이후 인천-서울간 한강 수운

개항이후 인천과 서울간의 화물유통량은 크게 증가했다.[48] 인천의 개항으로 막대한 수입물품이 서울로 반입되었다. 인천을 통해 서울로 반입된 수입품중 대다수를 차지하는 것은 섬유제품이었다. 청일전쟁 이전 서양면포의 연간 수입량은 백만 명이 쓸 수 있는 정도로 막대했

45 朴趾源, 『燕巖集』 권14 別集 「熱河日記」 玉匣夜話, 許生傳 安城(중략) 畿湖之交 三南之綰口.

46 李重煥, 『擇里誌』 八道總論 京畿道.

47 金台榮, 『安城記略』.

48 이하 5장의 서술은 고동환, 2019, 「개항이후 대한제국시기 한강 하류의 수운- 경인철도 개통 전후를 중심으로」 『철도와 도시문화, 120년의 기억 ; 인천학연구원, 서울학연구소 공동심포지움 발표자료집』에 근거했음을 밝힌다.

다.[49] 인천을 통해 수입된 다양한 상품들은 일부 육로로 운송되기도 했지만, 대부분 수운을 통해 서울로 반입되었다. 개항이후 서울-인천간에 증가된 물동량을 운송하기 위해 한강 항로에는 기선이 취항하였다.

조선의 기선이 한강을 처음 운항한 것은 1886년 7월 전운국 소속의 해룡호海龍號였다.[50] 해룡호는 236톤 급의 철제기선이었다. 그후 전운국에서는 1887년 7월 독일 기선 시그널호와 도이칠란트호를 구입하여 각각 광제호(廣濟號: 뒤에 蒼龍號로 개칭)와 조양호朝陽號로 명명하여 조세곡 운송에 투입하였으며, 1892년 독일상사 마이어회사로부터 용선傭船중이던 기선을 구입하여 현익호顯益號로 명명하여 운항하였다. 광제호는 430톤의 두 개의 돛을 단 기선이며, 조양호는 294톤의 기선이었고, 현익호는 444톤의 철제기선이었다. 전운국에서 기선을 도입하여 조세곡 운송을 시작함으로써 비로소 서구식 기선에 의한 근대 해운업이 본격적으로 전개되었다.[51]

정부기관이 아닌 민간에서 기선을 운영한 것은 1887년 10월 기기국 협판機器局 協辦 조의연趙義淵이 2만5천 냥을 들여 일본 고베神戶에서 용산호龍山號, 삼호호三湖號를 구입하여 운항을 한 것이 시초였다. 삼호호는 목조木造의 소형 기선이었는데, 1888년 11월경 강화도 근처에서 좌초하였다. 용산호는 적재량 16톤의 이범二帆 기선이었고, 선장 1명과 선원 6명으로 운항하였다. 조의연은 이 선박으로 1889년 8월 삼산회사三山會社를 세워 인천과 마포를 운항하였다. 그러나 용산호도 한강 하류의 암초와 잦은 물길 변동으로 운항에 어려움을 겪어 운항을 개시한 지 1년도 못되어 운항을 중단하였다. 1888년 7월에는 인천항 감리 우경선禹慶善이 일본에서 우리 돈 2만 냥으로 구입한 양범兩帆 화륜선火輪船을 경강에서 운항하였다.[52] 또한 1888년 엄기원嚴基元과 김재찬金載燦이 소륜선운

49 梶村秀樹, 1977, 「李朝末期の綿業の流通および生産構造」, 『朝鮮における資本主義の形成と展開』, 龍溪書舍, 43~46쪽.
50 인천부청, 1933, 『仁川府史』 787쪽.
51 손태현, 1970, 「구한말의 관영기선해운에 관한 연구」 『동아논총』 7.

수회사小輪船運輸會社를 설립하여 마포와 인천 간의 화물과 여객을 부정기적으로 운송하였다.[53]

　개항 이후 서울과 인천 사이에 물동량의 증가로 수운의 수요가 늘었지만, 한강 수로는 조선인 명의의 기선만이 운항하였고, 외국 기선의 운항은 허가하지 않았다. 1882년 양화진이 개시장開市場이 된 후 청나라의 요구로 청나라 상선의 마포 정박을 허용하자 각국 선박이 관세를 내지 않기 위해 인천항을 거치지 않고 직접 마포에 진출하는 사례가 많았다. 그러므로 정부에서는 외국 선박의 한강 항행을 금지한 것이다. 1889년 10월 조선 정부에서는 외국 수입품에 대한 관세를 부과하기 위해 마포에 마포해관분국麻浦海關分局: 査驗所를 설치하고 마포사검장정麻浦査驗章程을 반포하였다. 정부에서는 인천에서 관세를 낸 외국 선박이 마포해관분국에서 검사를 받으면 마포에서의 물품 하역을 허가하였다. 이로부터 외국 선박은 인천과 마포간을 자유롭게 항행할 수 있게 되었다.

　한강 항로에 외국 기선이 처음 운항한 것은 1890년 독일 세창양행의 제강호濟江號였다. 적재량 35톤의 제강호는 그해 9월 강령포康寧浦에서 침몰함으로써 더 이상 운항하지 못하였다. 1891년에는 미국인 설립한 타운센드 상회 소유의 25톤 규모의 소기선 순명호順明號가 운항하였으며, 1893년에는 동순태同順泰 등 청국상인이 화물마차회사貨物馬車會社 설립하고, 용산에 영업소를 두어 인천-용산간에 한양호漢陽號, 용산호龍山號를 운항하였다. 한양호는 적재량 수백톤으로 승객 100여 명을 태울 수 있는 대형 기선이었다. 1894년 초 동순태는 한양호의 소유권을 전운국의 이운사利運社로 넘겼다. 한양호는 그 후 조세 운송을 담당하였고, 청일전쟁 때에는 일본군의 군용선으로 전환하여 인천-용산간 일본군의

---

52 『각사등록』 12, 東萊府啓錄 9, 光緒十四年戊子七月初七日.
53 『所志謄錄』 5권, 戊子八月初三日.
　　矣等擬結小輪船運輸會社 專爲水陸貨物稽滯之端 使用於京江仁港之間 期使行旅利涉
　　商務暢旺是如乎 另成章程二册呈覽 特爲成貼 一爲本衙門存案 一爲本社圭臬 且成給
　　官許章 以爲憑信開社之地云云. 題內 依施向事. 運輸會社員 嚴基元 金載燦 等.

군수 수송을 담당하기도 했다.[54] 한편 일본인들도 기선을 가지고 한강 수운에 적극 참여하였다. 1893년 인천의 호리堀久상회에서는 경운호慶運號를 운항하였고, 같은 해 오기 야스타로扇安太郎도 경리호慶利號를 운항하였다.[55] 그리고 청일전쟁 직전인 1894년 6월 타운센트의 순명호도 일본인에게 넘어가 청일전쟁 이후 한강에서의 기선항운업은 일본인이 장악하게 되었다.

청일전쟁 이후 대외무역의 주도권을 장악한 일본인은 적극적으로 서울-인천간 기선운항에 참여하였다. 청일전쟁 이전 경강의 중심포구는 마포였지만, 청일전쟁 이후 용산으로 옮겨갔다. 1895년에는 인천항 거주 일본인 아라키荒木助太郎는 소형 기선인 인천환仁川丸(30톤), 정중환正重丸(32톤), 순명환順明丸(20톤), 주강환住江丸(20톤) 등 4척으로 인천-용산간 운항하였으며, 1896년 12월에는 인천항동맹운송회사仁川港同盟運送會社의 오쿠다奧田伊之助와 이치마루市丸운송회사의 이치마루市丸貞七, 요시다조慶田組의 요시다慶田利吉가 기선과 범선으로 인천-용산간 선운을 주도하였다.[56]

인천-서울간의 기선 운항은 초기에는 기선이 노후화되었을 뿐만 아니라 운임이 비싸고 항해가 불안정해서 조선의 범선에 비해 경쟁력이 떨어졌지만, 점차 개량된 기선을 항로에 투입하여 물때를 맞추면 6시간에서 8시간 만에 인천에서 용산까지 도달하게 되어 범선에 비해 우월한 위치에 서게 되었다. 그러나 용산-인천간 항로에 일본인 기선업자들의 경쟁이 격화되어 화물운임이 크게 하락하였다. 그 결과 일본인 선운회사들이 경영난에 봉착하기도 했다. 이에 대해서 1896년 11월 인천주재 일본영사관에서는 다음과 같이 말하고 있다.

---

54 경성부, 1934, 『京城府史』 2권, 용산, 1001~1002쪽.
55 京城居留民團役所, 1912, 『京城發達史』, 386~392쪽.
56 『통상휘찬』 55호, 「仁川龍山江航業ノ現狀」(명치 29년 1896년 11월 14일 재인천영사관보고).

인천-용산간의 항운업은 일본인 영업자가 독점하였고, 수입도 많았다. 그
러므로 내외국인이 운수업에 다투어 뛰어 들었다. 일청전쟁이 종료된 이후 화
물운송이 날로 감소하고, 운수화물은 다수의 동업자가 분할하게 되고 경쟁한 결
과 운임이 내려가기에 이르렀고, 이에 항운업자가 더욱 곤란을 받게 되었다.[57]

즉 인천-용산간 항운업이 많은 이익을 남기자 일본인들이 다투어 이
영업에 뛰어들어 경쟁이 격화되었고, 그 결과 운임이 낮아져 운수회사
의 수지가 나빠졌다는 것이다. 그와 더불어 청일전쟁 이후 화물운송의
감소 또한 일본인 운수회사의 경영을 어렵게 만든 요인이라고 지적하
고 있는 것이다.

2) 경인철도 개통 이후 서울-인천간 교통 물류의 변화

개항이후 서울-인천간의 수운이 지속적으로 확장되고 있었지만,
1899년 경인선의 완공, 1900년의 한강철교 개통, 1905년 경부선 개통
으로 그 역할에 제한이 가해지기 시작하였다. 경인철도는 화물의 안전
하고 신속한 운송을 보장했을 뿐만 아니라 한강이 얼어 수운이 불가능
한 시기에도 지속적으로 화물을 운송할 수 있었다는 장점이 있었다.
이러한 장점에도 불구하고 철도운임이 훨씬 비쌌기 때문에 철도는 선
운에 비해 경쟁력이 떨어졌다. 1901년 3월 서울주재 일본영사관에서는
경인철도 개통직후 서울-인천간 운송상황을 다음과 같이 보고하고 있다.

운수상에 미친 영향: 경인철도 개통이후 철도운임이 수운에 비해 크게 높
았기 때문에 일반상인들은 시급한 화물이나 침수의 우려가 있는 방적사紡績絲
등을 제외하고는 철도로 화물을 운송하는 사람이 매우 적다. 또한 일본상인과
철도회사가 상의하여 철도운임을 내리고자 했으나, 일본인 선운업자들도 운
임을 인하하여 철도와 경쟁하고자 하였다. 한강 수운에는 기선보다는 운임이

---

57 『통상휘찬』 55호, 「仁川龍山江航業ノ現狀」(명치 29년 1896년 11월 14일 재인천영
사관보고).

싼 범선으로 석탄, 우골牛骨, 우피牛皮, 명태 등 큰 화물을 수송하고 있다. 다만 결빙기에는 수운이 막히기 때문에 철도이용이 늘 것이다.[58]

경인철도 부설 직후에는 급한 화물이나 침수의 우려가 있는 방적사 등을 제외하고는 부피가 큰 화물들은 대부분 기선이 아닌 범선으로 운송하고 있다는 것이다.

이렇듯 철도 개통이후 서울-인천간 물류에서 철도, 기선, 범선이 서로 경쟁하고 있었다. 그런데 인천-용산간 기선의 운임은 인천-오오사카 간의 운임의 2배나 될 정도로 높았다.[59] 이처럼 기선의 운임이 경인 철도의 운임과 비슷했기 때문에 기선에 의한 수송은 크게 쇠퇴하였다. 1899년에 비해 철도개통 이후인 1900년에는 기선의 운항은 50%가 감소한 반면, 범선은 30%만 감소하였다. 이제 기선은 철도와의 경쟁에서 패배하여 한강 수운에서 점차 퇴출되어 갔다. 철도부설 이전 매일 3척 의 소형기선이 인천-용산간을 왕복 운항하였으나, 철도개통 이후에는 소형기선 1척이 격일로 정기 운항하고 예비기선 1척이 부정기 취항하는 수준으로 쇠퇴한 것이다.[60]

경인철도 개통 이후 수운은 가격경쟁력을 가진 범선이 주도하였다. 1904년의 보고에 의하면 서울-인천간 기선 왕래는 끊어지고 운임이 저 렴한 범선인 한선韓船과 화선和船이 매일 수십 척씩 인천과 용산을 왕래 하고 있었다. 그러나 범선도 1908년을 전후하여 점차 철도에 운송의 주도권을 상실하게 된다.

범선의 수운 주도권이 철도로 넘어가는 까닭은 1905년 경부철도의 개통으로 그 전 인천을 경유하여 선박으로 서울로 반입되었던 미곡이 나 면포 등이 경부철도를 통해 바로 서울로 반입되었기 때문이다. 조 선후기 이래 상품으로서 서울로 유입되는 미곡은 주로 전통 한선을 이

---

58 『통상휘찬』 189호, 「京仁鐵道全通後ニ於ケル京城商況」(1901년 2월 21일).
59 『통상휘찬』 52호, 「明治 27年中 京城商況年報」.
60 나애자, 1998, 『한국 근대 해운업사연구』, 국학자료원, 142~145쪽.

용하였다. 개항이후 미곡의 일본수출이 증가했음에도 불구하고 1906년 까지 수운을 통한 미곡유입은 줄지 않았다.

그러나 1909년경부터는 철도를 통해 서울에 반입되는 미곡이 절반을 차지하게 되었다. 1911년에 한강 수운을 통해 서울로 반입된 미곡량은 22만 석인 반면, 철도로 반입된 미곡은 26만 여석이었다. 황해·충청·전라의 서해안 지방과 한강 연안 지방은 개항 전과 마찬가지로 여전히 한강 수운에 의존하였지만, 충남·경기 등지로부터 육로를 거쳐 수운되던 미곡은 대부분 철도를 통해 반입되었다.

한편 1905년 경부선의 개통으로 삼남지역에서 생산되어 수운으로 서울로 반입되던 삼남지역의 면포 등도 대부분 철도망을 통해 반입되었다. 전라도의 면포는 대부분 선운으로 반입되었지만, 경상도산 면포의 대부분은 경부철도를 이용하여 서울로 반입되었다. 충청도에서 생산된 모시도 대전-군산 간의 철도 개통 전에는 선운을 통해 인천을 경유하여 서울로 이입되었는데, 철도개통으로 대부분 철도로 서울로 반입되었다. 이처럼 인천과 서울 사이의 선운 화물의 감소는 범선에 의한 운송의 쇠퇴를 가져온 중요한 요인이었다. 또한 1908년 철도운임의 장거리 체감법 실시로 장거리 운송비용이 저렴해졌다는 점도 한강수운의 쇠퇴를 가져온 요인이었다. 이와 더불어 철도운송의 안전성, 운송의 신속성 등으로 철도가 자금회전의 속도를 빠르게 했기 때문에 상인들은 선운 대신에 철도를 많이 이용하였다. 그 결과 1908년을 획기로 한강의 수운은 철도운송에 밀려나 쇠퇴해 갔던 것이다.[61]

이처럼 경인철도의 부설로 한강 하류의 수운은 철도로 대체되어 갔지만, 한강 상류인 북한강, 남한강 주변에서 생산된 곡물과 임산물들이 서울로 이입되어 소비품으로 교환되었던 유통 체계는 철도 개통이후에도 상당기간 유지되었다. 1928년 통계에 따르면 용산, 마포, 한강리(현 한남대교 부근)에 선박으로 이입, 이출되는 화물량은 20~25만 톤으로 철

---

61 이헌창, 2000, 「1882-1910년간 서울市場의 變動」『서울상업사』, 태학사.

도화물 운송량 106만 톤의 약 4분의 1에 해당하였다. 이처럼 한강 상류의 수운은 철도 개통이후에도 경기도와 강원도, 충청도 북부 지방을 연결하는 교통로의 기능을 담당하고 있었다.[62]

한강 하류의 수운이 경인 철도에 의해 완전히 쇠퇴해갔다는 점은 영산강의 수운이 호남선 개통 이후에도 상당기간 지속되었다는 점과는 대비된다.[63] 영산강의 경우 나주와 목포 간의 철도노선이 포괄하지 못하는 수많은 연강 포구들이 남아 있었기 때문에 영산강 수운은 철도 노선을 보조하는 가운데 그 생명력을 유지할 수 있었다. 그러나 서울-인천간의 한강 수로상에는 선박 항행이 어려운 지리적 조건 때문에 연강 포구가 크게 발달하지 않았다. 이 점도 경인철도 개통이후 한강 하류 수운의 쇠퇴를 가져온 요인으로 지적할 수 있을 것이다.[64]

6. 맺음말

전근대 사회에서 교통은 지형 등의 자연조건과 중앙집권적인 정치 체제에 의해 규정된다. 중앙집권적 왕조국가였던 조선왕조에서는 서울을 중심으로 하는 역도망, 대로망을 구축함으로써 전국의 물자를 서울로 쉽게 수송하여 수취하였다. 이러한 사정 때문에 경기지역도 서울로 반입되는 물자의 유통거점기능을 담당함으로써 점차 교통, 물류의 중심으로 성장하였다.

---

62 권혁희, 2013, 「1900~1960년대 한강수운의 지속과 한강변 주민의 생활」, 『한국학 연구』 44, 고려대 한국학연구소 참조.
63 고동환, 2011, 「조선후기~한말 영산강 수운과 시장」 『도서문화』 38, 목포대 도서 문화연구소 참조.
64 고동환, 2019, 「개항이후 대한제국시기 한강 하류의 수운 - 경인철도 개통 전후를 중심으로」 『철도와 도시문화, 120년의 기억 ; 인천학연구원, 서울학연구소 공동심 포지움 발표자료집』.

경기지역에서 육상교통로의 물류 중심으로 성장하는 곳은 강원도 함경도 지역에서 서울로 반입되는 길목인 양주의 누원점樓院店(다락원점), 강원도, 경상도에서 반입되는 길목인 광주의 송파장, 충청도, 전라도에서 반입되는 길목인 안성의 읍내장, 그리고 서울 시장과 직접적 관련을 가지면서 성장한 수원 지역, 그리고 조선전기부터 상업도시로 성장하였던 개성이 대표적이었다. 수로교통과 관련해서는 한강과 임진강을 연결하는 광범위한 시장권이 형성되어 남한강 충주의 목계 포구, 북한강 춘천의 우두촌이 가항 종점으로 번성하였고, 경기도 여주의 백애촌白涯村과 임진강가의 연천지역이 포구시장으로 번성하였다.

서울과 경기도 지역간의 긴밀한 연계가 확립되는 것은 경도-사도체제의 완성이었다. 정묘호란이후 개성과 강화의 양도兩都였던 유수부체제는 화성 축조를 계기로 수원이 1793년(정조 17)에, 1795년(정조 19)에는 광주가 유수부로 승격함으로써 사도체제로 전환하였다. 사도는 군사기능과 경제기능을 통해 서울과 밀접하게 연결되었음과 함께 경기지역이 여타의 지방과는 다른 위상을 가졌음을 보여주는 것이다. 18세기말 형성된 경도-사도의 공간적 범위는 오늘날 수도권의 영역과 그대로 일치하고 있다. 오늘날 수도권 영역은 18세기말에 확정되었던 것이다.

이처럼 서울과 사도 중심의 육운, 수운 교통망 체제는 개항이후 인천 개항으로 인해 서울-인천간 교통망으로 급격하게 전환되었다. 막대한 수입품이 인천을 통해 서울로 반입되었기 때문이다. 그러나 개항초기에는 한강 하류의 물류는 여전히 전통 범선이 지배했다. 그러나 1886년이후 기선이 용산-인천간 항로에 투입되면서 기선에 의한 근대 해운업이 본격적으로 출발했으며, 청일전쟁 전후하여 인천-서울간 선운업은 대부분 일본인에 의해 장악되었다.

한강 수로를 통한 수운은 1899년 경인철도의 개통으로 큰 변화를 맞이하게 된다. 서울-인천간에 철도, 기선, 범선간의 경쟁이 시작된 것이다. 철도 개통 초기 운송의 경쟁력은 수운이 우월했으며, 기선보다는 범선이 가격 경쟁력에서 앞서 있었다. 가장 먼저 퇴조해 간 것은 경인 간의 기선운항이었고, 범선 운항은 1908년까지 생명력을 유지할 수 있 었다. 그러나 1905년 경부철도의 개통으로 삼남지역에서 반입되는 미 곡들이 대부분 철도를 이용하게 되면서 인천을 통해 서울로 선운되는 화물량이 크게 줄었다. 그 결과 범선에 의한 수운 또한 급격하게 퇴조 할 수밖에 없었던 것이다. 이처럼 한강 하류의 수운은 철도에 의해 완 전히 대체되었지만, 한강 상류지역에서는 철도가 포괄하지 못하는 지 역을 중심으로 한강 수운의 기능은 여전히 명맥을 유지하였다.

고대 황해 교섭·교류 항로와 경기만

임동민
(고려대학교)

1. 머리말

경기만[1]은 북쪽으로 황해도, 남쪽으로 충청남도, 동쪽으로 인천광역시와 경기도에 둘러싸인 거대한 만이며, 서쪽으로 중국 산둥성과 마주한다. 경기만에는 200여 개의 섬, 여러 반도와 만이 리아스식 해안을 이루고 있다. 경기만의 여러 만은 예성강, 한강 등 하천 하류와 연결된다. 하천에서 실려 온 토사는 대한민국 갯벌 면적의 약 35%에 달하는 갯벌을 만들었다.[2]

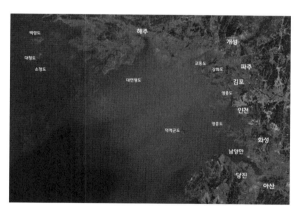

〈지도 1〉 경기만의 주요 지명 및 범위[3]

---

* 이 글은 임동민, 2021, 「고대 황해 교섭교류 항로와 경기만」, 『백제학보』 38 원고를 수정·보완한 글이다.

1 경기만은 역사용어라기보다, 근대 이후에 탄생한 개념이다. '지명+만'의 용례는 대체로 19세기 말 조선과 교섭하던 일본의 관점에서 처음 나타나는데, '남양만', '인천만' 등이 대표적이다. 경기만은 개항 이후 등장하여 일제시기에 보편화된 것으로 추정된다.

2 국토지리정보원, 2003, 『한국지리지 수도권편』, 88~95쪽 ; 인천광역시 역사자료관, 2009, 『인천의 갯벌과 간척』(인천역사문화총서 55), 12~21쪽.

경기만의 섬과 만은 기항지로 기능하였고, 여러 하천은 해상교통을 내륙 수계망과 연결하였다. 경기만은 북쪽으로 대동강과 압록강 하류, 남쪽으로 금강과 영산강 하류를 연결하는 연안항로의 경유지였다. 일반적으로 연안항로는 강 하류의 포구를 잇는 연안 네트워크로서, 바다를 매개로 하는 이동과 연결이라는 해양문화의 특성을 잘 드러낸다.[4] 이와 동시에 경기만은 산둥반도로 가는 횡단항로의 요충지이기도 하였다. 다만, 경기만 일대는 조수간만의 차이가 크고, 갯벌이 광활하며, 천퇴淺堆, 초礁, 간출암干出巖(여) 등이 많다.[5] 이러한 해양환경의 특징은 경기만 연안에서 해양 세력의 성장 배경이 되었을 것이다. 고대에는 지역 물길에 익숙한 해양세력의 도움 없이 연안을 항해하기 쉽지 않았을 것으로 생각된다.

한국 고대사 연구에서 경기만을 직접 다룬 것은 고대 황해[6]의 정치적 의미에 관한 연구[7] 이후, 해양방어체제 연구나[8] 경기 해안도서 연구[9]가 있다. 특히 후자에서는 경기만이 4세기 후반 백제의 대중국교섭, 대고구려전쟁 과정에서 중요해졌고, 6세기 중반 이후 신라에 의해 동아시아 교섭의 통로이자 민간 교역의 중심지가 되었다고 보았다.

인천, 경기에서 간행한 총서류에서 고대 경기만을 다루는 경향도 확

---

3 구글 타임랩스(1985년, https://earthengine.google.com/timelapse/)에 지명 표시.
4 Barry Cunliffe, 2008, *Europe Between The Oceans-Themes and Variations: 9000BC -AD1000*, Yale University Press, pp.47~61, 475~479.
5 국립해양조사원, 2018, 『우리바다 우리해양지명 4 충청남도, 인천광역시, 경기도 및 황해』.
6 고대사 사료에서 황해의 표기는 西海, 滄海, 大海 등 다양하다. 그런데 황해를 통한 교섭은 백제를 비롯하여 고구려, 신라, 그리고 중국과 일본 사이에서 행해졌다. 따라서 본고에서는 특정 방위에서 유래한 명칭보다 '黃海'라는 용어를 사용하고자 한다.
7 申瀅植, 1989, 「韓國古代의 西海交涉史」『國史館論叢』 2.
8 윤명철, 2000, 「경기만 지역의 해양방어체제」『고구려산성과 해양방어체제 연구』, 백산자료원.
9 김병곤, 2006, 「京畿 海岸島嶼의 歷史 文化와 동아시아」『동아시아고대학』 14.

인된다.[10] 예를 들어, 경기만을 해양 방어와 교통의 요충지로 평가하거나,[11] 백제가 경기만에서 남하하여 황해남부사단항로로 중국과 통교하였고,[12] 통일신라는 경기만의 당성을 통해 황해중부횡단항로를 활용하였다고 보았다.[13] 경기만 중에서 남양만 일대는 백제로 편입된 해양세력이자, 신라의 주요 출항지로 평가받았다.[14] 또한 2010년대부터는 화성시에서 백제의 화성지배, 신라의 당성 활용에 주목한 연구 성과를 간행하고 있다.[15]

이상에서 살펴본 연구들은 주로 신라의 한강유역 차지 이후에 주목하면서 경기만을 해양 방어와 교통의 중심지로 평가하였다. 그러나 구체적인 항로 검토나, 신라의 한강유역 진출 이전 백제사에 관한 관심이 상대적으로 부족하였다.

고고학계에서도 경기만 일대에 관한 연구가 증가 추세이나,[16] 중국계 유물의 유입경로 연구[17] 외에 항로에 주목한 사례는 적다. 최근 고대 물류,[18] 해양 교역,[19] 황해 연안 '해양 네트워크',[20] 연안항로 시기구

---

10 경기도박물관, 1999~2002, 『도서해안지역 종합학술조사Ⅰ,Ⅱ,Ⅲ』 ; 경기도사편찬위원회, 2003, 『경기도사-제2권 고대편』 ; 인천광역시 시사편찬위원회, 2003, 『인천의 역사와 문화』 ; 인천역사문화센터, 2019, 『경기만 일대 해양방어체제와 강화 -강화해양관방유적 총서 제4집-』 등 다수.

11 배성수, 2019, 「경기만의 군사전략적 가치와 방어체제 변화」 『경기만 일대 해양방어체제와 강화』 ; 전종한, 2019, 「경기만 일대 자연환경과 인문지리적 특징」 『경기만 일대 해양방어체제와 강화』.

12 이도학, 2003, 「초기백제와 경기지역」 『경기도사 - 제2권 고대편』, 93~94쪽.

13 윤명철, 2003, 「대당외교의 전개와 경기지역」 『경기도사 - 제2권 고대편』, 269~273쪽.

14 권오영, 2005, 「고대의 남양만」 『남양만의 역사와 문화』, 한신대학교 박물관.

15 화성시·한양대학교 문화재연구소, 2012, 『황해의 문화교류와 당성 - 화성 당성 국제학술심포지움』 ; 화성시청, 2016, 『화성지역 고고학 연구의 현황과 쟁점』 등 다수.

16 김석훈, 2006, 「동아시아에서의 경기만 고고학」 『동아시아고대학』 14 ; 김길식, 2014, 「2~3世紀 漢江 下流域 鐵製武器의 系統과 武器의 集中流入 背景 -김포 운양동유적 철제무기를 중심으로-」 『백제문화』 50 등 다수.

17 정인성, 2012, 「雲北洞 遺蹟의 中國系 遺物」 『인천 운북동유적』, 한강문화재연구원 ; 2016, 「원사시대 동아시아 교역시스템의 구축과 상호작용 -貿易陶器 '白色土器'의 생산과 유통을 중심으로-」 『한국상고사학회 학술대회 논문집』(2016년 2월).

분[21] 등의 연구도 확인되지만, 여전히 경기만이 교통 중심지가 된 배경이나 시기별 항로의 변화를 백제사 중심으로 보완할 필요가 있다. 동아시아 국제관계에서 가장 필수적인 요건은 황해를 건너는 일이었으므로, 황해 항로에 관한 검토는 고대 경기만의 해양사적 전개과정을 분석하는 기초적인 작업이 된다.

고대 황해 항로의 연구사는 기존 연구에서 여러 차례 정리되었다.[22] 최근까지도 경기만과 밀접하게 연결된 황해중부횡단항로(이하 횡단항로)의 개척시점에 대한 논쟁은 여전히 복잡하게 이어지고 있다.

이를 살펴보면, 첫째, 7세기 개척설에서는 660년 당의 백제 공격에 착안하였고,[23] 둘째, 5세기 후반설은 백제와 북위 교섭,[24] 셋째, 5세기 전반설은 백제와 송의 교섭과 송의 산둥반도 장악에 주목하였다.[25] 넷

---

18 한신대학교 학술원, 2004, 『한성기 백제 물류시스템과 대외교섭』, 학연문화사 ; 2008, 『백제 생산기술의 발달과 유통체계 확대의 정치사회적 함의』, 학연문화사.

19 허진아, 2018, 「마한 원거리 위세품 교역과 사회정치적 의미 -석제 카넬리안 구슬을 중심으로-」 『호서고고학』 41 ; 2019, 「초기철기-원삼국시대 구슬 해상교역과 환황해권 정치 경관의 변화」 『한국상고사학보』 106.

20 김병준, 2019, 「고대 동아시아의 해양 네트워크와 사행 교역」 『한국상고사학보』 106.

21 유호균, 2020, 「3~5세기 韓·中·日 연안항로의 운용과 변동」 『한국상고사학보』 110.

22 정진술, 2009, 『한국의 고대 해상교통로』, 韓國海洋戰略研究所, 193~194, 252~254, 282~286쪽 ; 고경석, 2011, 「신라의 對中 해상교통로 연구」 『신라사학보』 21 ; 권덕영, 2012, 『신라의 바다 황해』, 일조각, 80~92쪽 ; 임동민, 2019, 「해방 이전 한국 고대 해양사 연구 동향」 『충무공 이순신과 한국해양』 6(해군사관학교) ; 윤재운, 2021, 「한국 고대 해상 교통로 연구의 성과와 과제」 『해양문화재』 14.

23 權悳永, 1997, 『古代韓中外交史』, 一潮閣, 199~203쪽 ; 2012, 앞의 책, 80~86쪽 ; 강봉룡, 2002, 「고대 동아시아 海上交易에서 百濟의 역할」 『韓國上古史學報』 38 ; 고경석, 2011, 앞의 논문, 109~119쪽 ; 윤재운, 2021, 앞의 논문, 14쪽. 권덕영과 윤재운의 연구에서는 7세기 중엽 이전 횡단항로의 활용 가능성을 완전히 배제하지 않았으나, 본격적인 활용은 7세기 중엽 이후로 보고 있다.

24 海軍本部戰史編纂室, 1954, 『韓國海洋史』, 啓文社, 74쪽 ; 李道學, 1991, 「百濟의 交易網과 그 體系의 變遷」 『韓國學報』 63, 93쪽 ; 정진술, 2009, 앞의 책, 271~276쪽 ; 박남수, 2016, 『한국 고대, 목면과 향료의 바닷길』, 경인문화사.

25 周裕興, 2008, 「해상교류로 본 중국과 백제의 관계」 『百濟文化』 38, 54~56쪽 ; 박순발, 2012, 「考古資料로 본 山東과 韓半島의 古代 海上交通」 『백제와 주변세계』,

째, 4세기 후반설은 백제와 동진의 교섭에 주목하였는데,[26] 황해 연안의 정세변화를 고려하여, 장거리의 연안항로보다 횡단항로의 활용 가능성을 제시하였으며,[27] 최근에 유사한 견해가 이어지고 있다.[28] 다섯째, 4세기 전반설은 고구려와 후조 교섭에 주목하였고,[29] 여섯째, 3세기설은 위 명제의 낙랑·대방군 공격을 계기로 보았다.[30]

횡단항로의 개척시점을 둘러싼 다양한 견해들은 특정 시점, 특정 국가의 항로 관련 사료에 주목하는 경향이 있었다. 그런데 고대 항로는 국가 간 사신 항로와 민간 항로 등 다양한 성격을 갖는다.[31] 따라서 항로 활용의 주체와 목적에 따라 활용양상이 변화하였을 가능성에도 주

진인진, 449~451쪽 ; 2016, 「백제의 해상 교통과 기항지 - 對中國航路를 중심으로」 『百濟學報』 16, 10~11쪽 ; 李軍, 2018, 「백제 지역 출토 월요청자 및 관련 문제」 『百濟學報』 24, 284~286쪽.

26 孫兌鉉, 1982(1997增訂版), 『韓國海運史』, 亞成出版社, 34~35쪽 ; 孫光圻, 1989, 『中國古代航海史』, 海洋出版社, 213~214쪽 ; 2013, 「漢唐時期 中國과 韓半島의 海上航路」 『百濟研究』 57, 9쪽 ; 신형식, 1992, 『百濟史』, 이화여자대학교출판부, 203~204쪽 ; 김인홍, 2011, 「4~5세기 한·중간 항로변화에 대한 검토」 『문명교류연구』 2 ; 전덕재, 2013, 「삼국 초기의 해양활동과 변동」 『한국 해양사』, 한국해양재단, 300쪽 ; 문안식, 2015, 「백제의 동아시아 해상교통로와 기항지」 『사학연구』 119 ; 河內春人, 2018, 『倭の五王』, 中公新書, 10쪽.

27 임동민, 2016, 「백제와 동진의 교섭 항로」 『백제학보』 17.

28 박종욱, 2017, 「백제의 對中國交涉 航路 -고구려의 해상 차단 관련 기록을 중심으로-」 『백제학보』 19 ; 강은영, 2018, 「7세기 후반 일본의 耽羅使 파견 의의와 對中交通路의 변화」 『신라사학보』 44, 208쪽 ; 이장웅, 2020, 「백제 한성기 중국과의 문화교류」 『백산학보』 116, 29쪽 ; 유호균, 2020, 앞의 논문 75~76쪽.

29 김인홍, 2011, 앞의 논문, 83~84쪽.

30 今西龍, 1927, 「慈覺大師入唐求法巡禮行記を讀みて」(1970, 『新羅史研究』 國書刊行會, 291~367쪽에 수록) ; 內藤雋輔, 1928, 「新羅人の海上活動について」 『大谷學報』 9집 1호(1961, 『朝鮮史研究』, 東洋史研究會, 385쪽) ; 孫兌鉉, 1982(1997增訂版) 앞의 책 ; 金在瑾, 1985, 「張保皐 時代의 貿易路와 그 航路」 『張保皐의 新研究』, 莞島文化院, 125쪽 ; 윤명철, 2003, 『고구려 해양사 연구』, 사계절, 91~106쪽 ; 최근식, 2005, 『신라 해양사 연구』, 고려대학교 출판부, 131~132쪽.

31 윤명철, 2006, 「해안도서지역과 동아시아의 역사와 문화 -동아지중해모델을 중심으로-」 『동아시아고대학』 14.

목할 필요가 있다.

이에 따라, 본 연구의 2장에서는 고대 황해 항로를 '교섭'과 '교류'
의 측면에서 세분화하여 고대 경기만에서 중요한 횡단항로의 개척 시
점에 대해 살펴보고자 한다. 3장에서는 고대 경기만의 해양사적 의미
를 황해 항로, 특히 연안항로에서 횡단항로로의 변화에 초점을 두고
검토하고자 한다. 본 연구의 시간적 범위는 기존 연구에서 주목했던
신라의 삼국통일 이후보다 이전 시기, 특히 백제에 집중하려고 한다.[32]

2. 고대 황해의 교섭·교류 항로

한반도와 중국을 연결하는 고대 황해의 항로는 크게 황해연안항로黃
海沿岸航路, 황해중부횡단항로黃海中部橫斷航路, 황해남부사단항로黃海南部斜斷航
路로 구분된다.[33] 황해연안항로는 황해 연안을 따라 항해하는 항로이며,
횡단항로는 경기만 일대에서 산둥반도로 황해를 횡단하는 항로이고,
사단항로는 한반도 서남부에서 중국 강남지역으로 사단하는 항로이다.

일반적으로 항로는 출발 항구에서 도착 항구에 도달하는 바닷길을
의미한다. 현대 항로는 바다 위의 선으로 간단히 표현되지만, 고대인들
에게 바다는 단순한 공간이 아니라 일종의 '외계'였다. 그렇기에 바다
에 도전한 인간의 이야기는 고대로 갈수록 신화와 전설 속에서 다루어
졌다. 고대인의 '바다'는 근현대인의 낭만적인 '바다'와 전혀 달랐다.[34]

---

32 남북국시대 경기만의 역할에 관한 최근의 연구로는 다음이 참고된다(윤선태, 2018,
「문헌자료로 본 삼국통일 이후 화성지역의 동향」『삼국통일과 화성지역 사람들
삶의 변화』, 화성시).

33 황해 항로의 구분 방식은 대체로 황해연안항로(北路北線, 老鐵山水道航路)와 황해중
부횡단항로(北線航路, 北路中線, 南路北線, 赤山航路, 新羅航路), 황해남부사단항로(南
線航路, 南路南線, 東中國海斜斷航路)로 정리된다(권덕영, 2012, 앞의 책, 80~92쪽).

34 Barry Cunliffe, 2017, On the Ocean ; *The Mediterranean and the Atlantic from*

　그러므로, 고대 항로의 활용에는 바다라는 강고한 구조에 도전할 수 있는 기술, 정보, 경험, 자원 등이 필요하였다. 이러한 것을 모두 갖추더라도, 급변하는 해양환경으로 인하여 실패하는 사례도 있었다. 따라서 항로의 활용에는 기술력과 비용을 투자하면서 위험을 감수할 수 있는 분명한 목적을 가진 실행 주체가 수반된다.

　고대 항로 활용의 주체는 개념적으로 국가와 민간으로 구분된다. 특히 백제, 신라, 가야, 왜는 중국에 왕래하기 위해 반드시 황해를 건너야 했으므로, 고대 황해의 항로는 이러한 국가들이 하나의 주체로 기능하였다. 국가를 주체로 할 경우, 영역이나 국제정세의 특수성에 따라, 활용 항로가 달라질 수 있었다. 이와 달리, 민간 영역의 항로 활용은 선박이나 항해자의 국적에 따라 일부 영향을 받았으나, 영향의 강도는 상황에 따라 가변적이었다.

　이러한 주체 구분을 고려할 때, 항로 활용의 목적은 정치·군사·외교적 측면의 교섭과 경제·문화·사상적 측면의 교류로 크게 구분된다. 교섭은 국가를 주체로 하며, 사신 왕래를 통한 정치·외교적 관계, 병력수송과 같은 군사적 관계가 주를 이룬다. 교류는 국가 혹은 민간을 주체로 하는 활동으로, '교섭'에 수반되는 유무형의 재화 및 사람의 이동 또는 상인, 유학생이나 구법승의 왕래를 통한 경제·문화·사상적 관계가 주를 이룬다. 기존의 백제 대외관계사 연구에서도 대외관계를 정치·군사·외교적 교섭과 경제·문화·사상적 교류라는 개념으로 구분해야 한다는 지적이 있었다.[35]

　한국사연구휘보에서 교섭과 교류를 제목에 활용한 고대사 연구를 검색해보면,[36] 교섭은 대부분 외교 관계를 뜻하는 단어로 사용하였고, 교류는 대부분 문화, 문물교류의 의미로 사용하였다. 교섭이나 교류는 고

Prehistory to AD1500, Oxford University Press, pp.551~554.
35 노중국, 2012, 『백제의 대외 교섭과 교류』, 지식산업사, 19~20쪽.
36 한국사데이터베이스 한국사연구휘보(http://db.history.go.kr/item/level.do?itemId=hb) 검색
　*검색결과: 교섭(142건), 교류(270건) *시대: 고대 *검색일: 21.4.10.

대사 사료에 자주 등장하는 역사용어는 아니지만, 개항 이후 점차 정착된 사전적 의미를 반영하여 학계에서 널리 활용되는 개념으로 생각된다.

그런데 고대 동아시아의 교섭은 '조공책봉'이라는 형식으로 표현되었고, 이 속에서 '조공'과 '회사'라는 물품의 '교류'가 수반되었다. 이러한 '교류'는 기존 연구에서 '조공무역'이나 '공무역' 개념으로 설정되어, '교섭'에 내포한 경제적 측면이 주목되었다. 또한 '교섭'을 전하는 기록에서 각종 문화나 사상이 함께 전달된 정황을 쉽게 찾아볼 수 있다. 따라서 '교류'를 경제, 문화, 사상적 범주를 포괄하는 개념으로 이해한다면, '교섭'은 '교류'에 포함되는 개념으로 생각된다.

'교섭', '교류' 개념에 대한 검토는 '교역사'의 범주에서 꾸준히 이루어졌는데, 대체로 '교류'를 집단 사이의 유무형 왕래라는 포괄적 개념으로 두고, 그 속에 '교역', '교섭' 등을 포함하는 경향이 확인된다. 이때 '교섭'은 두 집단 혹은 국가 사이의 정치·외교적 행위로 규정된다.[37] 이러한 교역사 연구에서도 인간 이동을 위한 교통로, 교통수단에 대한 이해가 복합적으로 이루어질 필요성을 강조하였다.[38]

그렇다면 고대 황해 항로의 구분에도 '교섭', '교류'라는 구분 방식을 적용할 필요가 있다. 중국과 백제, 신라, 가야, 왜 사이의 '교섭', '교류'는 황해를 건너는 항로가 필수적이었다. 고대 동아시아의 여러 주체는 조선술과 항해술 등 해양기술, 바람과 조류 등 해양정보, 항로 활용의 경험 등을 종합적으로 고려하여 연안항로, 횡단항로 등 다양한 항로를 선택하였다. 이때, '교섭'과 '교류'라는 목적도 각 주체의 선택 과정에서 충분한 고려 대상이었다.

37 윤재운, 1999,「한국 고대의 무역형태」『선사와고대』 12 ; 김창석, 2004,『삼국과 통일신라의 유통체계 연구』, 일조각 ; 박남수, 2014,「한국 고대의 교역사 연구에 있어서 개념의 문제」『한국 고대사 연구의 시각과 방법』, 사계절 ; 박준형, 2014,「고조선 삼국시기 교역사 연구의 검토」『한국고대사연구』 78 ; 박선미, 2014,「서구학계의 고대 교류사 이론의 현황」『한국고대사연구』 73.
38 박준형, 2014, 앞의 논문 13쪽 ; 박선미, 2014, 앞의 논문, 215쪽

'교섭 항로'는 국가가 정치, 군사, 외교적 '교섭'을 위해 활용하는 항로를 의미한다. '교섭 항로'는 활용 목적과 주체의 측면에서 교류 항로보다 공적인 성격을 지니며, 더욱 높은 안전성을 요구한다. 정치적 목표를 위해 고위급의 사절을 보내거나, 정벌을 위해 대규모 군사력을 해상 수송하기 위해서는 표류, 난파, 적대국의 방해 등 각종 위험요소를 최소화할 필요가 있다. 이점을 달리 표현하면, 항로를 둘러싼 국제 정세의 변동에 따라서 특정 항로의 활용 여부도 변동된다는 의미이다. 반대로 '교류 항로'는 국가 혹은 민간 차원에서 경제, 문화, 사상적 '교류'를 위해 활용하는 항로를 의미한다. '교류 항로'는 대체로 '교섭 항로'보다 상대국과의 적대관계, 기항지 연안의 정세변화에 구애받지 않을 가능성이 컸다.

다만, 고대 동아시아에서 교섭과 교류를 완전히 별개의 개념으로 설정하기는 어려우며, 교류라는 포괄적 개념 안에 교섭이라는 특정한 분야가 포함된다는 점을 유의할 필요가 있다. 또한 국가 간의 사신 교환이 상선의 왕래를 통해 이루어졌을 가능성도 존재하므로,[39] '교섭 항로', '교류 항로'는 명확히 구분되는 별개의 항로는 아니다. 고대 동아시아의 '교섭 항로'는 '교류 항로'의 경험, 기술, 정보가 축적되어 안정성이 담보된 항로를 의미하며, 국가 간의 공식 관계에 활용되었으므로 '교류 항로'보다 문헌에 기록되었을 가능성이 높은 항로였다.

'교섭 항로', '교류 항로'는 연안항로, 횡단항로처럼 당시 공간적으로 실재하는 항로라기보다, 연안항로, 횡단항로 등 다양한 항로를 활용했던 역사적 사실을 목적에 따라 구분한 가변적 개념이다. 같은 연안항로, 횡단항로라도 교류 목적으로 활용되는 경우와 교섭 목적으로 활용되는 경우에 항로의 안정성에 차이가 있었을 것이다.

이러한 '교섭 항로'와 '교류 항로'의 특징을 보여주는 첫 번째 기록

---

39 비록 후대의 사례이지만, 고려시대 송상의 왕래를 통한 사신 교환과 교섭도 하나의 참고자료가 된다(李鎭漢, 2011, 『高麗時代 宋商往來 研究』, 景仁文化社).

은 엔닌圓仁의 『입당구법순례행기』에 남아있다.

> A-1. 신라 수수水手가 말하길, "여기서 북쪽으로 하루를 가면, 밀주密州 관내
> 의 동쪽 해안에 대주산大珠山이 있어, 지금 남풍을 얻으면 곧 그 산에
> 도착하여, 배를 수리하고, 곧 그 산으로부터 바다를 건너면 심히 평안
> 할 수 있다."라고 하였다. 대사는 따르고자 했으나, 여러 관인들이 수
> 긍하지 않았다.[40]
>
> A-2. 제2선의 선두 長岑宿禰가 말하길, "대주산은 헤아려보면 신라의 정서
> 쪽에 해당합니다. 만약 그곳에 이르러 출발하면, 재난을 헤아리기 어
> 렵습니다. 더욱이 신라에는 장보고가 난을 일으켜 서로 싸우고 있으
> 니, 서풍이나 서북풍·서남풍을 얻으면 적의 경내에 도착하게 됩니다.
> … 적이 가까이 있음을 아는데, 하물며 대주산으로 향한다면, 오로지
> 적의 땅으로 들어가는 것입니다. 따라서 이곳에서 바다를 건너야 하
> 고, 대주산을 향하여 갈 필요는 없습니다."라고 하였다.[41]

사료 A-1, 2는 839년 당에서 귀국하기 위한 일본 견당사와 엔닌의
논의이다. 9세기 당-신라-일본 사이에서 많은 항해경험을 축적한 신라
수수水手는 견당사 일행에게 횡단항로로 귀국하자고 제안하였으나, 관
인들이 거부하였다. 거부 이유는 이어지는 사료 A-2에 구체적으로 나
온다. 일본 관인들은 적국 신라를 경유할 때 벌어질 문제들을 크게 우
려하고 있었다.

> B. 소주선蘇州船에 있는 당인 강장江長, 신라인 김자백金子白, 흠량휘欽良暉, 김
> 진金珍 등의 서신을 받았는데 이르기를, "5월 11일 소주 송강구松江口를
> 출발하여 일본국으로 갑니다. 21일이 지나 내주 관내의 노산牢山에 도착
> 했는데, 여러 사람들이 생각하여 헤아리기를 일본국 승려 등이 지금 등
> 주 적산에 머물고 있으니 곧 그곳으로 가서 데려가자고 하였습니다. 가
> 는 날 떠나려는 즈음에 어떤 사람을 만났는데, 말하기를 '그 승려 등은
> 이미 남쪽 주로 가서 본국으로 가는 배를 쫓아갔다.'라고 하였습니다.

---

40 『入唐求法巡禮行記』卷1, 開成 4년(839) 4월 1일.
41 『入唐求法巡禮行記』卷1, 開成 4년(839) 4월 2일.

지금 잠시 노산에서 기다리고 있으니, 마땅히 노를 돌려 돌아오십시오."라고 운운하였다.[42]

사료 B는 847년 엔닌의 귀국길을 기록하였다. 엔닌은 일본으로 향하는 배가 있다는 소식을 듣고 남쪽으로 떠났다. 그런데 마침 일본으로 가던 당과 신라인의 '상선'이 그의 소식을 듣고, 기다릴 테니 자신에게 오라는 서신을 보냈다. 엔닌은 서신을 받고 '상선'과 만나, 등주 적산포를 출항하여 횡단항로를 통해 신라 서남쪽의 섬들을 거쳐, 일본에 도착하였다.[43]

사료 A군은 839년 일본 견당사 일행의 귀국 논의이고, 사료 B는 입당구법승 엔닌이 상선을 타고 귀국하는 기록이다. 즉, 전자는 '교섭 항로'의 활용 사례에 해당하고, 후자는 '교류 항로'의 활용 사례에 해당한다. '교섭 항로'를 활용할 때, 일본 관인들은 적대국 신라 연안을 경유한다는 점에 예민하게 반응하였다. 하지만 '교류 항로'를 활용한 당과 신라의 상선은 일본 승려의 탑승을 꺼리기는커녕, 오히려 엔닌을 기다리며 출항을 미루었고, 신라를 경유하는 황해중부횡단항로 활용에 거침이 없었다. 고대 황해에서 '교섭 항로'는 연안의 정세변동에 민감하게 반응하였지만, '교류 항로'는 상대적으로 자유로웠다.

사료 A군에서 일본 관리의 반응은 839년 1월 민애왕 시해 및 신무왕 즉위라는[44] 신라의 국내 정변에 의한 일시적 현상이었을 가능성도 있다. 하지만, 일본 견당사 일행은 신라를 적賊으로 표현하고 있으므로, 교섭항로가 신라 해역을 거친다는 점을 근본적으로 우려했을 것이다. 엔닌이 신라를 경유해 귀국했던 847년에도 신라에서 이찬 양순의 반란[45]이 일어난 상황이었다. 하지만 847년의 상선은 일본인 승려의 동행

---

42 『入唐求法巡禮行記』 卷4, 大中원년(847) 6월 9일.
43 『入唐求法巡禮行記』 卷4, 大中원년(847) 6~9월.
44 『三國史記』 卷10, 新羅本紀10, 閔哀王 1년(838) 2월, 2년(839) 1월, 神武王 1년(839) 윤1월.
45 『三國史記』 卷11, 新羅本紀11, 文聖王 9년(847) 5월.

과 신라 경유에 별다른 언급이 없었다.

두 번째 사례로는 동아시아 각국의 교섭 사절이 황해에서 적대국의 방해를 받는 기사를 들 수 있다.

> C. (모용황이 동진에 보냈던) 왕제가 요동으로 귀환하는데, … 배를 타고 와서 마석진에 내리자, 모두 모용인에게 억류되었다.[46]

사료 C는 334년 동진에서 전연 모용황에게 귀환하던 사신선이 랴오 둥반도에서 억류된 기록이다. 전연과 동진 사이의 항로는 황해연안항 로로 생각되는데, 위 사료는 연안항로의 요충지였던 랴오둥반도의 동 향에 따라 '교섭 항로'가 방해받을 수 있음을 보여준다.

> D-1. 진이장군 전예田豫가 병사를 이끌고 오 장수 주하周賀를 성산에서 토벌 하고 살해하였다.[47]
> D-2. (심문수가 임명한) 위동래태수 국연승鞠延僧이 수백 명으로 성에 거처 하고, 고구려의 사신을 위협하여 억류하였다. 유회진劉懷珍은 삭녕장군 명경부明慶符와 광지廣之를 보내 국연승을 격파하여 항복 받고, 고려 사신을 보내 수도에 이르게 하였다.[48]
> D-3. (고조) 때에 광주에서 고구려가 소도성蕭道成에 보내 예궐하려던 사신 여노餘奴 등을 바다 가운데에서 붙잡아 대궐에 보냈다.[49]

사료 D-1은 232년 위의 전예가 요동의 공손씨와 교섭하던 오 장수 를 성산에서 토벌한 기록이다. 전예는 오의 배가 산둥반도 동쪽 성산 을 지나칠 것으로 예상하고 준비하였다가, 오의 배가 난파당하자 해안 으로 떠밀려온 병사들을 사로잡았다.[50] 사료 D-2는 467년 송으로 가던

---

46 『資治通鑑』 卷95, 晉紀17, 成帝 咸和 9년(334) 8월.
47 『三國志』 卷3, 魏書 本紀3, 明帝 太和 6년(232).
48 『南齊書』 卷27, 列傳8, 劉懷珍.
49 『魏書』 卷100, 列傳88, 高句麗.

고구려 사신이 산둥반도에 있던 송의 반란세력에게 억류되었다가 풀려
난 사건이다. 사료 D-3은 남제로 가던 고구려 사신이 산둥반도의 북위
광주 해상에서 사로잡힌 사건이다. 이상의 사료 D군은 강남과의 '교섭
항로'가 산둥반도의 동향에 따라 방해받을 수 있음을 보여준다.

> E-1. 사신을 보내 송에 조공하려는데, 고구려가 길을 막아 도달하지 못하
> 고 돌아왔다.[51]
> E-2. 내법좌평 사약사를 보내어 남제에 가서 조공하려는데, 사약사가 서해
> 에서 고구려 병사를 만나 나아가지 못하였다.[52]
> E-3. 김춘추가 (당에서) 돌아오다가 바다 위에서 고구려 순라병을 만났는
> 데, 김춘추의 종자 온군해가 고관高冠, 대의大衣를 입고 배 위에 앉아있
> 으니, 순라병이 보고 그를 김춘추로 여겨서 사로잡아 죽였다. 김춘추
> 는 작은 배小船를 타고 귀국하였다.[53]

사료 E-1과 2는 476년과 484년 송과 남제에 보낸 백제 사신이 고구
려의 방해를 받은 사건이고, 사료 E-3은 648년 당에 갔던 신라 김춘추
일행이 귀국길에 고구려의 위협을 받은 사건이다. 사료 E군은 모두 백
제와 신라의 사신이 경기만 일대에서 고구려의 방해를 받은 사건이다.
이 외에도 백제, 신라의 사신이 고구려의 방해를 받았다는 주장은 북
위에 보낸 백제 개로왕의 상표문 등 다수의 표문에서 확인된다.[54] 사료
E군과 이러한 외교문서들은 한반도에서 중국으로 향하는 '교섭 항로'
가 북쪽의 고구려에 의해 위협받았음을 보여준다.

---

50 『三國志』 卷26, 魏書 列傳26, 田豫.
51 『三國史記』 卷26, 百濟本紀4, 文周王 2년(476) 3월.
52 『三國史記』 卷26, 百濟本紀4, 東城王 6년(484) 7월.
53 『三國史記』 卷5, 新羅本紀5, 眞德王 2년(648).
54 『魏書』 卷100, 列傳88, 百濟 ;『舊唐書』 卷199上, 列傳149上, 東夷 百濟國, 高句麗.

F. (왜에서 송에 가기 위해) 백제를 경유하여 선방船舫을 준비裝治하였는데,
고구려가 무도하여 집어삼키려 하고, 변방을 노략질하여 살육을 그치지
아니하니, 매번 지체되어 좋은 바람을 놓쳤습니다. 비록 길을 나아가지
만, 혹은 통하고 혹은 통하지 못하니, 신의 돌아가신 아버지 제濟는 원
수가 사행로天路를 막는 것에 실로 분노하였습니다.[55]

위의 사료 F는 478년 왜왕 무가 송에 보낸 상표문으로, 교섭 항로가
백제를 경유하는데, 북쪽의 고구려가 방해하여 혹은 통하고 혹은 통하
지 않는다는 사정을 전한다. 다시 말하면, 백제를 출발하여 중국 남조
로 향하는 교섭 항로는 고구려의 위협이 상존하는 항로였으나, 모든
교섭이 원천 차단당한 것은 아니었다.

위에서 살펴본 사료 C, D, E, F군은 '교섭 항로' 활용 시에 특정 연
안의 정세변동이 얼마나 결정적 영향을 끼쳤는지 여실히 보여준다. 기
록마다 활용한 구체적인 항로는 다를 수 있으나, '교섭 항로'가 지나는
연안의 정세변동이 큰 영향력을 행사한다는 점은 공통적으로 확인된
다. 다만, 이상의 사료들은 '교섭 항로'의 변동성과 위험성을 보여주는
사례일 뿐, 모든 사신이 해상에서 원천 차단되었다는 의미는 아니다.

이상의 사례들을 통해, '교섭 항로'가 특히 연안의 정세변동에 민감
하였고, '교류 항로'는 상대적으로 정세변동으로부터 자유로웠다는 사
실을 확인하였다. 그 이유는 고대 사회에서 '교섭'에 수반되는 기회비
용이 '교류'보다 훨씬 크기 때문이었다. 교섭의 기회비용은 고위급 인
적자원이나 대규모 병력의 상실, 또는 적대국과의 전쟁이었다.

'교섭 항로'와 '교류 항로'라는 목적별 분류를 고려하면, 경기만의
역사적 전개에 중요한 횡단항로의 개척시점에 대해서 새로운 접근이
가능하다. 횡단항로를 '교류 항로'의 관점에서 살펴보면, 경기만과 낙
랑지역의 고고자료가 주목된다. 경기만 연안에서 출토되는 백색토기,[56]

---

55 『宋書』 卷97, 列傳57, 夷蠻 東夷 倭國.
56 정인성, 2012, 앞의 논문 ; 2016, 앞의 논문.

U자형 토기[57] 등 중국계 고고자료를 낙랑 계통으로 치환하지 않고, 산둥지역에서 직접 건너왔을 가능성을 제시한 견해가 있다. 또는 평양 출토 방격규구사신경方格規矩四神鏡[58]이나 사자형 수식[59] 등을 산둥-낙랑 사이의 직접 교류의 산물로 이해하기도 한다.

이러한 고고자료는 횡단항로 활용의 직접 증거는 아니지만, 개연성을 보여준다. 위의 견해들은 중국계 유물을 모두 낙랑계로 이해하거나, 외래계 유물을 모두 연안항로 유입품으로 보는 관점에 균열을 낸다는 점에서 의미가 있다. 향후 경기만 일대와 산둥지역의 고고자료에 대한 발굴과 연구가 축적된다면, 유입경로에 대한 분석도 진전될 것으로 기대된다.

횡단항로 활용의 가능성은 4세기 초 낙랑·대방군 소멸 이후 제작된 기년명전紀年銘塼을 통해 다시 확인된다. 군의 소멸 이후에 제작된 기년명전의 연호는 대부분 동진 연호이며, 후조 연호도 있다. 개원 여부를 모르고 사용한 연호도 있지만, 오차는 1~2년에 불과하였다. 따라서 낙랑·대방지역에서는 최소한 수년에 한 번씩 동진이나 후조와 교류하면서 연호를 확인하였을 것이다. 당시 낙랑·대방지역은 고구려의 간접지배 아래에 있었는데, 연안항로의 요충지인 요동반도는 고구려와 치열한 전쟁 중이던 전연의 영토였다. 따라서 장거리의 연안항로보다 횡단항로를 통해 동진이나 후조와 교류했을 개연성이 높다.[60]

이상의 검토를 통해, 횡단항로가 일찍부터 낙랑군과 산둥반도를 잇는 '교류 항로'로 사용되었을 가능성을 살펴보았다. 다음으로 횡단항로가 정치, 군사, 외교적 목적의 '교섭 항로'로 활용된 사례를 살펴보자.

『삼국지』에 따르면, 위 명제 경초 연간(237~239)에 위의 군대가 비밀

---

57 김장석, 2014, 「중부지역 격자문타날토기와 U자형토기의 등장」 『한국고고학보』 90.
58 권오중, 1999, 「樂浪 王光墓의 銅鏡」 『부대사학』 23.
59 이송란, 2005, 「樂浪 貞柏洞 3호분과 37호분의 남방계 獅子形 垂飾과 商人의 활동」 『미술사학연구』 245.
60 임동민, 2016, 앞의 논문, 87~91쪽.

리에 바다 건너 낙랑·대방군을 장악하였다.[61] 이 시점에 연안항로의 요충지인 요동반도는 위의 정벌 대상이었던 공손씨의 근거지였으므로, 위 군대는 횡단항로로 황해를 건넜을 가능성이 있다.[62] 앞서 살펴본 것처럼, '교류 항로'로서 횡단항로가 일찍부터 활용되었다면, 위 명제대에 횡단항로를 '교섭 항로'로 활용하기 충분한 경험과 안정성을 담보하였다고 볼 수 있다.

기존 연구에서는 480년 북위가 광주 해상에서 고구려와 남조 교섭을 방해하였다는 사료 D-3에 따라, 이때까지 황해연안항로를 사용하였다고 보기도 하였고,[63] 648년 김춘추가 고구려의 방해를 받는 사료 E-3에 따라, 7세기까지 황해연안항로를 사용하였다고 보기도 하였다.[64] 전자의 경우, 항로 활용의 주체가 당시 랴오둥반도를 장악한 고구려였으므로, 고구려 입장에서 연안항로를 안전한 '교섭 항로'로 활용하였을 가능성이 있으나, 다른 주체들도 같은 목적에서 같은 항로를 활용하였을지 의문이 남는다. 후자의 경우, 횡단항로로 귀국하여도 황해도 남부의 고구려 해상을 거쳐야 한다는 위험성이 남는다.

한반도에서 황해의 항로가 가장 절실했던 주체는 백제였다. 백제는 중국에 가려면 북쪽의 고구려를 거치는 육로를 피해 반드시 황해를 건너야만 하였다. 이에 따라, 횡단항로 개척시점에 관한 연구 상당수는 4~5세기 백제와 중국의 관계에 주목하였다.

그런데 이상에서 살펴본 것처럼, 횡단항로를 '교류 항로', '교섭 항로'로 활용하였을 가능성은 이미 4세기 이전부터 낙랑, 대방지역과 경기만 일대에서 산발적으로 확인된다. 특히 4세기 초 이후 기년명전의

---

61 『三國志』 卷30, 魏書 列傳30, 烏丸鮮卑東夷傳 韓.
62 今西龍, 1927, 앞의 글(1970, 앞의 책, 291~367쪽에 수록) ; 內藤雋輔, 1927, 앞의 논문(1961, 앞의 책, 385쪽) ; 孫兒鉉, 1982, 앞의 책 ; 金在瑾, 1985, 앞의 글, 125쪽 ; 윤명철, 2003, 앞의 책, 91~106쪽 ; 최근식, 2005, 앞의 책, 131~132쪽.
63 정진술, 2009, 앞의 책, 273~274쪽.
64 權惠永, 1997, 앞의 책, 199~203쪽 ; 2012, 앞의 책, 80~86쪽.

사례를 분석해볼 때, 낙랑, 대방지역 사람들은 4세기에도 횡단항로를 활용하여 산둥 및 강남지역과 교류를 지속하였던 것으로 생각된다. 낙랑, 대방지역의 일부 주민은 지배력을 확대해가는 고구려를 피해 백제로 남하하여 선진문물을 전달하고 중국과의 교섭에서 활약하는 한편,[65] 횡단항로 활용의 기술, 경험, 정보를 전달하였을 것이다. 게다가 장거리의 연안항로를 백제와 중국의 교섭항로로 활용한다면, 고구려 및 화북지역의 적대국 연안을 통과해야 한다는 문제가 남는다. 4세기 후반 백제의 황해도 남부 장악 시점에 맞추어 동진과의 교섭 빈도가 급증하고, 상실한 이후 남조와의 교섭 빈도가 전반적으로 감소하는 추세까지 고려한다면, 이 시기 횡단항로 활용의 가능성이 크다.[66]

물론 횡단항로 활용의 가장 직접적이고 오래된 기록은 660년 당군이 산둥반도 성산에서 바다건너 덕적도에 도착하는 기록이다.[67] 그런데 '교섭 항로'가 '교류 항로'보다 더욱 높은 안전성을 가져야 한다는 개념을 전제한다면, 660년 대규모 군사의 황해 횡단작전은 이미 오랫동안 활용되어 안정성을 충분히 검증받은 항로를 선택하였을 것이다.

---

65 李弘稙, 1971, 「百濟人名考」『韓國古代史의 研究』, 신구문화사 ; 李丙燾, 1975, 「近肖古王拓境考」『韓國古代史研究』, 博英社, 515쪽 ; 정재윤, 2012, 「중국계 백제관료에 대한 고찰」『史叢』77, 7~18쪽.
66 임동민, 2016, 앞의 논문, 97~101쪽.
67 『三國史記』卷28, 百濟本紀6, 義慈王 20年(660).

〈지도 2〉 고대 황해 항로의 구분[68]

 이상의 논의를 통해, 고대 황해의 항로를 활용 목적과 주체에 따라
교섭·교류 항로로 구분하고, 횡단항로의 개척 시점을 다시 살펴보았
다. 이를 통해, 4세기 이전부터 횡단항로가 교류, 교섭항로로 활용되었
을 가능성을 지적하였다. 그리고 4세기 후반 백제는 횡단항로 활용의
경험을 흡수하여, 장거리 연안항로 대신에 횡단항로를 교섭 항로로 활용
하여 동진과 교섭하였을 것으로 파악하였다. 다음 장에서는 항로 문제와
관련지어 경기만의 해양사적 전개과정을 시기별로 점검하고자 한다.

---

68 카카오맵 위성지도(https://map.kakao.com/)에 연안·횡단·사단항로의 개념을 표시함.

3. 고대 경기만의 해양사적 전개과정

경기만은 남북방향의 연안항로, 동서방향의 횡단항로와 넓은 유역면적의 한강 수계가 만나는 결절점에 해당하고, 천혜의 기항지로서 크고 작은 섬과 만을 다수 포괄하지만, 연안 항해의 위험요소도 상존한다. 따라서 연안의 해양정보에 익숙한 지역 해상세력이 성장하기 좋은 조건이었으며, 이곳에서 고대국가로 성장한 백제는 경기만 연안 해상세력과의 관계 속에서 경기만과 황해를 활용할 수 있었다. 이러한 경기만의 해양사적 특징은 고대 황해의 대표적인 항로인 연안항로, 횡단항로의 시기별 변화 양상을 통해 구체적으로 설명할 수 있다.

기존 연구에서도 백제 중심으로 황해 연안의 역사를 정리하려는 시도가 있었다. 예를 들어 4세기 후반부터 백제가 낙랑·대방군의 연안항로 교역망을 차지하여 해양강국이 되었으나, 4세기 말 고구려의 위협으로 쇠퇴하였다가, 무령왕대에 연안항로를 재개하였다는 견해가 있다.[69] 또한, 3세기 후반 백제의 마한 대외교섭권 장악, 4세기 후반 백제 주도의 무역망 구축, 고구려의 남하 이후 쇠퇴, 무령왕대 재개, 신라의 한강유역 차지 이후 쇠퇴로 구분한 견해도 제기되었다.[70] 이러한 연구의 시기 구분 틀에는 공감하지만, 7세기까지 연안항로를 교섭 항로로 활용했다는 의견에는 의문이 남으며, 백제의 대외교섭권 장악 및 낙랑·대방고지 진출 이면의 한계에 유의하면서 중국과의 항로 문제도 고려할 필요가 있다.

백제-가야-왜를 잇는 서남해안 광역교역체계 연구도 주목된다. 이에 따르면 5세기경 백제 역할이 증대되면서 연안 지역의 광범위한 우호관계를 기반으로 연안항로가 다원화되었다고 한다.[71] 최근에는 서남해안

69 강봉룡, 2002, 앞의 논문.
70 윤재운, 2008, 「백제의 무역망과 담당층」 『백제연구』 47.
71 우재병, 2002, 「4~5세기 왜에서 가야, 백제로의 교역루트와 고대항로」 『호서고고

연안항로를 한 군현 주도의 3세기 성립기, 4세기 초 쇠퇴기, 4세기 중반~5세기 백제 주도의 복원·변동기로 이해한 견해도 제기되었다.[72] 연안항로 중심의 광역교역체계 변화라는 접근 방식이나, 연안항로 시기 구분의 틀에는 공감하지만, 시야를 한반도 서남해안에서 중국으로 넓혀 황해 항로 문제를 연결시킬 필요가 있다.

고대 경기만의 역할과 위상은 황해 항로의 변천과 맞물려 시기별로 변화해나갔을 것으로 생각된다. 본 장에서는 남북국시대 이전 경기만의 역사적 전개를 연안항로 중심의 시기, 횡단항로 중심의 시기로 구분하여 살펴보도록 하겠다.

먼저, 1기 연안항로 중심의 시기는 4세기 초까지 해당하며, 황해의 경기만을 지나 남해와 일본열도에 이르기까지 모두 연안항로로 이어졌다. 연안항로의 운용에 필요한 항해술은 해상에서 육상 지표물을 확인할 수 있는 '시인거리 연안항해'였다.[73] 이러한 연안항로 활용에는 연안 해양환경을 숙지하고 있는 각 지역의 해상세력이 중요한 역할을 하였다.

1기 연안항로의 실상을 보여주는 사료로는 『삼국지』 왜전이 대표적인데, 대방군에서 출발한 선박은 한반도 서남쪽을 돌아 구야한국을 거쳐 대한해협을 건너 왜에 도달하였다.[74] 기존 연구에서도 삼한과 중국 군현의 관계를 설명하면서 연안항로 중심의 체계를 제시하였다.[75] 최근에는 한, 서진 등 중원 왕조가 황제 덕화의 확산이라는 정치적 목적에서 상당한 인프라를 투여하여 연안항로의 '해양 네트워크'를 '사행 교

학』 7 ; 2009, 「5~6세기 백제, 가야, 왜 사이의 광역교역체계 재편과 그 배경」 『선사와고대』 31 ; 2017, 「4~6세기 왜와 가야, 백제 사이 외교관계 변화와 그 배경」 『한국사학보』 69.

72 유호균, 2020, 앞의 논문.
73 정진술, 2009, 앞의 책, 140~143쪽.
74 『三國志』 卷30, 魏書 列傳30, 烏丸鮮卑東夷傳 倭.
75 이현혜, 1994, 「삼한의 대외교역체계」 『韓國史學論叢:李基白先生古稀紀念 上 古代篇·高麗時代篇』, 一潮閣, 42~44쪽.

역'이라는 형식으로 유지하였다는 견해가 제기되었는데,[76] 이 시기 연
안항로의 운영 형태를 잘 보여준다. 이러한 연안항로의 운영은 장거리
연안 항해에 필요한 각지의 기항지를 중원 왕조 중심으로 네트워크화
하여 '교류 항로'로 활용하는 동시에, 삼한 소국과 중국의 '교섭 항로'
로 활용하는 방식이었다.

경기만은 해양학적 특징, 지정학적 이점을 기반으로 연안항로에서
중요한 경유지로 기능하였고, 연안의 해양세력에게 성장할 수 있는 기
회를 제공하였다. 경기만 연안을 항해하려면, 이 지역의 해양환경을 충
분히 숙지하고 있는 지역 해양세력의 도움이 절대적이었기 때문이다.

그렇다면 1기에 연안항로의 경유지인 경기만에서 성장한 세력은 누
구였을까? 『삼국지』 한전에는 진한 8국의 낙랑 배속에 반발한 마한 세
력이 대방군 기리영을 공격하였다가, 패배하였다는 기록이 있다.[77] 초
기 연구에서는 주로 전투 주체에 집중하여, 백제 고이왕설, 목지국 진
왕설, 신분고국설 등이 제기되었다.[78] 그런데 판본 검토를 통해 주체를
신분고국으로 파악하고, 진한 8국의 낙랑 배속으로 인한 교역권 상실
에 반발하였다는 견해가 제출된 이후,[79] 신분고국설이 다소 우세한 상
황이다.[80]

기리영 전투의 배경과 관련하여, 신분고국이 낙랑군-진한을 잇는 육
로의 요충지에 위치하였기 때문에 분노했다는 견해도 있으나,[81] 육로

---

76 김병준, 2019, 앞의 논문.
77 『三國志』卷30, 魏書 列傳30, 烏丸鮮卑東夷傳 韓.
78 기리영 전투의 연구사 정리는 다음의 논문이 자세하다(尹龍九, 1999, 「三韓의 對
  中交涉과 그 性格 - 曹魏의 東夷經略과 관련하여」『國史館論叢』85, 101~108쪽 ;
  이정빈, 2017, 「기리영을 통해 본 마한 제국과 조위」『백제학보』22, 61~63쪽).
79 尹龍九, 1999, 앞의 논문.
80 윤선태, 2001, 「마한의 진왕과 신분고국 - 영서에 지역의 역사적 추이와 관련하여」
  『백제연구』34 ; 권오영, 2001, 「백제국伯濟國에서 백제百濟로의 전환」『역사와현실』
  40 ; 박대재, 2006, 『고대한국 초기국가의 왕과 전쟁』, 경인문화사.
81 윤선태, 2001, 앞의 논문, 23~24쪽.

요충지에 위치하였다면 도리어 진한 8국의 낙랑 배속을 반겼을 가능성
도 있다. 따라서 대방군-변한을 잇는 연안항로의 요충지에 있던 신분고
국이, 종래 연안항로로 교섭하던 진한 8국을 육로를 통해 낙랑 관할로
옮기는 것에 반발하였다고 보는 편이 합리적이다.[82]

신분고국의 위치는 『삼국지』 한전의 마한 소국 기재순서를 고려할
때, 백제의 북쪽, 낙랑군의 남쪽에 있던 것으로 추정된다. 구체적으로
가평에 비정하기도 하지만,[83] 마한 소국이 대방군에서 남쪽으로 연안항
로를 따라 기재되었고, 명단의 소국들은 중국과 통교하는 연안항로 네
트워크의 세력이었다는 견해를[84] 참고할 필요가 있다. 따라서 신분고국
은 백제보다 북쪽에 있으면서, 연안항로 중심의 교역망이 재편될 때
큰 타격을 입는 위치에 있었을 것이다.

신분고국의 위치를 고고학적으로 구체화시킨다면, 운양동 유적을 중
심으로 한 김포 지역이 주목된다.[85] 이 지역은 2세기 중후반에 부여·고
구려계, 진변한계 철제 무기류가 부장되기 시작하고, 3세기 전반에 진
변한계 철제무기가 대량으로 유입되었다. 3세기 철제무기의 대량 유입
은 자연스럽게 신분고국의 가능성과 연결된다.[86] 최근 연구에서도 김포
는 중국 군현과 근접하여 진변한계, 중원계, 부여계 유물이 2~3세기에
집중되는 지역으로 평가받고 있다.[87] 다만, 김포를 포함한 파주, 인천
일대는 묘제와 토기를 공유하는 마한의 한 지역권이므로,[88] 이 지역 내

---

82 박대재, 2006, 앞의 책, 117~138쪽.

83 千寬宇, 1989, 「馬韓諸國의 位置試論」 『古朝鮮史·三韓史 硏究』, 一潮閣, 417~418쪽.

84 윤용구, 2019, 「馬韓諸國의 位置再論」 『지역과역사』 45.

85 차윤환, 2013, 「백제초기 한강 중·하류역에 위치한 정치체의 존재양상」 『고문화』
82, 42~53쪽.

86 김길식, 2014, 앞의 논문.

87 박장호, 2021, 「부여계·한식계 유물과 중서부지역의 세력」 『동북아역사논총』 71.

88 송만영, 2016, 「한강 하류 마한 취락의 편년과 전개」 『숭실사학』 36 ; 서현주,
2016, 「마한 토기의 지역성과 그 의미」 『先史와 古代』 50, 72~81쪽 ; 2019, 「마한
문화의 전개와 변화 양상」 『호남고고학보』 61, 69~72쪽.

에서 높은 위계의 유적이 추가 발굴될 가능성도 남아있다. 신분고국을 김포로 비정하는 것은 현 단계에서의 잠정적인 결론이다.

신분고국이 철제 무기류를 수입하여 군현과 전투를 벌일 정도로 성장하였던 배경은 역시 연안항로 네트워크에서 차지하는 경기만의 위상에 있을 것이다. 경기만은 해양학적으로 연안 지리정보를 숙지한 지역 해상세력의 도움이 필수적이었고, 지정학적으로 남북방향 연안항로의 주요 경유지로서 낙랑·대방군에 인접한 지역인 동시에, 한강이 황해와 만나는 결절점이었다. 신분고국은 경기만의 해양학적 특징과 지정학적 이점 속에서 성장하였을 것이다.

기리영 전투 이후, 중국에서는 서진이 등장하면서, 낙랑·대방군의 역할이 점차 축소되고, 유주 또는 평주의 동이교위가 새롭게 대두하였다. 이러한 정세변동 속에서 서진과 교섭한 주체로『진서』에 '마한주馬韓主'가 등장한다.[89] 바로 앞 시기의『삼국지』에 삼한 소국 단위의 교섭이 기록된 것과 다른 양상이다.

'마한주'의 실체에 대해서는 백제왕으로 보는 견해가 통설이었으나, 최근에는 백제와 별개로 보는 비판적 견해도 제시되었다.[90] 그런데『진서』제기의 '동이00국' 교섭 기사[91]가 과장되었을 가능성을 고려하고, 백제의 성장에 관한 문헌과 고고자료를 종합한다면, 백제왕으로 보는 통설적 이해가 합리적이다. 이 무렵 백제는 한강 하류의 경기만 연안에 영향력을 확대하면서, 연안항로를 통해 서진과 교섭할 수 있었다. 하지만 영산강유역 신미제국의 교섭처럼,[92] '마한주'의 일원화된 교섭

---

89 『晉書』卷97, 列傳67, 四夷 東夷 馬韓.
90 이에 대한 연구사 정리는 다음의 논문이 참고된다(전진국, 2017, 「『晉書』에 보이는 馬韓의 대외 교류와 百濟의 성장」『백제학보』20, 109~110쪽 ; 임동민, 2018, 「『晉書』馬韓 교섭기사의 주체와 경로」『한국고대사연구』89, 6~9쪽).
91 윤용구, 2014, 「진서 동이 조공 기사의 재검토」『한국 고대사 연구의 자료와 해석』, 사계절, 332~333쪽 표 ; 임동민, 2018, 앞의 논문, 16쪽 표1 참조.
92 『晉書』卷36, 列傳6, 張華.

권에서 벗어난 소국들의 1회성 교섭도 공존하고 있었다. 백제가 경기만 연안을 장악하여 영역화하는 단계에 이르지 못했기 때문에, 한반도 서남부의 소국들도 서진과 교섭할 여지가 있었을 것이다.[93]

1기에 경기만은 연안항로의 경유지이자 한강과 연결되는 곳이었으며, 신분고국과 같은 세력이 성장하였다. 그러나 기리영 전투 이후 힘의 공백이 발생하였고, 3세기 말 '마한주'가 새롭게 등장하였다. '마한주'는 경기만 일대에서 마한 일부 소국의 대외교섭권을 장악하고 연안항로로 서진과 교섭하였다. 이때 '마한주'는 백제왕으로 이해되는데, 백제는 3세기 말부터 남북을 연결하는 연안항로에서 경기만의 지정학적 이점을 파악하기 시작했을 것이다.

그러나 4세기 초 서진이 멸망하고 낙랑·대방군도 사라지면서, 1기의 연안항로 체계는 붕괴되었다. 이에 따라, 중국과 관계를 맺으려는 한반도, 일본열도의 세력은 새로운 경로를 찾아야 했다. 이때 주목되는 것이 횡단항로이다. 경기만에서 산둥반도로 원양을 건너는 횡단항로의 운용에는 '시인거리 연안항해'를 넘어서는 기술, 경험, 정보가 필요하였다.

이러한 횡단항로 활용의 기술, 경험, 정보는 앞서 살펴본 것처럼, 낙랑·대방지역 사람들을 받아들인 백제에서 충분히 확보할 수 있었다. 4세기 후반 백제는 이들을 통해 횡단항로를 교섭항로로 활용하면서 강남지역 동진과 직접 통했을 것으로 보인다.

횡단항로 중심의 시대는 황해 일대의 정세변화에 따라 다시 3시기로 세분된다. 먼저, 2기는 백제가 횡단항로를 교섭항로로 활용하기 시작한 4세기 후반부터 고구려에게 황해도 남부와 한강 하구를 빼앗기는 5세기 초반까지이다. 백제는 1기의 연안항로 중심 체계가 붕괴된 이후, 다른 어떤 나라보다 빨리 횡단항로를 활용하여 강남지역과 관계를 맺기 시작하였다. 이때 마한은 중국과의 교섭을 통해 자신의 이름을 남기지 못하였고, 변한도 역시 중국과 교섭한 기록이 없다. 이것은 기존

---

93 임동민, 2018, 앞의 논문.

연안항로 체계와는 다른 새로운 구조의 출현을 의미한다.

2기에 경기만은 1기부터 활용된 남북방향 연안항로의 경유지 역할을 유지하는 동시에, 산둥지역과 연결되는 횡단항로의 필수 기항지로 떠올랐고, 한반도 중부 내륙까지 연결하는 한강 수계의 인후부로도 기능하였다. 경기만은 남북방향 연안항로, 동서방향 횡단항로, 한강 수계망의 '결절점'으로 대두되었다. 백제는 이러한 경기만의 지정학적 이점을 충분히 활용하여, 중국과 교섭하여 고구려를 견제하고 백제왕의 대내외 위상을 강화하였으며, 선진문물을 수용하여 제도를 정비하였고, 한강 수계를 따라 내륙까지 영향력을 확산하였다. 또한 마한, 변한, 왜 등 주변 세력은 백제를 경유하지 않고서는 중국과 관계를 맺기 어려운 상황에 놓이게 되었다.

3기는 5세기 초반부터 6세기 중반까지인데, 고구려가 남하하여 백제 한성을 함락하고 경기만 일대를 차지하는 시기이며, 중국 남북조와 고구려, 백제, 왜가 경쟁적으로 교섭하였던 시기이기도 하다. 고구려는 이미 4세기 후반부터 치열하게 백제와 전투를 벌였고, 4세기 말 이후 황해도 남부와 한강 하구까지 차지하였다. 이러한 정세변화는 5세기부터 횡단항로를 교섭항로로 활용하는 것에 위협으로 작용하였고, 실제 백제의 교섭 빈도도 급감하였다.[94] 백제에게 황해도 남부의 상실은 횡단항로의 안정성에 큰 영향을 초래하는 사건이었다. 연안의 정세변동이 교섭 항로에 영향을 끼치는 사례로 생각된다.

그런데 3기에 벌어진 고구려의 황해도 남부 장악은 경기만과 한강 수계의 연결을 차단하였다. 한강 수계에 위치한 백제는 횡단항로의 새로운 출항지를 확보해야만 하였다. 백제는 고구려의 위협을 받는 경기만 북부에서 떨어진 남양만 일대의 화성지역을 주목하였다. 화성지역은 나중에 신라의 해상 관문으로 발전한 곳으로서, 대체로 4세기 후반

---

94 임동민, 2016, 앞의 논문, 92~94쪽 ; 2020, 「백제와 송의 교섭 배경과 항로」『역사와 현실』117, 190~205쪽.

부터 고분, 위세품 등 다양한 고고자료에서 백제의 영향력 확대가 분명하게 확인된다. 또한 404년 백제와 왜 수군의 대방계 공격기사,[95] 405년 전지왕의 귀국길에 섬에 머물렀다는 기사[96]를 고려할 때, 백제는 적어도 화성지역을 포함하는 경기만 중남부 일대의 제해권을 확보하였던 것으로 보인다.[97]

3기에 들어와 경기만은 고구려의 남하로 인하여 교섭 빈도가 축소되고 한강 수로와의 연결고리가 단절되는 위기를 겪었으나, 동시에 백제 외에 다른 나라의 외교무대로 확장되기도 하였다. 이것을 보여주는 사례는 왜와 가야에서 찾을 수 있다.

<표 1> 왜와 송의 교섭기사 요약[98]

연도		내용	연도		내용
421	왜왕 찬	송에 조공	451	왜왕 제	왜·신라·임나·가라·진한·모한 6국제군사 안동대장군 책봉
425	왜왕 찬	송에 조공	460	왜	송에 조공
430	왜왕	송에 조공	462	왜 세자 흥	송에 조공
438	왜왕 진	왜·백제·신라·임나·진한·모한 6국제군사안동대장군 자칭, 안동장군 왜국왕 책봉	477	왜	송에 조공
443	왜왕 제	송에 조공	478	왜왕 무	왜·백제·신라·임나·가라·진한·모한 7국제군사 안동대장군 왜국왕 자칭 왜·신라·임나·가라·진한·모한 6국제군사 안동대장군 왜왕 책봉

---

95 『廣開土王陵碑』 永樂 14년(404).
96 『三國史記』卷25, 百濟本紀3, 腆支王 즉위년(405).
97 임동민, 2016, 앞의 논문, 102~103쪽.
98 <표 1>의 전거는 『송서』 왜국전, 본기이며, 연도별 교섭기사의 정리는 다음의 표가 참조된다(홍성화, 2010, 「5세기 百濟의 정국변동과 倭 5王의 작호」 『한국고대사연구』 60, 91쪽 표2).

위의 〈표 1〉은 이른바 '왜 5왕'과 송의 교섭 기사로서,[99] 이와 관련한 가장 큰 쟁점은 왜왕 진과 무가 자칭하고, 왜왕 제와 무가 책봉 받은 군사호의 성격이다. 왜에서는 백제를 포함하여 한반도 남부 군사호를 자칭하였고, 송에서는 백제 이외 지역의 군사호만 인정하였다.

왜 5왕의 교섭은 고구려 전쟁의 실패 이후, 백제-신라 관계가 긴밀해지는 시기에 일어났다.[100] 왜가 군사호를 자칭한 430년대는 전지왕의 서자인 비유왕이 즉위하여 왜와 소원해지던 시점이었고, 470년대는 한성함락 이후 곤지가 피살되는 혼란기였다.[101] 송에서 군사호를 인정해 준 450, 470년대는 북위에게 밀리면서 외교정책을 전환하던 시점이었다.[102] 왜 내부적으로는 신하들을 왕권 아래로 편제하여 왕권의 위상을 강화할 필요가 있었으므로,[103] 내부 통합을 위해 고구려 대항의식 속에서 형식적인 군사호를 천명하였다.[104] 백제에서 중국계 신료들의 작호에 중국 지명을 활용한 것처럼, 왜왕도 한반도계 신료들의 작호에 한반도 지명을 활용하였을 것이고, 이를 포괄하기 위해 한반도 남부 군사호를 자칭하였을 가능성도 크다.[105] 종합하자면, 왜는 고구려 대항의식과 더불어, 왜 왕권을 강화하기 위한 내부적 이유에서, 신라와 긴밀해지던 백제의 혼란을 계기로 형식적인 군사호를 자칭하였다.

그러나 여전히 남는 중요한 문제는 왜왕의 교섭 경로이다. 이 무렵

---

99 이와 관련한 연구사는 다음의 논문이 참고된다(石井正敏, 2005, 「5세기의 일한관계」 『한일역사공동연구보고서』 ; 노중국, 2005, 「5세기 한일관계사」 『한일역사공동연구보고서』, 189~194쪽 ; 홍성화, 2010, 앞의 논문, 90~94쪽 ; 윤태양, 2020, 「毗有王代 倭의 都督6國諸軍事號 문제와 百濟의 대응」 『서강인문논총』 58, 72~76쪽).

100 熊谷公男, 2015, 「倭王武の上表文と五世紀の東アジア情勢」 『歷史と文化』 53(東北學院大學論集).

101 홍성화, 2010, 앞의 논문.

102 川本芳昭, 2012, 「倭の五王の自稱と東アジアの国際情勢」 『史淵』 149.

103 河內春人, 2018, 앞의 책.

104 이재석, 2001, 「5세기 왜왕의 대남조외교와 통교 단절의 요인」 『일본역사연구』 13 ; 2005, 「4-6세기 왜국의 對外危機論과 그 실체」 『문화사학』 23.

105 이영식, 1988, 「五世紀 倭國王의 爵號에 보이는 韓南部諸國名의 의미」 『사총』 34.

전통적인 우호관계였던 백제와 왜의 관계는 소원해지고 있었고, 왜에
서는 백제를 포함한 한반도 남부의 군사호를 송에 요청하는 상황이었
다. 따라서 왜가 백제를 거치지 않고 서남해 연안을 경유하여 횡단항
로로 송과 교섭하였다는 견해도 제시되었다.[106] 고구려의 남진에 따라
백제 주도의 교역망이 붕괴하자, 왜는 반고구려 연대에 동참하면서도
백제를 거치지 않는 대중국 직교역을 시도하였으며, 영산강유역 재지세
력도 백제에서 이탈하여 왜와 교류하였다는 견해도 제출되었다.[107] 이
와 달리, 왜가 고구려를 통해 남조 송에 견사하였다는 주장도 있다.[108]

당시 왜가 백제와 일정한 거리를 두면서 독자 행보를 벌였던 정황은
충분히 인정된다. 하지만 왜가 송에 도달하기 위한 경로가 문제였다.
왜가 당시 선택할 수 있는 경로는 고구려 경유, 서남해안 경유 외에 백
제를 경유하는 횡단항로가 있었다. 그런데 백제를 거치지 않고 고구려
를 경유하거나 서남해안을 경유하였을 가능성은 사료 F의 왜왕 무 상
표문으로 부정된다. 왜왕 무는 자신의 선조 때부터 고구려가 조공로를
막았으며, 자신의 사신은 백제를 경유하지만 고구려 때문에 혹은 통하
고 혹은 통하지 못한다고 스스로 밝히고 있다.[109] 5세기 영산강유역과
왜 사이의 긴밀한 교류는 고고자료를 통해 충분히 설명되지만, 이러한
고고자료가 왜-영산강유역-중국을 잇는 독자 '교섭'의 직접 증거로 활
용되기는 어렵다고 생각된다.

따라서 왜 5왕이 송과 교섭한 경로는 4세기 후반 백제에 의해 교섭
항로로 활용되었던 횡단항로였을 가능성이 크다. 왜 5왕의 교섭 경로
가 백제를 경유하는 횡단항로였다는 견해는 일찍이 제출된 바 있고,[110]
횡단항로의 요충지인 산둥반도가 송의 영역이었다는 점과 관련지어 구

---

106 임영진, 2017, 「전남 해안도서지역의 倭系 고분과 倭 5王의 중국 견사」『백제문화』56.
107 윤재운, 2008, 앞의 논문, 88~90쪽.
108 김인홍, 2014, 「항로변화로 본 고구려와 왜 5왕」『사학지』49.
109 『宋書』卷97, 列傳57 倭國.
110 木宮泰彦, 1926, 『日支交通史』, 金刺芳流堂, 69~72쪽.

체화되기도 하였으며,[111] 왜와 송의 교섭이 백제의 적극적인 협력 아래에서 횡단항로를 통해 진행되었다는 견해도 있다.[112] 사료 F의 왜왕 무 상표문을 보면, 왜의 사신은 백제를 경유하여道逕百濟, 선박을 수리하여裝治船舫 송에 도달하였다. 후대의 기록이지만 14세기 초『文獻通考』에 따르면, 왜가 처음 중국과 통할 때 연안항로를 통해 요동반도에서 왔지만, 육조 이후 '南道'를 따라 왔다는 언급이 있다.[113] 이 기록을 왜왕 무 상표문과 종합해보면, 당시 왜의 교섭 경로는 백제를 경유하는 황해중부횡단항로였을 가능성이 있다.

이상의 논의에서 남는 의문점은 백제를 경유하여 송과 교섭하던 왜왕이 백제를 포함한 군사호를 자칭하였다는 사실이다. 이 문제는 왜왕 군사호 자칭의 복잡성과 관련된다. 왜왕의 군사호 자칭은 여러 호족을 왜왕 아래에 편제하려는 내부적 의도와 관련되는 동시에, 백제와 관계가 소원해지거나 왕실의 혼란기에 자칭하여 송의 혼란기에 받았다는 특징이 있다.

백제는 왜와 연합하여 5세기 초까지 고구려와 전투를 벌였으나 모두 패배하였고, 475년에는 한성을 함락당하는 참패를 경험하였다. 이러한 혼란 속에서 백제는 경기만에서 출발하는 횡단항로를 통해 중국과 연결되는 이점을 유지하고 있었으나, 왜의 성장과 독자행동을 지켜보아야 하는 한계를 가졌던 것으로 생각된다. 한 걸음 더 나아간다면, 백제도 왜왕의 자칭 군사호가 내부의 정치적 목적에 따른 것으로, 동아시아에서 형식적·명목적으로 활용된다는 점을 인지하고, 백제를 경유한 왜의 사신을 통과시켰던 것으로 추정된다. 아울러, 이미 백제는 송과 비교적 빈번한 교섭을 통해 왜의 교섭을 견제하고 있었다.[114]

---

111 川本芳昭, 1988,「倭の五王による劉宋遣使の開始とその終焉」『東方學』76.
112 河內春人, 2018, 앞의 책, 90쪽.
113 『文獻通考』卷323, 輿地考9.
114 이상에서 검토한 왜5왕의 교섭기사 외에,『일본서기』응신기에는 왜에서 고구려를 거쳐 오吳와 교섭했다는 기록이 확인된다. 하지만, 응신기의 기년, 사료 내용

백제를 경유하여 남조와 교섭한 세력은 왜 이외에 '가라국'[115]이 있었다. 479년 고령지역의 가라왕 하지는 처음이자 마지막으로 남제에 사신을 보내 조공하였다.[116] 사료 F와 479년 전후의 교섭 기사를 종합하면, 이때의 경로는 역시 백제를 경유하는 횡단항로였을 가능성이 높다.[117] 가라왕의 교섭은 경기만의 백제를 경유하여 이루어졌으나, 가라국의 발전을 상징하며, 475년 한성함락 이후 혼란하던 백제의 사정과도 관련된다. 2기까지 중국과 직접 교섭하지 않았던 가야 세력이 3기에 들어와 백제를 거쳐 직접 교섭하기에 이르렀다. 직접 교섭하기 이전까지 가야 세력은 백제를 거쳐 간접적으로 중국과 연결되고 선진문물을 받아들였을 것으로 생각된다. 그런데 479년에는 처음이자 마지막으로 직접 교섭을 실행하여, 이전과 달라진 위상을 보였다.

요약하자면, 3기의 경기만은 이전 시기와 달리 왜, 가라국 등이 중국과 직접 교섭하기 위해 거치는 '결절점'으로 확대되었다. 경기만 항로의 중요한 경유지로서 백제의 위상은 유지되었으나, 한계도 존재하였다. 고구려의 남하로 인하여 횡단항로의 안정성이 떨어졌으며, 이전 시기와 달리 왜와 가라국이 경기만의 백제를 경유하여 중국과 직접 교섭하는 상황이 펼쳐졌다. 4세기 후반까지 왜나 가라국의 교섭기록이 없고, 백제만 동진과 교섭하던 정황과 비교된다. 경기만은 3기에 들어와 동아시아 각국의 복잡한 외교무대로 주목받았다.

등에 대해서는 엄밀한 사료비판을 거쳐야 하며, 백제를 경유했다고 적시한 왜왕 무의 상표문과 배치된다는 문제가 있다. 따라서 본고에서는 『일본서기』의 교섭 기사를 일단 배제하였다.
115 일반적으로 대가야로 지칭하나, 『남제서』 등의 사료 표기에 따라 가라국으로 표기하였다.
116 『南齊書』 卷58, 列傳39, 東夷 加羅國.
117 이형기, 2002, 「4~5세기 大加耶의 발전에 대한 고찰」 『한국고대사연구』 26, 186쪽 ; 양기석, 2006, 「대가야의 남제 통교」 『인문학지』 33, 11~18쪽 ; 노중국, 2012, 앞의 책, 212~213쪽 ; 신수진, 2016, 「5세기 후반 加羅國의 성장과 帶山城 전투의 성격」 『한국사연구』 172, 121쪽.

4기는 신라가 경기만 일대를 차지하는 6세기 중반부터 백제와 고구려가 멸망하는 7세기 후반까지 시기이다. 이 시기 신라는 경기만 일대를 차지하였으나, 남쪽으로 백제와 북쪽으로 고구려의 협공을 받는 형국이었다. 이에 신라는 당과 동맹을 맺고 백제와 고구려를 멸망시키기에 이르렀다. 신라-당의 긴밀한 교섭과 교류는 일반적으로 경기만 일대, 특히 당항성에서 출발하는 횡단항로를 통해 이루어졌다고 평가된다.

신라는 한강 하류 장악과 함께 경기만의 지정학적 이점을 충분히 흡수하여, 횡단항로를 통해 당과 빈번히 교섭할 수 있었다. 일반적으로 신라의 경기만 활용은 삼국통일의 직접적인 원동력으로 평가받는다. 그러나 경기만의 지정학적 이점은 6세기 중반 이후 신라가 새롭게 만들어낸 것이 아니었다. 이미 4세기 후반부터 백제가 활용하던 것이었다. 신라가 한강 하류를 장악하고 약 10년 뒤에 북조에 단독으로 사신을 파견하였는데,[118] 이 기간은 기존에 축적된 횡단항로의 경험, 기술, 정보를 신라가 습득하는 시간이었을 것이다. 신라는 건국 이래로 황해의 해양환경을 직접 겪어본 적이 없었고, 대부분 동해와 남해에서 활동하였다. 조수간만의 차가 극심하고, 연안의 항해 방해요소가 많은 경기만 일대에서 출항하기 위해서는 상당한 준비기간이 필요했을 것으로 추측된다.

또한, 경기만에서 펼쳐진 신라의 해상활동에는 고구려의 위협이라는 문제도 남아있었다. 당시 황해도 남부, 즉 경기만 북부는 고구려 영역이었으며, 신라는 고구려의 방해를 뚫고 경기만 일대에서 출발하는 횡단항로를 '교섭항로'로 활용하여 당에 도달하였다. 실제로 사료 E-3과 같이, 신라 진덕왕 2년(648) 김춘추의 귀환 과정에서 고구려의 방해가 있었다.

백제는 경기만의 지정학적 이점을 기반으로 고대국가로 성장하였으나, 고구려의 남하로 인하여 경기만에서 고구려의 위협을 받았고, 6세

---

118 『北齊書』卷7, 帝紀7, 武成 河淸 3년(564).

기 중엽 이후 경기만 연안의 대부분을 신라에게 빼앗겼다. 그 결과, 백제가 활용하던 횡단항로로 소정방의 대군이 건너오는 결과를 초래하였다. 백제 멸망의 해양사적 원인도 경기만의 역사적 전개와 연결된다.

이상에서 고대 경기만의 해양사적 전개과정을 연안항로와 횡단항로를 통해 4시기로 구분하여 살펴보았다. 1기 연안항로 중심 시대의 경기만은 남북방향 연안항로의 경유지로서, 3세기 신분고국이 성장하였고, 3세기 후반에는 '마한주(백제)'가 등장한 지역이었다. 횡단항로 중심 시대는 세 시기로 세분되는데, 2기는 백제가 횡단항로의 이점을 활용한 시기로서, 경기만은 남북방향 연안항로, 동서방향 횡단항로, 내륙의 한강수계를 잇는 '결절점'이었다. 3기에 백제는 횡단항로의 경유지로서 경기만을 활용하였으나, 왜, 가라국 등의 독자적 대중교섭을 바라보아야 하였고, 고구려의 남하로 인하여 교섭 항로의 안정성에 타격을 입었다. 4기에 신라는 경기만을 차지하면서, 기존에 축적된 경험, 기술, 정보를 흡수하여 횡단항로를 통해 당과 동맹을 맺어 삼국통일로 나아갈 수 있었다.

<표 2> 경기만의 시기별 해양사적 역할과 위상

구분	시기	항로	경기만의 역할과 위상	주요 국가
1기	~4세기 초반	연안항로	연안항로 주요 경유지	신분고국, 백제
2기	~5세기 초반	횡단항로	연안+횡단+한강수계 결절점 백제 성장의 원동력	백제
3기	~6세기 중반		연안+횡단 결절점 동아시아 각국의 외교무대	백제, 고구려+ 왜, 가라국
4기	6세기 후반~		연안+횡단+한강수계 결절점 신라 삼국통일의 원동력	신라, 고구려

4. 맺음말

경기만은 남북방향 연안항로의 경유지, 동서방향 횡단항로의 기항지, 한강 수계의 인후부로서 교통망의 '결절점'이라는 지정학적 이점을 가진 동시에, 많은 연안항해 위험요소를 지닌 곳이다. 고대 경기만에 관한 연구는 2000년대 이후 증가하였지만, 구체적인 황해 항로와 연결짓는 시도는 미흡했다.

고대 황해 항로 연구는 황해연안항로, 황해중부횡단항로, 황해남부사단항로의 큰 구분법 아래에서 특정 사료를 통해 특정 항로의 개척시점 문제에 천착하였다. 그런데 고대 항로는 국가 간의 항로, 민간 영역의 항로 등 다양한 성격을 갖기 때문에, 항로 활용의 주체와 목적에 따른 구분이 필요하며, 이를 통하여 가장 큰 쟁점인 황해중부횡단항로의 개척시점과 활용 양상에 대해서도 보완적인 접근이 가능하다.

고대 황해 항로 활용의 주체는 크게 국가와 민간 영역으로 나뉘며, 국가는 다시 고구려, 백제, 신라, 왜 등 개별 국가들로 구분된다. 항로 활용의 목적은 정치·군사·외교적 측면의 교섭과 경제·문화·사상적 측면의 교류로 나뉜다. 기존 연구에서는 공간적으로 항로를 구분하였으나, 항로의 활용 목적별 구분도 필요하다. '교섭 항로'는 정치, 군사, 외교적 '교섭'을 위해 활용하는 항로를 의미하는데, '교류 항로'보다 공적인 성격을 지니며, 더욱 높은 안전성을 요구한다. '교류 항로'는 경제, 문화, 사상적 '교류'를 위해 활용하는 항로로서, '교섭 항로'보다 상대국과의 적대관계, 기항지 연안의 정세변화에 구애받지 않을 가능성이 컸다.

고대 동아시아에서 '교섭 항로'는 '교류 항로'의 경험, 기술, 정보가 축적되어 안정성이 담보된 항로를 의미한다. '교섭 항로', '교류 항로'는 당시 공간적으로 실재하는 항로라기보다, 연안항로, 횡단항로 등 다양한 항로를 활용했던 역사적 사실을 목적에 따라 구분한 개념이다.

고대 동아시아의 문헌에는 같은 연안항로, 횡단항로라도 교섭과 교류라는 목적에 따라 항로의 안정성에 차이가 있었던 흔적이 있으며, 특히 '교섭 항로'의 안전성 문제가 두드러진다.

이러한 구분법을 기반으로 하여 황해중부횡단항로의 개척 시점에 대해서 살펴보면, 4세기 이전 경기만과 낙랑지역의 중국제 고고자료나 위 명제의 군사활동 등의 문헌자료는 이미 횡단항로가 교류 및 교섭 항로로 활용되었을 가능성을 보여준다. 그리고 4세기 후반 백제는 앞선 시기의 횡단항로 경험을 흡수하여, 장거리 연안항로 대신에 횡단항로를 교섭 항로로 활용하여 동진과 교섭하였을 것이다.

이러한 논의를 기반으로 하면, 고대 경기만의 해양사적 전개과정은 연안항로 중심 시대, 횡단항로 중심 시대로 구분된다. 1기(~4세기 초반) 연안항로 중심 시대의 경기만은 연안항로 경유지로서, 신분고국과 '마한주(백제왕)'의 성장이 확인되는 지역이었다. 횡단항로 중심 시대는 세 시기로 세분되는데, 2기(~5세기 초반)는 백제가 횡단항로의 이점을 활용하기 시작한 시기로서, 경기만은 남북방향 연안항로, 동서방향 횡단항로, 내륙의 한강수계를 잇는 '결절점' 역할을 하였다. 3기(~6세기 중반)에 경기만 '결절점'의 범위는 동아시아 각국으로 확대되어, 왜, 가라국도 경기만의 백제를 거쳐 중국과 교섭하였다. 하지만 백제 입장에서는 고구려의 남하로 인하여 교섭항로의 안정성이 떨어졌고, 왜나 가라국이 중국과 직접 교섭하는 한계에 직면하였다. 4기(6세기 후반~)에 신라는 경기만을 차지하면서, 고구려의 위협 속에서도 기존에 축적된 지정학적 이점과 해양학적 특성을 흡수하여 횡단항로를 통해 당과 동맹을 맺어 삼국통일로 나아갈 수 있었다.

본 연구에서는 분량 관계상 항해에 필수적인 조선술, 항해술 등 해양기술에 대한 검토를 하지 못하였다. 이에 대해서는 차후 별고에서 보완하고자 한다.

참고문헌

1. 저서

국립해양조사원, 2018, 『우리바다 우리해양지명 4 충청남도, 인천광역시, 경기도 및 황해』.

국토지리정보원, 2003, 『한국지리지 수도권편』.

경기도박물관, 1999~2002, 『도서해안지역 종합학술조사 Ⅰ, Ⅱ, Ⅲ』.

경기도사편찬위원회, 2003, 『경기도사 - 제2권 고대편』.

權悳永, 1997, 『古代韓中外交史』, 一潮閣.

권덕영, 2012, 『신라의 바다 황해』, 일조각.

김창석, 2004, 『삼국과 통일신라의 유통체계 연구』, 일조각.

노중국, 2012, 『백제의 대외 교섭과 교류』, 지식산업사.

박남수, 2016, 『한국 고대, 목면과 향료의 바닷길』, 경인문화사.

박대재, 2006, 『고대한국 초기국가의 왕과 전쟁』, 경인문화사.

孫兌鉉, 1982(1997增訂版), 『韓國海運史』, 亞成出版社.

신형식, 1992, 『百濟史』, 이화여자대학교출판부.

윤명철, 2003, 『고구려 해양사 연구』, 사계절.

인천광역시 시사편찬위원회, 2003, 『인천의 역사와 문화』.

인천광역시 역사자료관, 2009, 『인천의 갯벌과 간척』(인천역사문화총서 55).

인천역사문화센터, 2019, 『경기만 일대 해양방어체제와 강화 -강화해양관방유적 총서 제4집-』.

정진술, 2009, 『한국의 고대 해상교통로』, 韓國海洋戰略硏究所.

최근식, 2005, 『신라 해양사 연구』, 고려대학교 출판부.

한신대학교 학술원, 2004, 『한성기 백제 물류시스템과 대외교섭』, 학연문화사.

한신대학교 학술원, 2008, 『백제 생산기술의 발달과 유통체계 확대의 정치사회적 함의』, 학연문화사.

海軍本部戰史編纂室, 1954, 『韓國海洋史』, 啓文社.

화성시·한양대학교 문화재연구소, 2012, 『황해의 문화교류와 당성 - 화성 당성 국제학술심포지움』.

화성시청, 2016, 『화성지역 고고학 연구의 현황과 쟁점』.

內藤雋輔, 1961, 『朝鮮史硏究』, 東洋史硏究會.

今西龍, 1970, 『新羅史硏究』 國書刊行會.

木宮泰彦, 1926,『日支交通史』, 金刺芳流堂.

孫光圻, 1989,『中國古代航海史』, 海洋出版社.

Barry Cunliffe, 2008, *Europe Between The Oceans – Themes and Variations: 9000BC - AD1000*, Yale University Press.

Barry Cunliffe, 2017, *On the Ocean ; The Mediterranean and the Atlantic from Prehistory to AD1500*, Oxford University Press.

2. 논문

강봉룡, 2002,「고대 동아시아 海上交易에서 百濟의 역할」『韓國上古史學報』 38.

강은영, 2018,「7세기 후반 일본의 耽羅使 파견 의의와 對中交通路의 변화」『신라사학보』 44.

고경석, 2011,「신라의 對中 해상교통로 연구」『신라사학보』 21.

권오영, 2005,「고대의 남양만」『남양만의 역사와 문화』, 한신대학교 박물관.

권오영, 2001,「백제국(伯濟國)에서 백제(百濟)로의 전환」『역사와현실』 40.

권오중, 1999,「樂浪 王光墓의 銅鏡」『부대사학』 23.

김길식, 2014,「2~3世紀 漢江 下流域 鐵製武器의 系統과 武器의 集中流入 背景 -김포 운양동유적 철제무기를 중심으로-」『백제문화』 50.

김병곤, 2006,「京畿 海岸島嶼의 歷史 文化와 동아시아」『동아시아고대학』 14.

김병준, 2019,「고대 동아시아의 해양 네트워크와 사행 교역」『한국상고사학보』 106.

김석훈, 2006,「동아시아에서의 경기만 고고학」『동아시아고대학』 14.

김인홍, 2011,「4~5세기 한·중간 항로변화에 대한 검토」『문명교류연구』 2.

김인홍, 2014,「항로변화로 본 고구려와 왜 5왕」『사학지』 49.

김장석, 2014,「중부지역 격자문타날토기와 U자형토기의 등장」『한국고고학보』 90.

金在瑾, 1985,「張保皐 時代의 貿易路와 그 航路」『張保皐의 新研究』, 莞島文化院.

노중국, 2005,「5세기 한일관계사」『한일역사공동연구보고서』.

문안식, 2015,「백제의 동아시아 해상교통로와 기항지」『사학연구』 119.

박남수, 2014,「한국 고대의 교역사 연구에 있어서 개념의 문제」『한국 고대사 연구의 시각과 방법』, 사계절.

박선미, 2014,「서구학계의 고대 교류사 이론의 현황」『한국고대사연구』 73.

박순발, 2012,「考古資料로 본 山東과 韓半島의 古代 海上交通」『백제와 주변 세계』, 진인진.

박순발, 2016,「백제의 해상 교통과 기항지 - 對中國航路를 중심으로」『百濟

學報』16.

박장호, 2021, 「부여계·한식계 유물과 중서부지역의 세력」『동북아역사논총』71.

박준형, 2014, 「고조선 삼국시기 교역사 연구의 검토」『한국고대사연구』78.

박종욱, 2017, 「백제의 對中國交涉 航路 -고구려의 해상 차단 관련 기록을 중심으로-」『백제학보』19.

서현주, 2016, 「마한 토기의 지역성과 그 의미」『先史와 古代』50.

서현주, 2019, 「마한 문화의 전개와 변화 양상」『호남고고학보』61.

송만영, 2016, 「한강 하류 마한 취락의 편년과 전개」『숭실사학』36.

신수진, 2016, 「5세기 후반 加羅國의 성장과 帶山城 전투의 성격」『한국사연구』172.

申瀅植, 1989, 「韓國古代의 西海交涉史」『國史館論叢』2.

양기석, 2006, 「대가야의 남제 통교」『인문학지』33.

우재병, 2002, 「4~5세기 왜에서 가야, 백제로의 교역루트와 고대항로」『호서고고학』7.

우재병, 2009, 「5~6세기 백제, 가야, 왜 사이의 광역교역체계 재편과 그 배경」『선사와고대』31.

우재병, 2017, 「4~6세기 왜와 가야, 백제 사이 외교관계 변화와 그 배경」『한국사학보』69.

유호균, 2020, 「3~5세기 韓·中·日 연안항로의 운용과 변동」『한국상고사학보』110.

윤명철, 2000, 「경기만 지역의 해양방어체제」『고구려산성과 해양방어체제 연구』, 백산자료원.

윤명철, 2006, 「해안도서지역과 동아시아의 역사와 문화 -동아지중해모델을 중심으로-」『동아시아고대학』14.

윤선태, 2001, 「마한의 진왕과 신분고국 - 영서예 지역의 역사적 추이와 관련하여」『백제연구』34.

윤선태, 2018, 「문헌자료로 본 삼국통일 이후 화성지역의 동향」『삼국통일과 화성지역 사람들 삶의 변화』, 화성시.

尹龍九, 1999, 「三韓의 對中交涉과 그 性格 - 曹魏의 東夷經略과 관련하여」『國史館論叢』85.

尹龍九, 2014, 「진서 동이 조공 기사의 재검토」『한국 고대사 연구의 자료와 해석』, 사계절.

尹龍九, 2019, 「馬韓諸國의 位置再論」『지역과역사』45.

윤재운, 1999, 「한국 고대의 무역형태」『선사와고대』 12.
윤재운, 2008, 「백제의 무역망과 담당층」『백제연구』 47.
윤재운, 2021, 「한국 고대 해상 교통로 연구의 성과와 과제」『해양문화재』 14.
윤태양, 2020, 「毗有王代 倭의 都督6國諸軍事號 문제와 百濟의 대응」『서강인
　　　　　문논총』 58.
李道學, 1991, 「百濟의 交易網과 그 體系의 變遷」『韓國學報』 63.
이송란, 2005, 「樂浪 貞柏洞 3호분과 37호분의 남방계 獅子形 垂飾과 商人의
　　　　　활동」『미술사학연구』 245.
이영식, 1988, 「五世紀 倭國王의 爵號에 보이는 韓南部諸國名의 의미」『사총』 34.
이재석, 2001, 「5세기 왜왕의 대남조외교와 통교 단절의 요인」『일본역사연구』 13.
이재석, 2005, 「4-6세기 왜국의 對外危機論과 그 실체」『문화사학』 23.
이장웅, 2020, 「백제 한성기 중국과의 문화교류」『백산학보』 116.
이정빈, 2017, 「기리영을 통해 본 마한 제국과 조위」『백제학보』 22.
이현혜, 1994, 「삼한의 대외교역체계」『韓國史學論叢:李基白先生古稀紀念 上
　　　　　古代篇·高麗時代篇』, 一潮閣.
이형기, 2002, 「4~5세기 大加耶의 발전에 대한 고찰」『한국고대사연구』 26.
임동민, 2016, 「백제와 동진의 교섭 항로」『백제학보』 17.
임동민, 2018, 「『晉書』馬韓 교섭기사의 주체와 경로」『한국고대사연구』 89.
임동민, 2019, 「해방 이전 한국 고대 해양사 연구 동향」『충무공 이순신과
　　　　　한국해양』 6.
임동민, 2020, 「백제와 송의 교섭 배경과 항로」『역사와 현실』 117.
임영진, 2017, 「전남 해안도서지역의 倭系 고분과 倭 5王의 중국 견사」『백
　　　　　제문화』 56.
전덕재, 2013, 「삼국 초기의 해양활동과 변동」『한국 해양사』, 한국해양재단.
전진국, 2017, 「『晉書』에 보이는 馬韓의 대외 교류와 百濟의 성장」『백제학보』 20.
정인성, 2012, 「雲北洞 遺蹟의 中國系 遺物」『인천 운북동유적』, 한강문화재
　　　　　연구원.
정인성, 2016, 「원사시대 동아시아 교역시스템의 구축과 상호작용 -貿易陶
　　　　　器 '白色土器'의 생산과 유통을 중심으로-」『한국상고사학회 학술
　　　　　대회 논문집』(2016년 2월).
홍성화, 2010, 「5세기 百濟의 정국변동과 倭 5王의 작호」『한국고대사연구』 60.
허진아, 2018, 「마한 원거리 위세품 교역과 사회정치적 의미 -석제 카넬리
　　　　　안 구슬을 중심으로-」『호서고고학』 41.

허진아, 2019, 「초기철기 - 원삼국시대 구슬 해상교역과 환황해권 정치 경
　　　관의 변화」 『한국상고사학보』 106.

石井正敏, 2005, 「5세기의 일한관계」 『한일역사공동연구보고서』.

川本芳昭, 1988, 「倭の五王による劉宋遺使の開始とその終焉」 『東方學』 76.

川本芳昭, 2012, 「倭の五王の自称と東アジアの国際情勢」 『史淵』 149.

熊谷公男, 2015, 「倭王武の上表文と五世紀の東アジア情勢」 『歷史と文化』 53(東
　　　北學院大學論集).

孫光圻, 2013, 「漢唐時期 中國과 韓半島의 海上航路」 『百濟研究』 57.

李軍, 2018, 「백제 지역 출토 월요청자 및 관련 문제」 『百濟學報』 24.

周裕興, 2008, 「해상교류로 본 중국과 백제의 관계」 『百濟文化』 38.

신라 통일기 한주漢州의 물자 이동과 조운漕運
-하남 선동 출토 명문 기와를 중심으로-

박성현
(계명대학교)

1. 머리말

한국 고대의 조세 운송을 비롯한 물류 문제는 그 중요성에도 불구하고 자료의 부재로 인해 많이 다루어지지 못했다. 2000년대에 들어 신라의 창고제와 조세 운송에 대한 연구가 제시되었으며,[1] 함안 성산산성에서 영남 각지로부터 그곳에 보내진 곡물의 꼬리표 목간이 출토됨으로써 신라 중고기中古期의 수취 체제뿐만 아니라 그것의 운송에 대한 논의가 이루어지고 있다.[2] 그 가운데 신라가 낙동강 수운을 활용했을 것이라는 지적이 있었고,[3] 낙동강 수계의 물자를 왕경으로 운송한 방식에 대한 논의도 이루어졌다.[4] 이밖에 통일기에 들어 효과적인 수취품의 취합과 운송을 위해 교통로를 따라 광역 주州가 설정된 것이라는 연구,[5]

---

* 이 글은 박성현, 2021, 「신라 통일기 한주漢州의 물자 이동과 조운漕運 -하남 선동 출토 명문 기와를 중심으로-」, 『역사와 현실』 121 원고를 수정·보완한 글이다.

1 金昌錫, 2001, 「신라 倉庫制의 성립과 租稅 運送」 『韓國古代史研究』 22, 한국고대사학회.

2 李京燮, 2005, 「城山山城 출토 荷札木簡의 製作地와 機能」 『한국고대사연구』 37, 한국고대사학회, 143~146쪽 ; 李京燮, 2011, 「성산산성 출토 신라 짐꼬리표[荷札] 목간의 地名 문제와 제작 단위」 『新羅史學報』 23, 신라사학회 ; 전덕재, 2007, 「함안 성산산성 목간의 내용과 중고기 신라의 수취체계」 『역사와 현실』 65, 한국역사연구회, 245~248쪽 ; 2020, 「中古期 新羅의 租稅收取와 力役動員」 『한국고대사연구』 98, 한국고대사학회, 289~293쪽 ; 이수훈, 2012, 「城山山城 木簡의 '城下麥'과 輸送體系」 『지역과 역사』 30, 부경역사연구소, 163~169쪽 ; 김창석, 2016, 「함안 성산산성 木簡을 통해 본 新羅의 지방사회 구조와 수취」 『百濟文化』 54, 공주대학교 백제문화연구소.

3 尹善泰, 1999, 「咸安 城山山城 出土 新羅木簡의 用途」 『震檀學報』 88, 진단학회, 20쪽 ; 李鎔賢, 2002, 「咸安 城山山城出土木簡과 6세기 新羅의 지방경영」 『東垣學術論文集』 5, 국립중앙박물관, 59~60, 64~66쪽 ; 李京燮, 2005, 앞의 논문, 145쪽 ; 전덕재, 2007, 앞의 논문, 247쪽.

4 박성현, 2016, 「삼국시대 금호강 유역의 공간 구조와 물자 이동 -押梁郡을 중심으로-」 『百濟文化』 54, 공주대학교 백제문화연구소, 198~199쪽.

소백산맥 밖에 있는 주의 경우 중심에 있는 주치州治보다 영로嶺路의 입구에 위치한 소경小京이 왕도王都로의 조세 운송에서 중요한 역할을 했을 것이라는 연구[6] 등이 있다.

본고에서는 신라 통일기 한주漢州 지역의 물류 문제에 대해서 논의해 보려고 한다. 이 지역은 개인적으로 연구의 출발점이었고 일찍이 그 공간 구조와 관련 문자 자료를 검토한 적이 있다.[7] 물류와 관련해서 특히 주목되는 것이 있는데 바로 일제 강점기 광주 선리(현 하남 선동)에서 채집된 명문 기와이다. 처음 이 자료를 접했을 때만 해도 그에 대한 논고가 많지 않았지만 최근까지 적지 않은 자료 소개와 연구가 이루어졌다.[8] 본문에서 논의하겠지만 이 기와는 한주 소속의 여러 군현郡縣에서 주치州治로의 물자 이동을 보여주는 것이라고 판단된다.

그렇게 볼 수 있다면 기와와 같이 무거운 물자를 어떻게 주치까지 가지고 왔을까 하는 의문을 제기할 수 있을 것이다. 광역 행정구역으

---

5 김창석, 2017, 「7세기 신라 州의 성격 변화와 수취 -溟州와 朔州를 중심으로-」『百濟文化』 56, 공주대학교 백제문화연구소.

6 여호규, 2002, 「한국 고대의 지방도시 -신라 5小京을 중심으로-」『강좌 한국고대사 제7권 촌락과 도시』, 가락국사적개발연구원.

7 朴省炫, 2002, 「6~8세기 新羅 漢州 「郡縣城」과 그 성격」『韓國史論』 47, 서울대학교 국사학과 ; 2008, 「신라 城址 출토 문자 자료의 현황과 분류」『木簡과 文字』 2, 한국목간학회.

8 藤田亮策, 1953, 「新羅九州五京攷」『朝鮮學報』 5, 朝鮮學會, 97쪽 ; 李丙燾, 1976, 「尉禮考」『韓國古代史研究』, 博英社, 496쪽 ; 徐五善, 1985, 「韓國平瓦紋樣의 時代的 變遷에 對한 研究」, 忠南大學校 史學科 碩士學位論文, 58~60쪽 ; 梨花女子大學校 博物館, 1987, 『博物館 所藏品目錄』, 152~154쪽 ; 임상택·양시은·전덕재, 2002, 『서울대학교 박물관 소장 명문기와』, 서울대학교 박물관 ; 田中俊明, 2004, 「廣州船里出土文字瓦銘文の解釋と意義」『古代文化』 56-11, 古代學協會 ; 김규동·성재현, 2011, 「船里 銘文瓦 考察」『고고학지』 17, 국립중앙박물관 ; 高正龍·熊谷舞子·安原葵, 2014, 「關西大學博物館所藏朝鮮瓦 -文字瓦を中心として-」『關西大學博物館紀要』 20, 關西大學博物館 ; 吉井秀夫(요시이 히데오), 2017, 「광주 선리 명문기와의 고고학적 재검토 -이마니시 류 수집자료의 검토를 중심으로-」『佛智光照』(청계 정인스님 정년퇴임 기념 논총) ; 金昌鎬, 2019, 「廣州 船里遺蹟에서 出土된 蟹口기와의 生産과 流通」『文化史學』 52, 한국문화사학회.

로서의 한주는 황해로 흘러들어가는 한강, 임진강, 안성천 등을 중심으로 편성되어 있어 역시 수운을 활용했을 가능성이 크며, 그러한 방식의 물자 운송은 조세로 거둔 곡물에도 동일하게 적용되었을 것이다.

더 나아가 한주 지역에서 수취한 물자를 어떻게 중앙으로 가지고 갔을까 하는 문제도 생각해 볼 수 있겠는데, 즉 신라에도 전국적인 조운漕運 제도가 있었을까 하는 것이다. 그것은 고려 이후 본격적으로 시행된 것으로 알려져 있지만,[9] 최근 신라에도 그러한 제도가 있었을 가능성이 조금씩 제기되고 있다.[10] 한주를 포함한 9주에서 조세를 어떻게 왕도까지 운송했을지, 조운 제도의 존재 가능성을 포함하여 추가적으로 고찰해 보도록 하겠다.

2. 하남 선동 출토 명문 기와의 성격

1925년 을축년 대홍수 이후 당시 경기도 광주군 동부면 선리(현재의 경기도 하남시 선동)에서 다수의 명문 기와가 채집되었으며, 그것이 현재 국립중앙박물관,[11] 서울대학교 박물관,[12] 이화여자대학교 박물관,[13] 일본 간사이대학 박물관,[14] 일본 교토대학 고고학연구실[15] 등에 소장되어 있다.

---

9 한정훈, 2013, 『고려시대 교통운수사 연구』, 혜안, 36~81쪽.
10 金昌錫, 2021, 「한국 고대의 輸役과 漕運 -'船家'의 출현 배경과 관련하여-」『木簡을 통해 본 고대 동아시아의 물자유통과 관리』(경북대학교 인문학술원 HK+사업단 제2회 국제학술대회), 162~176쪽.
11 380여 점 중에 43점을 선별하여 보고하였다(김규동·성재현, 2011 앞의 논문).
12 모두 26점이 보고되었다(임상택·양시은·전덕재, 2002 앞의 책).
13 梨花女子大學校 博物館, 1987, 앞의 책, 152~154쪽.
14 高正龍·熊谷舞子·安原葵, 2014, 앞의 논문.
15 모두 7점이 소개되었다[吉井秀夫(요시이 히데오), 2017 앞의 논문].

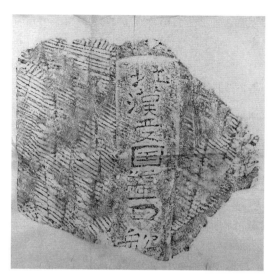

〈그림 1〉 '北漢受国蟹口舩' 기와 탁본
(국립중앙박물관 소장 조선총독부박물관 문서)

선동 출토 기와에는 한주 소속의 군현 이름과 선동과 관련이 있어보이는 '해구蟹口' 및 '선가船家' 혹은 '선우船宇'라는 문자가 찍혀 있는데, 대체로 '군현명+수국해구선가초受國蟹口船家草'로 복원된다. 이 기와에대해서는 석사학위 논문에서 간략하게 다루었으며,[16] 신라 성지城址 출토 문자 자료를 정리하면서 뒤에서 검토할 두 가지 해석 및 이해 방안을 소개한 적이 있다.[17] 시간이 지나면서 더 많은 자료 소개와 연구가이루어졌고, 이에 대한 생각이 좀 더 명확해지게 되었다.

기와 명문은 그것을 찍은 원체元體(인장 혹은 타날판)를 복원한 요시이의 연구를 기준으로 정리할 수 있을 것이다. 그는 명문을 새긴 방식을인장으로 찍은 것과 타날판으로 찍은 것 두 가지로 구분하여 16개의원체를 복원하였다.[18] 그 외에 보고된 자료 중 누락된 것 몇 개를 추가

---

16 박성현, 2002, 앞의 논문, 187쪽.
17 박성현, 2008, 앞의 논문, 119~121쪽.

할 수 있다(〈표 1〉).[19]

〈표 1〉 선동 출토 기와 명문 일람

일련 번호	복원된 명문	새긴 방법	출토 예	타날판 문양	유물 번호
1	北漢受国蟹口舩	세장방형 인장	北漢受国蟹口舩	집선문	중박2-1[20]
			�口漢受国蟹	집선문	서울대3-1
			北漢受国	사격자문	간사이대3-17
2	高烽縣受国蟹口舩家	세장방형 인장	高烽縣受国蟹	물손질	중박3-1
			烽縣	물손질	서울대8-1
			高烽縣	물손질	이대2487
			国蟹口舩家	물손질	이대2480
			受国蟹口舩家	사격자문	중박2-2
3	荒壤受舩宇草	세장방형 인장	荒壤受舩宇ㅁ	사격자문	중박3-3
			荒壤受舩	사격자문	이마니시1-1
4	荒壤受舩宇草	세장방형 인장	荒壤	사선문	중박4-1
			ㅁㅁ受舩宇ㅁ	사선문	중박4-2
5	水城受蟹草	장방형 인장	水城受蟹	집선문	중박6-3
			水城受	집선문	이마니시1-2
			城受	집선문	서울대5-3
			受蟹草	집선문	서울대7-1
			水城	어골문	이대2491
6	楊根ㅁ	장방형 인장	楊根ㅁ	어골문	중박13-3
			楊根	어골문	이대2492
			楊	어골문	서울대2-1
7	馬城	장방형 인장	馬城	집선문	중박10-2
			馬城	집선문	서울대4-1
8	所口仍	장방형 인장	所口仍	집선문	중박12-3
			所口仍	집선문	서울대6-2

---

18 吉井秀夫(요시이 히데오), 2017, 앞의 논문, 1128~1130쪽.

19 1~16는 요시이가 복원한 것을 국립중앙박물관 소장 기와 보고 논문의 도면 번호 순서대로 정리한 것이고 17~30은 누락된 것을 추가한 것이다.

20 이병도가 「위례고」에서 소개한 '1925년 암사리·점촌 부근 출토의 백제 와편'(李

일련 번호	복원된 명문	새긴 방법	출토 예	타날판 문양	유물 번호
9	所日	장방형 인장	所日	물손질	중박13-1
			所日	물손질	서울대7-2
			所日	어골문	중박13-2
10	蟹□·梁骨	방형 인장	蟹□·梁骨	복합문	중박10-3
			蟹□·梁骨	복합문	중박11-1
11	北漢受蟹□	장방 타날판	北漢受蟹	-	중박4-3
			北漢受	-	서울대1-2
			北漢受	-	이대2488
			受蟹	-	서울대5-1
			受蟹□	-	간사이대3-18
12	泉□郡受蟹□草	장방 타날판	□郡受蟹□草	-	중박6-1
			泉□郡	-	서울대1-3
			泉□郡	-	이대2481
			郡受	-	서울대3-2
			受蟹	-	서울대1-1
13	王逢受蟹□	장방 타날판	王逢受蟹	-	중박6-2
			逢受	-	서울대6-4
14	栗木蟹□	장방 타날판	栗木蟹	-	중박7-1
			木蟹□	-	중박7-2
			栗木	-	서울대7-3
			木蟹	-	서울대8-2
15	松岳蟹□	장방 타날판	松岳蟹	-	중박8-3
			松岳蟹	-	서울대6-1
			松岳	-	이대2490
			松岳蟹	-	이마니시2-1
			松岳蟹	-	이마니시2-2
16	蟹□·開城	장방 타날판	蟹□·開城	-	중박9-2
			開城	-	서울대3-3
			蟹	-	이마니시2-3
			蟹	-	이마니시2-4
17	□忽受蟹□	장방 타날판	□忽受蟹□	-	중박5-1

일련 번호	복원된 명문	새긴 방법	출토 예	타날판 문양	유물 번호
18	買召忽	타날판	買召忽	-	중박5-2
			買召忽	-	서울대5-2
			買召忽	-	이대2477
19	夫如受	타날판	夫如受	-	중박5-3
20	買省蟹□	장방 타날판	買省蟹□	-	중박7-3
			買省蟹	-	서울대7-4
21	屈押蟹	타날판	屈押	-	중박8-1
			押蟹	-	중박8-2
22	豆射所馬	타날판	豆射所馬	-	중박9-1
23	皆山	타날판	皆山	-	중박9-3
24	今万(勿)奴	장방형 인장	今万(勿)奴	집선문	중박10-1
25	唐白	인장?	唐白	?	중박11-2
			唐白		서울대4-2
26	白城(?)□	장방형 인장	白城(?)□	집선문	중박11-3
27	童子…	장방형 인장	童子…	집선문	중박12-1
28	高	타날판	高	-	중박12-2
29	丁忽	타날판	丁忽	-	서울대1-4
30	童城	인장	童城	집선문	서울대6-3

　한편 이와 같은 종류의 명문 기와는 군현명의 소재지 산성에서 출토
되기도 하였다. 서울 아차산성에서는 11번과 동일한 타날판으로 새긴
것으로 보이는 '북한수해구'명 기와가 적어도 2점 이상 출토되었고,[21]
1번과 유사한 기와도 출토되었다.[22] 포천 반월산성에서는 선동에서는
확인되지 않은 도장으로 찍은 '마홀수해구초'명 기와가 출토되었다.[23]

丙燾, 1976, 앞의 논문, 496쪽)은 이것(그림 1)과 깨진 모양이 동일하여 같은 유물
로 판단된다.
21　'蟹'(서울대학교 박물관, 2000, 『아차산성 시굴조사보고서』, 278쪽 도면 56-6), '北漢'
(최인건, 2018, 「아차산성 남벽 및 집수지 일대 발굴조사 성과」 『아차산성 발굴 성과
와 출토 기와』(한국기와학회 학술대회 발표자료집), 한국기와학회, 21쪽 사진 42).
22　'受國'(손설빈, 2018, 「아차산성 망대지 일대 발굴조사 성과」 『아차산성 발굴 성
과와 출토 기와』(한국기와학회 학술대회 발표자료집), 한국기와학회, 39쪽 그림 28).

이밖에 고양 고봉산성에서 출토된 '고高'명 기와 역시 선동에서 출토된 것과 동일한 종류로 파악되고 있다.[24] 이러한 정황은 기와의 제작지, 사용처를 추정할 때 중요한 참고 사항이 된다.

명문의 종류는 다양하지만 공통적으로 신라 한주 소속 군현명이 나오고 또 '해구蟹□'가 들어가 있다. 가장 긴 것은 '(군현명)+수국해구선가초受國蟹□船家草'로 복원되는데, '선가船家'는 '선우船宇'라고도 하였다. 이 중 '해구'는 출토지인 선동 주변의 지명으로 보인다. 근대 지형도에는 현재의 고덕천이 해천蟹川, 즉 게내라고 기록되어 있는데〈〈그림 2〉〉,[25] 그 하구, 즉 한강에 합류하는 지점 정도로 이해할 수 있을 것이다. 기와의 출토지에서 하류 쪽으로 3km 정도 떨어진 곳이다. '선가'는 선착장 또는 조선소를 의미하는 것으로 추정되며, '국國'은 해구의 선가가 국영이라는 것을 표시한 것으로 볼 수 있을 것이다.[26] 마지막으로 '초草'는 지붕을 이는 '새'를 의미하며, 다른 기와 명문 중에는 '와초瓦草'가 나오기도 하는데 '디새', 즉 기와를 의미한다.[27]

---

23 '馬忽受蟹□草'(단국대학교 사학과, 1996, 『포천 반월산성 1차 발굴조사보고서』) 이에 대한 논고로 아래와 같은 글에 발표되었다.
徐榮一, 1996, 「抱川 半月山城 出土 〈馬忽受解空□單〉銘 기와의 考察」『史學志』 29, 단국사학회 ; 李道學, 1997, 「抱川 半月山城 出土 고구려기와 銘文의 再檢討」 『高句麗研究』 3, 고구려발해학회.
24 한국토지공사 토지박물관, 1999, 『고양시의 역사와 문화유적』, 461쪽, 도 270-2-18 ; 육군사관학교 육군박물관, 2004, 『경기도 고양시 군사유적 지표조사보고서』, 101쪽, 도 1-①.
25 朝鮮總督府, 1925년 측도, 1935년 제1회 수정 측도, 1926년 발행, 1:50,000 지형도 纛島.
26 田中俊明, 2004, 앞의 논문, 635쪽.
27 박성현, 2008, 앞의 논문, 119쪽 주 43.

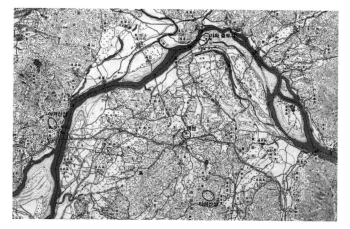

〈그림 2〉 일제 시대 1:50,000 지형도에 보이는 '게내蟹川'

'(군현명)+수국해구선가초'의 해석은 두 가지 방식으로 이루어졌다. 첫째, '수受'를 '받는다'는 의미로 보는 것이다. 즉 '해당 군현에서 국영 해구 선가의 기와를 받는다' 혹은 '해당 군현에서 받은(을) 국영 해구 선가의 기와' 정도로 해석된다.[28] 둘째, '수受'를 관문성 석각에 보이는 것과 같은 용법으로 이해하여 '할당받은'의 의미로 보는 것이다. 이때에는 '해당 군현에서 할당받아 제작한 국영 해구 선가에 사용될 기와'로 해석된다.[29] '수受'의 해석은 궁극적으로 기와의 제작처와 사용처를 각각 어떻게 볼 것인가에 달려있다고 할 수 있다. 첫째 견해에서는 한주의 주치 부근에 위치한 해구의 선가에서 제작된 기와가 각 군현에 분배되었고, 그것이 아차산성이나 반월산성과 같은 산성에서도 출토된 것으로 이해한다. 반면 둘째 견해에서는 각 군현에서 선가에 사용할 기와를 할당받아 제작하였고, 보내지 않고 남은 것이 성지에서 출토된 것으로 본다.

---

28 전덕재, 2002, 앞의 논문, 30쪽 ; 김규동·성재현, 2011, 앞의 논문, 570쪽 ; 金昌鎬, 2019, 앞의 논문, 12~13쪽.
29 田中俊明, 2004, 위 논문, 635쪽.

처음 이 자료를 접했을 때에는 군현이 공급받은_受 기와로 보았으며, 두 번째 논문에서는 반대의 견해를 같이 소개하였다. 지금 가지고 있는 생각은 '군현에서 할당받아 제작한 국영 해구 선가의 기와'라는 것이다. 즉 각 군현이 할당받아 납품한 선가 건물용 기와로 보는 것이 타당할 것 같다. 첫째, 동일 군현명의 기와는 1~2가지 유형으로 일정하지만, 다른 군현의 기와는 차이가 있다는 점을 들 수 있다. 각지에서 생산해서 납품했기 때문일 가능성이 크다. 주치의 국영 공방에서 제작한 기와라면 군현에 따라 다르게 만들 이유도 없을 것이고, 사실 군현명을 명기할 필요도 적을 것이다. 둘째, 기와 생산이 점차 일반화되는 경향을 고려할 수 있다. 운송 수단만 확보할 수 있다면 각지에서 납품을 받는 것이 효과적이었을 것이다. 고려 이후 명문 기와 중에 군현의 각 방면에서 제작해서 군현에 납품한 사례를 참고할 수 있다.[30]

이처럼 기와의 명문은 '특정 군현에서 할당받은_受 국영 해구 선가의 기와'로 해석할 수 있으며, 주치의 해구에 위치한 선가용 기와를 각 군현에 할당해서 제작하게 하고 그것을 납품 받아 사용한 것으로 이해할 수 있을 것이다. 그리고 각 군현에서도 일부 같은 유형의 기와가 출토되었다는 점에서 납품하고 남은 것을 다른 용도로 사용하기도 한 것으로 보인다.

그렇다면 이 기와의 연대는 어떻게 파악할 수 있을까? 기와의 제작 기법에 대한 분석에서는 통일 신라 말 정도로 추정하고 있는데,[31] 지명을 통해 이것을 다시 확인할 수 있을 것이다. 즉 신라에서는 경덕왕 16년(757) 군현명을 '한식漢式'으로 개정했다가 혜공왕 12년(776) 관직명과 함께 예전의 것으로 되돌렸다.[32] 그런데 기와 명문에는 고치기 전후의 지명이 모두 포함되어 있다. 어쩌면 당연한 이야기가 될 수도 있지만 이러

한 지명 개정이 정확하게 적용되지는 않았을 것이다. 즉 경덕왕 16년 이전에는 고친 이름이 나타날 수 없지만 이후에는 양자가 모두 나타날 수 있다. 그리고 고려의 건국 후 태조 23년(940)에 지명 체계 전반을 바꾸게 되는데[33] 예컨대 한양군(북한산군)을 양주楊州로 바꾸는 식이다. 그런데 선동 출토 기와에서는 고려 지명은 하나도 확인할 수 없다. 그렇다면 이 기와의 연대는 경덕왕 16년 이후 고려 태조 23년 이전이 될 것이다.

또 한 가지 고려할 수 있는 것은 '국 해구 선가'가 위치한 주치의 중심적인 위상이다. 이러한 주치의 중심적 위상은 후삼국 시기에 들어 무너진 것으로 보인다. 그때에는 죽주(개산군)의 기훤 등이 독자적인 세력을 이루고 있었다는 것이 알려져 있다.[34] 아무리 한주의 '호족'이 강력했다 하더라도 한주 전체에 영향력을 발휘하기는 어려웠을 것이다. 그렇다면 신라의 지방 제도가 붕괴했음이 확인되는 진성여왕 3년(889)[35]이 하한이 될 것이다.

이 시기에는 신라의 지방 통치 체계와 주치의 중심적인 위상이 대체로 유지되어 주의 행정 명령에 따라 각 군현에서 주치의 해구 선가에 사용될 기와를 제작하여 납품했을 것이다. 기와는 무게가 많이 나가기 때문에 사용처 인근에서 생산하는 것이 유리한 것으로 알려져 있다. 그렇지만 운송 수단, 체계가 확립되어 있다면 각지의 가마에서 생산한 것을 납품받는 것이 더 효율적일 수 있다. 무거운 물자를 운송하기 위해서는 수운이 필수적이었을 것이라고 생각된다. 다음 장에서는 당시 한주에서 수운을 얼마나 활용할 수 있었을지 검토해 보도록 하겠다.

---

33 『고려사』 권2, 세가2 태조 23년(940), "(庚子) 二十三年 春三月 改州府郡縣號."
34 『삼국사기』 권50, 열전10 궁예, "以眞聖王即位五年(891), 大順二年辛亥, 投竹州賊魁箕萱. 箕萱侮慢不禮. 善宗欝悒不自安, 潛結箕萱麾下元會·申煊等爲友."
35 『삼국사기』 권11, 신라본기11 진성왕 3년(889), "三年 國內諸州郡不輸貢賦, 府庫虛竭, 國用窮乏. 王發使督促, 由是所在盜賊蜂起. 於是, 元宗·哀奴等, 據沙伐州叛. 王命奈麻令奇捕捉, 令奇望賊壘, 畏不能進. 村主祐連力戰死之. 王下勅, 斬令奇, 祐連子年十餘歲, 嗣爲村主."

3. 한주漢州의 수운 활용

8세기 말에서 9세기 사이에 신라 한주의 주치에서는 소속 군현들로부터 기와를 납품받을 수 있었다. 이것은 그 자체로 수운 체계의 존재를 말해주는 것으로 생각된다. 기와에 '선가'라는 명문이 있고 현재 그곳의 현재 지명이 선동이라는 점도 유의된다. 그렇다면 당시 한주에 수운을 포함, 물자를 가져올 수 있는 조건이 어떻했는지 한 번 검토해보도록 하겠다.

먼저 지리지에 나오는 한주 소속 군현 목록을 제시하고, 그 가운데 선동에서 지명이 나온 것을 표시하였다(〈표 2〉).

〈표 2〉 한주 소속 군현과 선동 출토 기와 지명

군 일련 번호	군현명			선동 출토 기와 명문	치소의 현재 위치[36]
	지리지 신라조 표제명	지리지 신라조 본명	지리지 고구려조		
	漢州	漢山郡	漢山州		경기 하남시
	黃武縣	南川縣	南川縣 (南買)		경기 이천시
	巨黍縣	駒城縣	駒城 (滅烏)		경기 용인시 마북동, 언남동
	中原京	國原城	國原城 (未乙省, 託長城)		충북 충주시
1	槐壤郡	仍斤內郡	仍斤內郡		충북 괴산군 괴산읍
2	沂(沂)川郡	述川郡	述川郡 (省知買)		경기 여주군 홍천면?
	黃驍縣	骨乃斤縣	骨乃斤縣		경기 여주군 여주읍
	濱陽縣	楊根縣	楊根縣 (去斯斬)	楊根□	경기 양평군 옥천면

---

36 정구복 외, 2012, 『역주 삼국사기 4 주석편(하)』, 한국학중앙연구원을 1차적으로 참조하고 일부 수정.

군 일련 번호	군현명			선동 출토 기와 명문	치소의 현재 위치[36]
	지리지 신라조 표제명	지리지 신라조 본명	지리지 고구려조		
3	黑(黃)壤郡	今勿奴郡	今勿奴郡 (萬弩)	今万(勿)奴	충북 진천군 진천읍
	都西縣	道西縣	道西縣 (都盆)		충북 괴산군 도안면?
	陰城縣	仍忽縣	仍忽		충북 음성군 음성읍
4	介山郡	皆次山郡	皆次山郡	皆山	경기 안성시 죽산면
	陰竹縣	奴音竹縣	奴音竹縣		경기 이천시 장호원읍 이황리?
5	白城郡	奈兮忽	奈兮忽	白城(?)□	경기 안성시
	赤城縣	沙伏忽	沙伏忽		경기 안성시 양성면
	蛇山縣	蛇山縣	蛇山縣		충남 천안시 직산읍
6	水城郡	買忽郡	買忽 (水城)	水城受蟹草	경기 화성시 봉담읍
7	唐恩郡	唐城郡	唐城郡	唐白?	경기 화성시 남양면
	車城縣	上(車)忽縣	上忽 (車忽)		경기 평택시 안중면 용성리
	振威縣	釜山縣	釜山縣 (松村活達)		경기 평택시 진위면
8	栗津郡	栗木郡	栗木郡 (冬斯肹)	栗木蟹□	경기 과천시
	穀壤縣	仍伐奴縣	仍伐奴縣		서울 금천구 시흥동
	孔巖縣	濟次巴衣縣	濟次巴衣縣		서울 강서구 가양동
	邵城縣	買召(弥)郇)忽縣	買召忽縣 (彌鄒忽)	買召忽	인천 남구 문학동
9	獐口郡	獐項口縣	獐項口縣 (古斯也忽次)		경기 안산시
10	長堤郡	主夫吐郡	主夫吐郡		인천 계양구 계산동
	戌城縣	首尒忽	首尒忽		경기 김포시 대곶면
	金浦縣	黔浦縣	黔浦縣		경기 김포시
	童城縣	童子忽(幢山)縣	童子忽縣 (仇斯波衣)	童子…, 童城	경기 김포시 하성면

군 일련 번호	군현명			선동 출토 기와 명문	치소의 현재 위치[36]
	지리지 신라조 표제명	지리지 신라조 본명	지리지 고구려조		
	分津縣	平唯押縣	平淮(唯)押縣 (別史波衣)		경기 김포시 월곶면
11	漢陽郡	北漢山郡	北漢山郡 (平襄)	北漢受国蟹口舩, 北漢受蟹口	서울 광진구 광장동
	荒壤縣	骨衣奴縣	骨衣內縣	荒壤受舩宇草	경기 남양주시 진접읍
	遇王縣	皆伯縣	王逢縣 (皆伯)	王逢受蟹口	경기 고양시 덕양구 행주내동, 행주외동
12	來蘇郡	買省縣	買省縣 (馬忽)	買省蟹口	경기 양주시 유양동
	重城縣	七重縣	七重縣 (難隱別)		경기 파주시 적성면
	波平縣	波害平吏縣	波害平吏縣 (頜蓬)		경기 파주시 파평면
13	交河郡	泉井口縣	泉井口縣 (於乙買串)	泉口郡受蟹口草	경기 파주시 교하면
	峯城縣	述尒忽縣	述尒忽縣 (首泥忽)		경기 파주시 파주읍
	高烽縣	達乙省縣	達乙省縣	高烽縣受国蟹口舩家, 高	경기 고양시 일산구 관산동
14	堅城郡	馬忽郡	臂城郡 (馬忽)	馬城	경기 포천군 군내면
	沙川縣	內乙買縣	內乙買 (內尒米)		경기 동두천시 송내동
	洞陰縣	梁骨縣	梁骨縣	蟹口·梁骨	경기 포천군 영중면
15	鐵城郡	鐵圓郡	鐵圓郡 (毛乙冬非)		강원 철원군 철원읍
	㠊梁縣	僧梁縣	僧梁縣 (非勿)		강원 철원군 인목면
	功成縣	功木達縣	功木達 (熊閃山)		경기 연천군 연천읍
16	富平郡	夫如郡	夫如郡	夫如受	강원 철원군 김화읍
	廣平縣	斧壤縣	於斯內縣 (斧壤)		강원 평강군 평강면

군 일련 번호	군현명			선동 출토 기와 명문	치소의 현재 위치[36]
	지리지 신라조 표제명	지리지 신라조 본명	지리지 고구려조		
17	兎山郡	烏斯含達縣	烏斯含達		황해 금천군 토산면 토산리
	安峽縣	阿珍押縣	阿珍押縣 (窮嶽)		강원 이천군 안협면
	朔邑縣	所邑豆縣	所邑豆縣		경기 연천군 삭녕면 삭녕리
	伊川縣	伊珍買縣	伊珍買縣		강원 이천군 이천면
18	牛峯郡	牛岑郡	牛岑郡 (牛嶺, 首知衣)		황해 금천군 현내면 우봉리
	臨江縣	獐項縣	獐項縣 (古斯也忽次)		경기 장단군 강상면 임강리
	長湍縣	長淺城縣	長淺城縣 (耶耶, 夜牙)		경기 파주시 장남면
	臨端縣	麻田淺縣	麻田淺縣 (泥沙波忽)		경기 연천군 미산면 마전리
19	松岳郡	扶蘇岬	扶蘇岬	松岳蟹口	경기 개성시
	如羆縣	若豆恥縣	若只頭耻縣 (朔頭, 衣頭)		경기 장단군 진서면 경릉리
	江陰縣	屈押縣	屈於押 (紅西)	屈押蟹	황해 금천군 서북면 강음리
20	開城郡	冬比忽	冬比忽	蟹口·開城	경기 개풍군 서면 개성리
	德水縣	德勿縣	德勿縣		경기 개풍군 봉동면 흥왕리
	臨津縣	津臨城	津臨城縣 (烏阿忽)		경기 파주시 군내면

군 일련 번호	군현명			선동 출토 기와 명문	치소의 현재 위치[36]
	지리지 신라조 표제명	지리지 신라조 본명	지리지 고구려조		
21	海口郡	穴口郡	穴口郡 (甲比古次)		인천 강화군 강화읍
	沍陰縣	冬音奈縣	冬音奈縣 (休陰)		인천 강화군 하점면
	喬桐縣	高木根縣	高木根縣 (達乙斬)		인천 강화군 교동면
	守鎭縣	首知縣	首知縣 (新知)		인천 강화군 양도면

　한주에 소속된 군은 한주와 중원경을 제외하고 모두 28개인데, 선동 출토 기와에 나오는 지명은 20번째 개성군까지로 국한되어 있는 것으로 보인다. 21번째는 현재의 강화군인 해구군이고 22번째는 대곡군이며, 대곡군부터는 성덕왕 34년(735) 당이 신라의 패강 이남 땅에 대한 영유권을 인정하면서 경덕왕 21년(763) 설치한 대곡성 등 14군현에 해당한다.[37] 이 부분은 선덕왕 3년(782) 대곡성에 패강진을 설치하면서 그 관할 아래로 들어갔다.[38] 선동 출토 기와에는 패강진의 관할 하에 있는 군현들이 빠져있으며, 대체로 그 나머지 군현에서 가져온 것으로 간주해도 크게 틀리지 않을 것이다. 그 외에는 지역에 따른 차이라고 하는 것을 찾기 어렵다. 그리고 지명 중에는 군뿐만 아니라 현도 포함되어 있다. 군 단위로 납품한 것이 아니라 군치와 현에서 각각 납품했음을 알 수 있다.그렇다면 해당 군현들은 수로를 통해 주치와 연결되어 있

37 『삼국사기』 권8, 신라본기8 성덕왕 34년(735), "二月…義忠廻, 勅賜浿江以南地."; 『삼국사기』 권9, 신라본기9 경덕왕 7년(748), "秋八月…遣阿湌貞節等檢察北邊, 始置大谷城等十四郡縣."
38 『삼국사기』 권9, 신라본기9 선덕왕 2년(781), "秋七月 發使安撫浿江南州郡." 『삼국사기』 권9, 신라본기9 선덕왕 3년(782), "二月 王巡幸漢山州, 移民戶於浿江鎭." 『삼국사기』 권9, 신라본기9 선덕왕 4년(783), "春正月 以阿湌體信爲大谷鎭軍主." 『삼국사기』 권40, 잡지 직관하 浿江鎭典, "頭上大監一人 宣德王三年 始置大谷城頭上."

었다고 할 수 있을까? 한주는 크게 한강 유역, 안성천 유역, 임진강 유역, 예성강 유역으로 이루어져 있으며, 여기에 연안 항로를 더하면 어쨌든 수로로 연결되어 있었다. 수계에 따라 소속 군현을 분류해보면 아래와 같은 3개의 노선을 상정할 수 있을 것이다(〈표 3〉). 한강 하구에서 주치로 오는 노선은 편의상 강남과 강북을 구분하였다.[39]

〈표 3〉 수계에 따른 한주의 수운 노선 (*은 선동 출토 기와에 있는 지명)

제1 노선: 남한강 수계 (상류 → 하류)	괴양군 / (흑양군) 음성현 / 중원경 / 개산군* / (개산군) 음죽현 / 흑양군* / (흑양군) 도서현 / (소천군) 황려현 / (한주) 황무현 / 소천군 / (소천군) 빈양현*
제2 노선: 안성천 수계 + 황해 연안 + 한강 남쪽	백성군* / (백성군) 적성현 / (백성군) 사산현 / 수성군* / (당은군) 진위현 / (당은군) 차성현 [이상 안성천 수계] 당은군* / 장구군 / (율진군) 소성현 / (장제군) 술성현 / (장제군) 분진현 / cf. 해구군과 그 속현들 [이상 황해 연안] (장제군) 동성현* / (장제군) 김포현 / 장제군 / (율진군) 공암현 / (율진군) 곡양현 / 율진군* / (한주) 용구현 [이상 한강 남쪽]
제3 노선: 임진강 수계 + 예성강 수계 + 한강 북쪽	(토산군) 이천현 / (토산군) 안협현 / 토산군 / (토산군) 삭읍현 / (철성군) 동량현 / (부평군) 광평현 / 부평군* / 철성군 / 견성군* / (견성군) 동음현* / (견성군) 사천현 / (철성군) 공성현 / (우봉군) 임단현 / (내소군) 중성현 / (우봉군) 임강현 / (우봉군) 장단현 / (내소군) 파평현 / (개성군) 임진현 / (교하군) 봉성현 / 송악군* / (송악군) 여비현 / (개성군) 덕수현 [이상 임진강 수계] 우봉군 / (송악군) 강음현* / 개성군* [이상 예성강 수계] 교하군* / (교하군) 고봉현* / (한양군) 우왕현* / 내소군* / 한양군* / (한양군) 황양현* [이상 한강 북쪽]

---

39 『삼국사기』 지리지 신라 한주조를 보면 군현의 나열 순서에서 한강 이남의 군현이 먼저 나오고 이북의 군현이 나온다. 다만 현재의 강화군에 해당하는 해구군은 개성군 다음에 나온다.

〈그림 3〉 수계에 따른 한주의 수운 노선

첫째는 남한강 상류에서부터 하류의 주치에 이르는 노선이다. 『삼국사기』지리지에서 중원경과 4번째 개산군까지는 대체로 남한강 수계에 속해 있다.[40] 이 군현들의 치소가 모두 나루 가까이에 있는 것은 아니지만 영역 중 나루에서 가까운 곳에서 기와를 생산하거나 육운을 조금 이용한다면, 대체로 수운을 활용할 수 있었을 것이다. 한강 본류(남한강)

_____

40 흑양군과 그에 속한 도서현은 금강의 지류인 미호천 수계에 속하지만, 육로를 조금만 이용하면 남한강 수계에 도달할 수 있다.

수운은 근대 초에 이르기까지 많이 활용되었는데, 이에 대해서는 『조선 하천 조사서』를 참고할 수 있다.[41] 그에 따르면 하남 선동보다 조금 상류에 있는 우천 나루(현 광주시 남종면 우천리)까지는 200섬급 선박이 항해할 수 있었고, 그 다음부터 100섬급 선박이 항해 가능했다. 남한강의 지류인 달천도 탄금대에서 30.8km 상류에 있는 오간리(괴산군 감물면 오간리)까지 50섬급 선박이 들어갈 수 있었다.

둘째는 안성천에서 시작해서 황해 연안을 경유하고 한강 하구를 통해 주치에 이르는 노선이다. 한강 하류의 경우 편의상 한강 이남의 군현만 여기에 포함시켰다. 그렇게 하면 지리지에서 5번째 백성군부터 10번째 장제군까지에 해당한다. 현재의 강화군에 해당하는 해구군도 여기에 포함시킬 수 있다. 안성천의 수운에 대해서는 정보가 많지 않은데, 적어도 고려 시대 하양창河陽倉이 있었던 평택시 팽성읍 노양리 부근까지는 비교적 큰 배들이 드나들었을 것이고,[42] 계절에 따라 차이가 있었겠지만 그 상류로도 배가 다닐 수 있었을 것이다.[43] 선동에서 출토된 기와 중에는 '수성'이 포함되어 있고 '백성'으로 볼 수 있는 것도 있는데, 여기에서도 기와가 납품되었음을 알 수 있다. 수성군에서는 육로를 통해 해구 선가까지 기와를 운송할 수도 있었겠지만, 수성군의 군치가 현재의 수원시가 아니라 화성시 봉담면이나 오산 독산성 부근이라는 점을 고려하면 황구지천의 수운을 활용할 수도 있었을 것이라고 생각된다.

경기만의 황해 연안 수로는 특히 고려 시대에 조운로로 활용된 것으

---

41 조선총독부, 한국건설기술연구원 번역 및 감수, 2010, 『조선 하천 조사서(1929년)』, 국토해양부, 276~277쪽. 이밖에 남한강 수운에 대해서는 아래 논문을 참조할 수 있다. 崔永俊, 1987, 「南漢江 水運 研究」 『地理學』 35, 大韓地理學會 ; 金鍾赫, 2001, 『朝鮮後期 漢江流域의 交通路와 場市』, 高麗大學校 地理學科 博士學位論文, 100~113, 133~142쪽.

42 한정훈, 2013, 앞의 책, 187쪽.

43 조선 시대 안성천의 수운에 대해서는 경기도박물관, 2003, 『안성천』(경기도 3대 하천유역 종합학술조사 III), 331~332쪽 참조.

로 알려져 있는데, 최근 영흥도 서쪽 섬업벌에서 출수된 '영흥도선'이 목재의 연대와 내부 유물로 보아 8~9세기 신라 선박에 해당하는 것으로 추정되었다.[44] 선박 주변에는 청자를 비롯한 고려 시대 유물도 다수 분포하고 있었는데, 이것은 영흥도 서쪽의 수로가 고려 시대 조운로로 활용되었고 그곳에서 종종 배가 난파되었다는 것을 말해준다. 영흥도선에는 황칠黃漆이 담긴 도기와 철제 솥 등이 실려 있었는데, 배가 어디에서 어디로 가고 있었는지, 어떤 성격의 배였는지에 대해서는 아직 충분한 연구가 이루어지지 않았다. 배가 출수된 지점이 당으로 가는 항구인 당은포唐恩浦와 덕적도를 연결하는 선상에 있다는 점에서 대당 교역선일 가능성도 있다고 생각되지만, 현재까지의 연구에서는 배의 구조와 10m 미만의 크기로 보아 지방과 지방을 연결하는 연안 운항선 정도로 추정되었다.[45] 만약 그렇게 볼 수 있다면 8~9세기 경기만의 연안 항로가 운영되었던 실질적인 사례로 받아들일 수 있을 것이다.

셋째는 임진강에서 시작해서 바로 한강으로 들어가는 노선인데, 예성강 하류 수운을 이용할 수 있는 예성강 남안의 우봉군, 송악군 강음현, 개성군도 여기에 포함시킬 수 있을 것이다. 지리지에서 11번째 한양군에서 20번째 개성군까지에 해당한다. 임진강의 수운에 대해서도『조선 하천 조사서』를 참조할 수 있는데, 고랑포까지는 적재량 200섬 이상 400섬 이하의 배가 들어갈 수 있었고 본류로는 60섬급 배가 안협까지 들어갈 수 있었으며, 한탄강의 경우 전곡(연천군 전곡읍 전곡리)까지 60섬급 배가 다녔던 것으로 되어 있다.[46] 이 경우 더 상류쪽의 철성군이나 부평군에서는 수운을 이용하기 위해 육로로 전곡 나루까지 나와야 했을 것이며, 현재의 포천에 해당하는 견성군의 경우에는 육로를 이용하

---

44 국립해양문화재연구소, 2014,『인천 옹진군 영흥도선 수중발굴조사 보고서』.
45 윤용혁, 2015,「옹진 "영흥도선"의 구조 특징과 역사적 성격 -장보고 시대의 신라 연해 선박-」『百濟文化』52, 공주대학교 백제문화연구소.
46 조선총독부, 2010, 앞의 책, 275~276쪽. 다만 마전에서 안협 간은 40여 개소의 여울이 있어 양호한 항로라 할 수 없다고 되어 있다.

는 것이 더 용이했을 수도 있다.

이처럼 한주의 영역이 넓고 주치로부터의 거리가 가깝지 않더라도 수운을 통해 서로 연결되어 있었으며, 적어도 주치까지는 수운을 통해 다소 무게가 많이 나가는 물자도 운송하는 것이 가능했음을 알 수 있다.

선동에서 출토된 것과 같은 기와는 상시적인 수취 물품은 아니었을 것이다. 그렇지만 수운을 활용하는 시스템이 갖추어져 있었기 때문에 굳이 건축물을 세울 지점 주변에 가마를 개설해서 기와를 생산한 것이 아니라 각 군에 할당해서 기와를 납품하도록 했던 것으로 볼 수 있다. 그리고 그러한 시스템이 갖추어지게 된 것은 아무래도 가장 일반적인 수취품, 즉 곡물의 수취와 관련이 있을 가능성이 크다.

더 나아가 선가라고 하는 것도 그러한 시스템과 관련된 시설로 볼 수 있을 것이다. 그것은 선착장인 동시에 물자를 보관할 수 있는 창고, 환적 시설 등으로 이루어져 있었을 것이다. 주치인 춘궁동, 교산동 부근에서 그곳까지의 거리는 직선으로 5~6km 정도인데, 계내, 즉 현재의 고덕천을 따라 난 길을 따라 통해 연결되어 있었다. 따라서 그곳의 지명도 해구가 되었을 것이고, 그곳에 대규모 물류 시설이 마련된 것이 아닐까 생각된다.

그렇지만 신라의 수취 체제에서 한주의 주치가 물자 이동의 종착지가 될 수는 없었을 것이다. 주치로 집결된 물자는 국가적인 재분배 시스템에 의해 왕도를 포함한 다른 곳으로 옮겨질 수도 있었다고 여겨진다. 다음 장에서는 주치로 집결된 물자가 어떻게 이동하거나 사용되었을지 추정해 보도록 하겠다.

4. 통일기 조운漕運 체계의 모색

군현에서 수취한 조세는 일정 부분 군현의 창고에 보관되고 나머지는 행정 체계에 따라 운송되었을 것이다.[47] 이때 주州가 중요한 역할을 했던 것은 분명하고, 통일기 광역 주의 설정 자체가 효율적인 물류를 위한 것이라는 연구 성과도 참고할 수 있다.[48] 주치를 거쳐 왕도로 보내지는 것이 원칙이었을 것이며, 다만 효율적인 물류를 위해 주치나 왕도를 거치지 않고 국가가 필요로 하는 곳으로 직접 운송하기도 했을 것이다.[49]

앞 장에서는 한주 소속 군현에서 수운을 통해 주치로 물자를 운송하는 체계가 갖추어져 있었던 것으로 파악하였다. 조세로 거둔 곡물 역시 그러한 방식으로 주치로 집결되거나 혹은 다른 곳으로 보내질 수 있었을 것이다. 본 장에서는 주에서 수취한 물자가 어떤 식으로 왕도로 운송되었을지 검토해 보도록 하겠다.

주에서 수취한 물자 중에는 우선 주에 남겨진 부분이 적지 않았을 것으로 생각된다. 그 중 주치에서 사용된 부분이 있었을 것이다. 통일기 주치는 단순히 상급 지방 행정 기관이 위치한 곳이 아니라 격자형 시가지가 개설되기도 하여 일정한 도시를 이루고 있었다.[50] 많은 왕경인이 나와서 거주하였고,[51] 주의 행정을 위해 필요한 비용 외에 이들에게 분배되어야 할 몫이 있었을 것이다.

---

47 金昌錫, 2001, 앞의 논문, 243~245쪽.

48 김창석, 2017, 앞의 논문.

49 金昌錫, 2001, 앞의 논문, 250쪽.

50 朴泰祐, 1987, 「統一新羅時代의 地方都市에 對한 研究」『百濟研究』18, 충남대학교 백제연구소 ; 山田隆文, 2008, 「新羅の九州五小京城郭の構造と實態について -統一新羅による計劃都市の復元研究-」『考古學論攷』31, 奈良縣立橿原考古學研究所.

51 『삼국사기』권40, 잡지 직관하 외위, "文武王十四年, 以六徒眞骨, 出居於五京·九州, 別稱官名, 其位視京位."

주치 외에 주내에서 집행된 국가적인 비용도 생각할 수 있다. 대표적인 것이 군사와 외교를 위한 비용이다. 한주의 경우 패강진을 설치하기 전까지 신라 서북 방면 최전선에 위치한 주였기 때문에 군비 지출이 적지 않았을 것으로 생각된다. 다만 패강 이남 지역에 군현을 설치하고 이를 패강진 관할로 개편하면서, 만약 그곳에서 군비를 자체적으로 충당할 수 있었다면 한주에서 지출해야 할 군비가 다소 경감되었을 가능성이 있다. 그렇지만 일정 부분 한주로부터의 지원이 필요했을 것이고, 당은군에 설치된 당성진,[52] 해구군에 설치된 혈구진[53]에도 그것이 요구되었을 것이다. 또 신라에서는 당은군에 당으로 가는 항구, 즉 당은포를 운영하였다. 여기에도 단순히 항구만 있었던 것이 아니라 당의 사신을 위한 시설 같은 것이 존재했을 것이다. 여기에 필요한 비용 역시 한주에서 수취한 물자에서 충당했을 가능성이 크다.

이 부분을 제외한 나머지가 원칙적으로 왕도로 운송되어야 했을 것이다. 역시 수운의 이용을 전제로 했을 때 연안 항로를 이용하는 방식과 하운을 이용하여 남한강 및 낙동강 수운을 이용하는 방식을 상정할 수 있다. 이 가운데 연안 항로를 이용하는 방식은 쉽지 않았을 것으로 생각된다. 중간에 난파의 위험이 높은 조난 지대가 위치하고 있었기 때문이다. 대표적인 곳이 안흥량과 울돌목鳴梁項과 같은 곳이다.[54] 다음으로 고려할 수 있는 것은 남한강 수운을 이용해 충주, 즉 중원경까지 운송을 하고 여기에서 계립령을 넘어 낙동강 수계로 가지고 가서 낙동강 수운을 이용해서 경주 인근까지 운송하는 방식이다. 조선 초의 경우 역으로 낙동강 수계의 물자를 조령을 통해 넘겨 남한강 수운을 이용할 수 있는 충주 경원창慶源倉에 납부하게 하였다.[55]

---

52 『삼국사기』 권10, 신라본기10 홍덕왕 4년(829), "四年, 春二月, 以唐恩郡爲唐城鎭, 以沙湌極正往守之."
53 『삼국사기』 권11, 신라본기11 문성왕 6년(844), "秋八月, 置穴口鎭, 以阿湌啓弘爲 鎭頭."
54 한정훈, 2013, 앞의 책, 90쪽.

이와 관련하여 김해경을 제외한 4개 소경의 입지가 각 주를 관류하는 수로를 통해 각종 물자를 집하한 다음 영로嶺路를 통해 왕도로 운반할 수 있는 수로, 육로의 결절점結節點에 위치하고 있다는 연구가 주목된다.[56] 여기에서는 이 4개 주에서는 소경에 물자를 집하하여 육로로 왕도까지 육로로 운송한 것으로 보았으며, 왕도의 인구를 소경으로 이주시켜 일부 현지에서 소비할 수 있도록 한 것으로 이해하였다. 이 견해는 기본적으로 신라에서 조운 제도의 운영 가능성을 낮게 보았으며, 육상 교통을 많이 이용한 것으로 파악했다.[57] 그렇지만 전시에 육로로 군량을 운송한 사례만 가지고 수운을 많이 활용하지 않은 것으로 본데에는 문제가 있다고 생각된다. 남한강 수운을 이용했다면 당연히 낙동강 수운도 활용할 수 있었을 것이다.

중원경과 웅주 서원경(현 충북 청주)은 확실히 수운을 통해 집하한 화물을 영로를 이용해 낙동강 유역으로 넘길 수 있는 위치에 있다. 중원경까지의 수운 조건은 앞에서 어느 정도 다루었고 거기에서 계립령을 통해 문경까지 물자를 보내는 것도 충분히 가능했을 것이다. 서원경의 경우 금강의 지류인 미호천 유역에 속해 있는데, 근대 초 인근 부강 나루(현 세종 부강면 부강리)까지 적재량 60섬의 선박이 들어올 수 있었다.[58] 거기에서 화령재를 통해 상주로 물자를 보낼 수 있었을 것이다. 삭주 북원경(현 강원 원주)은 수운 조건은 좋지만 영로를 이용하기가 쉽지 않았을 것 같고, 반대로 전주 남원경(현 전북 남원)은 영로를 이용하기는 좋지만 수운을 통해 물자를 집하하기는 불가능했을 것이다.

---

55 『세종실록』 권150, 지리지 경상도, "道內貢賦, 各以附近, 分輸于金海佛巖倉·昌原馬山倉·泗川通洋倉, 沿于海, 歷全羅·忠清海路, 達于京. 水路險惡, 每致敗沒, 太宗三年甲申, 廢漕船, 各令田夫直納于忠清道忠州慶源倉. 其中洛東江之下流沿江各官[金海·昌原·密陽·梁山·咸安·草溪·昌寧·漆原·鎭海·宜寧., 立三價之稅[謂船價·人價·馬價], 募人載船給船價·人價, 泝至尙州, 陸輸過聞慶草岾[給人馬價], 納慶源倉, 以站船達于京."

56 여호규, 2002, 앞의 논문, 148쪽.
57 위의 논문, 143~145쪽.
58 조선총독부, 2010, 한국건설기술연구원 번역 및 감수, 앞의 책, 281쪽.

이상의 경우를 살펴보면 역시 소경에서 직접 물자를 수집하기보다 주치에서 일단 수집하고 필요한 만큼만 소경으로 보냈을 가능성이 크다고 생각된다. 주치가 중심에 위치한 만큼 물자 수집에 더 유리하기 때문이다. 소경에는 거기에서 소비될 물자와 왕도로 보낼 물자만 보내면 되는데, 주치와 소경은 전주 남원경을 제외하면 역시 수로로 연결되어 있다. 한주에 주치 중심의 수운 시스템이 만들어지고, 또 선가가 설치된 것도 이와 관련이 있는 것으로 이해할 수 있다.

소경에 대한 연구에서 무엇보다 주목되는 것은 소경에 왕경인을 이주시켜 물자의 일부를 소비하게 했다고 한 점이다.[59] 이것은 매우 중요한 지적이라고 생각하는데, 이 부분이 소경의 더 중요한 기능이었을 수도 있다. 소경에 물자를 집하하고 환적하여 영로를 통해 넘기는 부분도 어느 정도 있었겠지만, 소경에서 물자를 소비하도록 한 부분이 적지 않았을 것이라고 판단된다. 육로를 이용한 곡물 운송이 비효율적이고 쉽지 않았을 것이기 때문이다. 북원경의 사례는 분명 환적을 위한 입지로는 설명하기 어렵다. 차라리 중원경으로 물자를 보내는 것이 더 효율적이었을 것이다. 그렇다면 북원경의 설치는 삭주의 한강 유역 부분에서 수취한 물자를 소비하기 위한 것이었다고 하는 것이 더 적절할 것 같다. 결국 소경은 소백산맥 밖의 주에서 왕도로 납부할 조세를 대신 수용하기 위해 설치한 것이라고 할 수 있으며, 수운을 이용한 곡물 운송을 전제로 한 제도로 이해할 수 있을 것이다.

이때 다시 주목되는 것이 명주와 무주에는 소경이 없다는 사실이다. 이것은 다시 말해 이 두 주에서는 왕도로 직접 물자를 보냈다는 것을 의미할 수 있다. 명주의 경우 연안 해로를 통해 어렵지 않게 물자를 왕도로 보낼 수 있었을 것이고, 무주의 경우에도 영산강 하구를 나가면 남해안을 따라 몇 군데 조난 지대가 있기는 하지만 거리상 해로 이용

---

59 여호규, 2002, 148~151쪽. 동시에 진골 귀족들이 소백산맥 밖에 있는 경제적 기반을 운영하기 위한 거점으로도 파악하였다.

이 가능했을 것이다.[60] 즉 원 신라 지역의 3주와 함께 명주와 무주는 수운으로 조세를 왕도로 보내는 조운 체계에 포함되어 있었을 가능성이 크다.

신라에 조운 제도가 있었다는 명확한 기록이 없기 때문에 제도의 존재 여부가 논란이 되고 있다.[61] 그렇지만 곡물 운송에서 수운의 효율성을 고려하면 지역에 따라 수운을 활용하였을 것이고, 아울러 전체적인 조운 체계가 존재했을 가능성이 크다. 즉 신라 왕도를 중심에 높고 보았을 때 낙동강 수운을 활용하여 영남 지역의 물자를 가져왔을 것이고,[62] 동해안 연안, 남해안 연안 항로를 이용한 조운 가능성을 상정할 수 있다. 신라가 연안 항로를 이용했음을 보여주는 것으로 다음과 같은 사료가 인용된다.

> 갑술일 … 대재부大宰府에서 말하기를 "신라인 김파형金巴兄, 김승제金乘弟, 김소파金小巴 등 세 사람이 이르기를 '지난해 저희 현縣의 운곡에 차출되어 바다 가운데서 도적을 만나 함께 모두 죽고 오직 우리만 다행히 하늘의 도움을 입어 겨우 훌륭한 나라에 도착하였습니다. … 지금 듣건대 고향 사람이 왔다고 하니 놓아주시어 돌아갈 수 있게 해주십시오. 엎드려 바라건대 같은 배에 의지해 타고 함께 고향으로 돌아가게 해주십시오'라고 합니다"라고 하였다. 그것을 허락하였다.[63]

---

60 울돌목鳴梁項과 같은 조난 지대를 피하기 위해 섬진강 하구를 이용했을 가능성도 있다.

61 고려 시대 조운 제도를 연구한 한정훈은 "통일 신라 시기는 매년 정기적으로 해로를 통해 왕경으로 조세를 수납하는 조운 활동이 국가 제도로서 정착되지 않은 것으로 이해된다"고 하였다(한정훈, 2013, 앞의 책, 43쪽).
반면 김창석은 "(신라의) 조운 체제는 지증왕이 舟楫의 편리성을 추구하고, 진평왕대에 船府署를 두고 문무왕 때 船府를 독립시키면서 신라 국가가 '舟楫之事'를 정비해 간 일련의 국가 정책의 산물이었다"고 하였다(김창석, 2021, 앞의 논문, 175쪽).

62 주 3, 4 참조.

63 『日本後紀』卷21, 太上天皇 嵯峨天皇 弘仁 2년(811) 8월, "甲戌 … 大宰府言, '新羅人金巴兄金乘弟金小巴等三人申云, 去年被差本縣運穀, 海中逢賊, 同伴盡沒, 唯己等幸賴天祐, 儻着聖邦. 雖沐仁渙, 非無顧戀. 今聞鄕人流來, 令得放歸. 伏望寄乘同船,

이 기사를 통해 곡물을 운반하는 데에 해로를 이용했다는 것을 알 수 있다. 이때 곡물을 운반한 주체는 특정 현으로 되어 있는 것 같지만, 이들이 현에서 징발된 인원이고 같이 있었던 사람들이 적지 않았다고 한다면, 주에서 일정 지역을 묶어 인력을 징발하여 수운을 통해 곡물을 운송했음을 짐작해 볼 수 있다. 그것을 남해의 연안 항로로 운송하였는데, 9세기 초라는 시기에 해적을 만나는 등 조난遭難하는 사례도 종종 있었던 것이다.

이처럼 신라 통일기에는 9주의 분정과 김해경 외 4소경의 설치를 토대로 다음과 같은 조운 체계를 운영되었다고 할 수 있을 것이다. 원 신라 지역의 3주는 기본적으로 낙동강 하운 및 연안 해운을 통해 조세를 왕도까지 운송했을 것이며, 연안 해운은 명주 및 무주까지 확장되었을 것이다. 한편 한주와 삭주, 웅주와 전주의 경우에는 소경을 설치하여 왕경인을 나가 살게 하고 왕도에 보내야 하는 조세를 대신 소경에 납부하게 했을 가능성이 크다. 단, 소경에서는 필요에 따라 그 일부를 영로嶺路를 통해 낙동강 유역의 다른 물류 거점까지 운송할 수도 있었을 것이다. 이처럼 수운이 주가 되는 물류 체계를 통해 전국의 물자를 왕도로 집결시키거나 국가적으로 필요한 곳까지 운송했다고 할 수 있을 것이다.

5. 맺음말

이상 논의한 것을 정리하면 다음과 같다. 1925년 현 하남 선동에서 출토된 명문 기와는 한주 주치의 국영 해구蟹口 선가船家에 사용될 기와로 한주 소속 여러 군현에서 납품한 것이다. 기와와 같이 무거운 물자

共還本鄕者.ʼ許之.ˮ

를 각지에서 가져올 수 있었던 것은 한주 내에 일정한 수운 체계가 작동하고 있었기 때문일 것이다. 기와 명문의 지명으로 보았을 때 한강 수운과 안성천에서 연안 항로를 따라 한강으로 이어지는 수운, 임진강과 예성강에서 한강으로 연결되는 수운 등을 상정할 수 있다. 이러한 수운 체계는 기본적으로 조세 운송을 위해 만들어진 것으로 이해할 수 있다.

한주의 각 군현에서 수취한 조세 중 일정 부분은 그곳에 남겨지고 나머지는 행정 체계에 따라 운송되었을 것이다. 왕도로 조세를 운송하는 방식은 주별로 차이가 있었던 것으로 파악하였다. 소경이 있는 소백산맥 밖 4개 주의 경우 결국 소경을 통해 왕도에 세금을 납부하였을 것이다. 이때 소경은 수륙으로 주치와 연결되어 있으면서 영로를 통해 물자를 낙동강 수계로 보낼 수 있는 위치에 있었다. 즉 환적을 하여 물자를 보내거나 지배층의 일부가 소경에 나가 살면서 소비를 하는 방식이었을 것이다. 한편 원 신라 지역의 3주와 소경이 없는 명주나 무주에서는 낙동강 수로 및 연안 항로를 이용해서 왕도에 조세를 납부하였을 것이다. 이처럼 신라에서도 곡물 운송에 수운을 많이 활용했으며, 일정한 조운 체계를 가지고 있었던 것으로 이해할 수 있다.

참고문헌

경기도박물관, 2003, 『안성천』(경기도 3대 하천유역 종합학술조사 Ⅲ).
국립해양문화재연구소, 2014, 『인천 옹진군 영흥도선 수중발굴조사 보고서』.
金鍾赫, 2001, 『朝鮮後期 漢江流域의 交通路와 場市』, 高麗大學校 地理學科 博士 學位論文.
단국대학교 사학과, 1996, 『포천 반월산성 1차 발굴조사보고서』.
서울대학교 박물관, 2000, 『아차산성 시굴조사보고서』.
육군사관학교 육군박물관, 2004, 『경기도 고양시 군사유적 지표조사보고서』.
梨花女子大學校 博物館, 1987, 『博物館 所藏品目錄』.
임상택·양시은·전덕재, 2002, 『서울대학교 박물관 소장 명문기와』, 서울대학교 박물관.
정구복 외, 2012, 『역주 삼국사기 4 주석편(하)』, 한국학중앙연구원.
조선총독부, 한국건설기술연구원 번역 및 감수, 2010, 『조선 하천 조사서(1929년)』, 국토해양부.
한국토지공사 토지박물관, 1999, 『고양시의 역사와 문화유적』.
한정훈, 2013, 『고려시대 교통운수사 연구』, 혜안.

吉井秀夫(요시이 히데오), 2017, 「광주 선리 명문기와의 고고학적 재검토 - 이마니시 류 수집자료의 검토를 중심으로-」『佛智光照』(청계 정인 스님 정년퇴임 기념 논총).
김규동·성재현, 2011, 「船里 銘文瓦 考察」『고고학지』 17, 국립중앙박물관.
金昌錫, 2001, 「신라 倉庫制의 성립과 租稅 運送」『韓國古代史硏究』 22, 한국고대사학회.
김창석, 2016, 「함안 성산산성 木簡을 통해 본 新羅의 지방사회 구조와 수취」『百濟文化』 54, 공주대학교 백제문화연구소.
김창석, 2017, 「7세기 신라 州의 성격 변화와 수취 -溟州와 朔州를 중심으로-」『百濟文化』 56, 공주대학교 백제문화연구소.
金昌錫, 2021, 「한국 고대의 輸役과 漕運 -'船家'의 출현 배경과 관련하여-」『木簡을 통해 본 고대 동아시아의 물자유통과 관리』(경북대학교 인문학술원 HK+사업단 제2회 국제학술대회).
金昌鎬, 2019, 「廣州 船里遺蹟에서 出土된 蟹口기와의 生産과 流通」『文化史學』

52, 한국문화사학회.

朴省炫, 2002, 「6~8세기 新羅 漢州 「郡縣城」과 그 성격」『韓國史論』 47, 서울대
학교 국사학과.

박성현, 2008, 「신라 城址 출토 문자 자료의 현황과 분류」『木簡과 文字』 2,
한국목간학회.

박성현, 2016, 「삼국시대 금호강 유역의 공간 구조와 물자 이동 -押梁郡을
중심으로-」『百濟文化』 54, 공주대학교 백제문화연구소.

朴泰祐, 1987, 「統一新羅時代의 地方都市에 對한 硏究」『百濟硏究』 18, 충남대
학교 백제연구소.

徐榮一, 1996, 「抱川 半月山城 出土 〈馬忽受解空口單〉銘 기와의 考察」『史學志』
29, 단국사학회.

徐五善, 1985, 「韓國平瓦紋樣의 時代的 變遷에 對한 硏究」, 忠南大學校 史學科
碩士學位論文.

손설빈, 2018, 「아차산성 망대지 일대 발굴조사 성과」『아차산성 발굴 성과
와 출토 기와』(한국기와학회 학술대회 발표자료집), 한국기와학회.

여호규, 2002, 「한국 고대의 지방도시 -신라 5小京을 중심으로-」『강좌 한국
고대사 제7권 촌락과 도시』, 가락국사적개발연구원.

尹善泰, 1999, 「咸安 城山山城 出土 新羅木簡의 用途」『震檀學報』 88, 진단학회.

윤용혁, 2015, 「옹진 "영흥도선"의 구조 특징과 역사적 성격 -장보고 시대
의 신라 연해 선박-」『百濟文化』 52, 공주대학교 백제문화연구소.

李京燮, 2005, 「城山山城 출토 荷札木簡의 製作地와 機能」『한국고대사연구』
37, 한국고대사학회.

李京燮, 2011, 「성산산성 출토 신라 짐꼬리표[荷札] 목간의 地名 문제와 제작
단위」『新羅史學報』 23, 신라사학회.

李道學, 1997, 「抱川 半月山城 出土 고구려기와 銘文의 再檢討」『高句麗硏究』
3, 고구려발해학회.

李丙燾, 1976, 「景行禮考」『韓國古代史硏究』, 博英社.

이수훈, 2012, 「城山山城 木簡의 '城下麥'과 輸送體系」『지역과 역사』 30, 부경
역사연구소.

李鎔賢, 2002, 「咸安 城山山城出土木簡과 6세기 新羅의 지방경영」『東垣學術論
文集』 5, 국립중앙박물관.

전덕재, 2007, 「함안 성산산성 목간의 내용과 중고기 신라의 수취체계」『역
사와 현실』 65, 한국역사연구회.

전덕재, 2020, 「中古期 新羅의 租稅收取와 力役動員」『한국고대사연구』98, 한
　　국고대사학회.

崔永俊, 1987, 「南漢江 水運 研究」『地理學』35, 大韓地理學會.

최인건, 2018, 「아차산성 남벽 및 집수지 일대 발굴조사 성과」『아차산성
　　발굴 성과와 출토 기와』(한국기와학회 학술대회 발표자료집), 한국
　　기와학회.

高正龍·熊谷舞子·安原葵, 2014, 「關西大學博物館所藏朝鮮瓦 -文字瓦を中心とし
　　て-」『關西大學博物館紀要』20, 關西大學博物館.

藤田亮策, 1953, 「新羅九州五京攷」『朝鮮學報』5, 朝鮮學會.

山田隆文, 2008, 「新羅の九州五小京城郭の構造と實態について -統一新羅による計
　　劃都市の復元研究-」『考古學論攷』31, 奈良縣立橿原考古學研究所.

田中俊明, 2004, 「廣州船里出土文字瓦銘文の解釋と意義」『古代文化』56-11, 古代
　　學協會.

高麗 江都時期 京畿灣 일대의 주요 浦口와 物資 流通

문경호
(공주대학교)

1. 머리말

고려시대는 유난히 국왕의 蒙塵이 많았던 시기였다. 얼핏 떠오르는 것만 해도 현종의 羅州 몽진, 충렬왕의 江華 몽진, 공민왕의 福州(안동) 몽진 등을 꼽을 수 있다. 고려 말에는 왜구의 침입을 피하기 위해 파주, 철원 등지로의 천도가 논의되기도 하고, 잠깐 동안이지만 우왕과 공양왕은 한양으로 거처를 옮긴 적도 있었다.[1] 그러나 1232년 최우의 주도로 왕실과 관료들이 강화로 옮겨간 것은 이규보가 시에서 읊었던 것처럼 몽진이 아니라 엄연한 천도였다.[2] 그것은 당시 사람들이 강화 를 皇都라고 부른 것을 통해서도 확인된다.

전쟁 기간만 28년, 삼별초 항쟁이 진압되는 기간까지 포함하면 40년 동안이나 고려인들은 형용하기 어려운 고통을 겪었다. 정부가 강압적 으로 추진한 山城 또는 海島入保로 인해 굶주려 죽은 사람들도 많았 다. 군대를 보내 주민들을 강제로 산성과 섬으로 몰아넣었으나 그것을 뒷받침할 만한 식량이나 주거시설에 대한 대책까지 고려한 것은 아니 었기 때문이다. 公山城으로 피난한 백성들이 굶주림에 시달려 '노인들 의 시신이 골짜기를 메우고, 심지어 아이를 나무에 묶어두고 피난길에 나선 사람들이 있었다.'[3]라는 기사는 당시 상황이 얼마나 참혹했는지 잘 보여준다.

그러나 강화로 옮겨간 왕과 권신들의 생활은 개경에서와 크게 다르

---

1 『高麗史』 卷39, 世家 恭愍王 6年 1月 17日 壬辰 ; 『高麗史』 卷39, 世家 恭愍王 9年 1月 28日 丙辰 ; 『高麗史』 卷39, 世家 恭愍王 9年 7月 1일 乙卯 ; 『高麗史』 卷130 列傳 諸臣 崔瑩 등.
2 『東國李相國全集』 卷18, 古律詩, "望海因追慶遷都". 윤용혁, 2010, 「고려 도성으로 서의 江都의 제문제」 『한국사학보』, 75~76쪽에서 재인용.
3 『高麗史』 卷24, 世家 高宗 42年 3月.

지 않았다. 강도 시기 동안 고려의 권력자들은 강화의 지명을 개경과 같게 바꾸고, 호화로운 궁궐과 저택을 지었으며, 여러 고을에서 진상품을 받았다.[4] 태안 마도 3호선에서 출수된 각종 도자기와 곡류, 식품류, 약재 등은 이 시기에도 조운 시스템이 어느 정도 작동되고 있었음을 보여준다. 몽골은 급작스럽게 침입하여 두려울 만큼 잔인하게 살상과 약탈을 단행했지만 한꺼번에 전국을 전쟁터로 만들 만큼 대규모의 군대를 투입하지는 않았다. 따라서 몽골군과 전쟁을 벌이는 동안에도 남부 지방의 특산물은 바닷길을 통해 강도로 운송되었다. 이 시기 강화로 드나드는 商船과 貢船이 다수였음은 최자의 「三都賦」를 비롯한 당시의 기록에 잘 나타나 있다.

이러한 점을 고려하여 이 글에서는 당시 강도 시기 고려 정부와 권신들의 생활을 뒷받침한 물자 운송의 상황과 포구에 대해 살펴보려 한다. 당시의 물자유통이나 조운 관련 기록이 거의 없어 전체적인 상황을 파악하기는 어렵지만, 최근에 조사된 강화의 지형[5]과 각종 문헌에 남아있는 포구 관련 지명, 국립해양문화재연구소의 수중발굴조사[6] 기록 등을 토대로 접근하면 단편적이나마 당시 상황을 이해하는 데에는 도움이 되리라 판단된다.

글은 크게 두 부분으로 구성하였다. 먼저 2장에서는 『고려사』와 조선 초의 지리지, 고지도, 지명 등을 토대로 지금은 매립이 된 강도 시기 경기만 일대와 그 주변 포구들의 위치 및 역할을 조사해 보려 한다. 강도는 섬이라는 특징상 배를 이용하지 않으면 물자를 실어 올 수 없다. 강도에 배가 드나들었다면 그 거점이 될 만한 포구는 어디였는지, 당시의 해안선은 지금과 어떻게 달랐는지 살피는 일은 매우 중요한 과

---

4 『高麗史』卷21, 世家 高宗 21年 1月.

5 장동호, 2017, 『강화 고려도성의 자연지리학적 연구 최종보고서』, 국립강화문화재 연구소 ; 박지훈, 2019, 『강화읍 동쪽 해안 일대 퇴적토양 분석』, 국립강화문화재 연구소 등.

6 국립해양문화재연구소, 2012, 『태안마도 3호선 수중발굴보고서』.

정이라 생각된다. 또한, 강도 주변에 어떤 포구들이 분포되어 있었는지도 함께 살핌으로써 경기만 일대의 당시 바닷길이 어떻게 이어지고 있었는지 고찰하려 한다.

3장에서는 포구를 통해 강화로 유입된 물자들에 대해 살펴볼 것이다. 이 시기에는 몽골의 침입으로 많은 사람이 피해를 당하였지만, 왕실과 권력자들은 조운을 통해 이전과 다름없이 많은 물자를 조달받고 있었다. 그러한 상황이 어떻게 가능했는지, 국가가 거둬들인 조세와 외부로부터 유입된 물건으로는 어떤 것들이 있는지 살펴볼 것이다.

2. 고려~조선 초 강도와 경기만 일대의 주요 포구

1) 강화 지역의 포구

삼국시대부터 경기만 일대는 해상 교통의 중심지역이었다. 인천 凌虛臺의 大津, 용유도의 朝天坮는 백제시대에 사신들이 중국으로 출발하던 곳이라는 말이 전한다.[7] 나당연합군이 백제를 공격할 때에도 소정방이 이끄는 당군은 德物島를 거쳐 금강 하구로 내려갔다.[8] 이후에도 경기만 일대가 다양한 경제 활동의 무대로 부상했을 가능성이 크다는 것은 통일신라 시대에 침몰한 것으로 알려진 영흥도선[9]과 화성의 당성 유적[10] 등을 통해서도 확인된다.

---

7 『輿地圖書』 上, 京畿道 仁川, 古跡.
8 『三國史記』 卷42, 列傳 第2 金庾信 ; 『萬機要覽』 軍政篇 海防.
9 윤용혁, 2015, 「옹진 '영흥도선'의 구조 특징과 역사적 성격 -장보고 시대의 신라 연해선박-」『백제문화』 52, 309~314쪽 ; 문경호, 2017, 「고대 한반도 서해안의 바닷길과 당성」『2017 화성 당성 국제학술대회 "화성 당성과 고대 포구"』자료집』, 97~102쪽.
10 당성 유적에서는 삼국~조선시대까지의 건물지와 기와편, 각종 제사 흔적(의례용 건물, 토제마, 백자향로), 중국산 다기, 형요산 백자완 등이 출토되었다. 이를 근거로 조사자들은 당성이 신라시대 당항성, 나말여초의 당성진, 고려시대 망해루

나말여초에는 호족들이 부상하면서 주요 포구를 호족들이 장악하는 현상이 나타났다. 따라서 고려 정부는 호족들의 협조하에 운반세를 지급하고 조세를 운송하였다. 그러한 사실을 잘 보여주는 것이 992년(성종 11)에 전국 60개 포창의 명칭을 개칭하고, 개경까지의 輸京價를 제정했다는 『고려사』의 기록이다.[11]

흥미로운 사실은 당시의 60개 포창 중 절반 가까운 숫자의 포창이 한강 하류와 경기만에 집중되어 있다는 점이다.[12] 그 중 경기만에 설치된 것으로 추정되는 포창으로는 漢南郡의 媚風浦, 息浪浦 등이 있었다. 미풍포와 식랑포는 조창제가 운영된 시기에도 중요한 역할을 했을 것이다.

성종 때 개칭된 포창의 명칭에 강화는 빠져 있다. 그러나 강화는 통일신라 말에 혈구진이 설치된 군사적 요충지였다. 혈구진에 처음 鎭頭로 임명된 사람은 啓弘이라는 인물이었다.[13] 그의 가문이 지속적으로 강화에서 세력을 유지했는지는 알기 어렵지만, 만약 강화를 차지했다면 한강, 예성강에서 서해로 이어지는 길목을 장악하고 세력을 키울 수 있었을 것이다.

강화는 본래 해안선이 복잡하고, 높은 산이 많아 해안가로 흘러드는 강 주변에 넓은 갯벌이 형성되어 있었다. 따라서 강의 하구에는 배가 드나드는 포구가 여럿 들어섰다. 『高麗史』 지리지에는 梯浦와 瓦浦, 狸浦, 草浦 등 4개의 포구만 등장하지만 『新增東國輿地勝覽』 강화 산천조에는 10개나 되는 포구의 명칭이 남아있다. 규모의 차이는 있을지

등 다양한 형태로 운영된 것으로 보았다(김기룡 외, 2017, 「화성 당성의 발굴조사 성과와 해양문화학적 의미」『2017 화성 당성 국제학술대회 "화성 당성과 고대 포구"자료집』, 70~82쪽).

11 『高麗史』 卷79, 食貨2 漕運.

12 권영국 외, 1996, 『역주 고려사 지리지』, 한국정신문화연구원, 364~382쪽 ; 한정훈, 2009, 「고려 초기 60포제의 실시와 그 의미」, 『지역과 역사』 25, 부경역사연구소, 133~136쪽 ; 문경호, 2014, 『고려시대 조운제도 연구』, 혜안, 43~45쪽 참조.

13 『三國史記』에는 844년 8월에 "穴口鎭을 설치하고, 阿湌 啓弘을 鎭頭로 삼았다(『三國史記』 卷11, 新羅本紀 文聖王 6年 8月)"라는 기록이 있다.

모르지만 이들 포구의 대부분은 고려시대에도 그대로 이용되었을 가능성이 크다. 『신증동국여지승람』에 기록된 강화의 포구들을 간단히 소개하면 다음과 같다.

〈표 1〉 『신증동국여지승람』에 기록된 강화 지역의 포구

포구명	위치	주요 기능
甲串津	부 동쪽 10리	通津으로 건너는 길목
寅火石津	부 서쪽 32리	喬桐島로 건너는 길목
井浦	부 서쪽 20리	井浦의 위치는 누락되고, 井浦營이 소개되어 있음
嘉陵浦	부 서쪽 32리	摩尼山에서 나와 서쪽으로 흘러 바다로 들어감
蝦浦	부 북쪽 12리	高麗山에서 나와 북으로 흘러 吾里川이 되어 바다로 들어감
大青浦	부 남쪽 13리	穴口山과 鎭江山에서 나와 동쪽으로 흘러 馬場川이 되어 바다로 들어감.
鹽岾浦	부 서쪽 22리	高麗山에서 나와 서쪽으로 흘러 高麗川이 되어 바다로 들어감
造山浦	부 남쪽 5리	穴口山에서 동으로 흘러 猪川川, 고려산에서 동으로 흘러 東洛川이 되어 바다로 들어감
末吾乙浦 (말올포)	부 서쪽 20리	高麗山과 穴口山에서 나와 서쪽으로 흘러 豆毛川이 되어 바다로 들어감
昇天浦	부 북쪽 19리	승천부(풍덕), 개성으로 건너는 길목

甲串津은 김포에서 강화로 건너가는 강화대교 부근을 일컫는 말이다. 고종이 강화로 피난왔을 때 원나라 군사들이 '갑옷만 쌓아놓아도 건널 수 있다'라고 하였으므로 갑곶이라 불리게 되었다는 이야기가 전한다.[14] 갑곶나루의 언덕에는 利涉亭이 있었다.[15] 李詹이 쓴 기문에 따르면 홍무 무인년(1398) 9월에 李晟이 강화에 부임하여 백성들과 함께 옛 건물터에 이섭정을 지었는데, 돌을 쌓아 높이고, 낮은 곳에는 담을 둘렀으며, 누각과 유숙할 수 있는 시설을 모두 갖추었다고 한다. 기문에 옛 건물터가 있었다는 것을 보면 고려시대에 이미 그와 유사한 시

---

14 『新增東國輿地勝覽』 卷12, 京畿 江華都護府 山川.
15 『新增東國輿地勝覽』 卷12, 京畿 江華都護府 樓亭.

설이 있었던 것으로 볼 수 있다. 맞은편 통진에서 강화로 출발하던 나루의 이름도 갑곶나루였다. 본래 배를 타려면 발을 벗고 바닷물에 들어가야 하는 불편이 있었던 것을 세종 때 이조판서를 지낸 朴信이 재물을 내어 돌다리를 만든 후에야 벗어나게 되었다고 한다.[16]

하포는 고려산에서 나와 북으로 흘러 五里川이 되어 바다에 들어가는 곳에 있었다. 오리천의 현재 명칭은 崇陵川으로 강화읍 대산리에서 강화해협으로 유입된다.[17] 지금도 그 상류는 오류상천이라 불리는데, 아마도 그것이 오리천의 잔재 또는 변형된 명칭일 것이다. 그렇게 되면 하포의 위치는 강화읍 대산리와 월곶리 부근으로 비정된다.

대청포는 혈구산과 진강산에서 나온 馬場川이 되어 서해로 흘러드는 곳에 있었다. 마장천은 현재의 상동암천으로 불은면 고능리에서 강화해협으로 유입되는데,[18] 아직도 '대청개' 혹은 '매쟁이천'라고 불린다.[19] 대청포를 막아 大靑堰으로 만든 사람은 현종 때 江華留守를 역임한 趙復陽이라고 한다.[20] 『輿地圖書』에는 조복양이 甲辰年에 수축했다고 되어 있는데, 갑진년은 그가 강화유수로 있던 1664년이다.[21] 따라서 갑곶진에서 마장천에 이르는 대청평이 현재와 같이 간척된 것은 기존에 알려진 것처럼 고려 후기가 아니라 조선 후기임을 알 수 있다.

인화석진은 강화군 양사면 인화리에서 교동으로 넘어가는 포구였다. 인화리에는 아직도 인화성나루(인진나루), 寅石津院 터 등의 지명이 남아있는데, 그것이 인화석진의 흔적이 아닐까 생각된다. 나루 앞이 개간되면서 본래의 나루터는 매립되고 현재는 나루가 있었던 곳에 강화와 교동을 잇는 교동대교가 조성되어 있다.

---

16 『世宗實錄』卷105, 26年 閏7月 12日 己丑.
17 이형상, 2015, 『역주 강도지』(상), 인천광역시 역사자료관, 73~74쪽.
18 위의 책, 73~74쪽.
19 김병욱 외, 2015, 『인천의 지명』(하), 인천광역시 시사편찬위원회, 105쪽.
20 『江都府誌』, 江華 堤堰.
21 『顯宗實錄』卷8, 顯宗 5年 5月 10日 辛未.

정포는 내가면 外浦里에 있었다. 지금도 정포라는 지명이 남아있는
데, 그것은 井浦營이 있었기 때문이라고 전한다. 정포 앞의 간척지를
장지포라고 부르는데, 그것은 현종 때 강화유수를 지낸 서필원이 병오
년에 수축했다고 한다.[22] 서필원이 강화유수를 지냈을 때의 병오년은
1665년이다.[23] 따라서 지금과 같은 장지평이 형성된 것도 그 무렵이라
고 보는 것이 타당하다.

조산포는 혈구산의 猪川과 고려산의 동락천이 동으로 흘러 바다로
들어가는 곳에 있었다. 동락천은 구간에 따라 고비천, 국화천 등으로
불리는데, 강화군 강화읍 국화리에서 발원하여 강화읍 갑곶리에서 강
화해협으로 들어간다. 박지훈의 지질 분석 연구에 따르면 조산평은 강
도 시기가 아니라 여말선초에 간척되었을 가능성이 크다고 한다.[24] 그
의 연구대로라면 『동국여지승람』이 편찬되던 시기까지만 해도 조산평
일대는 간척지가 아니라 배를 정박하는 곳이었을 것으로 추정된다. 몽
골군이 갑곶강의 맞은편에서 시위하던 시기에 강도와 통진을 오가는
선박들을 외성의 밖에 정박시키지는 않았을 것이므로 그의 연구는 타
당성이 있다고 생각된다. 실제로 강화대교와 남쪽의 신정리 더러미포
구를 잇는 둑(가리언)은 조선 시대에 축조된 것으로 이해되고 있다.[25]

염점(재)포는 고려산에서 동쪽으로 흘러 고려천이 되어 바다로 들어
가는 곳에 있었다. 고려천은 고려산에서 발원하여 하점면 망월리로 흐
르는 내가천의 옛이름이다.[26] 따라서 염점포는 강화군 내가면 고천리의
고려저수지 일대로 추정된다.

말올포는 고려산과 혈구산에서 내려와 서쪽으로 흘러 두모천이 되어

22 『江都府誌』, 江華 堤堰 ; 『顯宗實錄』 卷11, 7年 2月 23日 甲戌.
23 『江都府誌』, 江華 堤堰.
24 박지훈, 앞의 보고서, 2019, 67~68쪽.
25 이정철, 2003, 「조선시대 강화의 경제와 사회」 『신편강화사』, 강화군군사편찬위원
　 회, 442쪽, '강화의 간척사업과 제언' 지도 참조.
26 이형상, 앞의 책, 74~75쪽.

바다로 들어가는 지점에 있었다. 두모천은 강화군 하점면 삼거리 고려 산에서 발원하여 하점면 창후리에서 황해로 유입하는 지금의 삼거천이 다.[27] 따라서 말올포는 하점면 창후리와 망월리 사이의 간척지 동쪽에 자리 잡고 있었을 것으로 보인다.

위에서 살펴본 바와 같이 고려~조선 초 강화도의 포구는 주로 동쪽 과 서쪽, 남쪽에 있었다. 북쪽에는 인화석진과 승천포가 있었으나 그 중 인화석진은 하포와 함께 교동도로 건너가는 포구였으므로[28] 실제 북쪽에는 승천포만 있었다고 할 수 있다. 주목되는 점은 승천포라는 지명이 고려시대 강화도 관련 기록에서 보이지 않는다는 것이다. 승천 포가 처음 등장하는 기록이 조선 초의 『동국여지승람』이라는 점을 고 려하면 승천포는 고려시대에는 없었거나 고려시대 강화에서 풍덕의 승 천포로 가던 제포를 대신해서 새로 생겨난 포구가 아닐까 생각된다.

강화도의 포구와 간척지에 관한 지도 중 연구자들 사이에서 가장 많 이 인용되는 것은 최영준이 그의 저서 『국토와 민족생활사』에 수록한 간척 이전~1990년대까지의 지형도 4편이다.[29] 그러나 그 지도에 표시 된 포구는 서로 시기가 맞지 않는 포구가 함께 그려져 있는가 하면, 근 거가 될 만한 설명 없이 지도에 지명만 표기한 것이 적지 않다. 지금까 지 논한 내용을 토대로 『신증동국여지승람』에 수록된 포구와 최영준이 간척 이전의 지도에 표기한 포구를 비교하여 제시하면 다음과 같다.

---

27 위의 책, 74~75쪽.
28 『東國輿地志』 卷2, 京畿 右道 長湍鎭 江華都護府 山川.
29 최영준, 1997, 『국토와 민족생활사』, 한길사, 188~189쪽.

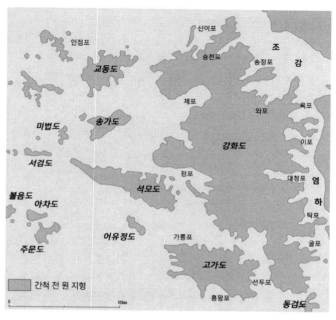

<그림 1> 최영준이 추정한 간척 전 고려시대 지형과 포구

〈그림 1〉는 최영준의 『국토와 민족생활사』에 수록된 간척 이전의 강화도 지도이다. 간척 전의 지형에 포구를 표시했는데, 고려~조선 후기의 포구가 함께 표기되어 있을 뿐 아니라 제포, 산이포, 승천포, 가릉포 등이 잘못 표시되어 있다. 제포는 〈그림 1〉의 송정포 북쪽, 산이포는 승천포라고 표기된 곳보다 약간 더 위쪽, 승천포는 그보다 더 북쪽의 돌출부, 가릉포는 고가도의 북쪽으로 옮겨가야 한다. 또한, 갑곶진, 염점포, 인화석진 등 『신증동국여지승람』에 수록된 포구들이 일부 누락되어 있다. 그러한 점을 수정해서 그린 것이 〈그림 2〉이다.

<그림 2> 『신증동국여지승람』에 수록된 포구를 간척 이전의 지형에 표기한 지도

그렇다면 위의 포구 중 강도 시기에도 이용된 포구로는 어떤 것이
있었을까? 고려가 강화로 천도하던 시기까지만 해도 개성에서 강화에
이르는 최단 거리는 풍덕의 승천포에서 강화의 제포에 이르는 길이었
다. 따라서 고려는 천도 이후 승천부(풍덕)에 승천관을 두고, 臨海院터
에 궁궐[30]과 성곽[31]을 축조하는 한편, 강화의 제포에는 梯浦館을 두어
몽골사신을 접대하거나 국왕이 머무는 공간으로 이용하였다.[32] 제포관

---

30 『高麗史』 卷23, 世家 高宗 37年 1月 27日 癸巳.
31 『高麗史』 卷24, 世家 高宗 39年 5月. 궁궐과 성곽 축조 공사는 1253년 이전에 끝
   난 것으로 보인다. 그것은 1253년 9월 야굴에게 철군을 요청한 편지에서 확인된
   다(『高麗史』 卷24, 世家 高宗 9月 3日 戊寅).
32 『高麗史』 卷24, 世家 高宗 39年 7月 16日.

은 1239년 고종이 몽골 사신으로부터 항복을 권유하는 조서를 받았다는 기사에 처음 등장하는데,[33] 이후에는 梯浦宮이라는 이름으로 더 많이 불렸다.[34] 『고려사』와 『고려사절요』의 기록을 보면 제포는 주로 고려 왕실의 사람들(고종, 원종, 왕창 등)과 몽골 사신이 강화로 들어올 때, 또는 고려왕이 몽골 사신을 영접할 때에 이용된 것으로 보인다. 그것은 「三都賦」의 "출입을 단속하는 포구로는 동편이 岬華關(갑곶나루)가 있고, 외빈을 맞고 보냄에는 북쪽의 楓浦館이 있다."는 구절을 통해서도 확인된다.[35] 요컨대 일반인들은 다소 먼 길을 돌아 검문소가 있는 갑곶으로 드나들고, 왕실의 사람들과 사신들은 승천부에서 배를 타고, 최단 거리인 제포로 드나들었음을 알 수 있다. 따라서 제포는 일반인들의 출입이 배제된 특별한 포구였을 가능성이 크다. 그렇다면 제포는 강화도의 어느 곳에 자리잡고 있었을까?

『고려사』 기록과 해로, 지명, 전언 등 여러 상황을 고려하면 제포의 위치는 당산리 안곡촌(고려천도공원 부근)에서 강화군 송해면 숭뢰리 포촌동 일대로 비정된다. 숭뢰리에는 '우레고개'라는 지명과 '殿座村'이라는 독특한 이름을 지닌 마을이 있다.[36] 우레고개는 바닷가에 인접한 우레 마을에서 松亭 사이를 넘는 고개이다. 본래 임금이 넘어오신 고개라는 뜻에서 '어래현'이었는데, '어래'가 변하여 '우레'가 되었다고 한다. 또한, 전좌촌도 고종이 강화로 들어와 전좌한 데에서 유래했다고 한다. 풍덕의 승천포에서 강을 건너 숭뢰리에 내리면 곧바로 관청리의 북쪽에 도착하게 되므로 숭뢰리는 풍덕에서 강화에 이르는 최단 거리가 되므로 제포로 추정하기에 큰 무리는 없어 보인다.

---

33 『高麗史』 卷23, 世家 高宗 26年 4月.
34 『高麗史』 卷23, 世家 高宗 37年 12월 외 다수.
35 『東文選』 卷2, 崔滋 「三都賦」. 풍포관이 제포관과 같은 곳인지는 확실치 않지만 풍포라는 기록이 다른 곳에서 확인되지 않는 것을 보면 제포의 오기이거나 별칭이 아닐까 생각된다.
36 강화군 군사편찬위원회, 2003, 『江華史』(중), 913쪽.

그러나 1256년에 梯浦와 瓦浦를 방축해 左屯田을 만들고, 狸浦와 草浦를 右屯田으로 만들게 되면서[37] 제포의 渡津기능은 약화된 것으로 보인다. 실제로 배가 정박하던 시설이 있었던 곳을 간척하여 제방을 쌓은 후에는 이전처럼 안정적인 포구의 역할을 하기 어려웠을 것이다. 따라서 개경 환도 이후에는 본래 포구가 있었던 곳보다 제포가 좀 더 북쪽으로 옮겼으며, 그것이 조선 건국 이후 승천포라고 불리게 된 것이 아닐까 생각된다. 강화 승천포가 있었던 곳은 현재 고려천도공원이 들어선 인천광역시 강화군 송해면 당산리 부근인데, 여러 차례 간척이 되면서 포구는 사라지고 지명으로만 남아있다.

새 포구의 이름이 승천포가 된 것은 강화에서 승천부의 승천포로 건너는 나루였기 때문일 것이다. 일제강점기에 제작된 지도에 '月浦'라고 기록된 백마산 아래의 포구가 고려시대의 승천포이다.[38] 지금의 행정구역으로는 개풍군 대성면 고군리이며, 두 지역간의 거리는 불과 2~3km에 지나지 않는다. 이처럼 서로 마주 보는 포구를 같은 이름으로 부른 사례는 강화와 통진 사이의 갑곶진, 평택과 당진의 大津(한나루),[39] 부안과 태인의 濟安浦[40]에서도 확인된다.

『高麗史』에 등장하는 이포는 최영준이 추정한 조산평이 아니라 그보다 북쪽의 포구를 일컫는 말이 아닐까 생각된다. 조선시대에도 그 북쪽의 제방이 坭浦堰이라 불렸는데, 그것이 이포라는 말의 흔적이 아닐까 생각된다. 위에서 언급한 바와 같이 조산평 일대가 조선 전기까지도 갯골이었음을 고려하면 이포는 강화대교 북쪽 지역을 일컫는 말

---

37 『高麗史』 卷79, 志 卷33 食貨2 農桑, 高宗 43年 2月.

38 『新增東國輿地勝覽』 卷12, 京畿 豊德郡 山川 白馬山, 昇天浦. 고려 고종 때 새로 지은 승평부의 궁궐은 풍덕 동쪽 15리 백마산 아래에 있었고, 승천포 역시 현 동쪽 15리에 있다고 하였다.

39 『東國輿地志』 卷2, 京畿 左道 水原鎭 水原都護府 ; 『東國輿地志』 卷3, 忠淸道 右道 洪州鎭 洪州牧.

40 『大東地志』 全羅道 扶安, 興德, 茂長.

이었다가 고종 때 간척으로 우둔전이 되면서 갑곶 일대로 포구가 옮겨
간 것으로 보인다. 『高麗史』에는 갑곶이 갑곶강이나 갑곶리라고 되어
있을 뿐 갑곶진으로 표현된 예는 보이지 않는다. 이첨의 記文에 '갑곶
진의 언덕 옛터에 利涉亭을 지었다'는 구절, '갑곶은 통진에서 강화로
건너는 가장 빠른 곳'이라는 구절 등도 그러한 정황을 보여주는 것으
로 이해된다. 『新增東國輿地勝覽』에 갑곶진만 등장하고 이포가 등장하
지 않는 것은 이포 북부 지역이 개간 이후 이포가 갑곶진으로 대체되
었기 때문일 가능성이 크다.

또한, 하포는 『高麗史』에 수록된 고려시대 와포의 다른 이름이 아닐
까 생각된다. 조선시대에 이 일대에 와포언이라 불리는 제방이 있었는
데, 그것이 아마도 고려시대 와포의 파편지명일 것이다. 와포는 거리상
제포로 추정되는 숭뢰리 및 당산리와 가장 가까워 방축을 쌓아 간척하
기 쉽고 두 구간을 막을 경우 간척의 효과도 가장 크다.

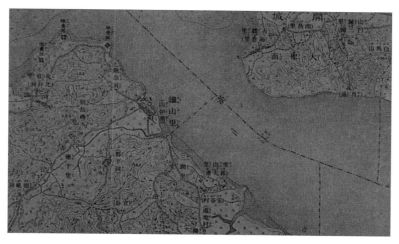

〈지도 3〉 일제강점기 지도 속 강화도의
승천포(왼쪽 아래)와 승천부의 승천포(오른쪽 위)

강화에서 개경으로 드나드는 사람의 수가 적지 않았음에도 불구하고 이처럼 강화 북쪽에 포구가 들어서지 못한 것은 대략 두 가지 이유 때문이었던 것으로 보인다. 첫째는 강화의 북쪽은 개경에서 가깝긴 하지만 강화의 중심지(고려궁지)에서 멀리 떨어져 있기 때문이다. 고려시대만 해도 강화는 들쑥날쑥한 지형과 곳곳에 쌓인 토사 때문에 개경에서 가까운 북쪽에 배를 정박하더라도 치소(현재의 관청리 일대)에 이르려면 적잖은 힘과 시간이 소요되었다. 따라서 배에 내려 강화의 중심지로 가려면 갑곶 일대에 정박하는 것이 가장 효율적이었다.

둘째, 임진강과 한강이 합류하여 조강이 되었다가 다시 갑곶강으로 나뉘는 월곶 일대에서 서북쪽 강화군 양사면 철산리 일대까지는 강의 물살이 험해서 도강이 쉽지 않았기 때문이다. 이에 대해서는 다음의 두 자료를 참고할 만하다.

> 가① 넓고 넓은 강물이
> 경수처럼 탁하구나
> 시커먼 빛 넘실넘실
> 겁나 굽어보기 어렵구나
> 여울이 격렬하고 급함이여
> 어찌 구당에 비할까
> 세찬 뭇 내를 모았으니
> 솥의 물이 끓는 듯하네.[41]

> 가② 부의 북쪽 물가는 수도水道가 모두 통하는데, 다만 물이 너무도 넓어 혹 풍랑을 만나 막혀 버리면 때로 건널 수 없게 된다. 만일 조강을 배로 건너 30여 리 정도 육지로 이동하여 갑곶에 이르면 건너는 곳이 매우 좁아 쉽게 건널 수 있다. 그러므로 순찰을 맡은 사상使相이나 어명을 받은 내신內臣들이 모두 이 길을 거쳐 府로 나아가며, 기타 왕래하는 여행객들 또한 끊임없이 오가니 실로 이곳에 정자를 지어

---

41 『東國李相國文集』 卷1, 古賦 「祖江賦」 幷序 ; 『東溟集』 卷2, 七言絶句, 泛祖江懷李
  文順公.

맞이하고 전송하는 장소로 삼기에 알맞다.[42]

위의 두 자료에서도 확인되는 것처럼 강화도 북부 해안은 물길이 몹시 거셌다. 특히, 한강이 임진강과 만나서 염하로 갈라지는 조강 일대는 배로 건너기에 어려울 만큼 물살이 빨랐고, 조강이 다시 임진강을 만나서 바다로 나가는 교동도의 북부 지역에는 청주초[43]라 불리는 모래턱이 있어 출입이 자유롭지 못했다.

2) 경기만 일대의 포구

『신증동국여지승람』에는 조선 초 경기만 일대에 있었던 강과 포구가 적잖이 기록되어 있다. 그러나 『고려사』나 『고려사절요』에서 이들 포구를 찾기는 쉽지 않다. 다만, 고려시대 문인들의 기록과 서긍의 『고려도경』 등에 몇몇 포구가 소개되어 있는데, 그 대표적인 곳이 인주의 자연도와 영흥도, 대부도, 당성 일대이다.[44]

자연도의 경우에는 이미 잘 알려진 것처럼 송 사신 서긍이 숙박한 慶源亭이 있었다.[45] 또한, 『고려도경』에 따르면 경원정 인근에는 제물사가 있었다. 제물사는 이곡의 시에도 보이는데,[46] 그것은 이규보가 시를 읊은 제물원정[47]과 같은 곳이 아닐까 생각된다. 또한, 자연도는 1131년 몽골의 침입을 피해 宣州[48]와 隨州[49]가 입보한 섬이자, 최충헌

---

42 『新增東國輿地勝覽』 卷12, 京畿 江華都護府 樓亭 利涉亭 李詹의 記文.
43 예성강 하구에 모래턱이 처음 나타난 것은 문종 23년의 일이다(『高麗史』 卷55, 志 志9 五行 土, "文宗二十三年三月丁亥 貞州海中 沙土忽堆 積如島嶼, 舟船阻碍, 命有司, 穰之, 乃滅").
44 『高麗史』 卷10, 志 地理1 楊廣道 仁州.
45 『宣和奉使高麗圖經』 卷39, 海道6 紫燕島.
46 『稼亭集』 卷15, 律詩, "次紫燕島"; "宿濟物寺 次壁上韻".
47 『東國李相國文集』 卷15, 古律詩 濟物院亭, "與忠原崔書記仁恭 遊紫鷰島濟物院亭 用板上諸公韻賦之".
48 『高麗史』 卷58, 志12 地理3 北界 安北大都護府 宣州.

에게 쫓겨난 두경승과 희종[50]이 유배간 곳이기도 했다. 이러한 여러 가지 사실을 종합하면 자연도는 영종진이 설치되기 전부터 군사적 요충지이자 시인묵객들이 거쳐가는 명승이었던 것으로 보인다.

「광여도」의 영종진도에 의하면 영종도는 본래 두 개의 섬이었다. 그중 인천 쪽의 작은 섬을 영종도라 하였고, 영종도 서쪽의 큰 섬을 자연도라고 하였다. 『고려도경』에도 동쪽의 한 섬에 제비가 많이 살아 자연도라고 불렸다고 하는 기록이 있는 것을 보면, 동쪽 섬 영종도보다는 서쪽섬 자연도가 중심이었던 것 같다.[51]

서긍이 도착하던 시기 영종도의 선착장은 자연도에 있었고, 영종도의 중심지는 백운산 아래에 있었다. 따라서 이 시기 자연도의 포구는 「광여도」와 「해동지도」에 '古紫燕縣基'라고 기록된 곳, 즉 고려시대의 경원정, 제물사, 제물원정이 있었던 백운산 아래 馬場浦 부근에 자리하고 있었던 것으로 보인다.[52] 여러 여건 상 간척 이전 송산리와 운남리 사이의 바다는 바람을 피하기 좋은 良港이었을 것이다. 자연도의 동쪽을 지난 선박들이 북진하여 강화 남쪽에 도달하는 데에는 2~3시간 밖에 소요되지 않았다.

---

49 『高麗史』 卷58, 志12 地理3 北界 安北大都護府 隨州.
50 『高麗史』 卷21, 世家 熙宗 7年 12月 25日 癸卯.
51 『備邊司謄錄』 肅宗 16年 10月 12日. 자연도가 영종도로 이름이 바뀐 것은 1653년 (효종 4) 영종진이 되면서부터였다.
52 문경호, 2010, 「1123년 徐兢의 고려 항로와 慶源亭」『한국중세사연구』 28, 한국중세사학회, 502쪽.

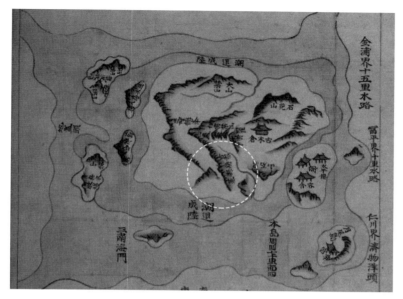

〈지도 4〉 광여도의 영종도 부분에 그려진 '古紫燕縣基'(흰색 원부분)

한편, 영흥도와 대부도는 서해를 오가는 선박들이 정박하던 곳이었
다. 영흥도는 서긍이 고려에 올 때 경유한 화상도로 추정되는 섬이
다.[53] 서긍의 기록에 따르면 화상도란 이름은 葉老寺라는 사찰이 있었
기 때문에 붙여진 이름이라고 한다.[54] 실제로 영흥도에는 절터, 절골
등의 지명이 많이 남아있으며, 국사봉이라 불리는 산봉우리도 있다.

1270년 강화에서 봉기한 삼별초가 남쪽으로 내려갈 때도 영흥도에
정박하였다.[55] 아마도 진도로 내려가기 전 임시 정박지로 영흥도를 선

---

53 위와 같음.
54 『宣和奉使高麗圖經』 卷38, 海道5 和尙島, "산세가 중첩되어 있어 골짜기와 숲이
깊고 무성하다. 산속에는 호랑이와 이리가 많다. 옛날 불도를 배우는 자[學佛者]
가 그곳에 살았는데, 짐승이 감히 접근하지 못하였다. 지금의 葉老寺가 그 유적이
다. 이런 까닭에 고려인들은 그것을 화상도라고 한 것이다."

택한 것 같은데, 김방경의 공격을 받아 상황이 다급해지자 1천여 명이나 도망하는 것을 관리하지 못하고 급히 떠난 것이 아닐까 생각된다. 1272 년에는 삼별초가 영흥도에 정박하고 주변 지역을 활보하기도 했다.[56]

李穀이 예성강을 거쳐 남쪽으로 내려갈 때도 영흥도에 머문 바 있다.[57] 이때 이곡은 예성강-강화-자연도-영흥도 순으로 배를 타고 이동하였다. 이곡의 항로는 당시 사람들이 가장 보편적으로 이용하는 남방 항로였다. 영흥도의 환경이나 지형을 고려하면 당시 영흥도의 포구는 현재의 옹진군 영흥면 내리 진두선착장 일대에 있었던 것으로 보인다. 진두는 선재와 영흥도 사이를 지나는 선박들이 정박하기에 좋은 조건을 갖춘 곳이다. 간척 이전까지 포구가 있어 배가 드나들었다고 한다.[58]

대부도는 본래 고려시대 仁州에 속한 섬이었다. 대부도에는 별초가 주둔하고 있어 1256년(고종 43) 몽골군이 인주를 침입했을 때 소래산까지 가서 몽골군을 무찔렀다.[59] 1271년(원종 12)에는 窄梁을 방어하던 몽골 병사들이 대부도에 침입하여 거주자들을 침탈하자 주민들이 봉기하여 몽골 병사를 격퇴하기도 했다.[60] 착량을 지키던 몽골 병사들은 배를 타고 대부도까지 내려왔을 것이다.

이처럼 육지에서 대부도에 입도하거나 서해를 지나는 선박들이 대부도에 정박할 때는 벼랑산 아래의 진두(나루개부리)를 이용하였다. 동쪽으로 마산수도가 있고, 서쪽으로 영흥수도가 있었지만 남쪽과 북쪽으로 갯벌이 넓게 형성되어 배가 드나들기 불편했기 때문이다. 진두에서 서쪽으로 산을 따라 돌면 비석거리, 고유지 등에 이르게 되는데, 그것이 대부도의 길이 마산수로에서 진두-비석거리-대부동주민센터(옛 면사무소)

---

55 『高麗史』卷104, 列傳17 諸臣 金方慶.
56 『高麗史』卷27, 世家 元宗 13年 11月 24日 戊寅.
57 『稼亭集』卷15, 律詩, "次延興島".
58 한글학회, 『한국지명총람』18, 1993, 140쪽.
59 『高麗史』卷24, 世家 高宗 43年 4月 19日 庚辰.
60 『高麗史』卷27, 世家 元宗 12年 2月 7日 辛丑.

로 이어지는 옛길의 흔적이 아닐까 생각된다.

끝으로 당성은 신라의 당항성으로 서신면 구봉산에 있었다. 성터를 발굴한 결과 삼국~조선 시대 건물지 15동과 望海樓 추정지가 조사되었다.[61] 특히, 망해루와 인근의 고려시대 건물지에서는 泰定四年(1327)명 기와가 출토되었다.

1391년에는 이색이 정을경의 요청에 따라 망해루를 크게 중수한 사실을 기록한 『望海樓記』를 지었다는 기록이 있다.[62] 두 자료를 종합하면 1327년에 지은 정자 건물이 쇠잔해지자 1391년에 확장하여 새로 지었다고 볼 수 있을 것이다.

발굴조사보고서에 따르면 당성에는 4개의 출입문이 있었는데, 그 중 3개가 화량만 방향으로 통하는 형태였다고 한다.[63] 화량만은 성의 서쪽 앞실마을의 앞바다를 일컫는 말인데, 시화 방조제 건설 이전까지 그것에는 방죽머리 포구, 당고지 포구, 칠곡리 포구 등이 있었다. 따라서 당성에 드나드는 사람들은 화량만을 이용했을 가능성이 크다. 『졸옹집』에 따르면 화량만에는 은수포 또는 부포라는 포구가 있었고 하는데, 은수포가 아마도 고려시대에도 당성을 드나드는 포구였을 것으로 보인다.[64] 만약 그렇다면 화성의 남양 앞바다로 지나는 선박들은 당성 인근 은수포, 당고지 포구 등에 정박했을 것이고, 강도 시기에도 관리들이 남북을 오갈 때 은수포에 이르러 망해루에 오르는 일이 있었을 것이다.

---

61 한양대학교문화재연구소·경기 화성시, 『당성 4차 발굴조사 보고서』, 2019, 248~250 쪽. 2차 발굴지역에서는 통일신라 팔각 건물지를 비롯하여 통일신라~조선시대에 걸친 건물지 6개소, 3차 발굴지역에서는 망해루 추정지(삼국~조선)와 삼국~통일신라 시대 건물지 3개소, 4차 발굴지역에서는 삼국시대 건물지 1개소, 삼국~통일신라 건물지 2개소, 통일신라 고려 건물지 2개소가 조사되었다.

62 『牧隱文藁』卷6, "南陽府望海樓記" 정을경 망해루를 새로 짓고, 이색에게 기문을 요청하자 이색이 지은 글이다.

63 정진술, 「신라 당은포의 위치」 『2017 당성학술대회 "화성 당성과 고대 포구" 자료집』, 2017, 37~40쪽.

64 위와 같음.

3. 강도 시기 지배층의 경제생활과 물자 운송

천도한 후 얼마 지나지 않아 강도에는 궁궐과 관아, 고관들의 호화
로운 주택이 즐비하게 들어섰다.[65] 이러한 기반이 갖추어지자 왕실과
고위 관료들은 전란 시기라고는 생각하기 어려울 만큼 호화로운 생활
을 이어갔다. 1245년(고종 32) 4월 8일 연등회 때는 최우가 綵棚을 설치
하고, 伎樂과 각종 놀이를 벌이게 하여 밤새도록 즐겼는데, 각종 악기
와 노랫소리가 천지를 진동하고, 그것을 구경하는 士女들이 담을 세워
놓은 듯하였다고 한다.[66] 그해 5월, 종실과 재신들을 위해 잔치를 베풀
었을 때도 채붕을 산처럼 높게 치고, 각종 화려한 비단으로 장막을 둘
렀으며, 가운데에 그네를 매달아 놓고 수놓은 비단과 화려한 조화로
장식하였다. 1244년에는 왕이 소연曲宴을 베풀자 假面人雜戱를 하는 사
람들을 바쳤으며,[67] 1246년(고종 33)에는 칠보그릇에 음식을 담아 왕을
위한 잔치를 열었다. 동궁에게 시집간 최우의 손녀가 아들을 낳자 8洞
樂을 연주하게 하기도 하였다.[68]

이후에도 몽골의 침입은 지속되었지만 강도의 왕과 고위 관료들은
지속적으로 호화로운 생활을 이어나갔다. 최우의 뒤를 이은 崔沆은 격
구를 좋아하여 재추를 모아 수시로 연회를 열고 격구를 구경하였다.[69]

---

65 『東國李相國後集』 7, 古律詩 "次韻李侍郎見和".
66 『高麗史』 卷129, 列傳42 叛逆 崔忠獻 崔怡, "기악과 온갖 놀이가 벌어지자, 八坊廂
工人 1,350여 명이 모두 옷을 차려입고 정원으로 들어와서 곡을 연주하니, 각종
악기와 노랫소리가 천지를 진동하였다. 최이는 팔방상들에게 각기 白金 3근씩을
주었으며, 또 伶官들과 兩部의 伎女 및 才人들에게 금과 비단을 주었는데, 그 비
용이 엄청났다.
67 『高麗史』 卷23, 世家 高宗 31年 2月 16日 丁亥.
68 『補閑集』 卷中, "毅廟幸西都時, 白學士光臣, 管記黃州, 上歌謠云". 본래 개경에는
12洞이 있었는데, 마을마다 음악이 있었다고 한다. 강화 천도 후 없어진 것을 최
우가 다시 만들어 연주하게 하였다고 한다.
69 『高麗史』 卷129, 列傳42 叛逆 崔忠獻 崔怡.

최항이 조계순의 딸과 재혼할 때는 왕이 御座·肩輿·燈燭, 黃金으로 만
든 경대鏡臺와 화장 도구粧具도 하사하였다.[70] 최항으로부터 정권을 계승
한 후 최의는 집권 초에 부조가 장악했던 延安宅·靖平宮을 王府에 되
돌려 주고,[71] 개인 창고를 열어 진휼하는 등 민심을 챙기는 모습을 보
였다.[72] 그러나 그 또한, 얼마 지나지 않아 父祖에 못지않은 각종 방법
으로 부를 축적하였다.[73]

화려한 생활은 최고 관리들에게만 한정되지 않았다. 왕실의 사치도
그에 못지않았는데, 그것은 1260년에 왕이 책봉을 4회, 가례를 2회나
시행하면서 금은 1천여 근, 미곡 3천여 석 등 많은 재물을 소비하였다
는 것을 통해서 확인된다.[74] 또한, 원종은 무오정변의 주역들에게 쌀,
비단, 좋은 집과 토지를 하사하기도 했다.[75] 1백 년이나 권신이 장악한
권력을 왕실에 돌린 대가긴 하였으나 당시가 전란 중이었다는 것을 고
려하면 도를 넘는 논공행상이었다. 그것은 또한, 조정의 협박을 이기지
못하고 산성과 해도로 입보한 백성들이 기아에 허덕이며 죽어가고 있
었던 상황과는 상반되는 모습이었다.

정도의 차이는 있지만, 강도 시기 고위 관료들 역시 개경에서의 생

---

70 『高麗史』 卷129, 列傳42 叛逆 崔忠獻 崔沆.
71 『高麗史節要』 卷17, 高宗 44年 閏4月. 이때 최의는 延安宅·靖平宮을 王府로 다시 돌
  리고, 그의 집의 쌀 2,570여 석을 內莊宅에 바쳤으며 布帛·油蜜을 大府寺에 바쳤다.
72 『高麗史節要』 卷16, 高宗 37년 1월. 최항이 최우를 잇자 왕은 진양의 조세, 역, 공
  납을 모두 최항에게 그대로 내렸으나 그것을 거절하기도 하였다.
73 『高麗史節要』 卷17, 高宗 44年 閏4月. 崔竩가 창고를 풀어 굶주린 백성을 진휼하
  고, 또한 또 여러 領府에 부마다 각 30斛을 지급하였다. 崔竩가 개인의 창고를 풀
  어 禁衛의 병사와 坊里의 백성들을 진휼하였다.
74 『高麗史』 卷25, 世家 元宗 元年 12月 7日 庚子, "慶安宮主가 齊安伯 王淑에게 시집
  갔다. 이 해에 책봉을 4회, 嘉禮를 2회 시행하였으므로 비용이 금·은 1천여 斤,
  미곡 3천여 石, 布帛은 셀 수 없이 많이 들었다."
75 『高麗史』 卷23, 世家 高宗 45年 4月 1日 庚辰. 1등 공신에게는 쌀 200석과 채색 비
  단彩段 100필을 주고, 그 다음에게는 쌀 100석과 채색 비단 100필을 주었으며, 좋은
  집甲第과 土田을 차등 있게 하사하였다.

활 못지않은 삶을 살았다. 예컨대 가난한 재상임을 자처했던 이규보는 제주에서 생산되는 귤[76], 개경에서 온 오얏과 배,[77] 남쪽에서 생산된 감[78], 쌀과 숯[79] 등을 선물로 받았으며, 참지정사로 있다가 최항을 비판하여 죽임을 당한 정안은 사치를 좋아하여 집과 그릇이 극히 화려하고, 진귀한 음식으로 權貴를 대접하였하였다는 기록이 있다.[80] 김준과 같은 집권자들은 귀한 과일과 음식으로 잔치를 자주 열었다.[81] 제주도에서 강화로 진상한 말을 왕이 관료들에게 나눠준 적도 있었다.[82]

한편, 이 시기 강도 정부는 몽골군을 되돌려 보내기 위해 많은 뇌물을 제공하고 있었다. 출륙한다는 것을 보이기 위해 假宮을 짓기도 하고, 阿母侃, 車羅大 등의 몽골 장수에게 회군을 요청하기 위해 금은 기물과 비단을 보냈다. 몽골 사신을 직접 강도로 초청하여 후하게 대접하기도 하였으며, 몽골 앞잡이 홍복원 등에게도 뇌물을 바쳤다.

> 나① 금은으로 만든 술그릇金銀酒器과 비단羅紬, 모시베紵布, 수달피獺皮, 삿갓과 허리띠笠帶 등의 물건을 보내 장수인 아모간阿母侃(아무간) 등에게도 모두 주었다.[83]
>
> 나② 몽골군 주둔지인 普賢院으로 가서 車羅大(자릴타이)와 余速禿(예쉬데르), 甫

---

76 『東國李相國後集』卷3, 古律詩, "濟州太守崔安 以洞庭橘見寄 以詩謝之"; 卷4 "以黃柑寄李學士"; 卷4, "初食朱李", "屢食朱李" 등.
77 『東國李相國後集』卷5, 古律詩 "謝人惠梨"; 卷7, "食天子梨".
78 『東國李相國後集』卷5, 권7, "謝河郞中送紅柿".
79 『東國李相國後集』卷8, "上晉陽公". 이규보는 이외에도 꿩, 고기 등을 선물로 받았다. 그의 시에는 쇠고기를 끊었다거나 고기를 훔쳐먹은 개와 고양이를 탓하는 내용의 시도 있다.
80 『高麗史節要』卷17, 高宗 38年 5月.
81 『역옹패설』前集2, 김준이 잔치에 귀한 홍시를 내었는데, 유천우는 먹지않고, 챙겨다 어머니에게 드렸다고 한다. 당시 감, 복숭아, 배 등은 사람들이 매우 좋아하는 과일로서 관료들이 선물로 주고받거나 진상하는 물품이었다.
82 『高麗史』卷24, 世家 高宗 45년 5월 13일 壬戌.
83 『高麗史』卷24, 世家 高宗 40年 9月 3日 戊寅.

波大 등 元帥들과 永寧公 王綧, 洪福源에게 금은으로 만든 술그릇金銀酒器
과 가죽과 비단을 차등 있게 주게 하였다.[84]

나-③ 사사로운 편의를 바라는 것이지만 온전히 용서와 은혜를 베풀어주실
것을 믿기 때문이니, 지극한 인덕으로 길이 돌보아주시기를 바랍니
다. 아울러 金鍾·金盃 각 3개, 白銀鍾 4개, 銀盃 10개, 眞紫羅 3필을 바칩
니다."라고 하였다.[85]

이외에도 수시로 고려에 파견될 때마다 조정에서는 극진히 대접하
고, 선물을 후하게 주어 군사를 철수할 것을 요청하였다. 그것은 양국
간의 강화가 체결된 후에도 지속되었다. 1259년 4월에 태자가 화친을
위해 몽골에 갈 때는 문무 4품 이상 관료들이 은을 1근씩 내고, 5품 이
하의 관리들은 차등 있게 포를 내어 경비에 충당하였는데, 300필의 말
에 나눠 실어야 할 만큼 많았다고 한다.[86]

2) 강도 시기 지배층의 경제기반과 물자 운송

전쟁 상황에서 강도 정부는 어떻게 이런 물자들을 확보할 수 있었을
까? 그것은 강도 시기에 끊임없이 간척이 진행된 데에도 원인이 있지
만 고려 정부가 전시에도 조운로를 확보하고 있었기에 가능한 일이었
다. 몽골의 침략을 크게 6차로 나누어 살펴보면 몽골군은 개경-남경-충
주로 이어지는 지역을 공격하는 데 주력하였음이 확인된다.[87] 이에 대
해서는 여러 가지 해석이 가능하겠지만 충주에서 한강으로 이어지는
경상도 지역의 물자를 차단하는 데 목적이 있지 않았을까 생각된다.

---

84 『高麗史』 卷24, 世家 高宗 41年 8月 22日 壬辰.
85 『高麗史』 卷26, 世家 元宗 5年 16日 己丑.
86 『高麗史』 卷24, 世家 高宗 46年 4月 21日 甲午. 태자와 함께 가는 관료들과 물자
   를 실을 말이 부족하여 지나가는 사람들의 말을 되는대로 사들였기 때문에 도성
   안에 말을 탄 양반들이 없을 정도였다.
87 윤용혁, 『무인정권·몽골, 그리고 바다의 역사 삼별초』, 혜안, 2014, 43~45쪽.

고려시대 경제적 중심지이자 철의 생산지였던 충주, 경주 등지를 집중적으로 공격하고, 한강을 통해 이어지는 물자를 차단함으로써 강도 정부에 경제·군사적 타격을 주기 위함이었을 것이다. 그런데도 이 시기에 조운이 그런대로 운영되고 있었음은 다음의 자료를 참고할 만하다.

> 다-① 李峴은 高宗 때 사람으로, 성격이 탐욕스럽고 남을 해치는 것을 좋아하였다. …… 樞密副使가 되었을 때 사신으로 몽골에 갔다가 2년 동안 억류되었는데, 也窟(예쿠)에게 말하기를, "우리나라의 都邑은 섬에 있지만, 貢賦는 모두 州郡에서 나오니, 가을 이전에 주군을 습격하면 도읍의 사람들이 반드시 곤궁해질 것입니다."라고 하였다.[88]

> 다-② 監察司가 말하기를, "이전에 江都에 있었을 때 貢賦가 그럭저럭 충족되었는데 지금은 左倉과 右倉의 수입이 갑자기 줄어들었는데다 또 大坊廚 이외의 漆色·鞍色, 阿闍赤 등 여러 곳에 주는 식량도 모두 우창에서 공급받으니, 청컨대 이런 공급을 면제시켜 주십시오."[89]

> 다-③ 근세에 와서 …… 權豪들이 겸병하고 姦猾한 자들이 숨기어서 백성들에게 해가 되게 하고, 나라를 병들게 하는 일이 분분하게 일어나고 있어서, 국가의 창고에 들어오는 것이 전에 江都에서 攻守하던 그런 위급한 때에 비해서, 10분의 2~3도 못 된다.[90]

 당연한 이야기이지만 이 시기 강도에 자리 잡은 사람들의 주요 교통수단은 주로 배였다. 원이 강도의 外城을 허물게 하니 사람들이 변고가 일어날까 우려하여 배를 앞다퉈 사들이는 바람에 船價이 폭등했다는 구절이나[91] 삼별초가 강도를 떠날 때 이끌고 떠난 배가 1,000척이었다[92]는 구절은 그러한 사실을 잘 보여주는 자료이다.

---

88 『高麗史』 卷130, 列傳43 叛逆 李峴.
89 『高麗史』 卷29 忠烈王 6년 3월 11일 壬子.
90 『東文選』 卷108, 雜著 策題 李齊賢.
91 『高麗史』 卷24, 高宗 46年 6월 18일 庚寅.
92 『高麗史節要』 卷18, 元宗 11년 6월.

한강을 통해 강화로 유입되는 물자들이 얼마나 중요했는지는 강화로 천도한 후 10여 년 만인 1243년 9월에 최이가 大司成 宋國瞻 등을 보내 安南의 지세를 살피고, 도랑을 파서 바다와 통하게 하려 하였다는 사실을 통해서도 확인된다.[93] 최우가 송국첨 등을 파견하여 운하 굴착여부를 살폈던 안남은 계양, 즉 부평 일대이다.[94] 당시 최우가 계획했던 운하는 김포의 굴포로부터 대교천을 따라 부평으로 이어지는 河渠였다.[95] 운하가 완성되었다면 조강을 따라 우회하는 경로를 거치지 않고, 강화의 남쪽에 이르게 되었을 것이다. 몽골군이 개경과 통진 일대에 간혹 나타났던 상황과 조강의 물살이 거셌던 상황을 고려하면 최우의 굴포 개착은 항로를 단축하기보다는 좀 더 안전한 항로를 확보하는데 목적이 있었을 것이다.

한편, 몽골 침입으로 초토화된 개경에서도 휴전기에는 오가는 사람들과 물자가 있었던 것 같다. 그것은 이규보가 개경에서 온 익은 오얏을 먹으며 "새 도읍에는 이 물건이 없으니 옛 서울에서 왔음을 알겠네. 모든 물건을 옛 서울에서 공급받으니 옛 서울을 갑자기 버리기는 어렵구나"[96]라고 감회를 술회한 구절을 통해 확인된다. '오는 거리가 하루밖에 안 되지만 오는 동안 반은 색과 맛이 변해서 가격이 뛰는 것',[97] '봉록으로 그것을 사 오는 것'[98]이라고 한 것을 보면 그것을 가져다 파는 사람들도 있었던 것으로 보인다. 개경에서 강화로 이어지는 길은 삼도부에 제시된 것처럼 祖江渡를 건너 통진으로 온 후 통진에서

---

93 『高麗史節要』 卷16, 高宗 30年 9月. 박종진, 2002, 「강화천도 시기 고려국가의 지방지배」 한국중세사연구』 3, 한국중세사학회, 74쪽.
94 『高麗史』 卷58, 志12 地理1 楊廣道 安南都護府 水州.
95 『萬機要覽』 財用篇2, 漕轉 漕規. 『萬機要覽』에 김포굴포로 소개된 것이 그것으로 지금은 그와 유사한 경로에 아라뱃길이 조성되어 있다.
96 『東國李相國後集』 卷4, 古律詩, "初食朱李".
97 위와 같음.
98 『東國李相國後集』 卷4, "屢食朱李". 시에 "그 누가 벼슬 내놓은 가문에 선물하러 들겠나, 봉록으로 그것을 시장에서 사 오는 것이라"고 하는 구절이 있다.

다시 염하를 건너 갑곶관에 도착하는 길이었을 것이다.

한강을 이용한 조운로는 몽골의 침입 때마다 타격을 입었지만, 전라
도에서 충청도를 거쳐 강도에 이르는 조운로는 그런대로 운영되었다.
그것은 영흥도선 인근에서 출수된 청자들과 대부도선, 태안마도 3호선
을 통해서도 확인된다.[99] 영흥도선 주변에서 동반 출수된 청자들과[100]
대부도 1~2호선에서 출수된 청자들은 12세기 후반~13세기 초반에 제
작된 것으로 알려져 있다.[101] 청자와 함께 출수된 물자로는 곶감과 대
형 도기 등이 있다. 도자기 연구자들은 이를 12~13세기에 강진의 청자
가마에서 생산된 것으로 이해하고 있으나[102] 강도 시기에 닿아있다고
보아도 큰 무리는 없을 것이다.

반면, 태안 마도 3호선은 여수에서 강도로 물자를 운송하던 선박으
로 밝혀졌다. 함께 출수된 유물은 젓갈을 담아 상납한 것으로 보이는
도기호를 비롯하여 선원들이 직접 사용한 것으로 보이는 선상용품,[103]
그리고 발송지와 발송인, 수취인, 화물의 종류와 수량 등이 적힌 목간
35점 등이다. 그 중에서도 가장 주목되는 유물은 金令公, 右三番別抄,
重房과 같은 고려시대 관청과 관직의 이름이 적힌 목간이다. 수취인
중에서 가장 고위급 관료인 김영공은 고려 무인정권 시기 실권자 중의
하나였던 김준을 가리키는 것으로 추정되고 있다.[104] 그리고 '우삼번별
초', '(중)방ㅁ번' 등으로 표기된 목간은 삼별초와 중방이 하나가 아니

---

99 신종국, 2020, 「고려 침몰선의 성격과 출수유물 연구」, 공주대학교 박사학위논문,
  37~44쪽.
100 국립해양문화재연구소, 2014, 『인천 옹진군 영흥도선』, 376~387쪽.
101 국립해양문화재연구소, 2008, 『安山大阜島船』 ; 국립해양문화재연구소, 2016, 『안
  산 대부도 2호선 수중발굴조사보고서』종합고찰 부분 참조.
102 이종민, 2014, 「영흥도선 출수 도자의 양식적 특징과 편년」『인천 옹진군 영흥도
  선』, 376~387쪽.
103 철제 솥, 청동 그릇, 국자, 젓가락, 청동숟가락 등 식기류가 주를 이룬다.
104 임경희, 2011, 「마도 3호선 목간의 현황과 판독」『목간과 문자』 8, 한국목간학
  회, 221쪽.

라 몇 개의 조직으로 구성되어 있었음을 말해준다.

김준이 令公으로 표시된 구절, 신윤화와 유천우의 관력, 呂水麗水라는 지명 등을 통해 볼 때 태안마도 3호선의 출발지는 해양후 김준과 연관이 있는 전남 여수 일대이며, 배의 침몰 시기는 1264~1268년 사이,[105] 좀 더 구체적으로는 1265년으로 편년하는 것이 가능하다.[106] 즉, 마도 3호선은 전남 여수에서 김준을 비롯한 무신정권의 실권자와 관청에 납부할 물자들을 싣고 강화도로 향하다가 마도 앞바다에서 침몰한 화물 운송선이었던 것이다.

마도 3호선에 적재된 화물 중에는 羘脯, 沙魚脯 등 마른 음식이 포함되어 있다. 이는 마른 사슴(혹은 개)고기로 추정되는 육포와 상어포가 운송대상이었음을 보여준다. 또한, 뚜껑이 있는 청동 식기, 청동 젓가락이 각각 2벌씩 출수되고, 과일 씨앗과 대나무 등으로 만든 갓끈 장식 笠纓과 장기알도 출수되었다. 아마도 그 주인은 지방에서 물자를 징수하여 강화로 운송하던 권세가의 수하였을 것이다. 출수된 유물을 간단히 표로 정리하면 다음과 같다.

<표 2> 태안 마도 3호선 출수유물[107]

유물	수량	유물	수량
목간	15	도기류	50
죽찰	20	청동방울	1
청동용기류	43	동전(상부원보, 지화통보)	2
청동숟가락	9	나무빗	4
청동 젓가락	4	대나무 참빗	3
청동국자	1	나무젓가락	7
청자 대접	14	(도기)나무뚜껑	11
청자 발	1	대바구니	2

105 임경희, 위와 같음.
106 윤용혁, 앞의 논문, 194~195쪽.
107 『태안 마도 3호선: 수중발굴조사 보고서』, 116~346쪽을 정리함.

유물	수량	유물	수량
청자접시	12	망태	1
청자완	1	목제품	11
청자잔	6	가공된 씨앗과 대나무 장식	각8점씩
뚜껑	1	밧줄	3
백자 대접	2	닻돌	2
백자 접시	3	장기알	46
백자 잔	1	직물 및 편직물	3

이를 통해 당시 강도로 유입된 물자들은 상당수가 서해의 조운로를 따라 운송되었음을 알 수 있다. 당시의 집권자들이 어떻게 물자를 징수하여 운송해 왔는지는 다음의 자료들이 참고된다.

라-① 崔沆이 羅得璜·河公叙·李瓊·崔甫侯를 보내어 각 도의 宣旨使用別監으로 삼았다. 당초 崔怡가 나득황 등을 각 도에 보냈는데, 백성들이 이를 매우 괴로워하였다.[108]

라-② (김준이) 군현에 농장을 연달아 설치하고 家臣 文成柱에게 全羅道 지역을, 池濬에게 忠清道 지역을 관장하게 하였다. 2인이 거둬 모으는 것을 일삼으니, 백성들에게 볍씨 1말을 주고 으레 쌀 1석을 거두었다. 여러 아들이 그것을 본받아 다투어 무뢰배를 모으고, 권세를 믿고 방자한 마음을 가져 다른 사람의 토지를 침탈하니, 원망하는 사람이 매우 많았다.[109]

이들의 수탈은 지방에서만 자행된 것이 아니었다. 1285년 최의는 장군 邊軾과 낭장 安洪敏등을 江華收獲使로 삼아 백성들의 이익을 빼앗았다.[110] 이때 최의가 수탈한 강도의 토지는 고종이 최의에게 하사한 땅이었다. 앞서 고종은 강화의 토지 중 2,000결은 公廩에 소속시키고,

---

108 『高麗史節要』卷17, 高宗 39年 8月.
109 『高麗史』卷129, 列傳43 叛逆 金俊.
110 『高麗史節要』卷17, 高宗 45年 1月.

3,000결은 崔竩의 집에 소속시켰으며, 강화 남북의 河陰·鎭江·海寧의 토지는 諸王과 宰樞 이하에게 차등을 두어 나누어 지급하였다.[111] 최의 가 받은 토지가 공름에 소속된 토지보다 더 많았던 셈이다.

몽골 또한 이러한 사실들을 파악하고 있었던 것으로 보인다. 1236년 에는 몽골 군사 백여 명이 溫水郡(충남 온양)으로부터 남쪽으로 내려와 車峴(차령산맥)으로 나아가고, 南京·平澤·牙州(충남 아산)·河陽倉 등에 나 누어 주둔하는 일이 일이 있었다.[112] 남경, 평택, 아주는 조운선이 지나 는 길목이고, 하양창은 고려 13조창의 하나이다. 따라서 1236년 몽골 의 서해 군현 공격은 강도 가까이에 있는 해로를 장악하여 강도로 이 어지는 보급로를 차단하려는 조치가 아니었을까 생각된다. 이후 몽골 군은 1255~56년 6차 침입 시기에 수주-온수(온양)-아주(아산)-공주-전주- 장성-해양(광주)-영광-나주-압해도 일대를 공격하기도 했는데, 그것도 서 해 조운로를 차단하기 위한 공격이었을 것이다. 특히, 1256년 6월에는 차라대가 수군 70척을 거느리고 압해도를 공격을 시도하였으나 실패하 기도 하였다.[113] 여러 차례 위협적인 공격이 있었으나 수전에 약한 몽 골군은 고려군을 격퇴하지 못했다.

이처럼 몽골의 간헐적인 침략에 맞선 입보 정책과 조운로를 잃지 않 았던 점이 강도 정부가 몽골에 40여 년간이나 저항할 수 있었던 중요 한 기반이 되었던 것이다. 삼별초가 진도에 정착한 후 개경의 조정에 서 "군량, 사료, 종자를 징수하여도 운반할 길이 없다."라고 한 것은 삼별초가 진도에 새로운 정부를 세운 이유와 서해 조운로의 중요성을 잘 보여주는 말이라고 생각된다.[114]

---

111 『高麗史』 卷78, 志32 食貨1 田制 經理 1259年 9月 ; 『東國輿地志』 卷2, 江華都護府 에 따르면 鎭江廢縣은 강화 남쪽 25리, 河陰廢縣은 남쪽으로 25리, 海寧鄕은 진강 현 서쪽 5리에 있었다.
112 『高麗史節要』 卷16, 高宗 23年 8月.
113 『高麗史節要』 卷17, 高宗 43年 6月.
114 『高麗史』 卷27, 世家 元宗 12年 3月 ; 윤용혁, 앞의 책, 2014, 182쪽.

끝으로 강도 시대에도 남송과 일본의 상인 및 사신들이 지속해서 드나들었던 사실도 매우 중요한 사실이다. 남송의 사신들은 천도 이후만큼 많은 수가 드나들었던 것은 아니지만 지속해서 강도에 와서 고려조정에 필요한 물품을 조달하고 있었다.[115] 1260년 조정에서는 제주부사 나득황에게 방호사를 겸직하게 하였는데, 그 이유는 송사와 왜인들이 무시로 왕래했기 때문이라고 한다.[116] 같은 해 10월에는 松商 陳文廣 등이 大府寺와 內侍院 등 관청의 침탈을 견디지 못하여 관서에서물건값을 주지않고 綾羅와 絲絹 6천여 필을 빼앗아 갔다고 金仁俊에게하소연한 일도 있었다.[117] 1270년에는 원나라 황제가 고려에 남송 상인들과 일본의 歲貢船이 해마다 왔음을 힐문하며 교류 중단을 명하는 조서를 내리기도 했다.[118]

이러한 사실은 고려에서 일본에 보낸 외교문서에 '1회에 진공선을 2척 이상 보내지 않겠다'는 약속을 상기한 구절과[119] 1240년에 고려의첩이 일본에 도착하여 무엇인가를 통보했다는 구절이 일본 측 기록에남아있는 것을 통해서도 확인된다.[120] 일본과의 교류는 그보다 앞선1227년(고종 14)에 일본 측에서 일본인이 고려의 해안을 노략질한 것을

---

115 이진한의 연구에 따르면 1232~1235년에는 기록이 없지만 12236년부터는 14회
   이상의 교류가 있었던 것으로 보인다(이진한, 2011, 『고려시대 송상왕래 연구』,
   경인문화사, 274~276쪽). 아마 기록되지 않은 것까지 합치면 그보다 훨씬 더 많
   을 것이다.
116 『高麗史』 卷25, 世家 元宗 元年 2月 2日 庚子.
117 『高麗史』 卷25, 世家 元宗 元年 10月 20日 甲寅.
118 『高麗史』 卷26, 世家 元宗 11年 12月 20日 乙卯.
119 『高麗史』 卷25, 世家 元宗 4년 4월 5일 甲寅, "大官署丞 洪泞와 詹事府錄事 郭王府
   등을 日本國에 파견하여 해적을 금지해줄 것을 요청하였다. 牒文에서 말하기를,
   "두 나라가 내왕을 튼 이래 해마다 進奉 1회에 선박은 2척을 넘지 않도록 하였
   으며, 만일 그 밖의 선박이 거짓으로 다른 일을 빙자하여 우리나라의 연해지방
   마을을 소란스럽게 할 때에는 엄격하게 처벌하며 금지하기로 약정하였습니다."
   라는 구절이 있다.
120 장동익, 2005, 『日本中世 高麗資料 硏究』, 서울대학교출판부, 32쪽.

사과하고, 互市를 요청하는 글을 보내면서 본격화된 것으로 보인다.[121]

이처럼 송상과 일본 상인의 왕래하고, 지방에서 징수한 조세 및 특산물들이 조운을 통해 끊임없이 강도에 조달되었기 때문에 강도의 왕실과 고위 관료들은 몽골의 침입에 장기적으로 대응할 수 있었던 것으로 보인다. 상인들의 왕래와 조운 시스템이 작동되고 있었기 때문에 최씨 일가를 비롯하여 권력자들이 잔치 때마다 비단으로 치장하고, 공신들에게 금은 비단을 상으로 내리는 일이 가능했을 것이다. 부족한 토지와 국용을 위해 강화와 그 인근에서 지속해서 토지를 넓히는 방식도 동원되었다. 그러한 점에서 강도 시기는 조운의 중요성이 재확인되고, 간척기술이 점차 진전된 시기로 평가해도 지나치지 않다고 생각된다.

4. 맺음말

경기만 일대에는 서남해 못지않게 많은 섬이 별처럼 널려 있다. 그중 가장 큰 섬은 강화도, 석모도, 교동도, 영종도, 영흥도 등이다. 그러나 이들 섬이 본래부터 현재의 형태와 같았던 것은 아니다. 이미 잘 알려진 영종도는 영종도와 용유도, 삼목도 등이 합쳐진 섬이고, 강화도는 강화, 고가, 동검도가 간척을 통해서 하나가 된 섬이다. 강화도 서쪽의 석모도 역시 조선후기까지만 해도 석모노도, 매음도, 어리정도, 송가도 등이 합쳐서 현재의 지형이 되었다. 교동도와 남쪽 영흥도와 같이 큰 섬들 역시 고려~일제 강점기를 거치며 간척을 거듭한 사실이 확인된다.

강화천도는 계획적인 형태로 진행된 것이 아니었다. 따라서 개경의 10만 호나 되는 인구가 한꺼번에 이동하여 정착하기란 쉽지 않았을 것이다. 또한, 식량문제나 주거문제도 몹시 심각했을 것으로 보인다. 그

---

121 『高麗史節要』卷22, 高宗 14年 5月 17日 乙丑.

런데도 최우를 비롯한 지배층들은 개경에서의 생활을 지속해서 이어갔다. 오랜 전쟁과 천도로 인한 혼란, 거듭된 재해에도 이처럼 고위 관료들이 호화로운 생활을 할 수 있었던 것은 역시 조운로를 빼앗기지 않았기 때문이었다. 전쟁 기간에도 조운선은 물론, 남송과 일본의 선박까지 드나들며 비단과 각종 값비싼 물건들을 제공하였다. 최자의 「삼도부」에 등장하는 강도의 모습은 다소 과장된 면이 있을지라도 당시 지배층의 모습을 잘 반영하고 있다고 생각된다.

이에 본고에서는 강도 시기 조운의 기반이 되었던 경기만 일대의 해양 교통망을 파악하기 위해 강화도와 주변 지역의 주요 포구들에 대해 살펴보았다. 『고려사』 기록을 토대로 강도 초기에 진행한 간척지에 등장하는 제포, 와포, 이포 등의 위치 규명을 시작으로 영흥도, 대부도, 당성 등에 대해서도 살폈다. 또한, 침몰선 발굴 성과를 기반으로 어떤 물자들이 바닷길을 통해 유통되었는지도 살펴보았다.

글에서 강조하고 싶은 부분은 최우가 안남 일대의 굴포사업을 시행하려 했던 구체적인 이유와 강도 시기 제주도의 역할이다. 최우가 안남에서 김포에 이르는 굴포공사를 시도한 중요한 이유는 남한강에서 내려온 선박들이 조강의 험한 물길을 거치지 않고 곧바로 강화 남부에 이르기 위함이었던 것으로 보인다. 그 경우 선박의 이동 거리를 단축할 수 있을 뿐 아니라 당시 개경과 통진 인근에 자주 출몰하는 몽골군의 약탈을 피할 수도 있었을 것이다.

강도 시기 제주도는 남송과 일본의 물품을 교역하는 장소였을 뿐만 아니라, 말과 감귤 등을 강도 정부에 제공하는 역할을 맡고 있었다. 훗날 몽골이 제주를 탐라총관부로 삼아 목마장을 설치한 것도 이미 전례가 있었던 셈이다. 또한, 몽골은 일본을 침략할 때 제주를 지날 것을 염두에 두고 미리 답사하기도 했다. 삼별초가 마지막 거점을 제주로 삼은 이유 중에는 남송, 일본과 연결하기에 적합하다는 이유도 있었을 것으로 보인다. 이러한 부분에 대해서는 좀 더 깊이 있는 연구가 요구된다.

　끝으로 최영준의 『국토와 민족생활사』에 수록된 강화 간척 지도는 선구적이고 의미있는 연구 성과임에 틀림없지만, 당시의 간척 기술을 고려하면 그가 추정한 것처럼 강도 시기에 대단한 규모의 간척이 이루어졌을 가능성은 적다고 생각된다. 간척에 따른 강화의 지형 변화에 대해서는 역사학과 지리학, 지질학 등 여러 분야 연구자들의 협업을 통해 완성도를 높여나갈 필요가 있다.

고려 강도시기 건물지 출토 도자기의 양상과 사용

한혜선
(이화여자대학교)

1. 머리말

고려정부가 몽고의 침입을 받은 후 개경에서 강화도로 수도를 옮긴 것은 1232년(고종 19) 6월이었다.[1] 천도와 같은 중차대한 일을 단지 몇 개월 만에 결행하게 된 것은 당시 정권을 잡고 있던 최우를 중심으로 한 무신들의 강력한 의지가 반영되었기 때문이다. 이로써 다시 개경으로 돌아갔던 1270년(원종 11)까지 39년간 '강도시대江都時代'가 열리게 되었다.[2] 강화도로의 천도는 급박하게 이루어져 사전에 준비할 시간적 여유가 없었기 때문에 천도를 전후한 시기에 군대까지 동원하여 궁궐을 건설하였다.[3] 천도 1년 후 빠르게 수도로서의 기본 시설과 면모를 갖추기 시작하였는데, 1234년(고종 21)을 전후한 시기에 대규모의 건축 사업이 진행되었다.[4]

개경에서 강화도로 수도를 옮긴다는 것은 왕실이 중심이 되는 궁궐과 중앙관청뿐만 아니라 당시 무신정권의 인원과 그 가족 등 대규모 인원의 이동이 필연적이었다. 강화도라는 섬이 갑자기 왕실, 중앙관청 및 관련 기구, 관료와 그 가족들의 생활터전이 되었던 것이다. 이에 따라 의식주 전반에 걸쳐 생활에 필요한 많은 물자가 사용되었음은 당연했고, 이러한 흔적이 현재 강화도 곳곳에 남아 있다. 특히 2000년 이후 강

---

* 이 글은 한혜선, 2021, 「고려 강도시기 건물지 출토 도자기의 양상과 사용」, 『역사와 현실』 121 원고를 수정·보완한 글이다.
1 『高麗史』 卷23, 世家23 高宗 19년 6월 을축.
2 『高麗史』 卷56, 志10 地理1 楊廣道 江華縣 ; 김창현, 2017, 「강도의 생활공간과 강도인의 생활」 『강화 고려도성 학술기반 조성 연구 1-강화 고려도성 기초학술 연구』, 국립강화문화재연구소, 98쪽.
3 『高麗史』 卷23, 世家23 高宗 19년 6월 병인.
4 尹龍爀, 1991, 『高麗對蒙抗爭史研究』, 一志社, 164쪽.

화도지역의 개발이 본격화되면서 관련 유적에 대한 발굴조사가 활발해
지면서 강도시기 고려왕실 또는 지배층의 생활유적이 다수 확인되었다.

이러한 발굴성과를 바탕으로 지금까지 강화도의 고려시대 유적에 대
해서 여러 방면의 연구가 진행되어 왔다. 강화도성의 위치와 그 성격
에 대한 연구,[5] 발굴된 고고유적에 대한 검토가 이루어졌다.[6] 세부적으
로는 강도시기에 조성된 능묘에 대한 연구,[7] 출토유물에 대한 검토도
다방면에서 이루어졌다. 특히 출토유물 중 많은 수량을 차지하는 청자
연구가 가장 활발하다.[8] 하지만 강도시기 도자기에 대한 연구는 능묘
나 선원사지와 같이 특정 유적에서 출토된 청자의 조형과 편년 분석을
중심으로 한 것이 대부분이면서 최근 발굴조사 결과가 누락되어 있는
경우가 많고, 도기에 대해서도 거의 다루어지지 않았다.[9]

---

5 윤용혁, 2011, 『여몽전쟁과 강화도성 연구』, 혜안 ; 이희인, 2016, 『고려 강화도성』,
  혜안 ; 국립강화문화재연구소, 2017(a), 『강화 고려도성 학술기반 조성 연구 1-강
  화 고려도성 기초학술 연구』외 다수.
6 국립강화문화재연구소, 2017(b), 『강화 고려도성 학술기반 조성 연구 2-강화 고려도
  성 고고자료집』 ; 이희인, 2018(a), 「고려시대 강화의 고고유적과 공간구조」 『한국
  중세고고학』 4, 한국중세고고학회 ; 이제원, 2020, 「강화의 고려시대 건물지와 성격
  비정 - 발굴조사 사례를 중심으로」 『고려 황도 강화』, 강화역사박물관 외 다수.
7 이상준, 2012, 「고려왕릉의 구조 및 능주陵主 검토」 『문화재』 45-2, 국립문화재연
  구소 ; 이상준, 2017, 「강화 고려왕릉의 피장자 검토」 『중앙고고연구』 23, 중앙문
  화재연구원 ; 이희인, 2018(b), 「강화 고려 능묘의 현황과 특징」 『江都 고려왕릉展』,
  국립강화문화재연구소 외 다수.
8 한성욱, 2002, 「강화 하도리 출토 청자의 성격」 『호서고고학』 6·7, 호서고고학회 ;
  한나래, 2010, 「강도시기(江都時期 1232~1270) 고려청자 연구」, 이화여자대학교 석
  사학위논문 ; 정재은, 2010, 「江華 禪源寺址 出土 高麗青瓷 研究」 『東岳美術史學』
  11, 동악미술사학회 ; 한성욱, 2017, 「江都時期의 青瓷文化」 『강화 고려도성 학술
  기반 조성 연구 1-강화 고려도성 기초학술 연구』, 국립강화문화재연구소 ; 이종
  민, 2018, 「江都時期 磁器의 운송과 陵墓 출토 자기의 특징」 『江都 고려왕릉展』,
  국립강화문화재연구소 ; 박지영, 2021, 「개경開京과 강도江都의 청자」 『인문과학연
  구』 32, 덕성여자대학교 인문과학연구소 외 다수.
9 한혜선, 2007, 「강화도지역 고려도기의 생산과 소비」 『인천문화연구』 5, 인천광역
  시립박물관, 65~83쪽.

따라서 이 논문에서는 강화도에서 이루어진 최근 발굴조사 결과와 연구성과를 종합하여 청자와 도기를 포함한 강도시기 도자기의 출토양상, 사용과 조달에 대해서 살펴보고자 한다. 건물지를 비롯해 관방유적, 능묘 등 다양한 성격의 유적이 조사되었지만 여기에서는 건물지를 주대상으로 할 것이다. 무엇보다도 건물지가 강도시기 생활상을 파악할 수 있는 중요한 자료이자 다른 성격의 유적보다 높은 비중을 차지하기 때문이다. 더불어 최근 강화도에서 조사된 고려시대 건물지의 발굴보고서가 다수 발간되어 내용을 자세히 알 수 있다는 점도 고려하였다.

2. 건물지 출토 도자기의 양상

최근까지 강화도지역 발굴조사에서 강도시기에 조성된 고려시대 건물지가 상당수 확인되었다. 여기에서 건물지는 건물지 자체와 그 부속시설인 우물, 수혈, 석축, 담장 등이 포함된다. 대체로 고려궁성과 관련 관청, 그리고 관료들의 생활공간이 밀집해 있었던 강화읍 관청리 일대와 그 주변에 집중되어 있다. 이곳을 중심으로 북산인 송악산과 남산인 화산, 견자산에 위치한 읍치 중심부에 궁궐과 관부를 조성하고 외곽에 도읍시설을 보호하는 성곽을 축조하였다.[10] 강도시기 동안 유지되었던 이들 시설들은 1270년(원종 11) 개경으로 다시 환도하면서 몽골군에 의해 대부분 파괴되었고, 그 정황은 같은 해 9월 다루가치가 강화에 들어가 상황을 두루 살폈다는 기록으로 알 수 있다.[11] 이러한 역사적 사실은 결국 현재 발굴조사로 알려진 관청리와 그 주변의 고려시대 건물지, 그리고 고려시대에 해당하는 상당수의 유적이 강도시기 동안에

---

10 정학수, 2017, 「강도시기 궁성(본궐)의 위치와 구조」 『강화 고려도성 학술기반 조성 연구 1-강화 고려도성 기초학술 연구』, 국립강화문화재연구소, 142쪽.
11 『高麗史』 卷26, 世家26 元宗 11년 9월 무오.

집중적으로 사용되었음을 뒷받침한다. 이는 곧 고려시대 유적에서 출토된 유물 또한 강도시기에 해당하는 것으로 중심시기를 좁혀볼 수 있다는 의미이다

먼저 관청리 일대에서 조사된 건물지를 살펴보자. 기존에 고려궁지로 지정된 곳보다 동쪽으로 더 이동한 지점에서 다수 확인되었으며, 건물지의 구조로 보아 회랑으로 추정되는 등 규모가 큰 편이다. 관청리 163번지, 657번지, 944-2번지 향교골 유적이 대표적이다.

관청리 163번지 유적에서는 고려시대 건물지 2기와 석축 및 석열유구가 확인되었다.[12] 조사단은 고려시대 건물지를 구조상 궁궐에 부속된 건물로, 연회와 조경과 관련된 누각으로 추정하였다. 1호 건물지의 적심 인근에서 대형 도기호의 저부편이 출토되었으며, 품질이 좋은 청자가 다수 확인되었다. 음각과 철백화기법으로 장식한 청자잔 뚜껑, 압출양각기법 포도문·화문의 발과 접시, 접시 전체를 압출양각기법을 사용하여 찍어낸 소형화형접시와 팔각접시, 상감기법으로 국화문과 당초문을 장식한 접시 등이 다양하게 출토되었다. 구연부에 상감기법으로 뇌문을 장식한 팽이형잔과 통형잔, 투각기법을 사용한 상감국화문기대, 즉 그릇받침이 출토되었다.〈그림 1〉 특히 상감모란문을 화려하게 장식한 화분이 완형에 가까운 형태로 확인되었다.〈그림 2〉 이 건물지에서 출토된 청자는 규석받침에 비색을 띤 양질이 높은 비중을 차지하며, 화분과 기대는 문양이 화려하고 장식기법과 품질이 뛰어날 뿐만 아니라 청자 전체에서 제작되는 비중이 적은 특수기종이다. 이렇게 제작수량이 적고 품질이 좋은 기종이 건물지에서 출토되었다는 것은 이곳의 성격이 일반적이지 않고 특수했거나 다른 건물과 달리 격이 높았다는 점을 말해준다. 이외에 관청리 163번지 2호 건물지에서는 상감국화문잔탁이 도면상 완전하게 복원될 정도로 출토되었으며, 1호 석열유구에

---

12 한국문화유산연구원, 2015, 『江華 官廳里 163番地 遺蹟-강화군청 별관 사업부지 내 문화유적 발굴조사 보고서』.

서는 상감운학문매병편, 잔탁, 화분, 향로, 기대, 접시 등이 확인되었다. 또한 1호 석열유구에서는 남부지방에서 제작된 것으로 추정되는 반구형 도기호도 출토되었다.

<그림 1>
관청리 163번지 고려시대 건물지 출토
청자 일괄, 한국문화유산연구원 발굴

<그림 2>
관청리 163번지 고려시대 건물지 출토
청자상감모란문화분, 한국문화유산연구원 발굴

관청리 657번지 유적은 한국문화유산연구원에 의해 2차례에 걸쳐 발굴조사가 이루어졌는데, 이 중 1차 조사에서 확인된 고려시대 건물지 3기에서 다수의 청자가 출토되었다.[13] 1호 건물지에서 고급품에 해당하는 규석받침을 받치고 역상감기법으로 외면에 당초문을 화려하게 장식한 발을 비롯해 압출양각기법을 활용한 동자문발, 철백화화문접시, 통형잔, 팽이형잔 등이 출토되었다.(〈그림 3〉) 이 유적은 강도시기 궁궐 관련 건물이었을 것으로 추정되었다. 이 유적과 바로 인접하여 한성문화재연구원에서 발굴조사한 687-1번지 유적이 자리하고 있다.[14] 이 유적의 건물지는 훼손이 심하여 상태가 양호하지 못하고 출토유물도 많지는 않으나 다른 유적과 마찬가지로 철백화화문이 장식된 접시, 역상감으로 장식한 발, 도기호의 구연부편 등이 확인되었다. 관청리 657번지 일원은 남북 회랑건물지와 동서방향의 건물로 하나의 공간을 형성

---

13 한국문화유산연구원, 2016, 『江華 官廳里 657番地 遺蹟(Ⅱ)』.
14 한성문화재연구원, 2019, 『江華 官廳里 遺迹-강화 관청리 도시계획도로(소로 2-86, 2-8호선) 발굴조사 보고서』.

하고 있어 궁궐이나 관청 등 주요 시설의 일부로 추정되었다.[15]

〈그림 3〉 관청리 657번지 건물지 출토 청자 일괄,
한국문화유산연구원 발굴

관청리 향교골 유적은 944-2번지 강화여고 기숙사 증축부지 발굴조사에서 확인되었다.[16] 건물지 3기와 수혈유구 1기가 조사되었는데, 1호 건물지의 경우 잔존양상으로 보아 회랑으로 둘러싸인 누각이었을 것으로 추정되었다. 이 건물지에서는 접시 측면을 투각한 화형접시 5점이 출토되어 주목된다. 이와 유사한 형태의 청자접시는 현재 고려청자박물관에 위치한 강진 사당리 23호 청자요지와 그 주변에서 출토된 적이 있어 제작지를 알 수 있는 중요한 사례이다.[17](〈그림 4~6〉) 이 청자접시는 투각이 되어 있기 때문에 음식을 담기에는 부적합하여 유병이나 통형잔 등의 받침으로 사용되었을 가능성이 높다고 보고서에서 지적하였으며, 필자도 이 견해에 동의한다. 이 외에도 상감기법으로 장식한 통형잔과 팽이형잔을 비롯해 매병과 매병뚜껑, 양각기법으로 화문을 장

15 국립강화문화재연구소, 2017(b), 앞의 책, 106쪽.
16 서경문화재연구원, 2012, 『강화 관청리 향교골 유적-강화군 강화여고 기숙사 증축
부지 발굴조사』.
17 고려청자박물관, 2016, 『강진 사당리 고려청자』, 73쪽 ; 국립중앙박물관, 2015, 『강
진 사당리 도요지 발굴조사 보고서』, 169쪽.

식한 뚜껑, 역상감기법으로 당초문을 표현한 완, 상감기법으로 국화문
을 장식한 잔탁, 투각기법으로 만든 기대편 등 화려한 장식과 고급기
술을 사용한 청자가 다수 확인되었다.(〈그림 7. 8〉) 이 유적을 고려궁지
또는 관련 시설의 일부 또는 별궁 중 하나인 궐서궁闕西宮의 일부로 보
기도 한다.[18]

〈그림 4〉
관청리 향교골유적 출토
청자투각접시,
서경문화재연구원 발굴

〈그림 5〉
강진 사당리 청자요지 출토
청자투각접시1,
고려청자박물관 소장

〈그림 6〉
강진 사당리 청자요지 출토
청자투각접시2, 고려청자박물관
소장

〈그림 7〉 관청리 향교골유적 출토
청자팽이형잔, 서경문화재연구원 발굴

〈그림 8〉 관청리 향교골유적 출토
청자통형잔, 서경문화재연구원 발굴

관청리 외에도 그 주변지역에서 규모가 크고 특징적인 시설이 있는
건물지 유적이 곳곳에서 조사되었다. 월곳리, 용정리, 대산리, 옥림리
등이 대표적이다. 월곳리에서 확인된 고려시대 건물지는 모두 8기이며,
건물 자체의 규모가 클 뿐만 아니라 지형에 맞게 축대를 조성하여 격
이 높은 건물이었다.[19] 특히 3호 건물지는 중정을 중심으로 상하좌우에

---

18 이제원, 2020, 앞의 논문, 123쪽.

각 1동씩 모두 4기의 건물이 있었으며, 다른 건물지보다 높게 단을 두었고 바닥에 청석으로 된 전돌을 깔아 위계가 높다는 점과 건물지가 위치한 지역이 대묘마을로 불리고 있다는 점을 들어 강도시기 태묘太廟로 추정된 바 있다.[20] 중정에서 도기장신호에 청자압출양각국화문발을 덮은 형태의 매납 도자기 세트가 확인되었다.(〈그림 9〉) 이 건물지에서는 또한 비색을 띠는 사자형 상형청자 일부가 출토되었는데, 잔존양상으로 보아 향로뚜껑 또는 연적이었을 가능성이 높다.(〈그림 10〉) 이와 유사한 것으로 국보 제60호로 국립중앙박물관에 소장되어 있는 〈청자사자형향로〉를 꼽을 수 있다.[21](〈그림 11〉) 3호 건물지 이외에 다른 건물지에서도 양질의 음각연화문매병, 다양한 형태와 장식을 가미한 접시와 발 등이 출토되었다. 한편 옥림리에 위치한 건물지도 월곶리와 출토된 유물의 양상은 대체로 유사하며, 저부가 뾰족한 형태의 상감국화문마상배, 양각연판문통형잔 등이 출토되었다.

〈그림 9〉
월곶리 3호 건물지 출토
매납 도자기,
국방문화재연구원 발굴

〈그림 10〉
월곶리 3호 건물지 출토
청자사자형편,
국방문화재연구원 발굴

〈그림 11〉
청자사자형향로,
국보 제60호,
국립중앙박물관 소장

강화 용정리유적은 인화 강화 도로구간에서 확인된 곳으로, 여러 지점에 걸쳐 조사가 이루어졌다. 고려시대 건물지는 K지점과 M지점에서

---

19 국방문화재연구원, 2016, 『강화 월곶리·옥림리유적』.
20 이제원, 2020, 앞의 논문, 127쪽.
21 국립중앙박물관, 2012, 『천하제일 비색청자』, 194~195쪽.

확인되었다. 먼저 K지점에서는 배수로를 갖춘 건물지 2기와 우물지 3기가 조사되었다.[22] 청자는 압출양각기법과 상감기법으로 다양한 문양을 장식한 발과 접시, 완형에 가까운 상감국화문병, 항을 비롯해 도기는 대형호의 구연부와 저부편, 화분 등이 출토되었다.(〈그림 12, 13〉)

〈그림 12〉
용정리 K지점 나건물지
출토 청자병,
기호문화재연구원 발굴

〈그림 13〉
용정리 K지점 가건물지
출토 청자항,
기호문화재연구원 발굴

〈그림 14〉
용정리 K지점 2호 우물지 출토
도자기 일괄,
기호문화재연구원 발굴

한편 이 지점에서 확인된 고려시대 우물지 3기에서 다수의 청자와 도기가 출토되었다. 1호 우물지에서는 반구형 구연을 가진 도기반구호와 도기동체, 저부편이 출토되었으며 청자로는 팽이형잔, 양각연판문통형잔, 상감모란절지문의자편, 압출양각국화문발, 철백화화문접시 등이 확인되었다. 2호 우물지에서는 완형의 도기2면편호, 장신호, 대형 도기호의 견부와 구연부편, 반구호, 병, 시루 등이 출토되었다.(〈그림 14〉) 청자는 압출양각기법으로 장식한 국화문, 포도문, 운학문, 모란당초문 발과 소형 화형접시, 상감국화문접시와 발, 상감국화문마상배, 통형잔, 팽이형잔 등이 확인되었다. 3호 우물지에서는 도기소병과 청자압출양각모란문발이 출토되었다. 우물지 외에 주변에 위치한 다양한 형태와 크기의 수혈에서 도기2면편호 뿐만 아니라 청자의자편, 청자상감운학

문합을 비롯해 다양한 청자발과 접시가 확인되었다. 이들 청자들은 규석받침을 받쳐서 제작한 양질이 다수를 차지하며 대체로 일상용으로 사용한 것들이다. 이외에 수혈유구에서 오리형태의 상형청자편이 출토되기도 했다.

또한 용정리유적 M지점의 고려시대 건물지 6기와 석축, 수혈 등에서 다수의 도자기가 출토되었다.[23] 가건물지에서는 도기 대형호의 구연부편을 비롯해 압출양각과 상감기법으로 장식한 청자발과 접시, 철백화화문이 장식된 접시, 화형접시, 팽이형잔, 통형잔, 연판문뚜껑, 매병 등이 확인되었다.(《그림 15, 16》) 특히 이 건물지에서 6점의 선각불상경이 출토되어 주목된다. 이 때문에 사찰 또는 그와 관련된 공간이거나[24] 건물지의 위치와 규모로 볼 때 국가시설일것으로 보았다.[25] 필자는 불교관련 유물이 다수 확인되는 점으로 보아 사찰일 가능성이 좀 더 높다고 본다. 나건물지의 경우 기단, 초석, 구들시설 등이 잔존하는데 나-2동 동쪽 측면에 깊이 1m 정도에 도기 대형호를 묻어서 저장용 수혈로 사용하였다. 이 건물지에서는 도기2면편호, 대형호의 동체부와 저부편, 시루 저부편 등이 출토되었다. 청자는 다른 유적과 유사하게 소형의 화형접시, 발, 접시, 상감국화문을 장식한 유병, 합, 화형잔 등이 확인되었다.

<그림 15> 용정리 M지점 가건물지 출토 도기호, 기호문화재연구원 발굴

<그림 16> 용정리 M지점 건물지 출토 청자 일괄, 기호문화재연구원 발굴

---

23 기호문화재연구원, 2019(b), 『인화-강화 도로구간 문화유적 4권 - 강화 용정리 고려건물지』.

24 강화역사박물관, 2020, 『고려 황도 강화』, 52쪽.

25 이제원, 2020, 앞의 논문, 125쪽.

대산리에서는 두 지점에서 고려시대
건물지가 조사되었다. 먼저 중원문화재
연구원이 조사한 지점에서는 고려시대
건물지 5기가 확인되었다.[26] 각 건물지
에서 강도의 다른 고려시대 건물지와
유사하게 팽이형잔, 잔탁, 상감 또는 압
출양각 기법을 사용한 접시, 투각의자
편이 출토되었다.

한편 인화-강화 도로건설공사에서 확
인된 유적 중 강화산단지점도 행정구역
상 대산리에 해당하는데, 여기에서 고

〈그림 17〉 대산리 강화산단지점
고려시대 1호 수혈 전경.
기호문화재연구원 발굴

려시대 건물지와 수혈유구가 다수 조사되었다.[27] 가건물지에서는 소형
의 금동여래입상과 금동여래좌상을 비롯해 청자통형잔과 화형잔, 옻칠
된 목함에 부착된 금동 고리장식이 확인되었다. 가건물지 남쪽과 바로
연접하여 평면이 방형인 길이 2.3m, 너비 1.6m 크기의 수혈유구가 조
성되어 있었는데, 여기에서 청자와 도기가 출토되었다.(〈그림 17〉) 구체
적으로 도기방형향로, 도기장고, 도기과형매병, 도기병, 청자음각연화
절지문사이호, 청자양각연판문통형잔, 청자잔, 청자상감뇌문잔탁, 청자
상감국화문잔탁, 청자백화화문접시, 청자향완, 청자용머리장식 등이
다.(〈그림 18, 19〉) 조사단은 가건물지와 수혈유구를 귀족의 별서로 추정
하였으나[28] 도기로 된 방형향로와 장고, 그리고 청자향완 모두 일상적
으로 사용된 기종이 아니라 주로 의례용으로 사용되는 특수기종이다.
특히 장고는 고려시대 각종 의례에서 사용된 대표적인 악기 중 하나
로,[29] 국가의 대소사나 각종 연회와 의식에서 음악을 연주할 때 반드시

26 중원문화재연구원, 2011, 『江華 大山里遺蹟』.
27 기호문화재연구원, 2019(c), 『인화-강화 도로구간 문화유적 5권 - 강화 대산리 고
   려분묘군』.
28 이제원, 2020, 앞의 논문, 131쪽.

사용된 악기였다.[30] 이뿐만 아니라 청자용머리장식이 일본 야마토문화
관 소장 구룡형정병의 용머리와 매우 유사하다는 점을 상기하면[31] 이
유구의 성격이 일반적이지 않다는 사실을 확인할 수 있다. 결론적으로
의례가 치러지는 공간 또는 그와 관련된 시설이었을 가능성이 매우 높
다고 본다.

<그림 18> 대산리 강화산단지점   <그림 19> 대산리 강화산단지점
고려시대 1호 수혈 출토 도자기 일괄,   고려시대 1호 수혈 출토 청자용머리장식,
기호문화재연구원 발굴   기호문화재연구원 발굴

강화중성 발굴조사 중 옥림리에서 확인된 건물지도 강도시기에 대규
모로 조성된 유적이다.[32] 중성을 사이에 두고 안쪽과 바깥쪽에서 각각
건물지가 확인되었다. 특히 성 바깥쪽에 위치한 2지점 건물지는 상단과
하단으로 구성된 규모가 큰 건물지와 그 주변을 구성하고 있는 담장을
비롯해 정원 또는 후원으로 추정되는 계단 시설인 화계花階가 남아 있었
다. 여러 건물지 중 2지점 5호 건물지가 가장 규모가 크고 담장과 우물
이 부속되어 있어 건물의 위상이 높았던 것으로 보인다. 이 건물지에서
는 역상감기법으로 문양을 장식한 청자베개편이 출토되었다. 이외에 각
건물지에서 다량의 압출양각 또는 상감기법으로 장식한 발과 접시, 통

---

29 『高麗史』 卷70, 志24 樂1 雅樂 ; 『高麗史』 卷71, 志25 樂2 唐樂.

30 이종민, 2007, 「고려 중기 청자제작의 확산과정과 그 배경」『시각문화의 전통과
　　해석: 靜齊 金理那 敎授 정년퇴임기념 미술사논문집』, 예경, 304쪽.

31 국립중앙박물관, 2012, 앞의 책, 202쪽.

32 중원문화재연구원, 2012, 『江華 玉林里遺蹟-강화중성 및 고려시대 건물지』.

형잔과 팽이형잔, 잔탁, 합, 항, 향로, 기대 등이 확인되었다.(〈그림 20〉)
4지점에서도 청자잔탁을 비롯해 대형 합신, 기대 등이 출토되었다.

〈그림 20〉 강화 중성·2지점·4지점 출토 청자 일괄,
중원문화재연구원 발굴

　강화읍 일원을 벗어난 지역에서도 고려시대 건물지가 몇 곳에서 확
인되었다. 먼저 현재 강화도의 북서쪽에 위치한 하점면 신봉리와 장정
리에 걸쳐 있는 유적의 3지점과 4지점에서 고려시대 건물지가 확인되
었다.[33] 이 지역은 고려시대 하음현河陰縣 지역으로 강화 천도 당시에 이
미 적지 않은 수의 민가가 자리했던 곳으로, 하음현의 치소가 위치했
다고 알려져 있다.[34] 4지점에서 조사된 대형 건물지는 구릉의 경사면을
삭토하여 계단식으로 기단을 구성하였고 건물지 내부에 온돌시설을 갖
추었다. 여기에서는 음식 등을 저장할 때 활용된 대형 도기호와 청자
음각연판문통형잔, 소형접시, 압출양각접시와 발, 음각앵무문발, 철화
장고편, 중국 경덕진계 청백자 등이 출토되었다.(〈그림 21〉) 강화도 내 다

33 중원문화재연구원, 2013, 『江華 新鳳里長井里 遺蹟-寅火-江華 道路建設工事 A區間
　　文化財 發掘調査』.
34 선문대학교 고고연구소, 2001, 『江華島 摩尼山 高麗 離宮址 地表調査 報告書』; 국
　　립강화문화재연구소, 2017(b), 앞의 책, 148쪽.

〈그림 21〉
신봉리 3지점 1호 건물지 출토
도기호, 중원문화재연구원 발굴

〈그림 22〉
흥왕리 이궁지 출토 도기장고,
국립강화문화재연구소 발굴

른 고려시대 건물지에 비해서 백색내화토빚음 또는 모래받침을 받쳐 구운 청자가 많아서 전체적으로 청자의 품질이 떨어지는 편이다.

홍왕리 이궁은 현재 강화도의 남쪽 마니산 인근에 위치한다. 기록에 따르면 마니산 남쪽에 1259년(고종 46) 2월에 건립하였다고 전한다.[35] 국립강화문화재연구소에서 조사를 실시하였으며, 기존에 선문대학교 고고연구소에서 발견한 장방형 건물지지와 연관되어 있을 것으로 추정되는 건물지 1기, 석축시설, 담장 등이 확인되었다.[36] 이 유적에서는 저장시설로 활용된 도기 대형호, 도기장고를 비롯해 청자상감국화문뚜껑과 청자접시, 발 등이 출토되었다.(〈그림 22〉) 청자해무리굽완과 분청사기 편도 확인되어 비교적 오랜 기간 점유된 유적인 것으로 생각된다.

한편 사찰도 넓은 의미에서 건물지로 볼 수 있다. 현재까지 강화도에서 실제로 발굴이 이루어진 곳은 선원사지 정도이다.[37] 선원사는 고려시대에 몽고의 침입을 피해 강화도에 도읍한 시기에 당시 최고 집권자였던 최우崔瑀의 원찰願刹이자 대몽 항쟁의 정신적 지주로 삼고자 1245년(고종

---

35 『高麗史』 卷24, 世家24 高宗 46년 2월 갑오.
36 국립강화문화재연구소, 2019, 『강화 홍왕리 이궁지 발굴조사보고서』.
37 東國大學校 博物館, 2003, 『史蹟 259號 江華 禪源寺址 發掘 調査 報告書』.

32)에 창건되었다고 알려져 있다. 발굴조사 결과 독립 건물지 21개소와 부속 행랑지 7개소가 확인되었는데, 전체 사역 중 예불 공간에 해당하는 곳과 주거 공간으로 사용되는 곳 등 일부만 조사되었다. 출토유물은 자기류, 기와류, 청동 탄생불, 금동 나한상 등이 있다. 사찰의 연혁과 출토유물의 양상을 통해 고려후기에 해당하는 것으로 판단된다. 청자는 발과 접시를 중심으로 잔과 잔탁, 병, 고족배, 향로, 화분, 자판, 베개, 의자, 기대, 철채장고 등이 출토되었다. 도기는 주로 대형의 호가 중심으로 이룬다.

3. 강도시기 도자기의 사용과 조달

앞장에서 현재까지 강화도에서 조사된 강도시기 고려시대 건물지유적을 중심으로 도자기의 출토양상과 특징에 대해서 살펴보았다. 강화도의 고려시대 유적에서 출토된 도자기가 중요한 것은 수도 역할을 담당했던 시기, 즉 1232~1270년까지의 상황을 반영하고 있다는 점 때문일 것이다. 이 장에서는 이를 바탕으로 강도시기 도자기가 어떻게 사용되었고 어디서 조달하였는지 알아보고자 한다.

1) 청자의 조달과 사용

강화도가 임시수도로 선택된 것은 여러 가지 이유가 있겠지만 무엇보다 자연지리적 이점이 크게 작용했다. 갯벌이 발달되어 있어서 선박의 진입과 접안이 어려워 적의 침입을 방어하는데 유리한 측면이 있었고, 서해안의 연안 항로상에 위치해 있을 뿐만 아니라 북쪽의 임진강과 예성강을 비롯해 동쪽에서 내려오는 한강이 만나는 지점에 위치해 있다.[38] 이러한 입지조건은 강화도를 임시수도로 선택한 중요한 이유

중 하나였다.

강화도가 큰 섬이라고는 하나 수도의 위상을 생각해보면 그 안에서 필요한 물자를 조달하는 것은 거의 불가능했고 세곡과 공물을 포함한 대부분의 물품은 연안항로를 이용해 다른 지역에서 가져오는 것이 당연했다. 이를 가능하게 한 것은 강도시기 동안 몽고의 침입과 수도 이전에 따른 재정 악화와 수탈이 있었음에도 불구하고 고려 정부의 지방지배가 비교적 원활하게 유지되었기 때문이다. 무엇보다 중앙 관리와 지방관리의 인사권을 체계적이고 조직적으로 행사하여 효율적으로 지방을 지배할 수 있었고, 이를 기반으로 전쟁중이었지만 안정적으로 조세를 확보하였다.[39] 이렇게 조세를 비교적 안정적으로 확보할 수 있었던 것은 전쟁의 직접적인 피해가 적었던 영호남지역에 조창漕倉 13곳 중 11개가 위치했기 때문이다.[40] 이곳에서 확보된 조세는 기존에 편성되어 있던 서남해 연안의 조운로를 통해 강도에 조달되었다.[41] 조달된 물품들은 강도의 동쪽에 위치한 갑곶과 북쪽의 제포를 통해 공급되었던 것으로 추정된다.[42]

당시 강도에서 사용되었던 각종 물품에 대한 조달은 13세기 중반에 쓴 최자의 「삼도부三都賦」에서 확인할 수 있다. 그는 강도에 "상선商船과 공박貢舶을 이용하여 팔방의 사람들이 모여드니 산해의 진미를 안 실어 오는 물건이 없다"고 하였다.[43] 강도시기 집권세력인 최씨정권의 주요한 경제적 기반이 순천, 보성, 화순, 진도, 강진, 군산 등 물산이 풍부하여 경제력이 뒷받침되는 전라도 각지에 분포하여 그들의 수조지에서

---

38 홍영의, 2017, 「강화 천도의 배경과 의의」 『강화 고려도성 학술기반 조성 연구 1-강화 고려도성 기초학술 연구』, 국립강화문화재연구소, 35~36쪽.
39 박종진, 2002, 「강화천도 시기 고려국가의 지방지배」 『한국중세사연구』 13, 한국중세사학회, 102쪽.
40 윤용혁, 1991, 앞의 책, 202쪽.
41 문경호, 2014, 『고려시대 조운제도 연구』, 혜안, 208쪽.
42 김창현, 2017, 앞의 논문, 103쪽.
43 『東文選』 卷2, 賦 三都賦.

생산된 대규모 수취물이 정기적으로 공급되었던 점도 중요했다.[44] 이때 사적으로 운용되었던 상선뿐만 아니라 조운선까지도 활용되었던 것으로 보인다. 예를 들어 1243년(고종 30) 최이의 식읍인 진주의 세공미가 좌창 左倉으로 수납된 사례를 통해[45] 당시의 조운시스템은 집권세력의 사사로운 수취물 운반에도 이용되었음을 알 수 있다.[46] 특히 공물의 주요 품목이자 사적인 판매용품 중 하나였던 청자는 무겁고 깨지기 쉬운 것이었기 때문에 연안항로를 이용한 유통이 필수적이었으며,[47] 다른 물품과 마찬가지로 사선과 조운선이 모두 활용되었던 것으로 이해된다.

강도시기에 조성된 건물지에서 출토된 청자는 앞에서도 살펴보았듯이 상당량에 달한다. 13세기 중반 청자는 중기의 끝자락에 해당하는데 발과 접시가 많은 비중을 차지하는 한편 통형잔과 팽이형잔 등 새로운 기종이 추가되고 12세기에 유행한 음각, 양각, 상감, 철화, 백화, 투각, 상형 등 모든 장식기법이 사용되었다.[48] 소위 '강진유형'이라 불리는 일군의 청자들인 음각연판문 또는 음각앵무문발과 접시, 압출양각발과 접시, 통형잔, 팽이형잔을 다수 제작하였다.[49] 강도의 건물지에서 출토된 청자 역시 강진유형에 해당하는 압출양각과 음각기법으로 장식한 발·접시·잔이 다수를 차지한다. 그리고 잔탁, 기대, 의자, 베개, 화분, 장고, 사자·용·원앙·오리 등의 상형청자와 같이 특수한 기종의 출토사례도 다른 지역에 비하면 빈번하다. 장식기법상으로 보면 고급기술인 상감, 투각, 상형 등이 많이 확인되고 있으며 규석을 받쳐 번조한 양질 청자의 비중이 다

44 한정훈, 2011, 「12·13세기 전라도지역 私船의 해운활동 - 수중 발굴성과를 중심으로」 『한국중세사연구』 31, 한국중세사학회, 94쪽.
45 『高麗史節要』 卷16, 高宗3 高宗 30년 5월.
46 한정훈, 2013, 『고려시대 교통운수사 연구』, 혜안, 240쪽.
47 장남원, 2008(b), 「漕運과 도자생산, 그리고 유통 - 海底引揚 고려도자를 중심으로」 『미술사연구』 22, 미술사연구회, 175쪽.
48 장남원, 2006, 『고려중기 청자 연구』, 혜안, 328쪽.
49 장남원, 2001, 「'康津유형'의 공유현상을 통해 본 11~12세기 청자의 성격」 『美術史學硏究』 231, 한국미술사학회, 97쪽.

른 소비지에서 비해서 월등하게 높다. 이러한 양상은 당시에 최고급 청자를 생산한 전남 강진과 전북 부안을 제외하고는 여타의 지방가마에서는 찾아보기가 어렵다.[50] 이것은 결국 강도에서 사용된 청자의 상당량이 강진과 부안에서 조달되었다는 사실을 의미하는 것이다.

그렇다면 강진과 부안에서 제작된 양질의 청자가 어떻게 강도에 조달되었던 것일까? 강도에서 사용된 청자의 주요 공급원 중 하나였던 강진지역은 일찍부터 국가 차원에서 관리된 자기소의 하나인 대구소大口所가 위치한 곳이다.[51] 대구소가 위치한 강진의 사당리와 용운리 등에서 제작된 청자는 개경과 강도의 왕실과 관청 또는 지배층 관련 시설에 공급되었다.[52] 반면에 부안지역은 문헌기록에 소체제에 편제되어 있었는지 확인되지 않기 때문에 국가가 직접적으로 관여했는지 장담할 수는 없다. 하지만 분명한 사실은 부안 유천리 일대에서 제작된 청자는 같은 시기 강진과 매우 유사하며 다른 지방가마와 달리 품질이 뛰어나다는 점이다. 그리고 부안청자가 공급된 소비처도 왕실과 왕실관련 시설을 비롯해 관청이나 위세가 높은 시설물이 다수를 차지한다. 이와 관련하여 부안지역의 청자제작에 최씨정권이 직간접적으로 개입하여 요업을 활성화시키고 품질 좋은 제품이 생산할 수 있었다는 주장들이 제기되어 주목된다.[53] 최씨정권이 부안 청자를 경제적 부가가치 상품으로 얼마나 활용하였는지는 현재까지의 자료로는 확언할 수 없으나 강도에서 부안 청자가 다수 사용되었다는 점만은 움직일 수 없는 사실이다. 이는 결국 부안 청자의 생산과 유통에 국가 또는 집권세력

---

50 이종민, 2016, 「고려 중기 청자제작의 확산과정과 그 배경」『湖西考古學』 34, 호서고고학회, 65~68쪽.
51 한정훈, 2016(a), 「고려시대 강진지역 교통입지와 청자 유통」『다산과 현대』 9, 연세대학교 강진다산실학연구원, 175쪽.
52 장남원, 2006, 앞의 책, 83쪽.
53 김세진, 2020, 「고려 13세기 청자 연구」, 충북대학교 박사학위논문, 220쪽 ; 최재범, 2018, 「고려 최씨정권기의 청자유통」『한국중세사연구』 53, 한국중세사학회, 182쪽.

이 어떤 방식으로든 적극적으로 관여했음을 말해주는 것으로 해석할 수 있다.[54] 부안의 청자는 안흥창을 비롯해 주변의 제안포, 검모포, 여섭포 등의 포구에서 개경과 강도에 조달되었고,[55] 강진에서 생산한 청자는 영암의 장흥창과 대구소 옆 미포에서 출발했을 것으로 추정된다.[56]

이렇게 강도시기 청자가 당시 강진과 부안의 최고급품이 조달되었다는 것은 건물지 곳곳에서 출토되는 역상감기법으로 장식한 청자를 통해서 구체적으로 확인할 수 있다. 역상감기법은 문양을 상감하는 것이 아니라 그 주변이나 배경에 백토나 자토를 채워 넣어 문양을 더욱 도드라지게 표현하는 방법이다.[57] 이 기법은 상감기법의 기술의 원숙함을 넘어 기존 상감기법에서 한걸음 더 나아가 화려함을 극대화시킨 것이라 할 수 있다.[58] 역상감기법 청자는 당시 최고급 청자를 생산한 강진과 부안에서도 특정 지역, 즉 강진 사당리와 부안 유천리일대에서만 집중적으로 제작되었다. 13세기에 들어서서 본격적으로 제작 사용되었으며,[59] 좁게는 역상감기법의 유행을 13세기 중반경으로 비정하기도 한다.[60] 여하튼 강도시기에 상감청자 중에서도 역상감기법이 다수 소비되었던 것만은 분명하다. 강도의 경우 관청리 일대 건물지는 물론이고

---

54 한정화, 2018, 「부안지역 고려청자 연구」 『고려청자의 頂點을 만나다 - 강진청자 부안청자』, 국립전주박물관, 259쪽.

55 한정훈, 2016(b), 「고려시대 안흥창과 부안 청자의 운송방식」 『도서문화』 48, 목포대학교 도서문화연구원, 29쪽.

56 한정훈, 2016(a), 앞의 논문, 191쪽

57 김세진, 2020, 앞의 논문, 248~258쪽.

58 필자는 청자에 구현된 역상감기법은 12세기 자기에 금속을 덧대 도자기 이상의 가치를 더한 금구金釦장식이 최종적으로 청자에 번안된 것으로도 해석할 수 있다고 본다. 이 부분에 대해서는 향후 더 논의가 필요하다. 장남원, 2016, 「물질문화 관점으로 본 고려청자」 『미술사와 시각문화』 18, 미술사와 시각문화학회, 164~165쪽 참조.

59 장남원, 2008(a), 「고려 初·中期 瓷器 象嵌技法의 연원과 발전」 『美術史學報』 30, 미술사학연구회, 178쪽.

60 김세진, 2017, 「유적 출품품으로 본 부안 청자의 특징과 편년」 『馬韓·百濟文化』 30, 원광대학교 마한백제문화연구소, 97쪽.

용정리 K지점 유적, 옥림리 건물지, 월곶리 건물지 등 대부분의 유적에서 출토되었다. 기종도 발을 비롯해 합, 베개, 뚜껑, 마상배 등 일상기명부터 특수기명에 이르기까지 다양한 편이다.(《그림 23~27》) 특히 옥림리 2호 건물지에서 출토된 마상배의 경우 유사한 것이 부안 유천리 7구역에서 출토된 바 있다.

<그림 23>
관청리 657번지 건물지
출토 청자상감모란문발,
한국문화유산연구원 발굴

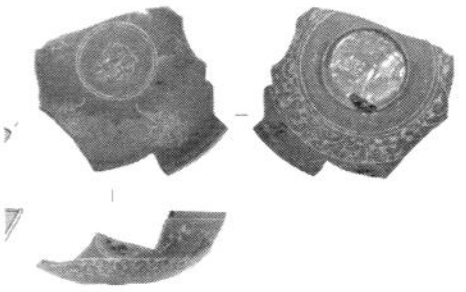

<그림 24> 용정리 K지점
나 건물지 출토
청자상감여지문발,
기호문화재연구원 발굴

<그림 25>
옥림리 2호 건물지
청자상감국화문마상배,
중원문화재연구원 발굴

<그림 26> 옥림리 2지점 건물지
출토 청자상감화문베개,
중원문화재연구원 발굴

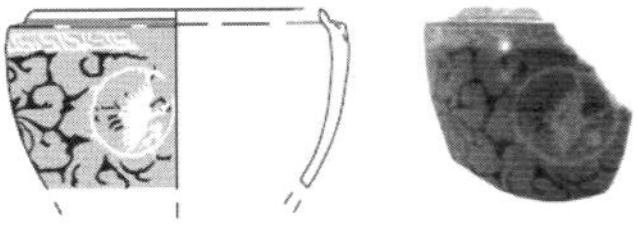

<그림 27> 용정리 K지점 11호 수혈
청자상감운학문합신,
기호문화재연구원 발굴

현재 강도시기 고려시대 건물지에서 출토된 청자의 상당수가 강진과 부안에서 조달된 것이라는 점은 확실하다. 하지만 이 청자들을 다시 강진산과 부안산으로 명확하게 구분하기는 쉽지 않다. 다만 굽 저부에 'ㅇ'표기가 있는 청자는 13세기 2/4분기를 중심으로 한 강진 사당리 8, 23, 27호 요지에서 집중적으로 제작된 것으로 알려져 있어 제작지를 좁혀볼 수 있다.[61] 이러한 표기가 있는 청자는 관청리 657번지 유적,

용정리 K지점, 월곳리 등에서 출토되었으며 희종 석릉에서 출토된 양각 당초문완에서도 확인되었다.[62](〈그림 28~30〉) 또한 관청리 향교골유적에서 출토된 청자투각접시의 경우 현재까지는 강진 사당리 청자요지에서만 확인되어 제작지를 구체적으로 특정할 수 있다.(〈그림 4~6 참조〉)

〈그림 28〉 강화 용정리 K지점 고려시대 14호 수혈 출토 청자접시, 기호문화재연구원 발굴

〈그림 29〉 관청리 657번지 1지점 1호 건물지 출토 청자상감발, 한국문화유산연구원 발굴

〈그림 30〉 월곳리 4호 건물지 출토 청자접시, 국방문화재연구원 발굴

한편 강도시기 유적에서 집중적으로 출토되고 있는 철백화화문이 장식된 접시는 부안산으로 추정된다. 이러한 철백화화문접시는 물론 강진에서도 제작되기도 했지만 부안의 진서리 18호, 유천리 7구역 등 부안에서 주로 확인되었다.[63] 관청리 일대의 건물지, 용정리 M지점 건물지, 강화산단지점 대산리의 건물지와 수혈, 옥림리유적을 비롯해 1236년경 조성된 원종 비 순경태후의 무덤 가릉嘉陵, 1237년 이후에 조성된 희종의 무덤 석릉碩陵에서 출토되었다.(〈그림 31~33〉) 접시 외에도 용정리 K지점 1호 유물지에서 출토된 뚜껑에도 철백화화문이 장식되어 있다.

61 한성욱, 2007, 「高麗 陰刻 'ㅇ'文과 '◉'文青瓷의 研究」 『古文化』 70, 한국대학박물관협회, 150쪽.
62 국립문화재연구소, 2007, 『江華 高麗王陵-嘉陵·坤陵·陵內里石室墳』.
63 이종민, 2018, 앞의 논문, 185쪽.

〈그림 31〉 강화산단지점 대산리 고려시대 1호 수혈 출토 청자백화접시, 기호문화재연구원 발굴	〈그림 32〉 옥림리 2지점 담장유구 출토 청자철백화접시, 중원문화재연구원 발굴	〈그림 33〉 희종 석릉 출토 청자철백화접시, 국립문화재연구소 발굴

이와 같이 강도시기 유적에서 강진과 부안의 최고급 청자가 다수 출토되는 것은 당시에 강도에 이를 소비할 수 있는 인원과 시설이 있었음을 보여준다. 일상용으로 사용하는 청자도 규석받침을 받쳐 구운 고급품이 높은 비중을 차지하고 있을 뿐만 아니라 고급품이면서 제작 수량이 적은 화분, 기대, 의자, 베개, 연적, 잔탁, 매병, 마상배 등 특수기종도 다른 지역 소비지보다 월등히 많다. 이렇게 최고급의 청자가 많이 사용될 수 있었던 것은 당시 정권을 잡고 있었던 최씨정권과 그 휘하들의 화려한 생활과 깊은 관련이 있다. 천도를 통해 정권강화에 힘을 쏟았던 최우는 강도에 집을 지으면서 개경에서 나무를 실어왔고, 소나무와 잣나무를 많이 뽑아다가 정원 안에 옮겨 심었다고 할 만큼 큰 규모와 화려함을 추구하였다.[64] 당시 얼마나 화려하게 집권세력의 저택이 꾸며져 있었는가는 옥림리 2지점 건물지에 조성된 꽃을 심어 장식하는 정원시설인 화계를 통해서 입증된다.

또한 강도시기 무신정권의 집권세력은 안정적으로 유지하기 위해 위로는 왕과 왕실에 재물을 바쳐 존숭한다는 것을 보여주었고, 아래로는 사적인 관직이나 재물을 수여하고 연회를 베풀어 우호세력을 확대 결집하고자 노력했다.[65] 강도시기 동안 왕실과 무신집권세력이 주도하여

---

64 『高麗史』 卷129, 列傳42 叛逆 崔忠獻 附 崔瑀.
65 채웅석, 2017, 「고려 최씨집권기의 輔政과 정치운영」 『한국문화』 79, 서울대학교

개최된 연회가 20건 이상일 정도로 빈번하다는 점을 통해서 입증된다.[66] 이때에 연회공간을 꾸미고 음식을 먹는데 다수의 고급청자가 사용되었을 것이다. 구체적으로 1245년(고종 32) 5월 최이가 종실과 재추들에게 베풀었던 연회를 보면, 공간을 화려하게 꾸미기 위해 자수를 수놓은 비단 채붕綵棚을 두르고 얼음조각을 담은 대분大盆과 꽃을 꽂은 대준大樽을 놓았다.[67] 여기에 등장하는 대준은 최고급 청자생산지로 꼽히는 부안 유천리 일대에서 제작되었던 대형 매병일 가능성이 매우 높다.[68] 또한 연회에 사용되었음직한 투각장식으로 화려함을 더한 화분받침인 기대와 이와 세트를 이루는 상감장식 화분이 강도시기 건물지에서 심심치 않게 출토되었다. 이와 더불어 술과 차를 마실 때 사용하는 팽이형잔·통형잔·마상배·화형잔, 잔을 올려 놓는 잔탁, 음료를 담았던 병 등이 다수 확인된다는 점도 화려한 청자를 사용했던 당시의 상황을 말해준다.

지금까지 살펴본 바와 같이 강도시기에 조성된 고려시대 건물지에서는 당시 최고급 청자 생산지였던 강진과 부안에서 제작된 청자가 조달되어 사용되었으며, 일부는 구체적으로 강진 또는 부안으로 특정할 수 있는 청자도 존재하였다. 전쟁중이었지만 고급청자의 공급은 비교적 안정적으로 유지되고 있었음을 출토유물을 통해 확인할 수 있다.

2) 도기의 재사용

지금까지 살펴본 바와 같이 강도에 조달된 청자의 상당수가 13세기 활발히 활동하던 최고급 생산지인 강진과 부안에서 제작되었다는 점은 비교적 명확하다 할 것이다. 그렇다면 강도에서 사용된 도기는 어디에서 조달하여 사용하였을까? 청자와 달리 도기의 조달에 대해서는 정보

규장각한국학연구원, 150~157쪽.

66 윤용혁, 1991, 앞의 책, 211~212쪽.

67 『高麗史節要』 卷16, 高宗3 高宗 32년 5월.

68 이화여자대학교박물관, 2017, 『청자』, 87~89쪽 ; 부안청자박물관, 2019, 『부안 유천리 12호 고려청자 가마터 발굴 성과전』, 34~39쪽.

가 한정적이다. 도기는 기본적으로 대형인 경우가 많고 원료를 주변에서 쉽게 구할 수 있기 때문에 대체로 소비처 인근에서 제작되는 것이 효과적이다.[69] 강도시기에도 마찬가지였을 것으로 추정되나 현재까지의 조사에서는 아직 강화도 내에서 도기 제작지가 알려지지 않았다. 다만 나말여초에서 고려전기에 해당하는 도기요지가 길상산 일대에서 조사된 사례가 있다.[70] 강도시기보다 도기요지의 시기가 앞서긴 하지만 도기요지가 있었던 것으로 보아 해당시기에도 분명히 있었을 것으로 생각되며 앞으로의 발견을 기대해본다.

아쉽게도 직접적으로 강도시기에 사용된 도기를 제작한 곳을 찾을 수는 없지만 전라도지역을 포함한 남부지방에서 주로 제작되어 식품 저장과 운반용 용기로 사용된 도기가 재사용된 사례가 남아 있어 주목된다. 바로 구연이 접시모양인 반구호盤口壺이다.

도기반구호는 11세기대부터 13세기에 이르기까지 좁게는 전라도지역을 비롯하여[71] 넓게는 남부지방의 여러 도기요지에서 제작되었던 기종 중 하나이다. 이러한 반구호를 침몰선에서 출수된 도기 중에서 주로 전라도에서 출발한 선박에 적재되었던 '완도선유형'의 하나로 본다.[72] 반구호는 구체적으로 13세기 초 전라도에서 출발하여 개경으로 가던 중 침몰한 마도 1호선과 2호선에서 확인할 수 있다.[73] 마도 1호선은 목간자료를 통해 1207~1208년 사이에 현재 전라남도 지역인 수령현遂寧縣·죽산현竹山縣·회진현會津縣에서 출발한 선박이었고, 마도 2호선은 1213년 이전에 침몰한 선박으로 전라북도 지역인 고창현高敞縣·무송현茂

69 한혜선, 2019, 『고려 도기 연구』, 역락, 127쪽.
70 이화여자대학교박물관, 2004, 『江華 船頭里 高麗陶器窯址』; 연세대학교박물관, 2002, 『해강토탈리조트 조성사업 지역내 문화유적 지표조사 보고서 - 강화도 길상산 일대』
71 한혜선, 2019, 앞의 책, 355~357쪽.
72 신종국, 2020, 「고려 침몰선의 성격과 출수유물 연구」, 공주대학교 박사학위논문, 165~166쪽.
73 국립해양문화재연구소, 2010, 『태안마도 1호선 수중발굴조사 보고서』; 국립해양문화재연구소, 2011, 『태안마도 2호선 수중발굴조사 보고서』.

松縣·장사현長沙縣·고부군高阜郡에서 출발하였다.[74] 이 두 선박에서는 젓갈을 담는 화물용 용기로 다양한 크기와 형태의 반구호를 다수 활용하였다.(《그림 34, 35》) 반구호는 전라도산 게젓·고등어젓·알젓 등을 담아서 개경으로 운반하는 화물용 용기였으며, 크기에 따라 5두·4두·3두 등 당시 통용되었던 일정한 용량을 반영하여 제작하였다.[75]

이와 같은 식품운반용 반구호가 강도에 유입될 수 있었던 정황은 마도 3호선 자료를 통해서 직접 확인할 수 있다. 마도 3호선은 목간을 통해 무신정권기에 전라도 여수현을 포함한 남해안 지역에서 거둬들인 각종 곡물과 식품을 싣고 가던 중 1265~1268년 사이에 침몰한 선박이다.[76] 이 선박은 출발지인 여수현이 김준金俊의 수조지였다는 점과 김준을 지칭하는 관직명과 존칭이 등장하고 있어 최종 목적지가 강도였음이 확실하다.[77] 여기에는 다양한 크기와 형태의 도기호가 실려 있었는데, 반구호도 포함되어 있다.(《그림 36》)

〈그림 34〉 마도 1호선 출수 도기반구호1, 국립해양문화재연구소 발굴　〈그림 35〉 마도 1호선 출수 도기반구호2, 국립해양문화재연구소 발굴　〈그림 36〉 마도 3호선 인양 도기반구호, 국립해양문화재연구소 발굴

74 한혜선, 2019, 앞의 책, 213~215쪽.
75 한혜선, 2012, 「마도 1·2호선 出水 고려시대 도기의 용도와 量制」 『해양문화재』 5, 국립해양문화재연구소, 134~143쪽.
76 국립해양문화재연구소, 2012, 『태안마도 3호선 수중발굴조사 보고서』.
77 임경희, 2011, 「마도3호선 목간의 현황과 판독」 『목간과 문자』 8, 한국목간학회, 224쪽.

또한 강도에서 반구호가 출토된 유적으로는 용정리 K지점 1호와 2
호 우물지, 관청리 163번지 1호 석열유구, 능내리 석실분 앞 석축 장대
석 하부의 사례를 들 수 있다.(〈그림 37~39〉) 마도 3호선에서 확인할 수
있듯이 반구호는 전라도에서 출발한 선박에서 식품운반용 화물용기의
일종이다. 그런데 이러한 반구호가 최종 도착지에서 실생활뿐만 아니
라 능묘의 의례용기로까지 활용된 것은 실생활용품으로서 도기의 성격
을 잘 보여준다. 반구호는 강도 뿐만 아니라 남해지역의 거점지 중 하
나인 김해 봉황동 고려시대 유적에서도 출토된 바가 있다.[78] 이는 도기
자체가 상품이었을 가능성은 높지 않지만 그것에 담긴 서남해안산 식
품이 사방으로 유통되었던 사실을 말해주는 증거라 할 수 있다.

〈그림 37〉	〈그림 38〉	〈그림 39〉
용정리 K지점 1호 우물지	용정리 K지점 2호 우물지	능내리 석실분 출토
출토 도기반구호,	출토 도기반구호,	도기반구호,
기호문화재연구원 발굴	기호문화재연구원 발굴	국립문화재연구소 발굴

사실 침몰선은 피치 못한 사고에 의해 후대에 남겨진 것이다. 이를
제외하고는 매년 상당수의 선박이 개경이나 강도와 같이 목적지에 무
사히 도착했을 것이다. 그것이 사선인지 아니면 조운선인지의 문제를
떠나 상당량의 남도산 식품 또는 물품이 도기에 담겨 수도에 꾸준히
유입되었다고 보는 것이 합리적이다. 그렇다면 화물용기로 사용된 도기
가 최종 도착지, 즉 소비처에서 재사용되는 것은 전혀 이상한 일이 아

---

78 신종국, 2018, 「고려 침몰선 출수 도기의 생산과 해상유통 -'완도선유형' 도기를
　　중심으로」 『도서문화』 52, 목포대학교 도서문화연구원, 148쪽.

니었을 것이라고 본다. 오히려 경제적 측면에서 보면 효율적이었기 때문에 당시에 다양하게 활용된 것은 지극히 자연스러운 현상일 것이다.

4. 맺음말

지금까지 강도시기에 조성된 건물지에서 출토된 도자기를 대상으로 사용양상과 조달에 대해서 살펴보았다. 강도의 고려시대 건물지에서 출토된 청자는 일상적으로 사용하는 발·접시·잔 등을 비롯해 다른 소비지유적에서는 잘 보이지 않는 베개·기대·화분·의자·자판 등으로 다양하다. 아울러 당시 최고급 청자를 생산했던 강진과 부안산의 특징인 섬세한 상감, 투각, 상형기법으로 제작한 것들이 다수 포함되어 있다. 이렇게 품질이 좋은 청자들은 강진과 부안에서 연안항로를 따라 조성된 조운로로 강도에 조달된 것들이다. 수도를 옮길 정도로 정치적으로 상황이 좋지 않았지만 강진과 부안의 청자 생산 상황이나 조운로 운영이 비교적 안정적으로 작동하고 있었음을 알 수 있다.

한편 강도에서 사용한 도기는 여러 유적에서 땅에 묻어 저장용으로 활용한 사례를 확인할 수 있었으며, 강화산단지점 대산리유적의 의례공간으로 추정되는 수혈에서 특수기종인 도기방형향로와 장고가 출토되기도 했다. 강도에서 사용된 도기 중 전라도지역을 포함한 남부지방에서 주로 제작되었던 반구호가 우물지나 능묘 앞 건물지에서 출토되었는데, 이것들은 남부지방의 물품을 담아 이동한 화물용 용기가 소비처인 강도에서 다른 용도로 재사용된 것이다.

강도에서 출토된 도자기들은 일정한 시기에 왕실과 중앙관청, 그리고 지배층이 주로 사용한 것들로 당시의 도자기 조달상황과 그 특징을 살펴볼 수 있는 중요한 자료이다. 특히 특정 지역을 단위로 하여 도자기 소비의 일면을 파악할 수 있는 유용한 정보를 제공한다는 측면에서 다각도로 검토할 필요가 있다고 생각한다.

참고문헌

『高麗史』
『高麗史節要』
『東文選』

문경호, 2014, 『고려시대 조운제도 연구』, 혜안.
윤용혁, 1991, 『高麗對蒙抗爭寺研究』, 일지사.
윤용혁, 2011, 『여몽전쟁과 강화도성 연구』, 혜안.
이희인, 2016, 『고려 강화도성』, 혜안.
장남원, 2006, 『고려중기 청자 연구』, 혜안.
한정훈, 2013, 『고려시대 교통운수사 연구』, 혜안.
한혜선, 2019, 『고려 도기 연구』, 역락.

강화역사박물관, 2020, 『고려 황도 강화』.
고려청자박물관, 2016, 『강진 사당리 고려청자』.
국립강화문화재연구소, 2017(a), 『강화 고려도성 학술기반 조성 연구 1-강
　　　화 고려도성 기초학술 연구』.
국립강화문화재연구소, 2017(b), 『강화 고려도성 학술기반 조성 연구 2-강
　　　화 고려도성 고고자료집』.
국립문화재연구소, 2007, 『江華 高麗王陵-嘉陵·坤陵·陵內里石室墳』.
국립중앙박물관, 2012, 『천하제일 비색청자』.
국립중앙박물관, 2015, 『강진 사당리 도요지 발굴조사 보고서』.
국립해양문화재연구소, 2010, 『태안마도 1호선 수중발굴조사 보고서』.
국립해양문화재연구소, 2011, 『태안마도 2호선 수중발굴조사 보고서』.
국립해양문화재연구소, 2012, 『태안마도 3호선 수중발굴조사 보고서』.
국방문화재연구원, 2016, 『강화 월곶리·옥림리유적』.
기호문화재연구원, 2019(a), 『인화-강화 도로구간 문화유적 2권 - 강화 용정
　　　리 유적』.
기호문화재연구원, 2019(b), 『인화-강화 도로구간 문화유적 4권 - 강화 용정
　　　리 고려건물지』.
기호문화재연구원, 2019(c), 『인화-강화 도로구간 문화유적 5권 - 강화 대산

리 고려분묘군』.

부안청자박물관, 2019, 『부안 유천리 12호 고려청자 가마터 발굴 성과전』.

서경문화재연구원, 2012, 『강화 관청리 향교골 유적 - 강화군 강화여고 기숙사 증축부지 발굴조사』.

선문대학교 고고연구소, 2001, 『江華島新 摩尼山 高麗 離宮址 地表調査 報告書』.

연세대학교박물관, 2002, 『해강토탈리조트 조성사업 지역내 문화유적 지표조사 보고서 - 강화도 길상산 일대』.

이화여자대학교박물관, 2004, 『江華 船頭里 高麗陶器窯址』.

이화여자대학교박물관, 2017, 『청자』.

중원문화재연구원, 2011, 『江華 大山里遺蹟』.

중원문화재연구원, 2012, 『江華 玉林里遺蹟 - 강화중성 및 고려시대 건물지』.

중원문화재연구원, 2013, 『江華 新鳳里長井里 遺蹟-寅火-江華 道路建設工事 A區間 文化財發掘調査』.

한국문화유산연구원, 2015, 『江華 官廳里 163番地 遺蹟 - 강화군청 별관 사업부지 내 문화유적 발굴조사 보고서』.

한국문화유산연구원, 2016, 『江華 官廳里 657番地 遺蹟(Ⅱ)』.

한성문화재연구원, 2019, 『江華 官廳里 遺迹 - 강화 관청리 도시계획도로(소로 2-86, 2-8호선) 발굴조사 보고서』.

김세진, 2017, 「유적 출토품으로 본 부안 청자의 특징과 편년」 『馬韓·百濟文化』 30, 원광대학교 마한백제문화연구소.

김세진, 2020, 「고려 13세기 청자 연구」, 충북대학교 박사학위논문.

김창현, 2017, 「강도의 생활공간과 강도인의 생활」 『강화 고려도성 학술기반 조성 연구 1 - 강화 고려도성 기초학술 연구』, 국립강화문화재연구소.

박종진, 2002, 「강화천도 시기 고려국가의 지방지배」 『한국중세사연구』 13, 한국중세사학회.

박지영, 2021, 「개경(開京)과 강도(江都)의 청자」 『인문과학연구』 32, 덕성여자대학교 인문과학연구소.

신종국, 2018, 「고려 침몰선 출수 도기의 생산과 해상유통-'완도선유형' 도기를 중심으로」 『도서문화』 52, 목포대학교 도서문화연구원.

신종국, 2020, 「고려 침몰선의 성격과 출수유물 연구」, 공주대학교 박사학위논문.

이상준, 2012, 「고려왕릉의 구조 및 능주(陵主) 검토」 『문화재』 45-2, 국립문화재연구소.

이상준, 2017, 「강화 고려왕릉의 피장자 검토」 『중앙고고연구』 23, 중앙문화
　　재연구원.

이제원, 2020, 「강화의 고려시대 건물지와 성격 비정-발굴조사 사례를 중심으로」
　　『고려 황도 강화』, 강화역사박물관.

이종민, 2007, 「고려 중기 청자제작의 확산과정과 그 배경」 『시각문화의 전
　　통과 해석: 靜齊金理那 敎授 정년퇴임기념 미술사논문집』, 예경.

이종민, 2016, 「고려 중기 청자제작의 확산과정과 그 배경」 『湖西考古學』 34,
　　호서고고학회.

이종민, 2018, 「江都時期 磁器의 운송과 陵墓 출토 자기의 특징」 『江都 고려
　　왕릉展』, 국립강화문화재연구소.

이희인, 2018(a), 「고려시대 강화의 고고유적과 공간구조」 『한국중세고고학』
　　4, 한국중세고고학회.

이희인, 2018(b), 「강화 고려 능묘의 현황과 특징」 『江都 고려왕릉展』, 국립
　　강화문화재연구소.

임경희, 2011, 「마도3호선 목간의 현황과 판독」 『목간과 문자』 8, 한국목간
　　학회.

장남원, 2001, 「'康津유형'의 공유현상을 통해 본 11~12세기 청자의 성격」
　　『美術史學研究』 231, 한국미술사학회.

장남원, 2008(a), 「고려 初·中期 瓷器 象嵌技法의 연원과 발전」 『美術史學報』
　　30, 미술사학연구회.

장남원, 2008(b), 「漕運과 도자생산, 그리고 유통 - 海底引揚 고려도자를 중심으
　　로」 『미술사연구』 22, 미술사연구회.

장남원, 2016, 「물질문화 관점으로 본 고려청자」 『미술사와 시각문화』 18,
　　미술사와 시각문화학회.

정재은, 2010, 「江華 禪源寺址 出土 高麗靑瓷 硏究」 『東岳美術史學』 11, 동악미
　　술사학회.

정학수, 2017, 「강도시기 궁성(본궐)의 위치와 구조」 『강화 고려도성 학술
　　기반 조성 연구 1-강화 고려도성 기초학술 연구』, 국립강화문화재
　　연구소.

채웅석, 2017, 「고려 최씨집권기의 輔政과 정치운영」 『한국문화』 79, 서울대
　　학교 규장각한국학연구원.

최재범, 2018, 「고려 최씨정권기의 청자유통」 『한국중세사연구』 53, 한국중

세사학회.

한나래, 2010, 「강도시기(江都時期 1232~1270) 고려청자 연구」, 이화여자대학교 석사학위논문.

한성욱, 2002, 「강화 하도리 출토 청자의 성격」『호서고고학』 6·7, 호서고고학회.

한성욱, 2007, 「高麗 陰刻 ‘○’文과 ‘·’文靑瓷의 硏究」『古文化』 70, 한국대학박물관협회.

한성욱, 2017, 「江都時期의 靑瓷文化」『강화 고려도성 학술기반 조성 연구 1-강화 고려도성 기초학술 연구』, 국립강화문화재연구소.

한정화, 2018, 「부안지역 고려청자 연구」『고려청자의 頂點을 만나다-강진청자 부안청자』, 국립전주박물관.

한정훈, 2011, 「12·13세기 전라도지역 私船의 해운활동-수중 발굴성과를 중심으로」『한국중세사연구』 31, 한국중세사학회.

한정훈, 2016(a), 「고려시대 강진지역 교통입지와 청자 유통」『다산과 현대』 9, 연세대학교 강진다산실학연구원.

한정훈, 2016(b), 「고려시대 안흥창과 부안 청자의 운송방식」『도서문화』 48, 목포대학교 도서문화연구원.

한혜선, 2007, 「강화도지역 고려도기의 생산과 소비」『인천문화연구』 5, 인천광역시립박물관.

한혜선, 2012, 「마도 1·2호선 出水 고려시대 도기의 용도와 量制」『해양문화재』 5, 국립해양문화재연구소.

홍영의, 2017, 「강화 천도의 배경과 의의」『강화 고려도성 학술기반 조성 연구 1-강화 고려도성 기초학술 연구』, 국립강화문화재연구소.

연산군대 금표 설치와 경기의 농산물 유통

김창회
(카톨릭대학교)

1. 머리말

갑자사화 이후 연산군이 저지른 폭정 가운데 금표 설치가 있다. 연산군 대의 금표 설치란 도성 내부는 물론, 도성 사방의 일정 거리 내의 영역을 통행 및 거주·경작이 금지된 빈 땅으로 만드는 것이다. 그리고 그 주변에 출입 금지와 출입에 따르는 법적 처벌을 알리는 표지인 금표를 세웠다. 이 사건은 그 성격과 규모에서 매우 독특하다. 최종적으로 도성으로부터 100리 이내 지역의 거주민을 모두 쫓아내 경기의 절반이 금표 안으로 들어갔다고 할 정도였으니[1] 이 사건이 도성 및 경기에 미친 영향은 지대했다.

그러나 이를 단독으로 다룬 연구는 연산군 대의 금표비로 알려진 고양시 덕양구 대자동 금표비에 대한 연구를[2] 제외하면 거의 찾아볼 수 없는 실정이다.[3] 그리고 이 연구는 금표비와 금표 영역에 관한 기초적

---

* 이 글은 김창회, 2021, 「연산군대 금표 설치와 경기의 농산물 유통」, 『역사와 현실』 121 원고를 수정·보완한 글이다.

1 『연산군일기』 권58, 연산군 11년 5월 29일(癸丑) "…[宋]軼啓 畿內之地 過半入標內 請以附近忠淸道州縣 割屬京畿…"

2 鄭東一, 1996, 「燕山君 禁標碑 硏究-大慈洞 禁標碑를 中心으로-」『漢城史學』 8, 한성대학교 한성사학회

3 조선시대 양주목의 역사를 다루면서 금표비를 부분적으로 언급한 연구가 있어 참고된다(李道男, 2004, 『朝鮮時代 楊州地方史 硏究』, 건국대학교 대학원 박사학위논문). 한편, 금표 문제를 단순히 폭정의 문제가 아니라 도시계획 측면에서 주목한 연구도 있다(金鉉勛, 2004, 『조선왕조실록』에 의한 한양의 입지와 도성관리」, 성균관대학교 대학원 박사학위논문).

한편, 근래 금표 설치와 경관 문제, 그리고 이를 중종반정과 연결시켜 설명한 연구가 있어 주목된다(신동훈, 2021, 「연산군代 禁標의 설치와 도성 경관의 변화」『동국사학』 71, 동국대학교 동국역사문화연구소 ; 「연산군대 금표 설치와 강무장 확대의 영향」『인문학연구』 48, 경희대학교 인문학연구원)이 연구는 주로 금표

인 분석과 설명에 그칠 뿐 금표 설치가 가진 사회경제적 파괴력에 대한 분석은 부족하다는 점이 아쉽다.

한편, 중종반정은 신료들에 의하여 이루어진 최초의 국왕 교체라는 파격성에도 불구하고 이 사건을 단독으로 직접 다룬 연구는 많지 않다[4] 그간 중종반정의 원인은 왕권의 자의적 행사, 폭정과 혹형, 각종 패륜행위, 조종성헌祖宗成憲과 도덕에 대한 도전과 파괴 등이 지적되었다. 이러한 진단은 매우 타당하지만 이외에도 중종반정의 원인이나 배경을 좀 더 다양하게 진단할 필요가 있다고 생각한다.

그간 중종반정을 다룬 연구에서 경제적인 요인을 지적하지 않은 것은 아니다. 그러나 그러한 연구에서는 주로 재정 낭비와 무분별한 수취를 지적하는 데에 그쳤다.[5] 하지만 연산군 대의 경제 문제는 그러한

설치와 그에 따른 경관의 변화가 예측할 수 없는 미래에 대한 불안을 촉발하여 결국 민심이 중종반정을 지지하는 방향으로 변화하였다고 설명하고 있다.

4 중종반정을 직접 다루지는 않았으나 그 전후의 상황을 이해하는 데에는 다음과 같은 연구를 참고하였다. 金燉, 1993, 「燕山君代의 君·臣 權力關係와 그 推移」『歷史敎育』53, 역사교육연구회 ; 장학근, 1995, 「燕山君의 災異論에 대한 認識變化」『慶南史學』7, 경남사학회 ; 宋洙煥, 1999, 「甲子士禍의 새 해석」『사학연구』57, 한국사학회 ; 金範, 2006, 「朝鮮 燕山君代의 王權과 政局運營」『大東文化研究』53, 성균관대학교 동아시아학술원 ; 최선혜, 2012, 「연산군 시대 先王 世祖와 成宗에 대한 기억과 충돌」『서강인문논총』35, 서강대학교 인문과학연구소 ; 송웅섭, 2015, 「연산군 초반 정치적 갈등에 대한 구조적 접근」『인문과학연구』20, 덕성여대 인문과학연구소 ; 2019, 「연산군의 의례 및 가치 체계에 대한 파괴와 도덕적 권위로부터의 탈피」『사림』68, 수선사학회 ; 2020, 「중종 초반 왕권의 신장과 도덕적 권위 사이의 긴장」『한국문화』89, 서울대학교 규장각 한국학연구소.
최근 중종반정의 발생 경위와 삼대장을 비롯한 정국공신의 성격을 다룬 연구가 나와 주목된다(송웅섭, 2020, 「중종반정 핵심 주동자들과 반정 경위에 대한 검토」『조선시대사학보』92, 조선시대사학회). 한편, 반정의 논리 그 자체를 이해하는 데에는 다음과 같은 연구가 참고된다. 池斗煥, 1993, 「朝鮮前期 王位 繼承 論議」『韓國文化研究』6, 부산대학교 한국민족문화연구소 ; 오수창, 2019, 「반정, 조선시대 군주 축출의 논리와 성격」『한국정치연구』28, 서울대학교 한국정치연구소.

5 金範, 2006, 앞의 논문, 277~283쪽 ; 한편 연산군 대의 경제 문제로 공적인 재정기반인 산림천택 및 어살魚箭의 왕실 귀속을 지적한 연구가 있다(윤정, 1998, 「조선

수탈적 재정 운영에서 그치는 것은 아니었던 것으로 보인다.

이 논고에서는 연산군의 금표 설치와 도성과 경기의 농산물 유통망 붕괴로 인한 민간 경제의 충격을 살펴보고자 한다. 물론, 이러한 민간 경제의 충격을 중종반정의 직접적인 원인으로 단정하기는 어렵다. 그러나 연산군 말년의 여러 가지 상황을 볼 때 당시 흉년에 따른 물가 폭등에 따른 경제적 어려움을 금표 설치와 경기의 농산물 유통망 붕괴가 더욱 가중시켰던 것으로 보인다. 그리고 이는 중종반정의 배경 가운데 하나로 지적할 수 있을 것으로 생각된다.

우선, 금표 설치와 그에 따른 경제적 충격을 다루기에 앞서 도성과 성저십리 및 그 주변 경기의 농산물 생산과 유통에 대하여 살펴보고자 한다. 당시 한성부는 도시로서 성장하고 있었고 상인은 물론, 상업을 통하여 각종 생필품을 구하는 도시민이 있었다. 이들이 필요로 하는 각종 생필품, 특히 농산물을 원활히 공급하기 위해서는 농산물 공급을 위한 생산 기반은 물론 이를 소비자에게 전달하는 유통망이 갖춰져 있어야 했다.

다음으로 금표 설치에 따른 민간 경제의 충격을 분석해 보겠다. 금표 설치는 한반도 역사상 전무후무한 사건이지만 그 설치 기간은 불과 2년 4개월이었다. 금표 설치는 파국의 결정적 원인이지만 유일한 요소는 아니었고 금표 설치에 앞서 연산군 대의 경제 상황은 최악으로 치닫고 있었다. 바로 물가 폭등이다. 여기에 갑자사화 이후 연산군의 금표 설치가 경기의 농산물 생산 기반과 유통망을 교란하고 파괴하면서 중종반정의 경제적 배경 가운데 하나로 작용하게 된 것으로 보인다.

중종대 훈구파의 산림천택山林川澤 운영과 재정확충책」『역사와현실』 29, 한국역사연구회). 그러나 이러한 연구도 근원적으로는 연산군의 재정 낭비 및 횡렴을 주로 지적하여 당대의 경제 문제를 재정 문제로 한정하였다는 점에서 아쉽다.

2. 연산군대 성저십리와
경기의 농산물 생산 및 유통

조선 건국 이후 수도인 한양은 빠른 속도로 성장하였다. 15~16세기 한성부의 인구에 대해서는 통상 10만 전후로 보는 것이 일반적이다.[6] 그리고 이러한 도시 규모에서 필수적인 것은 바로 도시에 대한 생필품 공급이며 그중에서도 우선 살펴보아야 할 것이 식료이다. 여기서는 그 식료 가운데 주로 농산물의 생산과 유통 문제를 다루고자 한다.

한양의 성장과 함께 성저십리를 비롯한 이른바 교郊 지역에는 농경지가 조성되었다. 교는 수도의 일부로 간주되는 일종의 보호막으로 수도를 환형으로 둘러싼 완충지대였다. 보통 수도로부터 사방 100리 이내를 교라고 하는데 50리를 기준으로 근교와 원교로 구분할 수 있다.[7]

대도시 주변에서 도시민의 수요에 응하여 집약적으로 상품작물을 재배하는 형태의 농업을 근교농업이라고 한다. 조선 후기 한양 근교에서는 광범위한 상품작물의 재배가 있었다. 예를 들면 "왕십리의 무와 살곶이의 순무, 석교石郊의 가지·오이·수박·호박, 연희궁의 고추·마늘·부추·파·돼지파, 청파의 미나리와 이태원의 토란" 같은 것들이다.[8]

상품작물 재배는 수익으로 연결되었다. 정약용은 "모시·삼·참외·오이의 온갖 채소와 약재를 심어 진실로 농사만 잘한다면 한 고랑의 밭에서 얻는 이익은 헤아릴 수 없다. 서울 안팎과 큰 고을의 파밭, 마늘밭, 배추밭, 오이밭은 10무畝의 땅에서 계산한 돈이 수 만이다."라고 하였다.[9] 즉, 상기 자료들을 통하여 조선 후기에는 상업화·전문화된 근

---

6 朴平植, 2004, 「朝鮮前期의 都城商業과 漢江」『서울학연구』 23, 서울시립대학교 서울학연구소, 73쪽.
7 최영준, 1997, 앞의 책, 271쪽, 277쪽.
8 『연암집』 권8 별집, 방경각외전, 예덕선생전.
9 『경세유표』 권8, 지관수제, 전제 11, 정전의 3.

교농업이 확립되어 있었다는 점을 알 수 있다.

이러한 농업 형태가 조선 전기에도 존재하였는지는 분명하지 않다. 그러나 빠르게 성장하는 한양으로의 여러 가지 생필품 공급은 중요한 문제였다. 따라서 한성부의 성저십리 및 그 주변의 근교 및 원교에서 초보적으로나마 상품작물을 재배하였을 가능성이 높다.

도성 내와 성저십리의 호구 수를 상세히 조사한 경우는 세종 대가 유일하다. 비록 여기서 다루고자 하는 연산군 대와는 시간적 차이가 있지만 세종대 성저십리의 인구는 대체로 한성부 인구의 8.6~10.5%를 차지하였다.[10] 농경지 규모도 크지 않았다. 『세종실록』 지리지에서 성저십리의 1호당 평균 경작 결수는 0.8결 수준으로 경기의 1호당 평균 경작 결수 9.6결과 비교하면 아주 작았다.[11] 더구나 성저십리의 농경지 중 일부는 도성 내 주민들의 경작지였을 것이다. 그러한 경우 1호당 평균 경작 결수는 더욱 축소될 것이다.

이는 당시 성저십리의 영농 형태가 다른 지역과는 달랐음을 보여준다. 즉, 그 규모가 영세했던 것이다. 그러나 영세한 것이 바로 자급자족적인 영농을 의미하는 것은 아니다. 단종 대의 기록을 보면 많은 인구가 거주하는 지역 주변은 인분 획득에 유리하여 집중적인 시비가 가능했다.[12] 외방조차 사정이 이렇다면 한양 주변은 말할 것도 없을 것이다. 즉, 이는 집약적인 농업의 가능성을 보여준다. 따라서 성저십리의 영농 형태는 영세하면서도 집약적인 농업으로 규정할 수 있을 것이다.

성저십리의 동교와 서교에는 이미 농경지가 많이 개간되어 있었다. 이는 임금의 행행幸行 중에서 「관가觀稼」한 사례들을 보면 쉽게 알 수 있다. 관가란 일종의 농업 시찰인데 동교와 서교가 주된 장소였다. 『연

---

10 이현군, 1997, 「朝鮮前期 漢城府 城底十里의 地理的 特性에 관한 硏究」 『지리학논총』 30, 서울대학교 국토문제연구소, 53~54쪽.
11 『세종실록』 지리지, 경도한성부 ; 경기 총론.
12 『단종실록』 권12, 단종 2년 8월 28일(丁未) "…且邑內則人居稠密 易以糞田 故地品與四面頓殊…".

산군일기』에 실린 사례만 하더라도 18차례 정도이며 그 장소는 동교東郊, 서교西郊, 살곶이箭串 등이었다.

동교의 경우에는 동적전과 선농단이 위치하였을 뿐만 아니라 농경지도 이미 포화상태였다. 특히, 근방에 위치한 노원역의[13] 마위전馬位田이 광범위하게 존재하여 중종 때의 기록에 의하면 더는 빈 땅이 없을 정도였다.[14] 이 지역은 청계천과 중랑천이 연결되는 충적지로서 농사에 매우 유리한 조건을 가지고 있었다. 한편, 서교 역시 모래내(현 홍제천) 주변이 농사짓기에 유리한 조건이었다. 후일 서교 지역이 금표 안에 포함될 때 금표 안의 수확하지 못한 밭곡식이 문제가 된 것은[15] 당시 서교 지역의 농업 상황을 잘 보여준다.

성저십리 내의 농작물로 사료에 주로 등장하는 것은 곡물이다.[16] 그러나 모든 농작물이 곡물이었던 것은 아니다. 성저십리에는 채소밭菜田도 있었다. 성종 대에 영응대군의 부인이었던 대방부인 송씨에게 내수사 소속의 답십리 채전菜田을 하사하는 것이나[17] 도성 내에 금표를 설치하고 인가를 철거한 뒤 새로운 집터를 나눠줄 때 성 외의 공상채전을 제외한 노원·청파역의 마위전과 각종 공사전을 절급하자고 건의한 사례에서[18] 볼 수 있듯이 성저십리에서는 채소가 재배되고 있었다. 물론, 이는 왕실 공상을 위한 채소밭의 사례임을 감안하더라도 당시 도성 주

---

13 노원역은 현재 미아사거리 부근으로 비정되는 경우가 많으나 『신증동국여지승람』의 기록에 의하면 「흥인문 밖 4리 떨어진 곳에 있다.」라고 하여 조선 전기에는 오늘날의 신설동이나 제기동 정도에 위치했던 것으로 보인다.

14 『중종실록』 권87, 중종 33년 6월 21일(壬戌) "[尹]殷輔議…水口門外 率皆蘆原馬位之田 民田亦多 其應折給處 果爲無幾矣…".

15 『연산군일기』 권54, 연산군 10년 7월 21일(己酉).

16 주) 15 ; 『연산군일기』 권57, 연산군 11년 3월 17일(壬寅).

17 『성종실록』 권129, 성종 12년 5월 2일(丙子), 답십리는 왕십리와 서로 연결된 지역으로 조선 후기 왕십리의 주요 재배작물이 무라는 점을 감안하고 살펴보면 이 사료는 의미가 있다. 즉, 청계천과 그 주변 지역에 이미 조선 전기부터 채소밭이 조성되어 있었을 가능성이 있었다고 할 수 있다.

18 『연산군일기』 권54, 연산군 10년 7월 20일(戊申).

변의 채소밭 경작 조건이 이미 갖추어졌음을 보여주는 것이다. 그리고 여기서 재배된 각종 채소 중 일부는 자급하는 용도로, 일부는 판매를 위하여 도성 내로 유입되었을 것이다.[19]

한편, 성저십리를 벗어난 경기는 도성을 둘러싼 지역으로 당시 서울에서 근무하는 관료의 농장이 자리 잡는 경우가 많았다. 그리고 명문세가의 경우 이 지역에 관료 본인은 물론 그 부모의 묘소를 두고 농장을 건설하여 세거지로 조성했다.

당시 관료의 농장은 대개가 경기 내에 있다고 할 정도로[20] 많은 농장이 경기에 있었다. 세조대 단종 복위와 관련된 인사의 적몰 재산 중에서 경기의 농장은 다음과 같다. 종친인 금성대군 이유는 임진·여흥·포천·죽산·광주·마전, 정종은 강화·양주·광주·금천·통진, 성삼문 부자의 경우는 양주·고양·금천·원평, 박팽년 부자는 과천·삭녕, 윤영손은 적성 등이다.[21] 그 규모도 다양하여 청풍군 이원李源이 인천의 해택海澤을 개간한 농장의 경우 그 규모가 수천 경頃이었던 반면[22] 『금양잡록』의 무대인 강희맹의 금양별업衿陽別業은 그 규모가 겨우 100무畝였다.[23]

연산군대에도 관료들의 농장 상황이 간혹 보인다. 한환韓懽의 경우 김포에 농장을 건설하고 부모의 묘를 두어 아예 세거지로 삼으려 했던

---

19 태종대에는 도성 내에서의 채소밭 경작 금령이 여러 차례 내려졌을 정도였다 (『태종실록』권13, 태종 7년 4월 20일(甲辰) ; 권21, 태종 11년 6월 2일(辛卯)). 심지어 궁궐 안에서도 빈 땅만 있으면 분뇨를 모아 채소 재배가 이루어지는 실정이었다(『중종실록』권20, 중종 9년 3월 14일(丁丑)). 한편, 빈 땅이 나면 바로 채소를 경작하는 현상은 조선 전기만이 아니라 고종 대에도 나타나는 현상이었다 (『고종실록』권11, 고종 11년 2월 10일(癸未)). 물론, 이는 텃밭으로서 경작되는 것이지만 한편으로는 도성 내에서조차 채소 재배 및 공급의 필요성이 상존하였다는 것을 의미한다.

20 『성종실록』권20, 성종 3년 7월 29일(甲子) "戶曹啓…朝士農莊畿內居多…".

21 李鎬澈, 1986,『朝鮮前期農業經濟史』, 한길사, 421~425쪽. 본문의 인물들은 이외에도 황해도, 충청도, 전라도 등 다양한 지역에 농장을 설치하였다.

22 『성종실록』권273, 성종 24년 1월 29일(乙未).

23 『금양잡록』, 금양별업.

것 같다.[24] 한편, 선릉의 입진전入陳田 경작을 놓고 문제를 일으킨 권감權瑊 집안 등도 광주를 세거지로 삼고 농장을 건설했던 것으로 보인다.[25]

이처럼 많은 관료의 농장이 경기에 위치했다는 것은 한양으로 유입될 만한 잉여 농산물이 많이 생산되었다는 것을 의미한다. 물론, 경기에서 관료의 농장만이 거의 유일한 잉여 농산물의 공급지였다고 할 수는 없다. 다만, 경제적으로 유리한 위치에 있는 조정 관료들의 농장이 도성민의 식료 공급에 중요한 역할을 하고 있었을 개연성은 충분하다.

게다가 경기의 농장은 도성민 식료의 다양성을 보장하는 데에도 중요했다. 하삼도나 황해도 등지의 농장에서도 상당수의 생산물은 농장 주인 관료가 거주하는 한양으로 흘러들었을 것이다. 그러나 한양으로부터 거리가 멀면 멀수록 운송 문제로 농작물의 품목은 제한된다. 즉, 원격지 농장에서 생산·유통하는 농작물은 보관과 운송이 편리한 곡물이나 면화의 형태가 될 것이다. 반면, 경기에 위치한 농장은 시장과의 거리가 가깝다는 조건 때문에 곡물 외에도 다양한 농작물을 생산·유통하는 것이 가능했다.

성저십리와 마찬가지로 근·원교에도 채전이 존재했다. 예컨대 중종대에 고양군 군내 사포서의 채소밭 점탈이 문제가 되어 고양군수가 파직된 사건을 보아도[26] 한양까지 1~2일정 내의 근·원교에서는 채소 재배가 이루어졌던 것으로 보인다. 이와 연결하여 성삼문 부자의 농장이 고양에 위치했다는 점은 참고가 된다.

한편, 근·원교의 상업작물 재배와 관련하여 흥미로운 기록이 있다. 삭녕군의 토산물에는 파蔥가 있는데 그 세주에 "고을 사람들이 잘 심어 이익을 거둔다."라고 하였다.[27] 즉, 삭녕군 사람들은 당시 파를 전문적으로 심어 이익을 보고 있었다는 것이다. 삭녕은 박팽년 부자의 농장

---

24 『연산군일기』 권21, 연산군 3년 1월 14일(丙辰).
25 『연산군일기』 권27, 연산군 3년 9월 15일(癸丑).
26 『중종실록』 권103, 중종 39년 5월 10일(丁未).
27 『신증동국여지승람』 권13, 경기 삭녕군 "邑人好種以收利".

이 위치했던 곳이다.

관료들의 농장에서 생산된 잉여 농산물은 결국 도성 내에서 판매되어 관료의 재산 증식에 이용되었을 것이다. 이러한 경우로 윤필상尹弼商의 예를 보자. 그가 갑자사화에 피화되어 재산이 적몰될 때의 상황을 보면 집이 총 5채이고 그중에서 그가 살던 집의 창고에만 면포 30,000여 필, 미곡 1,000석이 있었다. 그리고 당시 승지들이 성종 대에 윤필상이 "식화재상殖貨宰相"으로 탄핵당했던 일이 있었음을 언급한다.[28] 이후 졸기에 보이는 윤필상의 식화란 면포와 미곡의 시세를 따져 상인들을 데려다가 무역을 하는 것이었고 그의 집 앞이 마치 시전市廛과 같았다고 한다.[29] 즉, 윤필상은 면포와 미곡을 자본으로 하는 상업활동을 통하여 큰 재산을 벌어들인 것이었다.

윤필상과 같은 상재를 타고난 관료들은 그렇게 많지는 않을 것이다. 그러나 그들의 농장에서 생산된 잉여 농산물의 처분은 결국 시장을 통한 판매와 유통 외에는 찾기 어렵다. 결국, 당시 관료들의 농장에서 생산된 잉여 농산물을 처분할 방법은 상업활동 뿐이며 그를 수행할 만한 가장 쉬운 장소는 한양으로 제한된다.[30] 물론, 이 시기에는 장시가 출현하여 지역 상업망이 조직되기 시작하였고 외방의 중심도시에서도 제법 활발한 상업활동이 나타난 흔적이 있다.[31] 그러나 외방에서는 관료의 농장에서 생산되는 대량의 잉여 농산물을 처분하는 것은 아마도 어려웠을 것이다.

---

28 『연산군일기』 권52, 연산군 10년 4월 27일(戊午).
29 『연산군일기』 권53, 연산군 10년 윤4월 19일(己卯).
30 『연산군일기』 권35, 연산군 5년 10월 27일(癸丑) "…[洪]貴達曰 百姓京外無異 而外方之民皆艱於衣食 食橡實衣木縣 而無奢靡之習 京城之民 則爭相奢侈 富商大賈恒在市肆 峻其物價 以罔利爲事 京中四方之表 欲矯此弊 則當自京都始…".
31 예를 들면 경주의 풍속에 "저자를 벌여 교역을 하고 물건을 싣는데 수레를 쓴다."라고 하였다. 이는 『동국여지승람』이 완성된 1481년을 전후로 경주와 같은 지역에서는 상업활동이 활발했음을 보여준다(『신증동국여지승람』 권21, 경상도 경주부, 풍속).

성저십리의 농경지나 근·원교의 농장에서 생산되던 잉여 농산물 중 채소류는 한양의 시장에서 처분할 수 있었다. 채소류는 곡물에 비하여 유통기한이 짧기 때문이다. 비록 19세기의 기록이지만 한양 동대문 밖에 있었던 채소 시장의 근원이 조선 전기로 거슬러 올라감을 보여주는 사료가 있다. 『한경지략』에 의하면 동묘 인근에 여성들이 모이는 채소 시장이 있었는데 그 근원이 단종비인 정순왕후定順王后 송씨의 정업원에 채소 공급을 위하여 만들어졌다고 하였다.[32] 당시 동대문 밖에 있었던 채소시장의 근원이 연산군 대로 거슬러 올라간다고 한 것이다.[33]

기록의 시기적 차이는 고려해야 하지만 이러한 이야기가 전승된 것을 보면 조선 전기에도 시전 등지에서 채소를 거래하는 경우는 존재하였을 것이다. 한편, 큰 규모는 아니더라도 본인이 재배한 농작물을 집 앞에서 소규모로 판매하는 사람들도 존재했을 것으로 생각된다.[34]

그렇다면 잉여 농산물은 대체로 어떠한 유통경로를 따랐을까? 아마도 성저십리의 경우에는 수확한 물품을 당일에 가지고 들어와 판매했을 것으로 보인다. 즉, 한성부에 속한 성저십리의 농산물은 대체로 육로를 통하여 도성 내로 유입되었다고 할 수 있을 것이다. 그러나 근·원교의 농작물은 육로 운송이 어려웠을 것이다. 앞에서 살펴본 삭녕은 육로를 이용할 경우 연천과 양주를 거쳐 서울로 진입하게 되므로 상당히 먼 거리를 돌아와야 한다. 그러나 임진강 수로를 통하여 경강으로 진입하는 경우 육로를 이용하는 것보다 더 빠른 시간에 더 많은 화물

---

32 『한경지략』 권1, 궁실 정업원 "淨業院 在興仁門外東望峯下燕尾汀洞 卽定順王后【端宗王妃宋氏】遜位後所住舊基…【案】…又今東門外關廟前 有女人賣菜市場 世傳定順王后在淨業院時 菜蔬乏供 東郊女人輩爲設市場于院前 收供菜蔬 自此以後 女人菜場 至今不撤矣…"

33 정업원은 원래 도성 안에 있었으나 도성 내 금표 설치로 인하여 철거되었다(『연산군일기』 권54, 연산군 10년 7월 29일(丁巳)). 이후 정업원은 영조 때 세운 정업원 구기비의 자리, 즉 현재 종로구 숭인동 청룡사로 옮겨갔다고 한다(유본예 저, 장지연 역해, 2020, 『한경지략』, 아카넷, 226~227쪽).

34 『태종실록』 권19, 태종 10년 2월 7일(甲辰).

을 옮기는 것이 가능했다.

물론, 삭녕은 내륙수로로 때로는 연천 고랑포에서 환적을 해야 하는 번거로움이 있었다. 하지만 내륙수로를 운항하는 작은 배로도 비교적 잔잔한 경강 하류로 진출하는 것도 가능했을 것이다.[35] 따라서 삭녕에서 재배되어 고을 사람들에게 많은 이익을 안겨준 효자상품인 파의 수요처는 아마도 한양이었을 것이고 그 유통은 임진강 수운을 통하여 이루어졌을 것이다.

이러한 수운의 중요성에 따라 한양 남교의 경강 포구에는 상인들이 활동하기 시작했다. 이 가운데는 부세 물류의 빈틈을 이용하여 공리貢 吏들의 공물 납부 중개 및 방납 활동에 종사하는 부류도 있었지만[36] 한편으로는 한양이라는 거대도시가 필요로 하는 물품을 유통시키는 민간상인들도 존재했다. 예컨대 곡물의 경우 조선 전기 도성인의 수요 물량은 약 54만 석이었는데 그 가운데 20만 석이 미곡상인에 의하여 조달되었고 그 대부분은 경강에 근거를 둔 선상船商에 의하여 조달되었다고 한다. 그리고 경강을 통하여 도성으로 물자가 집중되거나 혹은 도성의 물자가 외방으로 반출되었다.[37]

이러한 민간상업 발달은 국가적 물류 중심지였던 용산강, 서강, 마포 등에서 두드러졌다. 특히, 용산강 거민들은 홍수로 인한 토사 때문에

---

35 삭녕은 주변 지역의 교통로가 연결되는 결절점이었다. 임진강 수로에서 큰 배는 연천 고랑포까지 들어오지만 고랑포부터는 작은 배로 안협까지 이르렀다. 삭녕은 안협에서 고랑포까지 연결되는 임진강 내륙수로의 주요 기항지였으며 내륙수로를 이동한 작은 배가 고랑포에서 화물을 환적하거나, 혹은 그대로 한강으로 나아갔다. 한편, 육로로는 북쪽으로 이천, 남쪽으로 연천, 동쪽으로 철원, 서쪽으로 개성 등 사방으로 연결되었고 평양-수안-신계-토산-삭녕-연천-양주로 통하는 교통로의 한가운데에 있었다(서영일, 2018, 「임진강 유역 교통로」『임진강 유역, 분단과 평화의 고고학(2018, 경기문화재연구원·중부고고학회 학술대회 발표문)』, 경기문화재연구원·중부고고학회, 128~129쪽).

36 朴平植, 2002, 「朝鮮前期의 主人層과 流通體系」『역사교육』82, 역사교육연구회.

37 朴平植, 2004, 「朝鮮前期의 都城商業과 漢江」『서울학연구』23, 서울시립대학교 서울학연구소, 81~82쪽.

정박이 불가능해지자 직접 나서서 준설하고자 하는 의견을 피력할 정도였다.[38] 이는 이들의 생업이 경강 선박의 정박과 그에 따른 상업활동에 좌우되고 있음을 보여준다.[39]

상업 발달로 인하여 수운업 또한 막대한 이익을 볼 수 있는 산업이었다. 노사신盧思愼(1427~1498)의 졸기에 그 아들인 노공필盧公弼(1445~1516)은 '학식이 있고 경력 또한 많아서 세상일에 익숙하였으나 그 산업은 작은 것도 남기지 않았고 배를 많이 만들어 운송료를 많이 거두었다.'라고 하였다.[40] 이를 통하여 당시 수운업이 명문가가 직접 관여할 정도로 큰 이익이 남는 사업이라는 점을 알 수 있다. 그리고 이러한 수운업의 발달은 결국 당시 한양을 중심으로 하는 수운 물류의 발달에 힘입은 것이라고 할 수 있다.

이러한 수운 물류 발달에는 한편으로는 부세 운송의 국가 물류가 중요한 역할을 차지했지만 다른 한편에는 빠른 속도로 성장하는 도시와 그를 지탱하는 민간상업 및 물류가 이바지하였다. 그리고 그러한 민간상업과 물류의 한 축에는 당시 경기 각 군현에서 생산되는 근·원교 농산물 수운이 중요한 역할을 담당했을 것이다.

이상을 요약하자면 다음과 같다. 건국 이후 한양이 빠른 속도로 성장하면서 식료 공급이 중요했다. 이러한 수요를 충족시키기 위하여 성저십리나 근·원교에는 식료 공급을 위한 농업이 발달했던 것으로 보인다.

성저십리와 근·원교 모두 곡물 농업이 주요하게 이루어졌지만 한양과의 거리가 가깝다는 점 때문에 채소와 같은 짧은 유통기한을 가진 농작물도 재배되었다. 농경의 형태는 성저십리와 근·원교에 차이가 있었다. 성저십리가 영세하고 집약적이었다면 근·원교의 경우 관료들의 농장이 위치하여 규모가 크고 많은 노동력이 투하되었을 것으로 보인다.

---

38 『성종실록』 권31, 성종 4년 6월 3일(壬戌).
39 박평식, 2004, 앞의 논문, 82~83쪽.
40 『연산군일기』 권31, 연산군 4년 9월 6일(辛丑) "…公弼有學識 揚歷且多 諳練世務 然其産業 絲毫不遺 多造船舶 以收雇直…".

이러한 농작물은 일부는 자급 용도로, 일부는 판매 용도로 도성 내로 유입되었을 것이며 성저십리는 육로, 근·원교의 경우 수로로 유입되었다. 그리고 식료를 바탕으로 한 상업과 유통업은 관료 중 일부가 여기에 직접 참여할 정도로 큰 이익이 보장되는 사업이었다.

3. 연산군대의 물가 폭등과 금표 설치에 의한 농산물 공급·유통망 붕괴

1) 연속 흉년과 포화 가치 하락에 의한 물가 폭등

연산군의 금표 설치는 농작물 생산과 유통망을 파괴하는 데 결정적인 역할을 했다. 하지만 금표 설치의 효과를 더 극적으로 만들기 위한 조건이 연산군 시대 전체에 걸쳐 조성되고 있었다. 그것은 물가의 폭등이다.[41] 연산군대의 물가 폭등은 사료를 살펴볼 때 그 원인을 두 가지로 지적할 수 있다. 첫째는 갑자사화 이전까지 확인되는 연속적인 흉년이었다. 흉년은 이 시대에 가장 중요한 식료였던 곡식 가격을 상승시켰다. 둘째는 연산군의 재정 낭비이다. 연산군의 재정 낭비는 재정 고갈에 그치지 않고 포화布貨를 지나치게 많이 출하하여 그 가치를 급락시키는 역할을 하였다. 포화를 기준 화폐로 본다면 포화 가치는 하락하고 곡물 가격은 상승하는 일종의 인플레이션 현상이 나타나고 있었던 것이다.

---

41 여기서 말하는 물가 폭등이란 엄밀히 말하자면 면포에 대한 미곡가 상승이다. 면포에 대한 미곡가는 당시 시장에 유통되던 전체 상품의 물가에 비하면 매우 부분적인 것이다. 그러나 포화류와 미곡은 당시 화폐로 유통되던 것이고 특히, 미곡은 화폐인 동시에 가장 중요한 생필품으로서 특별한 지위를 가지고 있었다. 따라서 당시 인민의 생활에 직접적 영향을 미친 미곡가 상승을 물가 상승으로 설명하고자 한다.

물가의 사정은 면포 대 미곡의 교환가로 살펴볼 수 있다. 1446년(세종 28) 9월 25일 세종은 승정원에 전년도와 비교한 풍흉 여부와 현재의 물가를 물었고 승정원에서는 풍년이라고 할 수 없는 해이며 시가는 면포 1필에 미곡 5~6두라고 답하였다.[42] 이보다 면포와 미곡 환산가가 더 높게 설정되는 경우는 풍년에 해당하므로 사료에 언급되지 않았던 것 같다. 사료에 나타나는 면포 대 미곡 환산가는 대체로 이보다 낮은 수준에서 기록되었다. 따라서 면포 1필=미곡 6두 정도가 평년의 환산가라고 보면 될 듯하다.[43]

한편, 연산군대 이전까지 면포 1필의 미곡 환산가가 가장 낮았던 경우는 아마도 그 유명한 을사년(1485, 성종 16) 흉년 때의 일일 것으로 생각된다.[44] 그러나 이 시기 면포 1필의 미곡 환산가는 남아있지 않다. 한편, 사료에 남아 있는 것으로 연산군 이전 가장 쌀값이 올랐던 경우는 1481년(성종 12) 8월 26일의 환산가로 면포 1필에 미곡 2.5두였다.[45] 그리고 심각한 흉년으로 기억되는 갑자년(1444, 세종 26) 때도 환산가는 면포 1필에 미곡 3두였다.[46]

이를 바탕으로 하여 연산군 대의 물가 변동 추이를 살펴보자. 연산군은 즉위 초부터 흉년을 맞이하였다. 1494년(연산군 즉위)의 흉년은 황해·충청·경기 등에서 발생하였다.[47] 1495년과 1496년에는 다행히 농사가 잘 되었지만[48] 1497년부터는 다시 물가가 오르고 있었다. 아래의 표는 연산군대의 면포와 미곡 환산가를 정리한 것이다. 대체로 지속적인 물가 상승 추이를 보여주는데 연산군 9년에는 면포 1필=미곡 1두라는

---

42 『세종실록』 권113, 세종 28년 9월 25일(庚寅).
43 서울특별시사편찬위원회, 2007, 『서울의 시장』, 서울특별시사편찬위원회, 75~77쪽.
44 을사년 흉년에 대한 기억은 연산군대에 발생한 흉년의 정도를 측정하는 기준이었다(『연산군일기』 권33, 연산군 5년 5월 17일(丙子)).
45 『성종실록』 권132, 성종 12년 8월 26일(戊辰).
46 『연산군일기』 권45, 연산군 8년 8월 6일(乙巳).
47 『연산군일기』 권2, 연산군 1년 1월 4일(戊子).
48 『연산군일기』 권9, 연산군 1년 10월 6일(乙卯) ; 권18, 연산군 2년 10월 10일(癸未).

수치에 이르게 된다.

<표 1> 연산군대의 물가 상승 추이

연월일	환산가(면포 1필)	비고
1498년(연산군 4) 5월 3일 무술	3.5두	-상평창가로 1필=4.5두 -상평창가는 흉년에 면포 1필 당 미곡 1 두를 더하므로 3.5두로 환산49
1499년(연산군 5) 5월 17일 병자	3두 미만	
1500년(연산군 6) 1월 16일 신미	4두	-이 해는 콩 흉년으로 면포 1필=콩 2두 -전라도에서는 콩이 미곡의 2배 가치로 환산됨
1500년(연산군 6) 1월 21일 병자		
1502년(연산군 8) 3월 4일 병자	3두 미만	
1502년(연산군 8) 7월 29일 기해	2두 미만	
1502년(연산군 8) 8월 6일 을사	2두, 혹은 1.5~1.6두	
1502년(연산군 8) 8월 9일 무신	2두	
1502년(연산군 8) 9월 22일 신묘	1두	
1502년(연산군 8) 11월 5일 갑술	2두	
1503년(연산군 9) 2월 18일 을묘	1.5두	
1503년(연산군 9) 4월 25일 신유	1두	

특히, 1502년과 1503년은 성준이나 이극균 등의 대신들이 성종 을사년이나 세종 갑자년의 예를 들어 흉년의 심각성을 말하는 것으로 보아 흉년이 최고조에 달했던 해로 보아도 무방할 것 같다. 흉년의 심각성

---

49 『태종실록』 권17, 태종 9년 1월 18일 신유.

은 당시 한성부 내의 인구 출생비 대 사망비의 비율로도 알 수 있다. 1503년 1월 1일부터 2월 5일까지 한성부의 출생은 120명, 사망은 470명이라는 기이한 비율을 나타내고 있었던 것이다.[50]

한편, 갑자사화 이후로 이와 같은 종류의 기록은 왕의 과실을 드러낸다고 하여 모두 불태웠으므로 1504년부터는 풍흉의 실상을 알 수 없다.[51] 그러나 연산군 9년 가을에 잠시 풍년이 들었다가[52] 다시 흉년으로 전환되었고[53] 도성 내에서 사망하는 사람들이 계속 나타나는 것으로 보아 특별히 사정이 더 좋아지지는 않았던 것 같다.

다음으로 재정 낭비와 그에 따른 포화 가치의 하락에 대하여 살펴보자. 연산군의 재정 낭비는 연구자들이 많이 지적한 문제이다. 하지만 전근대 사회에서 가장 큰 자원을 움직이는 경제주체인 국가가 재정을 낭비하는 경우 발생하는 효과에 대해서는 크게 주목되지 않았다.

연산군 대의 재정 남용은 연산군 초년 때부터의 일이라고 기록하고 있으나 아주 심각하지는 않았던 것으로 보인다. 재상들이 연산군의 비용에 대해 처음으로 문제 삼은 것은 1497년(연산군 3)의 일로 보이며[54] 1499년(연산군 5)에 이르게 되면 재상들은 연산군의 경비 남용을 심각하게 받아들였던 것 같다. 이때부터는 연산군이 낭비한 비용을 구체적인 숫자를 들어 제시하고 있다.[55]

한편, 다른 자료에서는 구체적으로 상납액과 소비액, 횡간 내의 액수와 별례의 용도로 구분하여 제시하였다. 1498년에 각관에서 전세로 상납한 쌀과 콩이 205,584석 14두, 쓴 것은 208,522석 1두인데, 그 중 횡

---

50 『연산군일기』 권48, 연산군 9년 2월 9일 병오.

51 『연산군일기』 권37, 연산군 6년 5월 5일 무오.

52 『연산군일기』 권51, 연산군 9년 10월 8일 신축.

53 『연산군일기』 권53, 연산군 10년 윤4월 7일 정묘.

54 『연산군일기』 권22, 연산군 3년 4월 14일 을유.

55 이외에도 각종 별공 및 대중 무역 비용, 대일차·소일차와 제수용 육포 등의 비용을 제시하고 있다(『연산군일기』 권32, 연산군 5년 3월 27일 병술).

간에 실려있는 액수는 197,938석 13두, 횡간에 없는 별례의 용도가 10,583석 3두였다.[56] 즉, 전체 비용 중 횡간에 실린 것은 94.9%, 별례는 5.1%로 별례의 액수가 적지 않았다. 그리고 이는 면포나 정포 등 포화잡물을 제외한 액수라는 점을 감안할 때 이 시기 연산군의 재정 낭비는 점차 심각해지고 있었다고 보아야 할 것이다.[57]

한편, 연산군 대에는 그 재위기간 내내 각종 물품을 시장에서 조달하는 경우가 적지 않았다. 황랍黃蠟이나[58] 각종 가죽,[59] 어물부터[60] 마닐라삼,[61] 유둔 등[62] 일일이 거론하기 어려울 정도의 다양한 물건을 시장으로부터 구매하였다. 특히, 각종 사치품은 고가에 거래되었는데 예를 들어 1503년 3월에 거래된 진주 6개는 1개에 포화 20필이었다.[63]

이러한 사치품의 시장 조달 행위는 결국 제용감이나 사섬시의 면포 유출로 이어졌는데 갑자사화 이후 더욱 심각해진다. 1504년(연산군 10) 9월에 장흥부부인 신씨의 진주 496개를 구매하면서 값을 주도록 하자

---

56 『연산군일기』 권35, 연산군 5년 10월 26일(壬子).

57 1502년 한치형 등이 제시한 전년도 경비 이외의 비용은 더욱 심각한데 금은을 비롯하여 저포·마포 등의 사치품은 제외하고 쌀과 콩이 3,518석, 면포·정포가 총합 15,743필이었다. 여기서 면포와 정포의 총합 수는 포화布貨와 면포 및 정포 등으로 표현된 모든 물품의 합산액이다(『연산군일기』 권42, 연산군 8년 1월 28일(辛丑)). 한편, 연산군대의 재정 문제가 지나치게 과장되었다는 시각의 연구가 있다(소순규, 2019,「燕山君代 貢案改定의 방향과 辛酉貢案의 특징」『사학연구』134). 이 연구의 주장은 타당하나 여기서 지적하고자 하는 연산군의 재정 남용은 공안이나 횡간의 규모와 같은 구조적인 문제가 아니다. 당시 대간에 대항하여 서로 같은 정치적 위치에 서 있던 대신들마저도 주기적으로 수차례에 걸쳐 지적할 정도로 별례의 용도, 즉 임금의 개별적 용도가 많았다는 것이다. 이는 연산군조차도 인정하는 문제여서 상기 한치형의 지적에 "만약, 여러 날의 용도를 총계하면 그 수가 지나친 것 같다(若積日用度 摠而計之 其數似濫)."라고 할 정도였다.

58 『연산군일기』 권28, 연산군 3년 10월 14일(壬午).

59 『연산군일기』 권35, 연산군 5년 12월 14일(戊戌).

60 『연산군일기』 권42, 연산군 8년 1월 28일(辛丑).

61 『연산군일기』 권53, 연산군 10년 5월 16일(乙巳).

62 『연산군일기』 권54, 연산군 10년 6월 7일(丙寅).

63 『연산군일기』 권49, 연산군 9년 3월 6일(癸酉).

호조판서였던 이계남이 그 값을 정포 177,114필로 계산한 것은 연산군의 사치 규모를 볼 수 있는 상징적인 사건이다.[64] 이 액수는 사섬시에 저장된 정포 172,700필을 뛰어넘는 것으로 국용 고갈이 우려되는 상황이었다. 이 때문에 연산군은 한발 물러나는 모양새를 취하였고 그 액수를 다 지급하지는 않았을 것 같다. 그러나 그의 반만 지급되었더라도 당시 시중에 새롭게 유통되는 정포의 액수는 어마어마한 것이었다.[65]

그 결과 시중 포화의 가치는 급격하게 하락했던 것으로 보인다. 다만, 당시 연속된 흉년으로 인한 미곡 가격의 급등 등 다양한 요소가 겹쳐 그 하락 정도를 정확하게 파악하기는 어렵다. 그러나 반정 이후 중종 대의 기록에 이 시기 포화 가치 하락에 대한 단서가 있다. 기인其人의 역가가 크게 요동쳤던 것이다.

1507년(중종 2) 주강 중에 시독관이었던 김철문은 당시 민간의 폐단 중 기인의 역가를 진술하였다. 기인 역가가 원래는 1달에 면포 5필이었는데 연산군대에 60~70필에 이르렀다고 하였다. 단순 계산으로 연산군대 면포의 가치는 약 12~14배 하락하였다고 할 수 있을 것이다. 한편, 중종반정 이후 당시 시점에 기인 역가는 점차 떨어지는 추세로 면포 30~40필이었다. 즉, 반정 이후 약 1년 만에 면포의 시장 가치는 점차 회복되는 추세였다고 할 수 있을 것이다.[66]

이상에서 살펴본 바를 요약하자면 다음과 같다. 연산군대에는 그 초기부터 연속된 흉년으로 물가가 상승하고 있었으며 특히 연산군 9년에 이르게 되면 면포 1필에 미곡 1두라는 경이로운 물가를 기록하였다. 한편, 연산군의 재정 낭비는 국가 재정에 부담을 주는 데서 끝난 것이 아니라 민간의 포화 유통을 늘려 포화의 시장 가치를 떨어뜨리고 있었다.

---

64 『연산군일기』 권55, 연산군 10년 9월 21일(戊申).

65 한편, 이 시기에 제용감의 정포는 이미 고갈되었고 사섬시의 정포로 대용하는 상황이었다(『연산군일기』 권54, 연산군 10년 6월 22일(辛巳)).

66 『중종실록』 권4, 중종 2년 11월 22일(辛酉) "御書講 侍讀官金綴文…又曰…且其人之價 每一朔縣布五匹 而頃緣廢朝 價至六七十匹 今亦因循其弊 不下三四十匹…".

따라서 연산군 시기에 발생한 물가 폭등은 흉년과 함께 당시 연산군의 재정 낭비에 의한 포화의 과도한 유출과 그로 인한 가치 하락에서 기인한 것으로 보인다. 그리고 이는 이후 금표 설치와 서로 결합되어 결국 백성들의 광범위한 불만을 일으키게 된다.

2) 금표 확장으로 인한 농산물의 생산·유통망 붕괴

이미 살펴본 것처럼 성저십리 및 경기 각 지역에서는 각종 농산물이 생산되어 서울로 유통되고 있었다. 그런데 이러한 농산물 생산과 유통을 교란하는 사태가 발생하였는데 그것이 바로 금표 설치이다. 금표 설치의 시작을 해당 지역 백성의 청계산·대자산 강무장 침범으로 인한 고양·광주의 혁파로 본다면[67] 대략 1504년(연산군 10) 4월 말부터 시작하여 중종반정이 일어나는 1506년 9월 1일까지 약 2년 4개월 동안 경기 각지에는 금표가 설치되었고 금표 내의 거주민은 생업을 모두 버리고 금표 바깥으로 쫓겨나야 했다.

2년 4개월이라는 짧은 기간이라도 그 가혹함 때문에 금표가 한성부 및 경기에 미친 영향은 작지 않았다. 갑자사화는 비록 엘리트들에게는 재앙이었지만 순전히 그들만의 일이었다. 반면, 금표 설치는 만백성에게 재앙이 되었다. 금표 설치는 크게 두 가지 방향으로 진행되었다. 하나는 도성 내에서 궁궐을 범접할 수 없도록 그 영역을 점차 넓혀가는 것이었다. 이는 궁궐 주변과 내사산 자락의 인가 철거 및 궁궐 영역의 확대로 이어졌다.

다른 하나는 도성 외부, 즉 성저십리부터 시작하여 도성 사방의 일정 거리 내에 있는 군현을 혁파하고 거주민을 축출하여 아예 출입을 금지시키는 것이었다. 이 역시 점차 그 영역을 넓혀 최종적으로는 도성으로부터 100리에 이르는 지역에 금표가 세워지고 출입이 금지되었다.

---

67 『연산군일기』 권52, 연산군 10년 4월 11일(壬寅), 23일(甲寅), 24일(乙卯), 25일(丙辰).

당시 도성 내에서 연산군이 금표를 세워 인가를 철거하고 점령한 궁궐의 영역이 어느 정도나 되는지는 정확히 알 수 없다. 게다가 그 위치를 설명할 때 당시 유명인들의 집을 기점으로 하였기 때문에 위치도 정확히 알기 어렵다. 다만, 사람들 사이에서 "도성 내 거주민을 모두 쫓아내고 숭인문과 돈의문을 궐문으로 삼는다."라는[68] 말이 나올 정도였다.

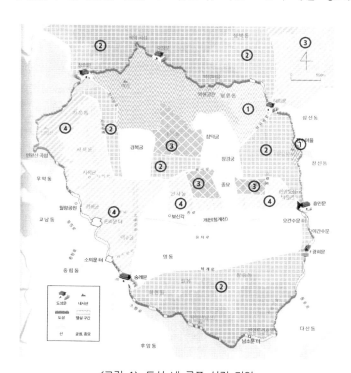

〈그림 1〉 도성 내 금표 설정 지역

* 출처: 신동훈, 2021, 「연산군代 禁標의 설치와 도성 경관의 변화」『동국사학』71, 동국대학교 동국역사문화연구소, 157쪽

이를 바탕으로 여러 사료를 참고하면[69] 대략 운종가의 시전 북쪽 행

---

68 여기서 숭인문은 흥인문의 오기로 보인다(『연산군일기』권58, 연산군 11년 6월 23일(丙子).

랑 바로 뒤편부터 광화문과 돈화문에 이르는 도로 북편의 모든 인가를 철거하고 타락산과 인왕산 자락을 연결하여 출입을 금지했던 것으로 보인다. 즉, 한양 도성 내 공간의 거의 절반을 궁궐로 만들었던 셈이다. 그런 의미에서 경성 내 인가를 철거한 것이 반이나 된다는 당시의 평가는 과장이 아니었다.[70] 이는 도성 주민들의 민심이 돌아서는 중요한 원인 중 하나였다(〈그림 1〉 참고).

한편, 성저십리와 경기의 금표 설치는 더욱 심각한 문제였다. 당시 금표는 보통 군현을 단위로 그 영역을 설명하는 경우가 많아 군현 자체를 혁파하여 금표 안에 첨입添入하는 것으로 오해하기 쉽다. 하지만 금표 설치는 대체로 주요 교통로를 막고 그 안쪽을 금표 구역으로 설정하는 방식이었다.[71] 이는 영역 자체를 금표로 설치하는 것보다 더 심각한 문제를 불러온다. 영역 자체를 금지구역으로 설정하면 그 사이에 교통로가 생길 수 있는 가능성이 있지만, 주요 교통로를 차단하는 것은 도시에 필수적인 유통·물류를 끊는 행위이기 때문이다.

도성 내의 금표 설치와 함께 점차 도성 가까운 곳의 교통로가 폐쇄되기 시작하였다. 갑자사화가 진행되던 1504년 7월 연산군은 갑자기 홍제원으로부터 동쪽 다야원(현 미아리 고개 근방)에 이르는 길에 금표를 설치하고 도성 방향으로의 출입을 금했다.[72] 이후로도 반복적으로 교통로를 막고 거주민을 축출하고 경작지를 진황시키며 금표를 설치하였으며 계속해서 그 영역을 넓혔다(〈그림 2〉 참조).[73]

---

69 『연산군일기』 권60, 연산군 11년 11월 18일(己亥) ; 권61, 연산군 12년 1월 8일(戊子), 9일(己丑) ; 『중종실록』 권1, 중종 1년 10월 9일(甲寅).
70 『연산군일기』 권55, 연산군 10년 8월 29일(丙戌).
71 이는 동쪽으로 금표를 확장하는 연산군 10년 10월 25일 기사에 잘 드러난다. 이 기사에서는 주로 고갯길이나 요로를 열거하며 그 길을 막는 것으로 금표 영역을 설정하고 있다(『연산군일기』 권56, 연산군 10년 10월 25일(壬午)). 한편, 이는 당대인들의 지리 감각이 면이나 선이 아니라 교통로를 위주로 형성되었을 가능성을 보여준다.
72 『연산군일기』 권54, 연산군 10년 7월 15일(癸卯).

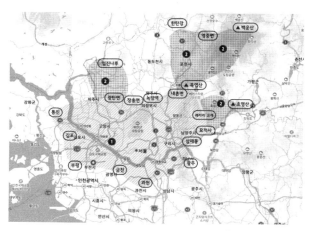

〈그림 2〉 경기의 금표 설정 지역[74]

* 출처: 신동훈, 2021, 「연산군대 금표 설치와 강무장 확대의 영향」 『인문학연구』 48,
경희대학교 인문학연구원, 219쪽

금표는 성저십리와 경기의 거주민에게만 재앙이었던 것은 아니었다.
경강을 중심으로 활동하는 상인이나 운수업자에게도 재앙이었다. 살곶
이가 금표 안에 들어가면서 광진으로 가는 교통로가 차단된 것을[75] 시
작으로 한양으로 진입하는 경강의 나루가 순차적으로 폐쇄된다. 심지

---

73 금표 영역의 확장에 대해서는 鄭東一, 1996, 「燕山君 禁標碑 硏究-大慈洞 禁標碑를
中心으로-」 『漢城史學』 8, 120~125쪽 ; 신동훈, 2021, 「연산군代 禁標의 설치와 도
성 경관의 변화」 『동국사학』 71, 동국대학교 동국역사문화연구소: 「연산군대 금
표 설치와 강무장 확대의 영향」 『인문학연구』 48, 경희대학교 인문학연구원 참조.
74 이 지도는 잘 정리되었지만 필자가 살펴본 바와는 약간 다른 부분이 있어 첨언한
다. 우선, 북쪽의 임진나루와 한탄강 사이에 있었던 주요 교통로 역시 금표가 설
치되었던 것으로 보인다. 연산군 12년 2월 2일(壬子) 기록에 현 동두천시의 마차
산이나 경기도 양주시 남면 상수리에 있었던 상수역의 남쪽 고개南峴, 당시에는
소라산으로 지칭된 현재 경기 양주시 은현면 소재 소래산 등의 교통로에 금표가
세워졌기 때문이다. 그리고 현 연천군 장남면의 고랑포는 고임진과 함께 금표의
기점이 된다고 한 지역이었다. 한편, 동편의 경우에는 현 연천군 청산면 소재 종
현산에서 시작하여 포천시 소흘읍의 석문령을 거쳐 양수리의 수종산까지 연결되
었던 것으로 보인다.
75 『연산군일기』 권 55, 연산군 10년 8월 26일(癸未), 27일(甲申).

어는 이태원 앞길만 통행하도록 하였는데 이태원 앞길로 통하는 당시 수운 교통로는 서빙고진과 한강진이지만 한강진이 폐쇄되었으므로 열린 수운 교통로는 서빙고진 외에는 없었다.[76] 즉, 서빙고진 외에 모든 나루터가 다 폐쇄된 것이다. 이후로 수운 교통로의 개통 및 폐쇄 양상은 정확하게 알기 어렵다. 때로는 폐쇄되었다가[77] 다시 복설되고[78] 혹은 강 위에 부교를 영구 설치하여 교통을 막는 등의[79] 기사가 혼재되어 나타나기 때문이다.[80]

1506년(연산군 12) 2월 2일에는 상세한 금표 영역이 나타나는데 서북쪽으로는 장단 고랑포와 임진강을 경계로 했던 것으로 보이며 동쪽은 현재의 두물머리에 이르고 남쪽으로는 용인의 선장산, 그리고 서해에 이르렀던 것으로 보인다. 금표 때문에 새롭게 개설된 교통로는 서쪽으로는 노량진에서 부평을 거쳐 낙하진으로 가는 길과 동쪽으로는 과천에서 경안역을 거쳐 가평 조종고현으로 가는 길이었다.[81] 즉, 금표 영역의 바깥으로 돌아 며칠을 더 허비하는 교통로를 이용해야 했던 것이다.

금표 설치 때문에 발생한 가장 큰 문제는 근교 농산물 공급처의 유실과 유통망 교란이었다. 이미 살펴본 바와 같이 성저십리 및 근·원교에는 도성 내로 농산물을 공급하는 농경지가 위치하고 있었다. 금표가 설치되던 중인 1504년(연산군 10) 11월 8일의 기사에는 당시 금표로 인하여 쫓겨난 성저십리 및 경기의 인구와 진황된 농경지 규모가 실려

---

76 『연산군일기』 권56, 연산군 10년 10월 10일(丁卯).
77 『연산군일기』 권56, 연산군 10년 11월 9일(乙未).
78 『연산군일기』 권58, 연산군 11년 5월 9일(癸巳).
79 『연산군일기』 권60, 연산군 11년 11월 19일(庚子).
80 연산군 대의 금표 설정과 진도제津渡制 붕괴에 관해서는 문광균, 2019, 「조선전기 한강 津渡制의 성립과 변화」『한국사학보』 76, 고려사학회 참조.
81 『연산군일기』 권61, 연산군 12년 2월 2일(壬子). 이후의 기사에서 금천 등 일부 지역이 금표 안에 추가되지만 거의 이 영역으로 확정되었다고 할 수 있다. 이 영역을 간단하게 표현한 것이 "서로는 임진 넘어 5리 쯤, 동으로는 용진, 북으로는 회암, 남으로는 용인 북쪽"인 것으로 생각된다(『연산군일기』 권58, 연산군 11년 5월 29일(癸丑)).

있는데 인구는 남녀 합하여 20,550여 명이고 진황지는 5,700여 결이었다.[82] 당시 한강 남쪽으로 금표가 확장되지 않았음을 감안한다면 더 많은 사람들이 농경지와 집을 잃을 처지였으며 실제 금표를 더 넓히면서 쫓아낸 인구는 500여 호였다.[83]

관료들의 농장도 금표 내에 몰입되면서 농사를 전혀 지을 수 없게 되었다. 연산군은 관료들의 손해를 전혀 보상할 의향이 없었기 때문에 구체적으로 얼마나 많은 농장이 금표 영역 내에 몰입되었는지는 알 수 없다. 하지만 종친 중 일부는 금표 안의 농장에 대한 보상을 받은 사례가 있음을 볼 때[84] 상당수의 농장이 금표 안에 몰입되었을 것으로 보인다. 즉, 금표 때문에 성저십리와 경기의 땅은 무인지경으로 변하고 농산물 생산이 중단되었다. 급박한 금표 설치에 많은 사람들이 그해 수확마저 포기한 상태로 터전에서 쫓겨났다.[85] 그리고 금표 안의 영역에는 일부 내수사 노비를 들여보내 거주시켰으나 이들로는 과거와 같은 농산물 수확을 기대하기는 어려웠다.

한편, 금표 설치로 인하여 육로 교통은 말할 것도 없고 수로 교통 역시 매우 불안정해졌다. 경강의 각 포구는 연산군의 변덕에 따라서 때로는 열리기도 하고 닫히기도 하였으며 한강이나 두모포의 부교 가설에 따라서 통행이 불가능한 경우도 있었다.[86] 게다가 각 포구의 인가가 철거되고 일부 허락된 내수사 노비 등만이 거주하게 되면서 상인들의 활동은 필연적으로 미약해졌을 것이다.[87] 즉, 수로 교통의 폐쇄 때문에

---

82 『연산군일기』 권56, 연산군 10년 11월 8일(甲午).

83 『연산군일기』 권58, 연산군 11년 7월 1일(甲申).

84 『연산군일기』 권55, 연산군 10년 8월 23일(庚辰), 연산군 10년 9월 3일(庚寅), 연산군 10년 9월 10일(丁酉) ; 권57, 연산군 11년 2월 3일(己未).

85 『연산군일기』 권54, 연산군 10년 7월 21일(己酉) ; 『중종실록』 권4, 중종 2년 9월 20일(庚申).

86 『연산군일기』 권61, 연산군 12년 1월 6일(丙戌).

87 『연산군일기』 권55, 연산군 10년 8월 19일(丙子), 20일(丁丑), 26일(癸未), 27일(甲申) ; 권56, 연산군 10년 10월 10일(丁卯).

화물이 제대로 도착하기도 어려웠지만 설사 화물이 도착해도 화물을 매입하고 유통시킬 상인들이 금표 설치와 인가 철거로 인하여 안정적으로 활동하기는 어려웠다.

이에 따라 도성에서는 여러 가지 문제가 발생했다. 일단, 도성 내에서 많은 사망자가 발생하고 있었다. 연산군 11년 갖은 토목공사로 인하여 많은 역군이 도성에 몰려있었음을 감안하더라도 도성 내에서 굶어 죽는 사람이 매우 많았다. 길가에 사는 사람은 책임을 두려워하여 아직 죽지 않은 사람의 발을 묶어 성 밖으로 끌어 옮기니 성문 밖에서 다 죽었다고 하거나[88] 숭례문 바깥으로부터 노량진까지 시체가 산더미처럼 쌓였다는 기록은 과장이 있다고 하더라도 당시 상황의 심각함을 보여준다.[89]

이러한 상황은 한편으로는 연산군이 일으킨 과도한 토목공사의 탓도 있겠지만 물가 상승으로 상경한 역군들이 식량을 구할 수 없었기 때문이기도 하다. 보통 상경한 역군들은 포화를 소지하고 역처役處에 도착하여 이를 식량과 교환하는데 당시 도성 내의 상황은 포화의 가치는 급락하고 미곡의 가치는 상승하는 물가 폭등 상태였다. 게다가 금표 설치 이후 곡물의 생산량 감소와 유통망 교란에 따라 가격은 더욱 걷잡을 수 없는 상태가 되었을 것이다.

곡물 외에 당시 채소 생산과 유통 상황도 마찬가지였다. 이 시기 채소 가격은 아주 작은 충격에도 크게 요동쳤다. 그 이유는 곡물에 비하여 판매를 위한 농작물로 재배되는 채소의 생산량이 지나치게 적었기 때문이었던 것으로 보인다. 즉, 채소 생산이 안정적이지 않았던 것이다.[90]

---

88 『연산군일기』 권57, 연산군 11년 3월 6일(辛卯).
89 『중종실록』 권1, 중종 1년 9월 2일(戊寅).
90 이는 조선 전기 농서에 채소 재배법이 수록되지 않은 데서도 유추할 수 있다. 당시 농업은 곡물을 최우선으로 하였고 채소는 보통 야생 나물 채취 등을 통하여 해결했던 것 같다. 한편, 허균이 저술한 『한정록』에서야 비로소 채소 재배 방법이 나타난다. 한편, 2000년대에 들어와 발굴된 『산가요록』은 편찬 연대가 1450년

이를 잘 보여주는 것이 1497년(연산군 3)에 있었던 사건이다. 당시 연산군은 경기에 무를 진상할 것을 명했는데 그 양이 약 400석이었다. 채소 400석의 구체적인 양을 알기는 어렵지만 아마 용량으로는 미곡과 큰 차이가 없었을 것이다. 그런데 무 400석의 진상을 명하자 당시 한양의 시장에서 무의 가격이 1말에 면포 3필까지 상승하였다.[91] 물론, 무 가격 폭등은 시장 논리에 의해서만 움직인 것이 아니었고 방납 상인들이 개입하였기 때문이다. 그러나 무 400석을 구한다는 그 사실 하나에 무의 가격이 폭등하는 것은 당시 채소가 가진 상품으로서의 불안정성을 잘 보여준다.

금표가 설정된 연산군 10년 이후 한양에서 채소를 구하기는 매우 어려웠다. 연산군은 1505년(연산군 11) 채소를 경기감사는 물론 각도에 봉진하게 하였다. 보통 나물을 제외한 채소를 각도로부터 봉진하게 하는 경우는 거의 없었기 때문에 이는 공상 채소마저도 봉진하기 어려웠던 당시 상황을 반영하는 것으로 보인다. 그리고 각도는 채소를 신선하게 운송하기 위하여 수레에 흙을 채우고 채소를 심어 봉진을 시도하였으나 실패하자 시장에서 사들여 진상하였다. 그리고 이것은 다시 채소 가격을 폭등시키는 악순환을 만들어냈다.[92]

외방으로부터 채소 봉진을 명한 것이 단순히 연산군의 유희나 횡렴

대로 추정되는데 과일 및 채소 재배법이 수록되어 있는 점이 주목된다. 다만, 분류는 작물 종류에 따라 체계적으로 분류한 측면이 있으나 그 재배법은 초고 수준으로 기록되었고 다수의 내용이 『농상집요』에서 비롯되었다는 한계가 있다(김영진, 2004, 「해제」『산가요록』, 농촌진흥청, 9~12쪽). 그리고 그 발견 경위 등을 보면 이 농서의 기술 체계가 민간에 널리 퍼졌다고 보기에는 어렵다. 그럼에도 불구하고 『농사직설』과 거의 같은 시기에 편찬된 사찬 농서로서 과일 및 채소 등 다양한 농작물 재배법이 수록되었다는 것은 중요한 의미를 가진다.

91 『연산군일기』 권27, 연산군 3년 9월 28일(丙寅).
92 『연산군일기』 권57, 연산군 11년 3월 25일(庚戌) "…一應菜蔬 令各道具根戴土 使不至枯槁封進 各道遂作檻 置土封植 相遞昇運 絡繹不絶 及至京中 枯槁不得納 遂於市裏貿之 其價踴貴 雖罄財莫能償之…".

이라고 보기 어려운 것은 장원서나 사포서로 하여금 흙집을 만들어 겨울에라도 채소를 재배할 것을 명하는 장면 때문이다.[93] 아마도 채소 봉진을 명하였으나 그것이 잘 시행되지 않았고 시장에서도 구하기 어렵게 되자 결국 흙집까지 만들어 재배할 것을 명령한 것이다.

이는 모두 금표 설치 이후 발생한 것이다. 채소는 신선식품이므로 물리적으로 먼 거리에서는 조달하기 매우 어려운 것이었다. 이 시기에 갑자기 이런 상황이 발생한 것은 각종 공상 채전이 금표 설치로 사라진 동시에 경기 주변 지역의 채소 생산 부진과 유통 교란에 의하여 발생한 사태로 추정할 수 있을 것이다. 이는 당시 물가 상황에 더욱 큰 부담을 주었던 것으로 보인다. 비슷한 시기에 면포 값을 임의로 조작하는 상인에게 죄를 줄 것을 지시하고 있는데[94] 이는 상인들이 물가를 임의로 조작한다기보다는 물가를 더이상 통제할 수 없는 상태로 나아가고 있었던 당시 상황을 보여주는 것이었다.

이러한 상황이 지속되자 금표 설치 후 2년 4개월이 지난 시점에 결국 중종반정이 일어났다. 물론, 중종반정의 발발은 여러 가지 복합적인 요소가 원인이 되었을 것이며 단순히 경제적인 문제가 중종반정을 일으킨 원인이라고 단정할 수 없다. 그러나 금표 설치로 인한 농산물 생산과 유통망 교란, 이로 인한 경기 및 도성민의 경제적 타격은 중종반정의 주요한 경제적 배경으로 상정할 수 있다고 생각된다.

예컨대 중종반정은 단순히 엘리트들의 정변으로만 보기에는 백성들의 지지를 광범위하게 받고 있었다. 연산군이 교동에 위리안치되자 백성들이 연산군을 조롱하는 속요를 불렀다든지[95] 연산군이 교동으로 이동하는 길에 사람들이 나와 손가락질하고 시원하게 여겼다든지[96] 심지

---

93 『연산군일기』 권 58, 연산군 11년 7월 20일(癸卯) "傳曰 如辛甘菜等諸種蔬菜 令掌苑署司圃署 築土宇 過冬培養".
94 『연산군일기』 권58, 연산군 11년 6월 2일(乙卯).
95 『연산군일기』 권63, 연산군 12년 9월 2일(己卯).
96 『중종실록』 권1, 중종 1년 9월 7일(癸未).

어는 노상에서 욕을 하고 밤에는 몽둥이를 들고 소란을 부렸다고 하니[97] 당시 연산군에 대한 민심의 향방을 알 수 있다.

물론, 그러한 백성들의 지지는 무오사화나 갑자사화의 참혹함과 인간적인 동정, 그리고 임금의 변덕에 따라 아침저녁으로 바뀌는 정책과 예측할 수 없는 미래에 대한 불안도 중요한 배경이 되었을 것이다. 그러나 민심의 향방을 결정한 주요 배경은 역시 물가 폭등과 금표 설치에 따른 민간 경제의 타격으로부터 비롯된 것이라고 생각한다.

이상을 요약하자면 다음과 같다. 연산군 말년의 금표 설치는 당시 성저십리 및 근·원교의 농업 생산 기반을 파괴하는 동시에 육로 및 수로 교통로를 교란했다. 이에 따라 공급과 유통망이 교란되었고 이것이 물가 폭등과 결합하여 당시 상경한 역군과 도성민을 아사하게 만들었다.

이러한 경제적 타격은 결국 반정에 대한 기층민의 광범위한 지지를 이끌어냈다. 연산군의 폭정 종식은 무오·갑자사화와 비상식적인 정치 행위에서 촉발된 엘리트의 저항이 주요 원인이지만 그 저항의 정당성을 담보하는 배경은 물가 상승과 금표 설치로 하루아침에 삶의 근거를 박탈당한 백성의 분노였다고도 볼 수 있을 것이다.

4. 맺음말

건국 이후 한양의 성장에 따라 근·원교의 농업은 초보적이나마 한양을 소비처로 하는 영농 형태를 갖추기 시작했다. 한편으로는 성저십리에서 영세적이고 집약적인 농업이, 다른 한편에서는 경기의 농장을 중심으로 하는 큰 규모의 농업이 이루어지고 있었다. 이를 통하여 한양에는 곡물을 중심으로 비교적 유통기한이 짧은 채소에 이르기까지 다

---

97 『중종실록』 권19, 중종 9년 1월 28일(壬辰).

양한 식료가 육로와 수로를 통하여 공급되었다.

한편, 연산군대에는 연속적인 흉년으로 인하여 물가가 폭등하고 있었다. 여기에 더하여 연산군 스스로의 재정 낭비가 겹치면서 국고로부터 풀린 다량의 포화가 시중에 유통되기 시작하였고 포화 가치가 하락하면서 물가 폭등을 가속시키고 있었다. 이러한 악조건 하에서 연산군 말년에는 금표가 설치되면서 한성부와 경기의 농작물 생산 기반과 유통망을 교란하고 파괴했다. 이는 당시 정치 엘리트들을 넘어선 많은 기층민들의 분노와 불만을 불러일으켰다.

이미 살펴본 바와 같이 연산군이 교동으로 이동하는 경로에서 도성과 경기 백성들이 험악한 반응을 보였던 것은 금표 설치를 제외하고는 설명하기가 어렵다. 즉, 무오사화나 갑자사화를 비롯한 연산군의 비상식적 폭정은 중종반정의 주요한 원인이지만 중종반정의 경제적 배경이자 정변의 정당성을 뒷받침하는 민심의 향방은 물가 폭등 및 금표 설치로 촉발된 경제생활의 황폐화로 설명할 수 있을 것이다. 이를 통하여 당시 근·원교 농업은 조선 후기만큼 전문적이고 상업적인 형태로 이루어지는 것은 아니었지만 한양이라는 성장하는 도시의 배후 산업으로서 중요성을 가지고 있었음을 알 수 있다.

물가 폭등과 금표 설치, 그리고 그로 인한 경기의 쇠락과 도성 물류의 쇠퇴 등 연산군 말년의 대혼란은 결국 중종반정 이후에도 상당히 오랫동안 영향을 미치지만 서서히 해소되게 된다. 이러한 의미에서 보자면 중종반정은 단순히 정치 엘리트들만의 정변으로만 보기는 어려울 것이라고 생각한다. 이러한 논의를 통하여 한편으로는 조선 전기의 상업과 유통망에 대하여, 한편으로는 중종반정이라는 사건을 좀 더 다양한 방향에서 이해하는 계기가 되기를 희망한다.

참고문헌

서울특별시사편찬위원회, 2007,『서울의 시장』, 서울특별시사편찬위원회.

李道男, 2004,『朝鮮時代 楊州地方史 硏究』, 건국대학교 대학원 박사학위논문.

李鎬澈, 1986,『朝鮮前期農業經濟史』, 한길사.

최영준, 1997,『국토와 민족생활사』, 한길사.

金燉, 1993,「燕山君代의 君·臣 權力關係와 그 推移」『歷史敎育』53, 역사교육
연구회.

金範, 2006,「朝鮮 燕山君代의 王權과 政局運營」『大東文化硏究』53, 성균관대
학교 동아시아학술원.

金鉉勰, 2004,「『조선왕조실록』에 의한 한양의 입지와 도성관리」성균관대
학교 대학원 박사학위논문.

문광균, 2019,「조선전기 한강 津渡制의 성립과 변화」『한국사학보』76, 고
려사학회.

朴平植, 2002,「朝鮮前期의 主人層과 流通體系」『역사교육』82, 역사교육연구회.

朴平植, 2004,「朝鮮前期의 都城商業과 漢江」『서울학연구』23, 서울시립대 서
울학연구소.

소순규, 2019,「燕山君代 貢案改定의 방향과 辛酉貢案의 특징」『사학연구』
134, 한국사학회.

宋洙煥, 1999,「甲子士禍의 새 해석」『사학연구』57, 한국사학회.

송웅섭, 2015,「연산군 초반 정치적 갈등에 대한 구조적 접근」『인문과학연
구』20, 덕성여대 인문과학연구소.

송웅섭, 2019,「연산군의 의례 및 가치 체계에 대한 파괴와 도덕적 권위로
부터의 탈피」『사림』68, 수선사학회.

송웅섭, 2020,「중종반정 핵심 주동자들과 반정 경위에 대한 검토」『조선시
대사학보』92, 조선시대사학회.

송웅섭, 2020,「중종 초반 왕권의 신장과 도덕적 권위 사이의 긴장」『한국
문화』89, 서울대학교 규장각 한국학연구소.

신동훈, 2021,「연산군代 禁標의 설치와 도성 경관의 변화」『동국사학』71,
동국대학교 동국역사문화연구소.

신동훈, 2021,「연산군대 금표 설치와 강무장 확대의 영향」『인문학연구』
48, 경희대학교 인문학연구원.

오수창, 2019,「반정, 조선시대 군주 축출의 논리와 성격」『한국정치연구』
　　　28, 서울대학교 한국정치연구소.
윤정, 1998,「조선 중종대 훈구파의 산림천택(山林川澤) 운영과 재정확충책」『역
　　　사와현실』 29, 한국역사연구회.
이현군, 1997,「朝鮮前期 漢城府 城底十里의 地理的 特性에 관한 硏究」『지리
　　　학논총』 30, 서울대학교 국토문제연구소.
장지영, 2013,「조선시대 漢陽 西郊지역의 邦墓 조성과 피장자 신분」『한국
　　　학논총』 39, 국민대 한국학연구소.
장학근, 1995,「燕山君의 災異論에 대한 認識變化」『慶南史學』 7, 경남사학회.
鄭東一, 1996,「燕山君 禁標碑 硏究-大慈洞 禁標碑를 中心으로-」『漢城史學』 8,
　　　한성대학교 한성사학회.
池斗煥, 1993,「朝鮮前期 王位 繼承 論議」『韓國文化硏究』 6, 부산대학교 한국
　　　민족문화연구소.
최선혜, 2012,「연산군 시대 先王 世祖와 成宗에 대한 기억과 충돌」『서강인
　　　문논총』 35, 서강대학교 인문과학연구소.

1738~1745년, 영조대 강화도 운영과 위상의 변화

김우진
(단국대학교)

1. 머리말

강화도는 그 특유의 지리적 입지와 역사 등을 인정받아 조정의 주요 堡將處로 주목받았다. 사면이 바다로 둘러싸여 있으며 주위의 물살이 세고 암초가 있어서 조수 없이는 건너기 쉽지 않았고, 미숙한 선박 운항 기술로는 좌초될 우려도 있었다. 또한 북쪽으로는 황해도, 남쪽으로는 충청도와 연결되어 있고, 도성까지는 100리 남짓으로 하루 만에 도착할 수 있었다.[1] 이러한 이점을 바탕으로 강화도는 외부의 기마민족이 침입할 때마다 조정의 피난처로서 역할을 하였다. 하지만 점차 농지 개간과 간척 사업이 진행되면서 점차 선박들이 쉽게 접근할 수 있는 환경으로 변모하였다.

방어 정책의 대대적인 전환이 필요한 시점에서 1751년(영조 27) 9월 11일, 영조는 守城綸音을 선포함으로써 도성을 사수하고자 하는 자신의 강한 의지를 표명했다.[2] 그는 戊申亂에서 확인된 도성의 한계를 보완하고 보강하는 차원의 개조 작업을 진행하였는데, 이를 전후로 하여 본격적으로 수도 방위 체제를 재정비해 나갔다.[3]

이에 따라 강화도는 그 비중이 약화되고 도성의 외곽 방어 중심지로 변모하였다. 과거에는 강화도만을 방어하기 위해 축성·군량·무기·군사 등을 집중시켰다면, 이후에는 주요 해운로에 위치한 지리학적 입지를 고려하여 인근의 도서 지역과 함께 하나의 큰 해상 방어 단위로 설정되었다.[4]

---

1 『江華府志』「形勝」.
2 영조는 윤음과 함께 〈都城三軍門分界之圖〉·「都城三軍門分界總錄」·「守城節目」을 수록하여 『御製守城綸音』이란 서적으로 간행해 頒降하였다(『御製守城綸音』(奎3756)).
3 노영구, 2014, 『영조대의 한양 도성 수비 정비』, 한국학중앙연구원출판부.
4 배우성, 1998, 『조선후기 국토관과 천하관의 변화』, 일지사, 285~289쪽 ; 노영구,

기존의 조선 후기 강화도에 대한 다양한 연구 성과가 축적되었고,
이를 기반으로 강화도의 실체가 상당 부분이 밝혀졌다.[5] 그 가운데는
황해도와 인근 도서들을 연결해 분석함으로써 수군체제 안에서의 강화
도의 위상을 확인할 수 있었다.[6] 필자 역시 이상의 연구 성과에 전적으
로 공감하는 바이다. 다만, 도성수호론을 國是로 내정하기까지 영조의
강화도에 대한 고민과 인식의 변화에 대해서는 아직 세밀하게 분석되
지 않았다고 판단된다. 물론 영조는 평소 '도성을 지켜야 한다'는 의지
를 자주 표명하였다. 하지만 실제로 수성윤음을 내리기까지 20여 년의
시간이 걸렸고, 강화도를 중시해야 한다는 주장에 대해 자신 역시 '도
성 수호로 결심한 것이 백성을 속이게 되는 것으로 귀결될까 두렵다'
고 토로한 바 있다.[7]

이에 본고에서는 이상의 연구 성과를 반영하면서, 1738년(영조 14)~1745
년(영조 21)의 강화도 정책과 위상의 변화에 주목하고자 한다. 이 시기는
외부의 위기에 대비해 강화도와 인근 도서에 다양한 정책이 시행된 시기
로, 영조가 강화도에 지대한 관심을 표명하며 위상 강화에 관한 여러
의견을 제시하기도 하였다. 이를 구체적으로 확인하기 위해 2장에서는
경기 인근의 해방을 강화해야 하는 배경으로, 荒唐船의 출몰이 조선에

2018, 『조선후기 도성방어체계와 경기도』, 경기문화재단, 163~164쪽.
5 대표적으로 이민웅, 1995, 「18세기 강화도 수비체제의 강화」 『한국사론』 34, 서울
대학교 ; 송양섭, 2002, 「17세기 강화도 방어체제의 확립과 鎭撫營의 창설」 『한국
사학보』 13, 고려사학회 ; 이강근, 2013, 「조선후기 강화 지역 築城役에 대한 연구」
『서울학연구』 51, 서울학연구소 ; 배성수, 2003, 「숙종초 江都 墩臺의 축조와 그
의의」 『조선시대사학보』 27, 조선시대사학회 등이 있다.
6 강석화, 2006, 「조선 후기 황해도 연안 방위체계」 『한국문화』 38, 규장각한국학연
구소 ; 송기중, 2010, 「17세기 수군방어체제의 개편」 『조선시대사학보』 53, 조선
시대사학회 ; 백기인, 2017, 「18세기 조선의 육해방론 전개」 『군사』 104, 군사편
찬연구소 ; 남호현, 2018, 「18세기 조선의 위기의식과 海防 논의의 양상」 『조선시
대사학보』 87 등이 있다.
7 『承政院日記』 1067冊, 英祖 27年 4月 7日(甲戌). "上曰, 儒臣之意知之矣, 向來雖以守
城爲定, 而中夜思之, 或恐爲欺我萬姓之歸, 思之及此, 實覺懍然."

끼치는 영향을 국내외 상황과 연계하여 살펴보고자 한다. 그리고 대안
책으로서 3장에서는 군사적 측면에서 강화도와 인근 도서에 실시된 축
성 및 해방 전략을 정리하고, 4장에서는 의례적 측면에서 영조가 강화
도 내에 설립하게 한 다양한 제향 공간과 관련자들에 대한 우대 정책
에 주목하였다. 이 과정에서 강화도가 지닌 시대적 함의와 영조의 인
식을 확인함으로써 그 위상이 어떻게 변화하는지 그 의의를 도출하고
자 한다.

본 논문은 애초부터 많은 한계를 지니고 있다. 영조대 황해도·충청
도의 해방과 연계하지 못했으며, 국방의 주요 지표인 강화도의 군사·
군비·군량 등에 대해서도 분석하지 못했기 때문이다. 그럼에도 본고를
통해 영조가 보장처 혹은 도성 중심의 방위론 사이에서 수성으로 귀결
하기까지 고뇌의 일면에 한 걸음 다가갈 수 있기를 기대한다.

2. 황당선의 출몰로 인한 서해안의 소요

조선 시대 황당선은 주로 불법 어업이나 밀무역을 목적으로 연안에
출몰했던 소속 불명의 외국 혹은 중국 선박이다. 특히 조선 후기 황당
선은 1680년(숙종 6) 전후 청에서 遷界令을 해제하면서부터 본격적으로
서해에 출몰하였다. 이들은 주로 해삼과 복어 등을 획득하기 위해 점
차 어채의 범위를 넓혀 나갔고,[8] 1698년(숙종 24) 조선이 청에서 곡물을
수입한 것을 계기로 山東-鳳凰城-車島-中江의 해운 루트가 노출되면서
조선 연해에까지 쉽게 이르게 되었다.

황당선은 영조대에도 주요한 국제적 분쟁 거리였다. 이들은 때로 대

---

8 김문기, 2011, 「17세기 중국과 조선의 재해와 기근」『이화사학연구』 43, 이화사학
연구소, 102~103쪽 ; 서인범, 2015, 「청 康熙帝의 開海 정책과 조선의 서해 해역의
황당선」『이화사학연구』 50, 이화사학연구소, 354~373쪽.

규모로 조선에 접근하여 불법적인 어채와 약탈을 자행하였고, 심지어 관원을 구타하고 살해하기도 하였다.[9] 대표적으로 1735년(영조 11) 선원 60여 명이 椒島에 상륙하여 첨사를 구타하고 무기를 탈취하였고, 1738년(영조 14) 무리 400여 명이 吾叉鎭에 상륙하여 관리를 살해하였다. 또 1754년(영조 30)에는 5~600명의 청인이 白翎鎭을 에워싸고 잡혀있던 동료를 데려가면서 장교도 납치해 간 사건도 있었다.[10]

영조는 가능하면 황당선과의 무력 충돌보다는 방축하는 방법을 선호했다. 청의 허락 없이도 범법자들을 선제적으로 처형할 수 있었으나,[11] 이를 빙자하여 잡아들이다가 훗날 청의 기강이 무너질 때 그 후폭풍이 조선에 미칠 수 있기 때문이었다.[12] 그래서 서해 연안에 瞭望將과 追捕武士를 두었고, 挾船·防牌船·追捕船 등을 배치하였으며, 병선에 화포수와 射夫를 추가하여 당선 퇴치에 활용하였다.[13] 하지만 청인들은 여전히 조선의 해안 경비를 비웃고 거리낌 없이 월경하였다.

황당선의 출몰은 영조에게 몇 가지 우려를 자아냈다. 첫째, 서해안의 해로로 연결된 수도권과 조운로의 위협이다. 이들은 산동·登州·萊州에서는 순풍을 타고 황해도를 거쳐 강화도 등지에 하루 만에 도착할 수 있었고, 蘇州·杭州에서는 곧장 호남에 이를 수 있었다.[14] 특히 대동

---

9 남이슬, 2015, 「康熙 연간 淸國人의 海洋犯越과 朝·淸 양국의 대응」『명청사연구』 44, 명청사학회, 192~213쪽.

10 『承政院日記』801册, 英祖 11年 5月 20日(己未) ; 英祖 11年 5月 25日(甲子) ; 英祖 11年 5月 28日(己巳) ; 874册, 英祖 14年 7月 8日(戊午) ;『同文彙考』原編 卷62, 「犯越 14·上國人·【戊午】報異樣船作挐長淵事申請禁斷咨」 ;『英祖實錄』卷81, 英祖 30年 5月 30日(戊申).

11 1717년과 1722년 康熙帝는 조선이 선제적으로 청인을 처형한다고 하더라도 문제삼지 않겠다고 약속하였다(『同文彙考』原編 卷61, 「犯越 13·上國人·禮部回咨」 ;『世宗憲皇帝實錄』卷2, 康熙 61年 12月 10日).

12 『備邊司謄錄』104册, 英祖 14年 7月 8日.

13 송기중, 2011, 「17~18세기 전반 水軍 役制의 운영과 변화」『대동문화연구』76, 성균관대 동아시아학술원, 41쪽 ; 2015, 「17~18세기 수군 軍船의 배치 변화와 개선방안」『동방학지』169, 연세대 국학연구원, 151~153쪽.

법이 확산되면서 삼남의 稅船과 각종 물화가 영종진-강화-통진-고양을 거쳐 한양으로 들어왔다.[15] 경기 연안 일대를 제대로 지키지 못하거나 조운로가 차단된다면 수도까지 위험해질 수 있었다. 실제로 무신난의 반란군들은 이 방법을 고안하기도 하였다.[16]

둘째, 도서의 匪徒 무리와 연합할 가능성이다. 당시 호남의 진도와 나주의 여러 섬에는 흉년으로 인해 도주한 악소배들이 많이 거주했는데, 때로 황당선과 왕래하고 있다는 의심을 받고 있었다. 그런데 이 지역들은 관부에 멀리 떨어져 있어서 통제하는 데 한계가 있었다. 게다가 황해도의 백령도와 초도 등지에는 역적에 연좌되어 유배된 자들이 많았다. 조정에 원망을 품은 무리들이 황당선과 접촉할지 알 수 없는 노릇이었다.[17]

셋째, 풍속의 악화와 기강의 해이이다. 황당선의 선원들과 해안가의 조선 백성들은 때로 잠매를 통해 은밀히 관계를 맺기도 하였다. 당시 보고에 의하면, 연안 백성들 가운데 漢語를 아는 수백 명이 선원들과 접촉해 黃藿과 해삼 등을 청의 靑布나 羊皮로 교환하고 있었다.[18] 또한 영조는 관원들의 거짓 혹은 과장된 보고가 반복되는 점을 지적하며, 변장들의 체포나 추적 보고를 신뢰하지 않았다.[19]

넷째, 청 황제로부터 무능하다고 질책을 받기 일쑤였다. 영조가 청의 범법자들을 처벌해주길 요청하자 황제들은 해당 관원들을 처형하라고 명하면서 동시에 영조의 나약함과 부적절함을 꾸짖었다. 그들은 강희제 이래 여러 차례 유시를 받았음에도, 청의 도적이 조선으로 도망

14 『承政院日記』 781冊, 英祖 10年 6月 5日(己酉) ; 823冊, 英祖 12年 4月 9日(癸卯).
15 최완기, 1989, 『조선후기 조운사업연구』, 일조각, 187쪽 ; 송기중, 2019, 『조선후기 수군 연구』, 역사비평사, 156쪽.
16 이민웅, 1995, 앞의 논문 『한국사론』 34, 서울대학교, 49쪽.
17 남호현, 2018, 앞의 논문 『조선시대사학보』 87, 조선시대사학회, 279쪽.
18 『承政院日記』 969冊, 英祖 20年 2月 21日(己巳).
19 『承政院日記』 640冊, 英祖 3年 6月 29日(甲寅) ; 『備邊司謄錄』 157冊, 英祖 51年 7月 23日.

갔는데 제대로 막지 못했으며, 이들을 추포해야 할 때에 문서만 보낸다고 질타했다. 그리고 만약 이런 일이 반복된다면 조선의 관원들이 탄핵될 뿐 아니라 영조마저 藩王으로서 직분을 다하지 못하고 나라를 불안하게 만들었다는 이유로 처벌하겠다고 하였다.[20] 황제의 엄한 유지를 받은 영조는 위축될 수밖에 없었고, 이후 국제적 대응을 꺼리게 되었다.[21]

한편 당시 준가르부 갈단 체링喝尔丹策零과 청군과의 대립도 주목할 필요가 있다.[22] 갈단 체링은 1727년 부친 체왕 랍탄策妄阿拉布坦을 이어 집권한 이후 세력을 크게 확장하였는데, 1731년(옹정 9)에는 홉도에서 청군을 상대로 대승을 거둬 병력의 80%와 몽골 동맹군을 거의 전멸시켰다. 그 사이 건륭제가 등극하면서 1739년(건륭 4) 양국은 알타이 산맥을 경계로 화친 협정에 조인했으나, 1745년(건륭 10) 갈단 체링이 사망하고 내부에 분열이 생기자 청이 이를 기회로 전쟁을 재개할 가능성이 높아졌다.[23]

물론 당대인들도 청의 중원 제패가 매우 공고하다는 점과 황당선이 조선의 안위를 위협할 정도는 아니라는 것을 충분히 인식하고 있었다.[24] 하지만 이 시기 조선은 건륭제가 瀋陽으로 행차를 하는 것만으로도 경외가 어수선하여 뜬 소문이 크게 돌았고, 전쟁을 나타내는 흰 무지개의 변고가 나타나자 백성들이 동요할 정도였다.[25]

이런 상황에서 영조는 청의 유동적인 상황을 예의주시하며 가능한 청과의 외교적 마찰을 피해야 했고, 동시에 무신난처럼 왕의 정당성을

---

20 『世宗憲皇帝實錄』 卷63, 雍正 5年 11月 21日 ; 『同文彙考』 原編 卷62, 「犯越 14·上 國人·禮部知會行飭奉天府務獲嚴査咨」.

21 『承政院日記』 728册, 英祖 7年 8月 10日(庚子) ; 801册, 英祖 11年 5月 25日(甲子).

22 동아시아 국제정세의 변동과 조선의 도성 수비체제의 연계는 노영구, 2014, 「17~18세기 동아시아 정세와 조선의 도성 수비체제 이해의 방향」 『조선시대사학보』 71, 조선시대사학회에 처음 제기되었다.

23 피터C.퍼듀, 2012, 『중국의 서진』, 길, 316~345쪽 ; 미야자키 이치사다, 2001, 『옹정제』, 이산, 219쪽

24 강석화, 2006, 「조선 후기 황해도 연안 방위체계」 『한국문화』 38, 규장각한국학연구소, 384쪽.

25 『英祖實錄』 卷58, 英祖 19年 8月 17日(丁卯) ; 卷91, 英祖 21年 1月 13日(乙酉).

부정하는 많은 반란 세력들을 제압해야 했다. 불안한 정세를 틈타 양
국의 불온한 세력들이 규합하여 妖言을 선동해 예기치 못한 변란으로
발전할 가능성을 배제할 수 없었다. 그가 선택한 것은 조선 스스로 해
방의 경비를 강화하고 군사들의 충성심을 고양시키는 것이었다. 그 연
장선상에서 강화도와 인근 도서 지역의 재정비가 이루어졌다.

3. 강화도 및 인근 도서의 방어 강화

1) 德積鎭의 복구

덕적도는 海西와 湖西가 교차하는 경계점으로, 중국 등주와 내주가
서로 마주 보이는 곳에 위치한 외양의 요해처이다. 숙종은 1709년(숙종
35) 황당선을 방어하기 위한 대책의 일환으로 鎭堡를 설치하고 萬戶를
두었다. 하지만 당시 강화도 내성·북한산성 수축 등에 전념하고 있었
기 때문에 전선이나 수군이 배정되지 못했다. 그래서 덕적진에는 水操
할 군졸이 없었고, 경비를 떠안은 도민들이 離散하려는 폐해가 이어졌
다. 江華留守였던 閔鎭遠은 덕적진에 대해 기껏해야 瞭望하는 역할에
지나지 않는다고 비판하였다. 이에 1725년(영조 1) 영조는 덕적진의 만
호를 혁파하고 종전처럼 別將을 보내는 것으로 결정했다.[26]

그러던 1738년(영조 14) 오차포 사건이 발생했다. 이것은 황당선 선원
400여 명이 황해도 초도로 들어와 교동·강화도를 거쳐 당진까지 기탄
없이 이동하고, 오차포에서 관원과 수행원을 살해한 사건이었다. 황당
선으로 인한 양국의 분쟁은 잦은 일이었지만, 관원의 살해는 또 다른
차원이었다. 영조는 경기 인근 서해안의 허술한 공권력이 노정되자 그
핵심지역인 강화도와 주요 해방 거점을 내실화할 방안을 더이상 늦출

---

26 『承政院日記』 599冊, 英祖 1年 8月 16日(辛巳).

수 없었다.

이에 따라, 1740년(영조 16) 덕적진의 복구 논의가 제기되었다.[27] 조정에서는 황당선의 이동 루트를 '초도-대청도-소청도-용매도-교동-강화도-덕적도-난지도'로 파악하고 있었다.[28] 이 중 강화도 인근의 도서 가운데 군사적으로 가장 취약한 곳이 바로 덕적도였다. 애초에 보내기로 한 별장도 제대로 파견되지 않았다.

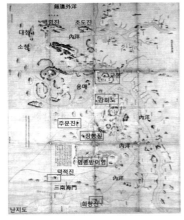

〈그림 1〉 1740년 황당선의 이동 루트(左)와 이후
강화도 및 인근 도서의 진관체제(右)(〈海西京畿海路圖(奎軸12153)〉)

보고에 의하면, 덕적도를 포함한 경기 남부 연안 인근의 섬들에는 민호가 6~700호에 이르는데 모두 신역이 없고, 약간의 稷石을 바치는 정도에 그쳤다.[29] 그리고 교동과 강화도의 해로는 관리되고 있었던데 반해, 이곳은 체계가 허술하여 경보가 제때에 이르지 않았다.

여기서 한 가지 흥미로운 것은 덕적진을 복구해야 한다는 당위성에

---

27 배우성, 1998, 위의 책, 일지사, 272~275쪽.
28 『承政院日記』 875冊, 英祖 14年 7月 22日(壬申).
29 『承政院日記』 874冊, 英祖 14年 7月 8日(戊午).

대해 진이 혁파된 시기가 경종대라는 것이 부각된다는 점이다. 다음은
우의정 宋寅明의 주장이다.

> 고 판서 李寅燁이 덕적도에다 진보를 설치한 것은 참으로 의견이 있는 것이
> 었으나 계묘년(경종 3, 1723)에 무단으로 철폐되었으니 신은 반드시 복설해야
> 한다고 생각합니다.[30]

송인명은 숙종대에 덕적진이 구획된 것은 반드시 의도가 있었을텐
데, 1723년에 무단으로 철폐되었으므로 이번에는 꼭 복설해야 한다고
강조하였다.[31] 그런데 전술한대로 덕적진이 혁파된 것은 영조대이다.
하지만 이 시기가 되면 경종대로 바뀌었고, 그 역시 제대로 검증받지
못한 소치라고 평가되었다.[32] 덕적진 복설에 대한 긍정적인 여론 속에
영조는 '옛 사람의 소견이 지금 사람에 미치지 못할 리가 없다며 기존대
로 설치하라'고 명령하였다.[33]

다만, 조정은 진의 군사적 미비함과 중앙 관리의 허술함을 보완하기
위해서 「덕적진 설치 節目」을 규정하여 문서화하였다. 「절목」에는 덕
적진이 경기 연해 지역의 해안을 방어하기 위해 복설되었다는 사실을
첫 항목에서 밝히고 있다. 그만큼 덕적진의 주요 역할은 급보의 전달
이었다. 이에 따라 화량진과 주문진의 병선·병기·수군 등을 일부 이송
하는 것 외에 공홍도 수영에서 비선 2척을 마련해주고, 장봉진-교동 수
영과 연결되는 봉수를 설치하게 하였으며, 旗牌官·烽燧監官 등 황당선
에 대비하는 담당자를 선정하였다. 규모는 덕적도로 한정하기보다 蘇
爺島나 承皇島 등 인근의 도서를 규합해서 하나의 진을 이루도록 하였

---

30 『承政院日記』891册, 英祖 15年 5月 30日(乙亥). "故判書李寅燁之設鎭德積, 誠有意
見, 而癸卯年, 無端撤罷, 臣意必欲復設矣."
31 『承政院日記』880册, 英祖 14年 10月 29日(戊申) ; 891册, 英祖 15年 5月 30日(乙亥).
32 1723년(경종 3)에 혁파된 것은 大阜鎭 僉使였는데 德積鎭으로 착각한 것인지는 확
실하지 않다.
33 『承政院日記』902册, 英祖 15年 11月 29日(壬申).

다. 그리고 鎭將이나 원역들의 廩料 등은 훈국도감과 어영청에 소속된 전답의 일부를 획급하고 염전과 漁撈 등을 전속시켜 경제적으로 자립할 수 있도록 했다. 이외에도 거주민들의 이탈을 막기 위해 진장에게 위무하도록 하였고, 船人과 농민들에게 포를 징수하는 일에 관해 외부에서 침범하지 않도록 공식화했다.

이로써 1740년 8월 덕적진은 혁파된 지 15년 만에 재설되었고, 첨사가 처음 파견되었다. 이후 덕적진에는 空名帖 150장으로 재물과 곡식이 조달되었고, 봉수가 추가 설치되는 등 내부 시설이 정비되며 점차 진의 형태를 갖추어 나갔다.[34]

2) 강화도 외성 개축

1741년(영조 17) 외성의 개축은 강화유수 金始煥에 의해 진행되었다. 외성은 1692년(숙종 18) 휴암돈에서 초지돈까지 구축되었으나, 체성과 여장의 붕괴가 잦아지자 보수를 포기하였다. 이런 상황은 약 50여 년이 지난 후에도 이어져, 어린아이나 말도 손쉽게 뛰어넘을 수 있을 정도였다.[35] 김시혁은 부임하고 얼마 지나지 않아 연변의 무너진 성첩을 수개해야 한다고 장계를 올렸다.[36] 그는 강화도가 천연의 요새가 될 수 있었던 것은 사면의 長江 때문인데, 장강을 지키기 위해서라면 외성의 보전이 필수라고 주장했다.

김시혁은 외성의 퇴락 원인이 흙에 있다고 파악하고 벽돌로 쌓는 벽성을 착안했다. 이는 1723년(경종 3) 동지겸사은사 서장관으로 북경에 가던 중 산해관에서 벽돌로 甕城을 개축하던 것을 접목시킨 것이었다.[37] 물론 숙종대에도 축성에 벽돌을 일부 활용하기도 하였으나 전면

---

34 『承政院日記』924册, 英祖 16年 11月 5日(壬申) ; 951册, 英祖 18年 11月 23日(戊寅).
35 『承政院日記』957册, 英祖 19年 閏4月 10日(癸亥).
36 『承政院日記』932册, 英祖 17年 6月 2日(乙未) ;『備邊司謄錄』109册, 英祖 17年 9月 2日.
37 『承政院日記』554册, 英祖 3年 5月 27日(乙巳).

적인 도입은 아니었다. 그의 계산에 의하면, 과거 내성 14리를 구축했을 때 돈 15만 냥이 들었는데, 벽돌을 사용한다면 30리에 돈 3만냥 쌀 3천 석이 소비되었다. 즉, 벽돌로 쌓을 경우 일은 절반이지만 공은 두 배 이상의 효과를 볼 수 있었다.[38] 그는 영조에게 벽성을 건의하고 시험 삼아 구워본 벽돌을 조정에 보내어 看審하도록 하였다.[39]

영조는 대신과 장신들의 의견을 수렴한 후 벽돌의 견고함과 편리함을 들어 허락하였다. 그리고 재원을 마련해주기 위해 船頭浦를 강화도에 이속시켰다. 애초에 선두포는 강화도에서 쌓기는 했으나 조정의 재력이 많이 투입되었기 때문에 해당 포에서 나오는 조세를 병조에서 관리하고 있었다. 영조는 강화도가 보장지인 만큼 선두포를 영구히 강화도에 소속시키고 修城所에 넘겨주어 벽돌을 구울 糧料로 삼도록 하였다.[40]

김시혁이 담당한 외성은 동쪽의 적북돈에서 제승돈까지 대략 10리였다.[41] 훈련대장 金聖應과 함께 대포로 시험해 보니, 體城에 구멍이 뚫렸으나 성 자체는 흔들리지 않았다.[42] 축성한 형지를 간심하고 온 좌의정 송인명의 보고도 크게 다르지 않았다.[43] 어린아이도 넘을 수 있었던 외성은 이제 용감한 사람도 뛰어넘기 어려울뿐더러 군사를 감추고 적을 방어하기에 충분했다.[44] 그러자 영조는 김시혁이 무사히 축성의 책임을 다할 수 있도록 유수를 연임시켰다.

1744년(영조 20) 7월, 벽돌 외성의 공사가 마무리되었다. 우의정 趙顯命은 벽돌로 축조하여 견고하고 粉堞이 웅장하며 위용이 있어 지리와 형편상 남한보다 뛰어나다고 평가하였다. 영조는 외성 개축을 의도하

---

38 『備邊司謄錄』 110冊, 英祖 18年 10月 11日.
39 『備邊司謄錄』 110冊, 英祖 18年 5月 23日.
40 『備邊司謄錄』 110冊, 英祖 18年 6月 20日.
41 『備邊司謄錄』 110冊, 英祖 18年 10月 11日 ; 112冊, 英祖 19年 4月 6日.
42 『承政院日記』 957冊, 英祖 19年 閏4月 10日(癸亥).
43 『英祖實錄』 卷58, 英祖 19年 6月 10日(辛酉) ; 『備邊司謄錄』 112冊, 英祖 19年 6月 11日.
44 『承政院日記』 957冊, 英祖 19年 閏4月 10日(癸亥).

고 한 것은 아니었지만 예상외의 속도와 성과에 대단히 만족했다.[45] 그래서 김시혁을 한성부판윤으로 특별히 발탁하고, 감독한 중군과 장교 이하 등을 논상하였으며, 각 군문과 瓦署에서 중국식 벽돌을 굽는 방법에 대해 배우도록 장려하였다.[46] 그리고 외성 관리의 중요성을 인식하고 중군에게 修城將을 겸하도록 하였다. 수성장은 남한산성의 騎別將·북한산성의 管城將과 같은 역할로 성첩을 보전하는 책임을 전담하였다. 이들은 유수가 상경할 경우 자리를 반드시 지켜야 했으며, 교체할 때에도 서로 면대하여 교대해야 했다.[47]

한편 남은 30리 외성은 강화부에서 1년에 10리씩 쌓도록 하였다. 원래는 옛 규례대로 삼군문이 분담하면 짧은 기간 내에 완축할 수 있을 것으로 기대했다.[48] 하지만 정작 벽돌을 만들기 시작하자 삼군문에서 비용적인 부분을 부담스럽게 여기고 부정적인 태도를 취했다. 이에 영조는 자칫 지연되거나 소요를 우려하여 유수가 매년 일정 너비를 꾸준히 구축하되 전곡을 획급해 주는 것으로 변경하였다.[49]

이렇듯 영조는 오차포 사건을 계기로 덕적진을 설치하여 강화도와의 연계를 한층 강화하였고, 아직 일부에 불과하지만 강화도 외성을 개축하여 장차 외성 전체를 벽성으로 구축하는 계획을 기약할 수 있었다. 그리고 그는 여기서 그치지 않고 강화도가 보장처로서 기능할 수 있도록 의례적 공간을 확대해 나갔다.

---

45 『承政院日記』965册, 英祖 19年 11月 10日(己丑).
46 『備邊司謄錄』112册, 英祖 19年 6月 11日 ; 『英祖實錄』卷59, 英祖 20年 7月 14日(己丑).
47 『備邊司謄錄』卷114, 英祖 21年 8月 9日.
48 『承政院日記』957册, 英祖 19年 閏4月 10日(癸亥) ; 『備邊司謄錄』112册, 英祖 19年 6月 11日.
49 『承政院日記』960册, 英祖 19年 7月 1日(辛巳) ; 『英祖實錄』卷58, 英祖 19年 8月 23日(癸酉).

4. 의례적 공간의 확대

1) 三忠 및 李如梅의 후손 관리와 사당 건립

1637년(인조 15) 병자호란이 발발하고 강화도가 함락되자 도내에서는 金尙容과 같은 대신부터 이름 모를 일개 군사나 일반민 등 많은 순절자와 희생자가 발생했다. 이들을 기리기 위해 조정에서는 전쟁 중에 국가를 위해 자결·전사한 충신 11명을 선정하고 忠烈祠를 건립했다.[50]

그 가운데 일명 삼충이라고 일컬어지는 '具元一·黃善身·姜興業'은 절개를 지키며 충절을 드러낸 인물들로 평가받았다.[51] 구원일은 請兵을 거부한 강화유수 張紳을 공격하려다 실패하고 바다에 투신하였으며, 황선신과 강흥업은 장수들이 탈출하는 와중에 성내의 노약자를 모집하여 청군과 격전을 벌이다 전사하였다.[52] 이들은 배신한 상사와는 다르게 일신을 돌보지 않다가 사망한 것이므로, 진영이 함몰되어 전사한 것과 차이가 있다는 점에서 그 충의를 인정받아 낮은 지위에도 불구하고 충렬사에 함께 배향되었다.[53]

영조도 삼충의 존재에 대해 익히 알고 있었다.

> 상이 이어 「三忠傳」 몇 줄을 외우고 하교하기를, "일찍이 계사년에 『璿源錄』을 봉행하는 일로 강화도에 갔다가 『忠烈錄』을 보았는데, 내가 항상 절의를 높여 숭상하였으므로 그 당시에 「삼충전」을 베껴 왔었다."[54]

---

50 『江都忠烈錄』(奎3076), 「記建祠始末」·「追享事實」.

51 『承政院日記』 455冊, 肅宗 36年 6月 29日(癸亥) ; 882冊, 英祖 14年 12月 13日(辛卯).

52 『疎齋集』 卷11, 「雜著·江都三忠傳」.

53 『孝宗實錄』 卷6, 孝宗 2年 4月 8日(甲寅) ; 卷19, 孝宗 8年 11月 28日(丙寅) ;『新增東國輿地勝覽』 卷12, 「京畿·江華都護府」.

54 『承政院日記』 1067冊, 英祖 27年 4月 7日(甲戌). "上仍誦「三忠傳」 數行, 敎曰, 曾於癸巳, 以『璿源錄』 奉行事, 往江都, 得見 『忠烈錄』, 予常尊尙節義, 故其時謄來 「三忠傳」 矣."

1713년(숙종 39) 영조는 강화도에 『선원록』을 봉행하러 갔다가 金昌協의 『江都忠烈錄』을 열람하였고, 그 안에 수록된 李頤命의 「江都三忠傳」을 보게 되었다. 그리고 삼충이 순절한 행실에 대해 감탄하고, 그 절의를 높게 평가하여 필사해 왔다. 훗날 그는 이 책을 다시 읽어보고자 하였으나 오래되어 찾지 못하자 유수에게 다시 등서해 올려보내라고 명하기도 하였다.[55] 이렇듯 「강도삼충전」은 영조가 읽은 사서 가운데 하나로, 나이가 들어서도 일부 구절을 외울 정도로 그에게 깊은 인상을 남겼다.[56]

하지만 삼충은 지위가 낮은 만큼 증직에 한계가 있었고, 후손들도 제대로 대우받지 못했다. 그들은 공훈과 본직에 비해 3품의 병조 참의로 증직된 것에 그쳤으며, 후손들은 관직에 제수되지 못했다. 영조가 이들이 서울 사람이었으면 여러 차례 증급되었을 것이라고 언급할 정도였다.[57]

이에 조정에서는 절의를 장려하는 차원에서 삼충의 후손들을 녹용하고자 하였다. 강화 유수들은 후손들을 강화도 내의 군관직에 差任하거나 상소를 올려 調用하도록 요청했다. 이를 통해 도내의 인심을 고무시키고 결속시켜 난리에 임해 충성을 바칠 바탕으로 삼고자 했던 것이다.[58] 영조 역시 이에 적극 호응하며 '일체 조용하여 내가 충성스러운 강도를 장려하는 뜻'을 보이도록 하였다.[59] 그 결과, 具世福은 만호와 千摠을 지냈고, 첨사 자리가 나는 대로 임명되도록 하였으며, 黃沈은 史庫參奉에 차임되었다가 강화도 내의 문과에 급제 후 縣官·司藝를 역임했다. 姜璠도 사고참봉을 지냈으며, 방손인 姜百能은 국왕이 친림한

---

55 『承政院日記』 1226冊, 英祖 40年 1月 7日(己未).
56 영조는 書史를 두루 보지 못했지만, 潛邸에 있을 때 「三學士傳」·「丙子錄」·「江都三忠傳」만은 보았다고 언급하였다(『承政院日記』 995冊, 英祖 21年 12月 23日(庚申)).
57 『承政院日記』 959冊, 英祖 19年 6月 10日(辛酉) ; 1067冊, 英祖 27年 4月 7日(甲戌).
58 『承政院日記』 531冊, 景宗 1年 閏6月 15日(甲戌) ; 1029冊, 英祖 24年 5月 18日(辛丑).
59 『承政院日記』 1223冊, 英祖 39年 10月 15日(戊戌).

試射에서 영조의 눈에 띄어 특별히 □傳으로 備擬되었다.[60]

1733년(영조 9)에는 갑곶진 근처에 三忠壇이 설치되고 비석이 세워졌다. 삼충단은 삼충을 주향으로 하고 동·서에 변장·기패관·초관 등 9명이 배향되었다. 강화유수 李瑜가 삼충과 함께 전사했으나 미처 충렬사에 들어가지 못한 군사들의 자손들이 대부분 유랑하거나 사망하여 제대로 제사지내지 못하는 상황을 안타깝게 여겨 세운 것이다. 그는 제사를 유지하기 위해 將官廳에 官屯田을 지급하여 강화도가 함락된 정월 23일에 제사를 지내는 것으로 절목을 만들었다. 그리고 2년 후 귀경한 이유로부터 보고를 들은 영조는 삼충단의 설치를 칭찬하며 영구히 준행될 수 있도록 강화부에 분부하였다.[61]

한편 강화도에는 이여매의 5세손인 李葂이 살고 있었다. 이여매는 李成樑의 아들로, 임진왜란이 발발하자 參將으로 참여하여 평양성을 탈환하였고, 정유재란 때에는 副摠兵으로 재참전하여 외성을 함락하는 등 공헌을 세운 인물이었다. 그의 후손이 조선에 정착하여 이면까지 이르는 과정을 살펴보면, 손자인 李成龍이 深河전투에서 조선 장수 張晩에게 의탁해 귀화한 후, 호서에 정착하고 아들 李翻을 낳았다. 이번은 민정중의 상소로 무겸선전관을 지냈으며, 이번의 아들인 東栽·東培·東發·東郁 가운데에 이동배는 병조판서 유득일俞得—의 제안으로 제물만호에 제배되었다가 남해현의 현감을 역임하였다.[62] 이면은 이동재의 아들로 일찍이 부모를 여의고 유리하다가 강화도 장령면 萬壽山 남쪽에 정착하였다.[63]

60 『承政院日記』531冊, 景宗 1年 閏6月 15日(甲戌) ; 882冊, 英祖 14年 12月 13日(辛卯) ; 1130冊, 英祖 32年 4月 16日(癸丑) ; 1203冊, 英祖 38年 3月 17日(庚戌).
61 『承政院日記』811冊, 英祖 11年 10月 19日(甲申) ;『江都府誌』「壇廟·三忠壇」.
62 『承政院日記』531冊, 景宗 1年 閏6月 15日(甲戌) ; 1067冊, 英祖 27年 4月 7日(甲戌) ;『研經齋全集』外集 卷40, 「傳記類·鐵嶺李氏恩恤錄」.
63 『承政院日記』882冊, 英祖 14年 12月 13日(辛卯) ;『英祖實錄』卷47, 英祖 14年 12月 13日(辛卯).

영조는 황조 유민들을 꾸준히 관리했는데, 이면도 그중 하나였다.[64] 그는 특명으로 이면을 강화부 장곶별장, 첨지중추부사, 첨사, 오위장, 동지중추부사 등으로 차임했다.[65] 때로 군직에 여유가 없으면 일부러 만들어주거나 품계를 뛰어넘는 것을 허락하였다.

또한 영조는 1740년(영조 16) 4월, 이여매의 자손이 조선에만 남아있는 만큼 그의 사당을 세우도록 지시하였다. '皇明摠兵指揮使'라고 쓰인 紙榜 대신 신주를 세우게 하였으며,[66] 가난하여 題主奠을 마련하지 못하자 강화부에서 대신 갖추도록 하였고, 관원을 파견해 제사를 지내게 하는 등 不遷之主로 삼아 제사가 끊이지 않도록 한 것이었다.[67]

마침 이때 영원백 이성량의 화상이 조선에 유입되었다. 후손 李蓍가 동지부사 閔亨洙의 군관으로 중국에 갔다가『寧遠伯傳』과 함께 구매해 온 것이었다. 이 소식을 들은 영조는 곧장 화상과 『영원백전』을 대령하도록 하였다. 그는 특히 화상의 의관에 큰 관심을 보이며 후손들에게 '조상의 관복을 바꾸지 말고 선대의 사업을 실추하지 말며 국가를 섬기라'고 당부하였다.[68] 그리고 사당 건립이 지체되는 상황에서 강화부에게 직접 세우고 특별히 給復하여 제사를 보조하게 하였다.[69]

1745년(영조 21) 이렇게 설립된 李摠兵祠에는 이여매의 신주와 이성량의 화상이 봉안되었다. 이후에도 영조는 이총병사가 겨우 1칸인데다 강화부에서 제공하는 제수도 볼품없다는 보고에 3칸으로 조성하여 1칸에는 이성량의 화상, 1칸에는 이여매의 신주, 다른 한 칸에는 故蹟과 제기를 두도록 하였다.[70] 또한 그는 이면이 죽고 나서 후계손인 李宗胤

---

64 우경섭, 2012, 「조선후기 귀화 漢人과 皇朝遺民 의식」『한국학연구』 27, 인하대 한국학연구소, 349~351쪽.
65 『承政院日記』 531冊, 景宗 1年 閏6月 16日(乙亥) ; 607冊, 英祖 1年 12月 27日(庚寅) ; 797冊, 英祖 11年 3月 25日(乙未) ; 905冊, 英祖 16年 1月 26日(戊辰).
66 『承政院日記』 910冊, 英祖 16年 4月 14日(甲申) ; 英祖 16年 4月 20日(庚寅).
67 『承政院日記』 915冊, 英祖 16年 閏6月 8日(丁未).
68 『承政院日記』 930冊, 英祖 17年 4月 17日(辛亥).
69 『承政院日記』 935冊, 英祖 17年 9月 14日(丙子).

이 奉祀를 잇자 삼년상이 마치길 기다렸다가 조용하도록 하였다.[71]

　이렇듯 영조는 삼충을 기리고 그 후손을 우대하며 국가에 대한 충의를 강조하는 동시에 이여매의 여러 후손 가운데 '이면'이 살고 있는 '강화도'에 大明義理를 연상시킬 수 있는 장소로 조성했다.[72] 이를 반영하듯, 사당 이총병사는 일명 保明影堂으로도 불렸는데, 이는 이면이 우거했던 마을의 명칭을 보명동이라 지칭하여 명의 은혜를 잊지 않았음을 나타낸 것이었다.[73] 이러한 일련의 행위는 강화부의 사인들에게 명의 멸망을 안타까워하는 마음을 위로하는 방법인 동시에 호란때 순절한 이들을 포폄하여 지역에 대한 자부심을 높이는 거조와 표리를 이루는 것이었다.[74]

2) 社稷祠의 건립과 萬寧殿에의 御眞 봉안

　전통시대 동아시아에서 종묘와 사직은 국가를 의미하는 대명사로 사용되었다.[75] 宗社는 국가의 정체성과도 밀접한 곳으로, 이곳을 잃는다는 것은 국가의 존립 이유가 상실되는 것과 마찬가지였다. 그래서 조선 국왕들은 위기 상황이 도래했을 때 종사의 위판을 가장 먼저 안전한 眞殿에 보내거나 땅에 매안하였다. 도성 이외의 장소에 종사를 모실 수 있는 공간인 廟祀를 처음 설치한 이는 숙종이었다. 1711년(숙종

70 『承政院日記』 1066册, 英祖 27年 3月 23日(庚申) ; 1067册, 英祖 27年 4月 7日(甲戌) ; 『硏經齋全集』 外集 卷40, 「傳記類·鐵嶺李氏恩恤錄」.
71 『承政院日記』 1091册, 英祖 29年 2月 29日(乙卯).
72 李葂 이외에도 조선에 살고 있던 이여매의 후손으로 李葙, 李蕃, 李薰, 李芘, 李光白, 李光赫, 李光喆 등이 있는데, 대부분 武官으로 등용되었다.
73 『江都府誌』 「壇廟·新增·李摠兵祠」 ; 『燃藜室記述』 別集 卷4, 「祀典典故·書院·京畿·江華」.
74 1734년 江華留守 金東弼의 상소를 보면, 강화부의 士人들이 '黍苗陰雨'의 시를 읊는다고 하였는데, 이는 『詩經』 「下泉」의 '芃芃黍苗, 陰雨膏之'이란 구절로 주나라가 쇠망하는 것을 안타까워하는 뜻을 지니고 있다(『燃藜室記述』 別集 卷1, 「祀典典故·影殿」).
75 강문식·이현진, 2011, 『종묘와 사직』, 책과함께, 13쪽.

37) 그는 청의 해적을 주의하라는 강희제의 경고가 있자 곧장 남한산성에 묘사를 건립하였다.[76]

영조 역시 요해처에 묘사를 건립할 필요성을 공감하고 있었다. 그리고 일찍부터 묘사가 남한산성에만 있고 강화도에 없다는 사실에 의문을 품었다.[77] 강화도의 長寧殿을 묘사로 활용할 수 있었으나, 당시 숙종의 어진이 봉안되어 있었기 때문에 쉽지 않았다. 그래서 1738년(영조 14) 1차례 묘사를 영건하고자 하였으나 결국 제대로 시행되지 못했다.

하지만 영조는 강화도에 묘사를 건립할 계획을 포기하지 않았고, 1742년(영조 18) 유수 김시혁에게 다음과 같이 하교하였다.

> 남한산성에는 묘사가 있는데 강화도에는 없는데다 장녕전이 매우 구차하고 어렵다. 『사기』를 보면 묘사를 중히 여기는데, 유수는 매우 부지런하고 재간이 있으니, 묘사의 장소는 그 지세를 살펴서 거행하라.[78]

마침 유수 김시혁에게 벽성을 쌓도록 허락한 자리였다. 그는 춘방에 있을 때부터 신뢰해왔던 김시혁에게 지세를 살펴 묘사도 함께 영건하도록 명령하였다. 그리고 몇일 뒤 대신들에게 "이는 종묘사직을 중시하고 도성의 백성을 위하는 것이니, 반드시 훗날 의지할 곳으로 여겨서 이러한 거조가 있었던 것이다."라고 부연 설명하였다.[79] 영조 역시 숙종처럼 훗날 예기치 않은 상황에 대비하여 보장처 강화도를 염두해두고 묘사를 세우게 한 것으로 짐작할 수 있는 대목이다. 영조의 결단과 지지 아래, 1744년(영조 20) 社稷祠가 부성 북문 안에 있는 향교의

---

76 『重訂南漢志』(k2-4309) 卷2, 「上篇·宮室」 ; 김우진, 2019, 『숙종대의 수도권 방어 정책과 국왕의 대응』, 단국대학교 박사학위논문, 118~122쪽.

77 『承政院日記』880冊, 英祖 14年 10月 20日(己亥) ; 英祖 14年 10月 29日(戊申).

78 『承政院日記』950冊, 英祖 18年 10月 10日(乙未). "上曰, 南漢有廟社, 而江都則無之, 長寧殿甚苟艱. 以『史記』觀之, 以廟社爲重, 留守甚勤幹, 廟社之所, 察其地勢而擧行, 可也."

79 『承政院日記』950冊, 英祖 18年 10月 14日(己亥). "蓋爲重廟社而爲都民, 必以爲他日依歸之所, 有此擧措耳."

동쪽에 건립되었다.[80]

한편, 묘사가 강화도와 남한산성에 모두 존재한다면, 강화도에만 있는 왕실의 상징적인 장소가 있었다. 바로 국왕의 초상화인 어진과 이를 봉안하는 眞殿이었다. 숙종은 1695년(숙종 21)에 처음 자신의 어진을 봉안했는데, 그가 선택한 진전이 바로 강화도 장녕전이었다.[81] 이후 숙종 어진은 1720년(경종 즉위) 궤 속에서 꺼내져 걸렸다가, 이듬해 인근에 新殿(신 장녕전)이 설립되자 舊殿(구 장녕전)에서 옮겨졌다.[82]

1744년 8월 20일, 영조는 우의정 조현명과 예조 판서 李宗誠에게 갑자기 자신의 어진 2폭을 내보이며 다음과 같은 대화했다.

> 영　조: 이것은 나의 40세 때를 모사한 것이다. 한밤중에 생각해 보니, 영구한 방도는 진전과 같은 것이 없기에 이제 나의 은미한 뜻을 보이는 것이다.
> 이종성: 강화도에 있는 장녕전은 협착할 리도 없으니, 當宁의 어용을 같이 봉안하더라도 불가함이 없을 것입니다.
> 영　조: 예조 판서가 계달하는 것이 바로 내 뜻과 합치된다. 나도 또한 장녕전을 생각한 바가 있다.[83]

영조는 자신이 40세 때에 모사한 어진을 진전에 두고자 하였는데, 이종성이 '마침' 강화도의 장녕전을 거론하자 '그것이 바로 내가 생각한 곳'이라고 맞장구를 쳤다. 장녕전의 크기를 고려하며 어진의 폭까지 확인을 마친 영조였다. 애초부터 계획하고 진행한 것이었다.

영조는 구전 동쪽 전각인 별전萬寧殿을 어진 봉안처로 삼았다. 이곳은

80 『江都府誌』「壇廟·新增·社稷祠」. 사직의 위판만을 봉안하는 곳으로 축소된 이유에 대해서는 확인되지 않으나, 아마도 종묘의 신주는 新·舊長寧殿을 활용하고자 한 것으로 유추된다.
81 김지영, 2011, 「肅宗·英祖代 御眞圖寫와 奉安處所 확대에 대한 고찰」 『장서각』 26, 한국학중앙연구원, 62~69쪽.
82 『江都府誌』「宮殿·長寧殿」·「宮殿·舊殿」 ; 『陶谷集』 卷32, 「紀年錄」.
83 『英祖實錄』 卷60, 英祖 20年 8月 20日(甲子).

1713년(숙종 39) 유수 趙泰老가 짓고 임금이 타는 수레를 보관해두던 장소였다.[84] 만약 별전에 문제가 생겨 자신의 어진이 임시로 봉안해야 한다면 협실을 사용하면 되었다.[85] 반대의 여론도 있었지만 영조는 개의치 않았고, 예문 제학이 올린 三望 가운데 만녕전으로 개칭하였다.[86]

영조는 어진 봉안과 관련한 절목을 마련하는 과정에서 기본적으로 숙종대를 따르되 그 규모를 최소화하고 검소하게 하여 선대와 비교하지 않으려는 뜻을 보이고자 했다.[87] 비록 사체가 중요한 만큼 좌의정 송인명을 지목해 파견하지만, 배행 인원을 줄이고, 晝停所는 관사로 하였다. 또한 의장은 小駕儀仗으로 하며, 輦興는 옛것을 재활용하되 칠이 벗겨진 곳에 덧칠을 하는 정도로 그쳤다.[88]

1745년(영조 21) 2월 20일, 영조의 어진은 弘化門 밖에서 왕세자와 문무 대신들의 지송을 받으며 출발했다. 어진은 주정소나 숙소에 봉안된 후 대문 밖에서 본도의 감사, 유수, 차사원들의 숙배를 받았고, 강화도에 도착한 후 22일 오시에 만녕전에 봉안되었다. 만녕전에는 전관 2명, 별감 4명, 서원 1명이 배정되었고, 새로 부임한 유수의 숙배를 받았으며, 봄가을로 봉심을 받으며 관리되었다.[89] 그리고 영조 사후 1776년(정조 즉위) 영종 어진은 신전으로 이봉되어 숙종 어진과 함께 정기적으로 제향받았다.[90]

84 『江都府誌』 「宮殿·萬寧殿」.
85 『承政院日記』 982冊, 英祖 21年 1月 9日(辛巳).
86 『承政院日記』 982冊, 英祖 21年 1月 10日(壬午) ; 英祖 21年 1月 11日(癸未).
87 『承政院日記』 981冊, 英祖 20年 12月 1日(甲辰).
88 『承政院日記』 981冊, 英祖 20年 12月 20日(癸亥) ; 981冊, 英祖 20年 12月 24日(丁卯).
89 유재빈, 2011, 「조선 후기 어진 관계 의례 연구」 『미술사와 시각문화』 10, 미술사와 시각문화학회, 82~87쪽.
90 『新增東國輿地勝覽』 卷12, 「京畿·江華都護府」 ; 『燃藜室記述』 別集 卷1, 「祀典典故·影殿」.

〈그림 2〉「沁府內城圖」의 萬寧殿과 社稷閣
(좌-金魯鎭, 『江華府志』(규장각, 古4790-44) ; 우-『江華府誌』(규장각, 奎12194)).

그렇다면 영조가 강화도에 어진을 봉안한 것은 어떤 함의를 지니고 있을까? 영조는 생전에 총 13본의 어진을 궁궐 내의 泰寧殿·잠저인 彰義宮·생모 사당인 毓祥宮 등에 봉안했으나 수도 밖은 강화도가 유일했다.[91] 똑같은 보장지역인 남한산성에도 어진을 내려달라는 유학 金應南의 요청이 있었으나 거절하였다.[92] 그리고 어진을 강화도에 보내면서 "내 나이 20세에 강도를 보았고, 30년 후에 내 화상이 장차 강도를 가서 보는 것이다."라고 감상하였으며, 만녕전 내부에는 五峯山 병풍과 龍床이 진열하였다.[93] 즉, 어진은 영조의 분신이고, 만녕전은 제2의 御室이라고 할 수 있으며, 영조가 강화도를 남다르게 여기고 있다는 방증이었다.

물론 이것은 영조가 숙종에 대한 繼述之意로써 그의 정통성을 강화하고자 한 측면이 있었다. 실제로 영조가 "이번의 어용을 구 장녕전에

---

91 김지영, 2011, 앞의 논문 『장서각』 26, 한국학중앙연구원, 62~69쪽.
92 『承政院日記』 702册, 英祖 6年 3月 7日(乙亥).
93 『承政院日記』 981册, 英祖 20年 12월 20日(癸亥). "予年二十時, 見江都矣, 三十年後, 予畫像將往見江都也."

봉안하는 뜻으로 하교한 것은 하나는 예전에 어진을 강도에 둔 것을 따르고자 한 것이고, 하나는 매우 깊은 뜻이 있다."[94]라고 한 것에서 숙종의 업적을 계술한다는 목적을 확인할 수 있다.

반면, '하나는 매우 깊은 뜻이 있다'는 것은 무엇을 의미할까? 이에 대해 영조가 구체적으로 거론한 바는 없다. 다만, 영조와 숙종의 경우를 비교했을 때 정말 '우연'하게도 두 국왕이 강화도에 어진을 봉안한 '상황'과 '시기'가 일치했다. 숙종은 청과 몽골 준가르부 갈단과의 전란을 우려해 강화도 외성을 축조하고 文殊山城을 구축한 이듬해인 숙종 21년 장녕전에 어진을 봉안했다. 영조는 황당선의 출몰 및 청과 준가르부 갈단 체링이 대치하고 있는 상황에서 덕적진을 복구하고 강화도 외성을 개축하며 묘사가 건설된 이듬해인 영조 21년에 만녕전에 어진을 봉안했다. 즉, 외부의 위기-강화도 축성-어진 봉안이라는 동일한 우연성이 존재한다. 그리고 이러한 우연은 영조의 의도가 다분히 내포되어 있다고 생각하는 것이 논리적일 것이다. 영조가 강화도를 위기가 도래할 때 가장 신뢰할만한 장소로 선택한 것이었으며, 진전을 통해 강화도민에게 국왕과 왕실에 대한 충성심을 고취시키고자 했던 것이다.[95]

결과적으로, 영조는 외부의 위기 속에 강화도와 인근 도서의 연계를 강화하고 외성을 구축하는 과정에서 信地로서 강화도에 대한 신뢰를 쌓아갔다. 그리고 이런 자신감 속에 호란에서 신분은 낮지만 국가를 위해 전사한 삼충을 높이고, 왜란에서 일본의 퇴각에 일조한 이여매를 기리면서 강화도민들로 하여금 강화도가 충의와 대명의리의 고장이라는 자부심을 갖도록 유도할 수 있었다. 나아가 그는 혹시 모를 사태에 대비해 강화도에 사묘를 세우고 만녕전에 어진을 봉안함으로서 강화도

---

94 『承政院日記』 982册, 英祖 21年 1月 9日(辛巳). "今番御容, 奉安舊長寧之意下敎者, 一則欲追昔年御眞於沁都之意, 一則意蓋深矣."

95 김우진, 2019, 「숙종의 강화도 축성과 御眞의 奉安」 『조선시대사학보』 90, 조선시대사학회, 224~226쪽.

가 도성에 대체할 수 있을 정도의 상징성을 지니고 있다는 것을 내외에 표명하였다. 그 결과 1738~1745년, 강화도는 도성 못지않게 여전히 주요한 보장처로서 그 가치와 위신이 강화되었다고 할 수 있겠다.

5. 맺음말

1738~1745년, 영조대 강화도 운영은 황당선으로 인해 도성 인근의 주요 해로가 위협받고, 변모하는 국제정세 속에서 청 황제로부터의 질타와 대내외의 변란을 사전에 차단하고자 시행되었다. 특히 1738년 오차포 사건은 황당선이 경기 연해를 자유자재로 횡단하며 아무런 제재도 받지 않았고, 나아가 무력을 동원해 관원을 살해하면서 조선 조정에 위기의식을 불러일으켰다.

이에 영조는 덕적진을 복구해 경기 연안의 황당선 루트 가운데 가장 취약했던 남부 지역을 보강하도록 하였다. 이로써 경기 연해 지역은 교동-강화도-주문진-영종방어영-덕적진-화량진이 연계되어 방어와 정보 전달 시스템이 상호 보완을 이루고 보다 조밀해졌다. 그리고 유수 김시혁의 제안에 따라, 경기 연안의 핵심 보장처인 강화도의 외성을 벽성으로 구축하도록 하였다. 비록 당시 유수가 개축한 외성은 일부에 불과했지만, 벽돌로 쌓는 것에 대한 비용 절감과 속도감, 그리고 견고함을 이미 확인한 상황이었다. 이 속도로 계속 공역을 이어나간다면 강화 외성 전체를 구축하는 것은 시간문제였다. 이제 보장처인 강화도가 외부 세력이 바다를 통해 한양으로 유입할 가능성을 어느 정도 차단할 수 있을 것으로 기대됐다.

이러한 자신감의 발로 속에 영조는 강화도에 중요한 의례적 공간을 확대해 나갔다. 1744년 외성 개축을 전후로 하여 충사의 상징인 삼충단, 조선의 명에 대한 의리를 나타내는 이총병사, 국가의 근거라고 할 수 있는 사직사, 국왕과 왕실 그 자체인 어진이 봉안된 만녕전이 설립되었다. 삼충은 지위는 낮으나 전투 중에 전사한 군관들로서, 강화도의 충절을 대표하는 인물로 강조되었다. 이여매는 임란에 활약했던 명 장군으로, 여러 후손 가운데 이면이 살고 있는 강화도에 이총병사를 세워 당시 영조가 표방하던 대명의리의 상징을 부과하였다. 묘사 건립과 진전 제도는 숙종이 시행했던 정책을 계승한 것으로, 모두 숙종대와 외부의 위기에 설립되었다는 공통점을 지니고 있다. 특히 진전의 설치는 숙종대와 동일한 과정을 밟고 있는데, 역시 유사한 외부적 위기, 축성 이후라는 동일한 계기, 숙종 21년·영조 21년이라는 동일한 시기에 실시되었다. 이를 통해 영조는 강화도를 동시에 혹시 모를 전란에 대비할 수 있는 장소로 활용할 수 있었고, 나아가 강화도 사민들로 하여금 왕조의 근본과 정통을 보호할 수 있는 중요한 보루이자 충의의 고장으로 인식하게 함으로써 미래에도 국왕과 왕실에 대한 충정과 헌신을 담보할 수 있는 토대로 삼았다.

하지만 안타깝게도 얼마 지나지 않아 강화도의 위상은 크게 추락하게 되었다. 이는 외성이 완축된 후 광풍과 폭우의 영향으로 채 1년이 되지 못해 간간히 무너졌기 때문이었다. 이후 영조는 강화 외성을 토성도 벽성도 아닌 석성으로 이어 쌓도록 하교하였지만, 인적·물적 한계로 인해 쉽지 않았다. 일련의 경과 속에 영조는 도성수비론으로 결심하고, 1747년(영조 23) 어영대장 구성임으로 하여금 「도성수호절목」을 올리게 하며 수성윤음을 내리게 되었다.

그렇다고 강화도가 방어체제에 있어 소외된 것은 아니었다. 물론 이전과 비교해서는 소홀해진 것은 사실이지만, 여전히 인근 도서와 연계를 이루며 경기 해방의 중요한 지점으로서 역할을 담당했다. 이렇듯 영조대 강화도는 군사적 가치의 부침을 겪으며 도성의 수비체제를 보완해주는 도성 외곽의 중심지이자 경기 인근 서해안에서의 주요 요해처로서 그 위상이 변모되었다.

참고문헌

『世宗憲皇帝實錄』

『英祖實錄』

『備邊司謄錄』

『承政院日記』

『同文彙考』

『新增東國輿地勝覽』

『御製守城綸音』(奎3756)

『江都府誌』(奎12194)

『江華府志』(古4790-44)

『江都忠烈錄』(奎3076)

『重訂南漢志』(k2-4309)

『研經齋全集』

『燃藜室記述』

『陶谷集』

『疎齋集』

강문식·이현진, 2011, 『종묘와 사직』, 책과함께.

노영구, 2014, 『영조대의 한양 도성 수비 정비』, 한국학중앙연구원출판부.

노영구, 2018, 『조선후기 도성방어체계와 경기도』, 경기문화재단.

배우성, 1998, 『조선후기 국토관과 천하관의 변화』, 일지사.

송기중, 2019, 『조선후기 수군 연구』, 역사비평사.

최완기, 1989, 『조선후기 조운사업연구』, 일조각.

미야자키 이치사다, 2001, 『옹정제』, 이산.

피터C.퍼듀, 2012, 『중국의 서진』, 길.

강석화, 2006, 「조선 후기 황해도 연안 방위체계」 『한국문화』 38, 규장각한
　　국학연구소.

김문기, 2011, 「17세기 중국과 조선의 재해와 기근」 『이화사학연구』 43, 이
　　화사학연구소.

김우진, 2019, 『숙종대의 수도권 방어정책과 국왕의 대응』, 단국대학교 박

사학위논문.

김우진, 2019, 「숙종의 강화도 축성과 御眞의 奉安」『조선시대사학보』 90, 조선시대사학회.

김지영, 2011, 「肅宗·英祖代 御眞圖寫와 奉安處所 확대에 대한 고찰」『장서각』 26, 한국학중앙연구원.

남이슬, 2015, 「康熙 연간 淸國人의 海洋犯越과 朝·淸 양국의 대응」『명청사연구』 44, 명청사학회.

남호현, 2018, 「18세기 조선의 위기의식과 海防 논의의 양상」『조선시대사학보』 87, 조선시대사학회.

노영구, 2014, 「17~18세기 동아시아 정세와 조선의 도성 수비체제 이해의 방향」『조선시대사학보』 71, 조선시대사학회.

배성수, 2003, 「숙종초 江都 墩臺의 축조와 그 의의」『조선시대사학보』 27, 조선시대사학회.

백기인, 2017, 「18세기 조선의 육해방론 전개」『군사』 104, 군사편찬연구소.

서인범, 2015, 「청 康熙帝의 開海 정책과 조선의 서해 해역의 황당선」『이화사학연구』 50, 이화사학연구소.

송기중, 2010, 「17세기 수군방어체제의 개편」『조선시대사학보』 53, 조선시대사학회.

송기중, 2011, 「17~18세기 전반 水軍 役制의 운영과 변화」『대동문화연구』 76, 성균관대 동아시아학술원.

송기중, 2015, 「17~18세기 수군 軍船의 배치 변화와 개선 방안」『동방학지』 169, 연세대 국학연구원.

송양섭, 2002, 「17세기 강화도 방어체제의 확립과 鎭撫營의 창설」『한국사학보』 13, 고려사학회.

우경섭, 2012, 「조선후기 귀화 漢人과 皇朝遺民 의식」『한국학연구』 27, 인하대 한국학연구소.

유재빈, 2011, 「조선 후기 어진 관계 의례 연구」『미술사와 시각문화』 10, 미술사와 시각문화학회.

이강근, 2013, 「조선후기 강화 지역 築城役에 대한 연구」『서울학연구』 51, 서울학연구소.

이민웅, 1995, 「18세기 江華島 守備體制의 강화」『한국사론』 34, 서울대학교.

인천의 개항 이후 경기지역 미곡 물류의 변화

김기성
(군산대학교)

1. 머리말

1883년 인천의 개항은 경기 지역의 유통구조에 커다란 영향을 미쳤다. 인천 개항장은 해외 시장과 연결되어 막강한 상품의 흡수력과 자본력을 바탕으로 내륙의 상품을 국외로 수출하기 위한 수출품의 집산지이자 국내 각 지역으로 수입품을 공급하는 출발점의 역할을 하였다. 그 과정에서 전통적 상품 유통이 크게 영향을 받아 변화하고 새로운 유통망이 형성되었다. 특히 조선에서 주식이자 삶의 기본적 조건이었던 미곡이 1890년 이후 대량으로 일본으로 수출되면서 유통의 변화폭은 더욱 커졌다. 따라서 개항으로 인한 미곡 유통의 변화는 일찍부터 연구자들의 관심을 받았다.

미곡을 포함한 상품 유통의 변화에 대한 기존 연구의 기본적인 시각은 조선후기 상품 화폐 경제의 발달에 따라 전국적으로 형성된 상품 유통 체계와 제국주의적 침탈의 결과인 불평등 무역 체계가 충돌하는 양상으로 묘사해 왔다. 구체적으로 보자면 내부적 성장의 동력과 외부에서 오는 압력의 상호작용으로 유통의 변화를 설명하면서 계층화된 시장의 위계적 관계에 주목하여 개항 이후 개항장을 최고 시장으로 한 수지상형 시장구조가 형성되면서 각 시장들이 수직적으로 배열되는 형태로 기존 유통망이 변화되었다고 보았다.[1] 그리고 유통의 주체인 상인의 경우 外商의 침탈과 그에 대한 韓商의 대응 그리고 근대적 자본가로의 성장 과정과 그 한계에 연구의 관심이 집중되었다.[2]

---

1 이헌창, 1990, 「개항기 시장구조와 그 변화에 관한 연구」, 서울대학교 경제학과 박사학위 논문.

2 개항기 상인과 객주에 관한 대표적인 연구로는 이병천, 1985, 『開港期 外國商人의 侵入과 韓國商人의 對應』, 서울대학교 경제학과 박사학위 논문 ; 韓㳓劤, 2001, 『韓國開港期의 商業研究』, 한국학술정보(주) ; 柳承烈, 1996, 『韓末·日帝初期 商業變動

이상의 연구들에서는 개항장의 영향력과 외국 상인의 상업 침투를 강조하는 과정에서 양자의 영향을 절대적으로 보고 기존 전통적 유통망은 수세적 입장에서 서술하는 경향이 두드러진다. 그러나 이러한 경향은 재고의 여지가 있다. 조선의 주요 수출품인 미곡은 백성들의 삶을 유지하기 위한 필수품이었다. 따라서 농민들의 자급자족적 경향으로 인하여 상품화 자체가 억제되는 경향도 강하였고, 서울을 중심으로 하는 국내의 수요 역시 충분하였다.

내륙 지역에는 여전히 한강 수운을 바탕으로 하는 미곡 유통망은 상당히 강고하게 유지되고 있었다. 특히 소작미의 운송은 전통적 소작관계와 관련 속에서 존속하였고, 서울에 미곡을 공급하는 기존의 유통망역시 나름대로 지속되고 있다. 이처럼 미곡 수출과 관련된 미곡 유통과 개항 이전 서울을 중심으로 형성되었던 유통망이 공존하고 있던 현상은 기존 연구에서 개항장을 중심으로 한 제국주의적 유통 구조의 침입을 중심으로 살펴보는 과정에서 충분히 분석되지 못하였다. 전통적 유통망을 지속성의 측면에서 복원하고 이에 대한 의미를 새로운 관점에서 해석할 필요가 있다.

『통상휘찬』에는 일본영사관에서 경기도 각 지역으로 조사원을 파견하여 내륙지역의 농업 및 상업의 상황을 조사한 보고서가 다수 수록되어 있다. 이를 통해 각 지역의 시장의 크기, 상품, 출입하는 상인에 대한 모습이 대략적이나마 복원할 수 있다. 물론 매번 동일한 기준으로 조사가 이루어지지 않아 통일적으로 파악하기는 힘들지만 중요 상품이었던 미곡에 대한 기록은 다른 상품에 비하여 비교적 광범위하게 기록되어 있다. 이를 통해 내륙지역 미곡 유통의 모습을 어느 정도는 복원

과 客主』, 서울대학교 국사학과 박사학위 논문 ; 이승렬, 2007, 『제국과 상인』, 역사비평사 ; 김연지, 2013, 「개항장객주의 변모 양상과 성격 고찰」, 『한일관계사연구』 44, 한일관계사학회 ; 전우용, 2005, 「근대 이행기 서울의 객주와 객주업」, 『서울학연구』 24, 서울학연구소 ; 홍순권, 1985, 「개항기 객주의 유통지배에 관한 연구」, 『韓國學報』 11-2, 일지사 등을 들 수 있다.

할 수 있을 것이다.

따라서 이 논문에서는 개항기 미곡 유통의 역사적 의미를 분석하기 위해서는 개항장이 미곡 유통에 미치는 영향력의 한계와 전통적 미곡 유통망이 유지될 수 있었던 원인을 함께 놓고 살펴보려고 한다. 이를 통해 경기 지역의 미곡 유통을 사례로 하여 개항기 유통망에 대한 새로운 시각을 제공하는 한편 제국주의와 근대의 규정력을 절대화하였던 기존의 연구경향을 비판적으로 바라보고 전통 사회의 지속성을 재고할 수 있을 것이다.

2. 경기지역 미곡 시장의 분포와 지역별 특징

1893년 당시 일본영사관의 조사에 따르면 개항기 경기도의 유통 구역은 크게 3지역으로 구분되어 있었다. 첫 번째는 한강의 수운을 중심으로 한 한강 상류지역이고 두 번째는 해운을 중심으로 한 해안지역, 세 번째는 수원과 안성을 중심으로 하는 내륙 상권이다.[3]

우선 한강 상류 지역의 대표적인 시장은 利川, 驪州, 長湖院 등인데 이들 지역은 충청도의 木溪, 內倉, 大召院 등의 시장과도 밀접한 관계를 가지고 있었다. 이 가운데 이천은 대표적인 미곡 생산지였다. 그러나 이천에서 생산되는 미곡은 시장을 통해서 대규모로 매입하기 힘들었다. 이천의 시장에 나오는 쌀은 주변 지역에 공급할 정도의 소량에 불구하였고, 대부분의 미곡은 바로 한강을 따라서 서울로 실려 갔다. 이러한 상황은 경기도의 또 다른 미곡 생산지인 여주 역시 마찬가지였다.[4] 왜냐하면 이 지역들은 서울지역 세도가 가문들의 소작지가 다수

---

3 『通商彙纂』 한국편 1, 「京畿道及忠淸道地方商況幷ニ農況視察報告(1893년 10월 21일 경성영사관보고)」, 33쪽.
4 『통상휘찬』 한국편 1, 위의 사료, 33~34쪽.

분포하고 있었기 때문이다. 이 지역의 미곡은 가을 추수를 마치면 소작료의 명목으로 많은 양이 서울을 향해 운송되었다.[5]

한편, 한강 유역 일대는 겨울철 강물이 얼어서 배가 다닐 수 없게 되면 화물운송이 불가능하였다. 따라서 각종 상품의 가격이 내려가는 것이 보통으로 곡물의 경우에는 일반적으로 2~3할 정도 가격이 내려갔다. 마포 근방의 곡물 상인들은 한강이 결빙되었을 때 이 지역으로 내려와 곡물을 매입한 뒤 이듬 해 봄에 한강의 결빙이 풀리면 서울로 운송해 가는 방법을 택하였다.[6] 이처럼 여주와 이천 주변의 미곡은 그 지역의 시장을 통해 유통되기 보다는 소작관계 혹은 기존에 서울을 중심으로 형성된 전통적 유통망을 따라 흐르고 있었다.

다음으로 충청도와 경기도의 경계에 있는 長湖院은 한강 상류의 가장 중요한 집산지로 安城, 鎭川, 竹山, 陰城 등을 비롯하여 충주지역의 곡물이 모이는 곳이다. 장호원은 장날에 미곡 거래량이 500~600석에 이르는 큰 시장으로 일본공사관의 조사관이 여주에서 장호원을 지나갈 때 300~400마리의 소가 곡물을 운송하는 경우를 목격했을 정도로 대규모의 미곡의 거래가 이루어지는 곳이었다. 7~8월 사이 장호원의 미곡은 올벼를 생산하지 않아 여름철에 미곡이 부족했던 강원도 지역의 수요에 응하여 原州로 수송되었고, 이후에는 대부분 서울로 향하였다.

---

5 당시 세도가들은 한강 수운을 활용할 수 있는 경기 및 충청 지역에 많은 소작지를 가지고 있었다. 이에 대하여는 남금자, 2014, 『19세기 충주지역 외척 세도가의 토지소유와 지주경영』, 충북대학교 사학과 박사학위 논문을 참조. 다음은 이를 공간한 논문들이다. 남금자, 2016, 「대한제국기 충주 풍양 조씨 세도가의 가계와 경제기반」, 『한국근현대사학회』 76, 한국근현대사학회 ; 2017, 「대한제국기 김가진의 충주지역 토지 소유와 의의」, 『한국독립운동사연구』 58, 독립기념관 한국독립운동사연구소 ; 2017, 「대한제국기 한규설의 武班家系와 충북지역 토지 소유」, 『한국근현대사연구』 80, 한국근현대사학회 ; 2017, 「將臣이종건의 武班閥族家系와 경제기반」, 『한국사연구』 176, 한국사연구회.

6 『통상휘찬』한국편 1, 「京畿道及忠淸道地方商況幷ニ農況視察報告(1893년 10월 21일 경성영사관보고)」, 34쪽.

따라서 장호원은 서울에서 발행한 換爲替이 유통되고 서울의 소식에 따라서 곡물시세가 매일 오르내렸다.[7] 이처럼 장호원과 같이 큰 미곡의 집산지도 내륙 깊숙한 지역에서는 개항장이 아닌 강원도 지역의 수요 및 한강 수운을 통한 서울의 영향력이 강하게 작동하고 있었다.

반면 해안지역의 경우에는 개항장과 긴밀한 관계를 맺고 있었다. 경기도에서 충청도에 이르는 해안 지역은 각지에 곡물시장이 있어 곡물을 매입해 인천으로 보내는 것이 가능하였다. 청상도 또한 이 지역에서는 상품판매의 대금으로 받은 한전을 처분하기 위해 미곡을 매입한 뒤 인천으로 가져와 일상에게 판매하였다.[8]

예를 들어 해안 지역에서 가장 큰 경작지인 평택평야 일대에서는 어디라도 곡물시장이 있었고, 屯浦 및 軍門浦 등의 포구가 있었다. 이 가운데 둔포는 평택 인근 경작지에서 생산되는 미곡의 절반 이상이 실려오는 곳으로 이곳에서 미곡은 3潮 혹은 4潮를 거쳐 인천으로 수송되었다.[9] 이처럼 해안지역은 해상운송을 통해 인천의 개항장과 매우 긴밀하게 연결되어 있었고, 동시에 서울은 물론이고 강원도 및 부산으로 운송되는 경우도 있었다.[10]

다음으로 내륙지역인 安城과 水原은 개항장의 영향을 받으면서도 동시에 기존 유통망도 함께 작동하고 있었다. 우선 安城은 팔도에서 유명한 시장으로 장날은 물론이고 다음날까지 거래가 이어지는 것이 보통으로 장날인 3일과 8일을 포함하여 한 달 동안 거의 12번의 시장이 열렸다. 안성의 시장은 한강 상류의 장호원은 물론이고 해안 지역의 屯浦 및 軍門浦과도 연결되어 있었다. 이 지역은 평택 평야의 동북쪽

7 『통상휘찬』 한국편 1, 「京畿道及忠淸道地方商況幷＝農況視察報告(1893년 10월 21일 경성영사관보고)」, 35~36쪽.
8 『통상휘찬』 한국편 1, 「京畿道及忠淸道地方商況幷＝農況視察報告(1893년 10월 21일 경성영사관보고)」, 69~70쪽.
9 『통상휘찬』 한국편 1, 위의 사료, 44쪽.
10 『통상휘찬』 한국편 1, 위의 사료, 46쪽.

에 위치하여 주변에서 생산되는 곡물이 풍부하고 많은 양이 소와 말로
서울로 수송되었다. 수원 역시 안성과 밀접한 관계를 가지고 인천의
수입품을 안성으로 공급하는 통로 가운데 하나였다.[11]

이밖에 서울 이북의 경기도는 황해도와 함께 잡곡 생산지로 쌀의 생
산비중은 30~40%정도에 불과했다.[12] 개성에서는 주변 지역에서 미곡
을 흡수하여 인천으로 수송하는 것이 중요한 상업 활동 가운데 하나로
임진강과 예성강을 이용해 곡물을 매입하여 인천으로 판매할 때 개성
에서는 다른 지역과 다르게 대량의 거래가 가능하였다. 때문에 일본지
폐의 경우 서울보다 먼저 개성에서 시세표준相場建이 형성되기도 하였
다.[13] 이 가운데 수출되는 미곡은 延安과 白川에서 생산되어 임진강과
예성강을 통해 인천으로 보내졌는데 그 양은 서울로 향하는 것과 백중
세를 이루고 있었다.[14] 연안과 배천 지역은 서울의 지주들이 소유한 소
작지가 많아 상당량이 소작료로 서울로 수송되었기 때문에 근방에서
거래되는 양이 매우 적었다.[15]

이처럼 경기도의 미곡유통은 각 지역별로 구분되어 있었다. 이 가운
데 해안지역은 개항장 인천의 영향력을 강하게 받고 있었던 반면 한강
상류 지역은 전통적 유통망이 그대로 유지되는 경향을 보였다. 마지막
으로 수원과 안성을 중심으로 하는 내륙지역은 그 사이에서 양자의 영
향력을 동시에 받는 지역이었다.

---

11 『통상휘찬』 한국편 1, 위의 사료, 45쪽.
12 『통상휘찬』 한국편 1, 「京以北京畿道及黃海道ニ於ケル農産物ノ景況(1893년 11월
　　11일 경성영사관보고)」, 74쪽.
13 『통상휘찬』 한국편 1, 「朝鮮國中部地方商況視察(1894년 1월 22일 경성영사관보고)」,
　　116쪽.
14 『통상휘찬』 한국편 1, 「京以北京畿道及黃海道ニ於ケル農産物ノ景況(1893년 11월
　　11일 경성영사관보고)」, 74쪽.
15 『통상휘찬』 한국편 1, 「朝鮮國中部地方商況視察(1894년 1월 22일 경성영사관보고)」,
　　119쪽.

3. 서울과 인천으로 수송되는 미곡 유통망의 구분

이제는 경기지역 미곡의 주요 수요 지역이었던 서울과 인천을 중심으로 미곡이 수송되어 오는 흐름을 분석해 보도록 하겠다. 경기, 충청, 황해도 일대의 곡물 거래의 관습은 개성의 송상과 서울의 상인들이 추수기에 각 지방으로 내려가서 생산자들에게서 직접 매입하거나 중매인을 통해 매입한 뒤 주요수요자에게 나누어 보내는 것이었다. 이때 주요 수요지역은 대부분 경성과 인천이었다.[16]

이 가운데 서울에서 소비되는 미곡은 대부분 가까운 지역에서 생산된 것으로 한강을 통해 배로 실어오는 것이었다. 그밖에 충청, 전라, 황해 등에서 해로로 가지고 오는 것 역시 적지 않았다. 그래서 그것을 생산되는 군현별로 富平米, 驪州米 등으로 부르지만 보통은 각 도로 구분하여 황해미, 전라미, 충청미, 강원미 라고 부르는 것이 보통이었다. 각 도에서 실어오는 쌀은 모두 한강 연안의 5강(麻浦, 龍山, 玄石, 西江, 纛嶋)으로 수송되었으며, 이곳에서는 미곡을 전문으로 하는 도매상들이 있어서 대부분은 위탁판매에 의해 서울 및 부근의 미곡상에게 판매하는 것이 일반적이었다.[17]

5강 가운데 용산은 소형 증기선 혹은 비교적 큰 선박이 한강을 거슬러 올라갈 수 있는 한계지점이었다. 용산을 넘어선 상류는 큰 배의 운항은 불가능하지만 西氷庫, 漢江, 纛島 등의 각 포구가 있고, 이들 지역은 모두 한강 상류 및 멀리 충청도지방에서 실어오는 곡물이 모여드는 곳이었다.[18] 즉 용산을 기점으로 미곡 수출을 위해 기선을 동원한 대규모 거래 방식보다는 韓船에 기반한 전통적 미곡 거래가 강세를 보

---

16 『통상휘찬』 한국편 1, 「明治二十六年中京城商況年報(1894년 4월 16일 경성영사관 보고)」, 213쪽.
17 『통상휘찬』 한국편 3, 「京城地方稻作ノ現況幷各種産米現時ノ相場(1896년 9월 9일 경성영사관보고)」, 209쪽.
18 『통상휘찬』 한국편 1, 위의 사료, 214~215쪽.

이고 있는 것이다.

또한 뚝섬에서 서울로 들어오는 상품은 동대문을 통해, 용산에서부터 하류 쪽의 포구에서 들어오는 것들은 남대문을 통해 서울로 들어왔다. 따라서 포구를 따라 서울의 상업을 남부와 동부로 구분할 수 있었고, 남부의 상업이 동부에 비하여 더 활발하였다. 이 가운데 남부를 통해 서울로 공급되는 곡물은 주로 임진강과 예성강을 통해 경기도 지역에서 들어오는 것으로 황해도와 충청도의 곡물도 일부 포함되어 있었다.[19]

한강 연안의 각 포구는 등 서울의 곡물창고로 貢米, 小作米, 商品 등을 경성으로 공급하였다. 그 가운데 용산으로 들어오는 쌀을 稅米가 대부분이었다. 다음으로 마포로 오는 것은 대부분 충청도에서 올라오는 소작미로 상품으로 판매되는 미곡은 소작미가 모두 수송된 이후에 서울로 들어오는 것이 보통이다. 東幕으로 오는 쌀도 대부분 충청도산으로 미곡도매상 30여 호가 영업을 하고 있을 만큼 서울 인근의 한강 연안에서 제일 큰 미곡시장이다.[20] 1893년 당시 11월까지 황해도 배천 및 경기도 金川, 충청도 각지에서 동막으로 수송된 미곡은 2만 석으로 모두 소작미였다. 상품으로 판매되는 미곡은 상인들이 한강이 결빙되어 가격이 하락하였을 때 매입하는 것이 보통이므로 해빙 이후가 되어야 서울로 들어왔다. 마지막으로 玄石, 西江 두 지역은 황해도에서 오는 미곡이 많았다.[21] 이처럼 한강을 따라 서울로 들어오는 미곡 유통은

---

19 『통상휘찬』 한국편 1, 위의 사료, 215~216쪽.
20 東幕 지역에서 활동하던 미곡 객주에 대해서는 홍성찬, 2007, 「한말 서울 東幕의 미곡객주 연구 -彰熙組合, 西署東幕合資商會의 사례-」, 『경제사학』 42, 경제사학회 ; 2009, 「한말 서울 東幕 객주의 米穀 반입과 재래 船運業 - 객주업체 '東泰元'의 자료를 중심으로」, 『韓國史硏究』 145, 韓國史硏究會 ; 2012, 「한말 서울 東幕 객주의 미곡 거래와 荷主들 -'東泰元'의 장부를 중심으로-」, 『東方學志』 159, 연세대학교 국학연구원 ; 2016, 「19세기말 서울 동막 객주의 미곡 거래 -金相敏 집안의 장부 『日記』와 『長冊』 분석을 중심으로-」, 『東方學志』 177, 연세대학교 국학연구원을 참조.
21 『통상휘찬』 한국편 1, 「京城ニ於ケル穀物ノ市況(1893년 11월 30일 경성영사관보

용산을 기점으로 차이를 보이고 있다.

물론 미곡상들에 의해 서울과 인천 개항장 사이에서 가격에 따라 미곡의 판로가 바뀌는 경우가 있었다.[22] 그러나 서울에서는 일본인도 쌀을 조선인 미곡상점에서 구매하였을 만큼, 일본인이 미곡을 거래하는 경우가 드물었다.[23] 또한 1894년 당시 서울의 일본영사관에서 서울에 거주하는 일본인들의 상업 전망을 분석할 때에도 미곡에 대한 언급은 없고 수입수출품의 상황에 그치고 있다.[24] 또한 1899년에도 일본공사관에서는 미곡은 주요수출품임에도 불구하고 미곡의 집산은 오직 개항장에서만으로 그치고 서울에서는 쌀의 수출에 눈을 돌릴 여지가 없다고 분석하였다.[25] 즉 서울에 미곡을 공급하는 유통망은 개항 이전과 크게 다를 바가 없이 소작료 및 한상을 중심으로 유지되었다고 볼 수 있을 것이다.

실제로 한강의 수로 운임은 저렴하지 않았고, 수로와 육로 모두 1일이 소요되기 때문에 조선인의 경우 수로를 버리고 육로를 취하는 경향이 있었던 것도 그 이유 가운데 하나일 것이다. 또한 당시 한강의 수심과 강폭은 韓船이나 소형기선의 운항이 가능한 정도였고, 그나마 소형기선은 용산까지가 한계였다. 따라서 대형기선이 한강으로 들어올 경우 좌초되거나 충돌하는 경우가 많았다. 당시 중국의 정부와 상인들이 경인간의 상품유통에 대형기선을 이용하려고 하였지만 좌초와 충돌 등 사고로 인해 영업 6개월 만에 5,000~6,000圓의 손실을 입기도 하였다.[26]

─────────────────

고)」, 713~714쪽.

22 이헌창, 2000, 「1882-1910년간 서울시장의 변동」, 『서울상업사』, 태학사.

23 『통상휘찬』 한국편 3, 위의 사료, 211쪽.

24 『통상휘찬』 한국편 1, 「明治二十六年中京城商況年報(1894년 4월 16일 경성영사관 보고)」, 238쪽.

25 『통상휘찬』 한국편 8, 「京城三十一年中貿易年報(1899년 12월 28일 경성제국영사관보고)」, 118쪽.

26 『통상휘찬』 한국편 1, 「明治二十六年中仁川港商況年報(1894년 8월)」, 587~588쪽. 이러한 점은 대동강 역시 마찬가지였다. 대동강으로 들어오는 선박은 영남지방에

한편, 인천으로 들어오는 쌀은 충청도산이 가장 많고, 황해도 및 전라도 북부에서 생산된 것이 그 다음, 평안도 및 경기지역 인근의 미곡이 그 다음을 차지했다. 품질에서도 충청도산이 가장 좋고, 전라가 다음. 황해 경기지역의 품질이 가장 떨어졌다.[27] 인천으로 수송되는 미곡은 실려오는 곳에서 도매상의 손을 거쳐서 매집되기도 하였고 상인들이 따로 사람을 파견해 매입하는 경우도 있었다. 그리고 내지행상을 통해 상품을 판매하고 그 대가로 미곡을 구매해서 오기도 하였다.[28] 1897년 당시 인천에서 수출되는 쌀의 대부분은 충청, 경기, 황해, 평안 4도에서 생산된 미곡으로 이전에 稅米로 납부되던 白米였다. 그래서 거래도 모두 백미로 이루어졌고, 玄米나 벼는 시장에서 드물었다. 그러다 조세금납화의 실시 이후에는 玄米의 출하가 많아졌고 특히 평안도산 현미는 호평을 받고 있었다.[29] 이처럼 인천의 개항장으로 수송되는 미곡은 각 지역에서 올라오던 재정물류를 따라 올라오던 미곡이 갑오개혁으로 조세금납화가 진행되면서 인천으로 흡수된 것이 주를 이루고 있었다. 따라서 기존에 내륙 지역에서 장시를 따라 유통되던 미곡이나 소작료 납부를 위한 미곡과는 어느 정도 구별되는 면이 있었다.

서 오는 것도 있기는 하였지만 捩島근방의 서풍이 거칠고 또 얕은 여울이 있어서 항해에 특히 위험하기 때문에 출입이 지극히 드물었다. 그리고 하구에서 이북 평안도 해안 역시 바다가 얕아서 항해가 지극히 곤란하였다. 따라서 미곡을 江岸 각 지역에서 인천으로 실어나가는 것이 종종 있기는 하지만 그 액수가 적었다『통상휘찬』한국편 1, 「朝鮮國中部地方商況視察(27년 1월 22일 경성영사관보고)」, 130~131쪽).

27 『통상휘찬』한국편 3, 「朝鮮國平安外四道稻作景況(1895년 10월 3일 인천영사관보고)」, 273쪽.

28 『통상휘찬』한국편 4, 「二十八年中仁川港商況年報(1896년 8월 5일 인천영사관보고)」, 328쪽.

29 『통상휘찬』한국편 5, 「二十九年中仁川港商況年報(1897년 8월 27일 인천영사관보고)」, 621~622쪽.

4. 경기지역 미곡 생산지와 외국 상인의 활동 양상

이제 생산지를 중심으로 미곡 유통의 구별 양상을 살펴보도록 하겠다. 1900년 당시 인천의 일본영사관에서 경기도 내륙지역을 조사한 기록을 통해서도 그 일면을 파악할 수 있다. 1900년에 작성된 「韓國京畿忠淸兩道內地情況」에는 경기도에서 미곡이 생산된 지역과 그 지역에서 외국상인의 상업 활동이 기록되어 있다. 아래의 내용은 모두 「韓國京畿忠淸兩道內地情況」에 따른 것이다. 우선 陽川은 開市場이 없어서 일상 및 청상의 행상도 없고 일수품은 서울에서 공급을 받았다. 생산물은 쌀, 보리, 콩 등으로 다른 것은 없었다.[30] 始興 역시 개시장이 없어서 일상 및 청상의 행상도 없고, 일본상인이 지나가기는 하지만 백성들은 세상의 변화에 어둡다고 기록되어 있다. 생상품도 양천과 마찬가지로 쌀, 보리, 콩 등이었다.[31]

다음으로 果川은 중국인이 이따금씩 행상이 있을 뿐 일용품은 주로 서울에서 매입하였고 쌀, 보리, 콩, 조, 연초 등 생산품의 판매처도 역시 서울이었다.[32] 竹山은 갑오농민전쟁 때 피해를 받은 후 아직 회복되지 않아서 장날에도 사람이 적었으며, 청상이 2명 정도씩 와서 장사를 하는 정도였다.[33]

용인의 金良場은 시장이 넓어서 많은 사람이 장날에 찾아왔는데 보통 2000명 정도이고 많을 때는 5~6000명에 달할 때도 있었다. 하지만 일상의 방문은 없었고, 청상 역시 근거지로부터 멀기 때문에 장날에

---

30 『통상휘찬』 한국편 8, 「韓國京畿忠淸兩道內地情況(1900년 7월 19일 인천영사관보고)」, 369쪽.
31 『통상휘찬』 한국편 8, 위의 사료, 369쪽.
32 『통상휘찬』 한국편 8, 위의 사료, 369쪽.
33 『통상휘찬』 한국편 8, 위의 사료, 370쪽.

6~7명 정도 방문하는 것에 불과하였다.[34]

安城은 경기도에서 경성을 제외하고 제일 큰 시장으로 장날에 모여 드는 사람이 1만 명을 넘는 경우가 있을 정도였다. 하지만 용인의 김 량장과 마찬가지로 일본인 行商 혹은 坐商은 한명도 없었고 청상의 상 점은 5곳 정도에 불과하였다. 수입품은 인천과 경성에서 수원을 거쳐 서 들어왔고, 반대로 생산물은 쌀, 보리, 콩, 연초 등으로 쌀이 많이 생 산되지만 운송의 방법이 없어서 일본인은 사러오지 않고 대개 육로를 통해 수원과 서울로 운송되었다.[35]

水原 역시 장날에 청상이 5~6명 방문하는 것에 불과했고, 일상은 賣 藥行商이 당시에 오랜 동안 숙박을 하였으나 신용이 없어서 판매가 여 의치 않았다. 생산품은 곡물, 연초, 우피, 과실 등으로 육로를 통해 경 인지방으로 수송되었다.[36] 軍浦川 및 水原府 이 지방의 田烟은 매우 부 족하지만 그 소유자는 대부분 경성에 있어서 주로 곡물은 경성으로 운 반되었다.[37]

安山에도 일본 매약행상이 수차례 통과하고 청국인도 인천방면에서 행상하는 자가 2~3명 정도 있을 뿐이었다. 인천부 역시 일상과 청상 모두 개항장에만 있고 부내에는 오지 않았다. 平澤 역시 작은 읍으로 시장이 없어서 청상이 오는 것이 드물었다.[38]

반면 屯浦는 많은 선박과 기선 출입하며 일본인과 청상이 상주하였 다. 특히 미곡은 1~6월 사이에 일상과 한상이 인천항으로 운송하였는 데 보통 2만 5천 석에 달하였고,[39] 충청도 북부의 미곡도 대부분 屯浦

---

34 『통상휘찬』 한국편 8, 위의 사료, 369쪽.
35 『통상휘찬』 한국편 8, 위의 사료, 370~371쪽.
36 『통상휘찬』 한국편 8, 위의 사료, 388쪽.
37 『통상휘찬』 한국편 8, 「韓國京畿忠淸兩道農商況視察復命書(1900년 12월 22일 진남 포제국영사관보고)」, 628쪽.
38 『통상휘찬』 한국편 8, 위의 사료, 387~388쪽.
39 『통상휘찬』 한국편 8, 위의 사료, 387쪽.

를 거쳐서 인천으로 수출되었다.[40]

烏山場도 근방에 유명한 큰 시장이었고, 素沙는 경기와 충청도의 경계로 부근의 경작지가 풍족하여 매년 수원으로 실려 가는 미곡이 적지 않았으며, 서쪽에 있는 軍門浦를 통해서도 미곡이 인천으로 수송되었다.[41]

5. 수출용 미곡의 형성과 미곡 유통망의 분리

위에서 살펴본 바와 같이 당시 경기도는 개항장 및 외국상인과 긴밀하게 연결되어 미곡 수출을 위한 유통이 활발한 지역과 내륙을 중심으로 전통적인 미곡 유통이 진행되는 지역이 어느 정도 구분되어 있었다. 이처럼 미곡의 유통망이 분리되어 있었던 이유는 당시 모든 미곡이 개항장에 흡수되어 일본으로 수출된 것이 아니라 수출에 적합한 미곡이 수출지역의 수용에 따라 상품화가 진행되어 선택적으로 개항장으로 들어와 거래가 이루어졌기 때문이다. 실제로 미곡이 수출되기 위해서는 수출지역의 기준에 맞도록 품질의 규격화와 안정화가 필수적이다.[42] 따라서 조선의 미곡도 주요 수출지역인 일본 특히 오사카 堂島市場의 수요와 기준에 맞도록 상품화가 진행되었다.[43]

개항 이후 조선미가 일본에 수출되기 시작하였지만 내륙지역에서 출하되는 조선미는 일본미에 비하여 도정이 불충분했다. 또 절구, 연자방

---

40 『통상휘찬』 한국편 8, 「韓國京畿忠淸兩道農商況視察復命書(1900년 12월 22일 진남포제국영사관보고)」, 630쪽.
41 『통상휘찬』 한국편 8, 「韓國京畿忠淸兩道農商況視察復命書(1900년 12월 22일 진남포제국영사관보고)」, 628쪽.
42 李熒娘, 2015, 『植民地朝鮮の米と日本 -米穀檢査制度の展開過程』, 八王子: 中央大學校出版部,
43 아래의 수출용 미곡과 관련된 내용은 졸고, 2020, 「개항기 미곡 시장과 관리 방식의 변화」, 고려대학교 한국사학과 박사학위 논문의 제1부 Ⅰ.3) 搗精 및 포장의 변화와 수출용 미곡의 분리를 수정 보완한 내용이다.

아, 디딜방아, 물레방아 등의 기구를 이용해 도정하는 과정에서 쉬운 작업을 위해 대부분 벼에 물을 뿌리고 모래를 섞는 방법을 이용하였다.[44] 그리고 지붕이 없는 곳에서 건조할 경우 쌀에 수분이 많이 포함될 수밖에 없었다. 예를 들면 군산으로 출하되는 쌀 가운데 충청도 지역에서 출하된 쌀은 지붕이 있는 곳에서 건조하여 수분이 적었다. 반면 전라도 지역에서 나오는 쌀은 품질이 우수함에도 불구하고 지붕이 없이 건조하는 경우가 많아서 비가 많이 내리면 습기가 많이 포함된 쌀이 생산되기도 하였다.[45] 따라서 개항장으로 출하된 쌀 가운데는 습기를 머금어 보관이나 수출과정에서 부패하거나 파손되는 사태가 종종 발생하였다. 더 나아가 일본 시장에서도 품질이 떨어지는 쌀로 인식되어 조선미의 평판을 크게 떨어뜨렸다.

쌀의 수분 함유 정도는 유통과정에 따라서도 차이가 났다.[46] 당시 군산에서 쌀은 크게 두 가지 방식을 거쳐서 출하되었다. 첫째는 지방의 농민이 자신이 도정한 백미를 자신이 가지고 와서 판매하는 경우가 있었다. 다음으로 상인이 농민에게 현미나 백미를 매입하여 이를 도정하거나 혹은 도정하지 않은 채 그대로 개항장에 가지고 와서 판매하기도 하였다. 그런데 후자의 경우 수분을 다량 포함한 쌀인 경우가 많아 품질이 좋지 않았다. 한상들은 여러 가지 방법으로 쌀에 수분을 머금게 하여 부피와 무게를 불려 이익을 보려고 하였기 때문이다. 1) 도정할

---

44 『통상휘찬』 15, 『通商報告』 第2728號, 「仁川商況(1892년 6월 10일 인천제국영사대리보고)」, 200쪽. 당시 도정 방법에 대해서는 이헌창, 1984, 「개항기 한국인 도정업(搗精業)에 관한 연구」, 『경제사학』 7-1, 경제사학회 ; 김태웅, 2013, 「開港~日帝强占 前期(1899~1933) 群山 地域 搗精業의 推移와 地域的 特徵」, 『한국문화』 64, 서울대학교 규장각 한국학연구원을 참조.

45 『통상휘찬』 82, 1904年 第31號, 「群山三十五年貿易年報(1893년 10월 30일 군산제국영사관분관보고)」, 35쪽.

46 이하 水濕米에 관련된 설명은 모두 『통상휘찬』 70, 第256號, 「群山港米質檢査ノ實況(1893년 2월 18일 군산제국영사관분관보고)」, 3~5쪽에 보이는 군산항의 사례를 정리한 것이다.

때에 물을 흠뻑 뿌린 쌀을 다른 쌀과 섞는 방법, 2) 쌀을 젖은 돗자리로 싸는 방법, 3) 쌀가마니 속으로 젖은 나무 조각이나 기타 수분을 포함한 물품을 넣어서 수분을 쌀 전체로 퍼지게 하는 방법, 4) 도정을 마친 후에 물을 뿌리는 방법 등이 사용되었다. 따라서 군산에서는 금강 하류의 각 포구에서 수송된 쌀과 전라도의 각 군에서 짐꾼이나 짐말을 통해 들어오는 쌀의 경우 비교적 수분을 많이 포함하고 있었다.

한상들은 수분을 머금은 쌀을 출하할 경우에도 쌀이 충분히 팽창했을 때에 개항장에 도착하도록 시간을 계산하였다. 따라서 개항장에서 매매할 때에는 쌀이 윤택하고 마치 수분이 없는 상등품인 것처럼 보였다. 게다가 한상들은 포장할 때에 일부러 젖은 쌀을 좋은 쌀의 중간이나 아래에 넣어서 구매자를 속이는 경우도 있었다. 이러한 사기행위는 지방관에게 발각되어 처벌이 내려져도 그 효과는 일시적이었고, 지주와 일상을 중매하는 객주 역시 아무런 해결책이 없이 손을 놓고 있는 상태였다. 여기에 일상 역시 당장 눈앞의 이익을 위해 습기를 머금은 쌀[水濕米]인 것을 알고도 매입하는 경우가 있었다. 결국 군산의 일상들은 습기를 머금은 쌀로 인한 피해를 근절하기 위해서 수출조합의 관할 하에 1902년 11월 이후 출하된 쌀은 모두 검사하여 습기가 있는 쌀의 거래를 일체 중단하기도 하였다.

이와 같은 미곡 품질 검사는 군산뿐만 아니라 부산, 진남포 그리고 인천에서도 비슷한 방식으로 진행되었다. 부산에서도 부산상업회의소의 주도로 거래규칙이 마련되었다. 진남포에서는 '수출 미곡의 품질을 개량하고 해외에서 진남포 미곡의 평판을 유지한다'는 목적으로 輸出穀物商組合이 설립되었다. 인천에서 역시 1896년 설치된 仁川米豆取引所에서 기준을 정하여 수출용 미곡의 품질을 표준화하고 수분이 많은 저품질의 쌀을 거래에서 배제하였다.[47]

---

47 각 개항장에서 미곡 검사가 진행되는 과정에 대하여는 李榮娘, 2015, 앞의 저서, 21~27쪽을 참조. 이와 같이 품질의 확보를 위해 등급을 부여하는 상황은 牛皮의

당시 수출 과정에는 농민-지역포구-개항장-일본항구-일본도매시장-일본소매시장으로 이어지는 여러 단계가 존재하였다. 따라서 수출 지역의 수요에 맞추어 상품의 품질을 구분하여 등급을 정하고 수출이 불가능한 하등품을 배제하는 작업이 반드시 필요하였다. 품질이 일정하지 않아 등급을 신뢰할 수 없다면 거래의 단계마다 확인 작업을 거쳐야 했기 때문이다.

일상들은 이러한 도정 및 습기로 인한 문제를 해결하기 위한 방법 가운데 하나로 쌀을 현미의 형태로 수출하는 방법을 취하였다. 일상들이 매입한 현미는 크게 두 가지 종류였다. 조선의 전통적인 방식으로 도정한 현미와 벼를 매입하여 일본식 도정 기구를 이용해 도정한 改良玄米가 그것이다. 이 가운데 개량현미는 다시 두 종류로 구분되었는데 일본인이 도정한 개량현미를 內改良玄米라고 했고, 조선인이 도정한 개량현미는 이에 대비하여 外改良玄米로 불렀다.[48]

현미는 일단 가격이 백미보다 저렴하였고 수출한 뒤 도정을 거치면 일본의 筑前米에 비견될 정도로 품질이 좋아 높은 가격에 판매할 수 있었다. 이러한 이점 때문에 많은 일상들이 현미를 매입해 수출하였고 그 결과 1897년의 경우 백미보다 현미의 수출이 많아지기도 하였다.[49] 특히 일본인이 도정한 內改良玄米는 일반 현미보다 1할 정도 높은 가

경우에도 마찬가지였다. 1886년 인천에서 일본으로 수출된 우피는 나가사키에서 직접 서양 상인들에게 판매되었다. 그런데 인천으로 출하된 우피에는 품질 규정이 없어서 상등품과 하등품이 뒤섞여 수출이 되었다. 이 때문에 수출된 우피가 나가사키에서 판매될 때 문제가 발생하였다. 그래서 나가사키의 도매상은 우피를 매입할 때에 상등품과 하등품을 구별하여 가격을 일정하게 할 것을 수입상들에게 요구하였다. 결국 인천의 일상들은 이를 따라 규약을 정하였고 한상 역시 일상의 요구에 응하여 상·중·하의 등급을 정하여 거래를 하게 되었다(『통상휘찬』 7, 『通商報告』 第9號, 「明治十九年十二月中仁川港商況(1887년 1월 26일 인천항영사관보고)」, 10쪽).

48 李榮娘, 2015, 앞의 저서, 10, 17쪽.

49 1897년 백미의 일본 수출량은 71만 1,772担이었고, 현미의 수출량은 105만 6,305担이었다(李榮娘, 2015, 위의 저서, 15쪽).

격을 유지했기 때문에 큰 인기를 끌었다.[50] 앞에서 언급한 바와 같이 수출 상품은 수출 지역의 상황과 구매자의 수요에 따라 가공될 필요가 있었다. 그러나 조선에서는 가공시설의 미비로 이러한 수요에 적응하기가 쉽지 않았기 때문에 가공 시설이 구비된 곳에서 추가로 가공을 할 수 있도록 만들어 수출하는 방식이 선택되었던 것이다.

다음으로 쌀을 수출하기 위해서는 포장 역시 수출에 적합한 방식으로 바뀌어야 했다. 당시 조선에서 사용되는 石에는 平石과 全石 두 종류가 있었다. 우선 평석은 15斗를 1石으로 하며 주로 조세상납과 같은 공적인 상황에서 이용되었다. 전석은 20두를 1석으로 하며 민간의 미곡 거래의 단위로 사용되었다.[51] 그리고 石은 주로 도정하기 전에 부피가 큰 벼를 계산하는 단위였고, 도정 이후 부피가 줄어든 쌀은 升 혹은 斗를 단위로 하였다. 벼를 쌀로 도정하면 부피의 비율이 10:4정도가 되었기 때문에 일반적으로는 전석 1석=벼 20두가 되고 이를 도정하여 쌀로 만들면 8두(=80승)가 되었다. 따라서 소매 시장에서는 승 혹은 두 단위로 도정한 쌀을 주로 거래하였는데, 이때 미곡의 포장은 주로 자루가 활용되었다. 반면, 원거리 운반 특히 서울로 곡식이 운반될 때에는 주로 섬石에 담아서 수로를 이용해 운반하였다. 섬은 표면이 거칠고 씨줄과 날줄의 연결이 촘촘하지 않았기 때문에 곡식이 샐 우려가 있었으며, 실제로도 운반과정에서 파손되어 내용물이 유출되거나 변질되는

---

50 『통상휘찬』 76, 1903年 第48號, 「木浦籾摺業狀況(1893년 10월 22일 목포제국영사관보고)」, 20쪽. 이는 우피 역시 동일하였다. 1887년 당시 경기도 부근에서 생산되는 우피는 가공방법이 좋지 않아서 일본의 수요에 맞지 않아 일상들이 구매를 꺼렸다. 그러다 일부 일상이 가공하지 않은 生皮를 구입하여 수출하였는데, 이것이 마침 일본에서 큰 인기를 끌었다. 일본으로 수출된 생피는 오사카로 보내져 서양인용과 일본인용으로 구분하여 가공을 한 뒤 판매가 되었다(『통상휘찬』 8, 『通商報告』 第41號, 「朝鮮京城九月中ノ商況(1887년 10월 16일 경성제국영사관보고)」, 17~18쪽).

51 그러나 전라도와 경상도 지역의 미가를 비교한 연구에 따르면 실제로는 전석과 평석 모두 민간에서 사용되었고, 용량에도 큰 차이가 없었다(이영훈·전성호, 2000, 「미가사 자료의 현황과 해설」, 『고문서연구』 18, 한국고문서학회, 148쪽).

경우가 많았다.[52] 반면 새끼줄을 꼬아 자루처럼 만든 일본식 가마니叺, かます는 10두 1석으로 부피가 작아 한 사람이 운반하기에 적당하였으며, 두께가 두껍고 줄과 줄 사이가 촘촘하여 곡물이 잘 흘러내리지 않았다.[53]

특히 수출을 하는 과정에서는 수송거리가 더욱 길어지고, 다량의 상품을 운반하기 위해 적재단수가 높아지면서 하층에 실린 상품에 실리는 하중이 커진다. 거래도 여러 단계의 과정을 거치며 수차례의 하역이나 입출고가 진행된다. 이 과정에서 포장이 견고하지 않으면 파손으로 인한 피해가 발생하기 쉬웠다.[54] 실제로도 하역과 운송과정에서 발생한 손실로 인하여 운송을 담당한 기선회사와 荷主인 일상 간에 종종 분쟁이 발생하였다. 이러한 상황이 계속 반복되자 조·일간의 해운업을 장악하고 있었던 日本郵船과 大阪商船은 서로 담합하여 운송과정에서 손실이 발생하더라도 5%까지는 변상하지 않기로 결정하였다. 따라서 수출을 위해서 포장의 방식을 개량하는 것이 매우 중요해졌다. 결국 각 개항장의 일상들은 수출의 편의를 위해 포장용 가마니의 용량과 품질을 표준화하였고, 그 결과 일본산 가마니를 수입하여 사용하였다. 일본에서 수입된 가마니는 인천의 경우 江州, 伊賀, 播州에서 생산된 것을 大阪에서 수입하였고, 목포에서는 大阪, 廣島, 下關, 伊予 등의 지역에서 범선을 이용해 수입하였다.[55] 이에 따라 수출을 위해 개항장에 쌀은 일단 조선식의 포장을 해체하여 거간, 객주, 일상 등의 입회 아래 계량하고, 일본에서 수입한 가마니를 이용해 다시 포장된 뒤에야 수출될 수 있었다.[56] 이 때문에 叺과 繩 수입과 미곡의 수출은 서로가 연동

---

52 임혜영, 2018, 「일제 강점기 가마니의 보급과 통제」, 『전북사학』 58, 전북사학회, 221~222쪽.
53 인병선·김도형 엮음, 2016, 『가마니로 본 일제강점기 농민 수탈사』, 창비, 14~15쪽.
54 임혜영, 2018, 위의 논문, 223쪽.
55 李榮娘, 2015, 앞의 저서, 27~29쪽.
56 임혜영, 2018, 앞의 논문, 222쪽.

하는 측면이 존재하였다.[57]

이처럼 수출을 위한 상품화의 과정은 국내의 기준이나 관행과 다르게 수출에 적합한 형태로 가공 및 포장이 이루어졌다. 바꾸어 말하자면 수출을 위한 상품화가 진행됨에 따라 수출용 미곡이 점차 분리되어 나오고 있었다. 따라서 전체 미곡 생산지 가운데 수출용 미곡을 생산·유통하기에 적합한 지역은 상당히 제한적일 수밖에 없었다. 결국 개항장 및 외국상인과 관계 속에서 수출용 미곡을 생산·유통하는 지역과 그렇지 않고 기존의 미곡이 유통되던 지역으로 구분되는 경향이 나타나게 된 것이다.

이처럼 개항장을 중심으로 한 유통망은 수출에 적합한 상품을 선택적으로 수용할 수밖에 없었기 때문에 영향력에 한계가 있었다. 반면 제한적 상품화 속에서 전통적 유통망은 서울을 중심으로 상당히 강고하게 유지되고 있었다. 즉 근대적 변화의 영향력은 제한된 상황에서만 작동하는 경우가 있었고, 전통의 지속력은 보다 폭넓은 지역에서 유지되고 있었다.

6. 맺음말

이상의 내용을 정리하면 다음과 같다. 개항기 경기도의 유통 구역은 크게 3지역으로 구분되어 있었다. 첫 번째는 한강의 수운을 중심으로 한 한강 상류지역이고 두 번째는 해운을 중심으로 한 해안지역, 세 번째는 수원과 안성을 중심으로 하는 내륙 상권이다. 한강 상류지역은 지역의 시장을 통해 개항장으로 흡수되기보다는 소작관계 혹은 기존에

---

57 『통상휘찬』 16, 『公使館及領事館報告』 第3043號, 「二十五年中朝鮮國三港貿易景況 (1893년 6월 30일 인천항제국영사대리보고)」, 358쪽.

서울을 중심으로 형성된 전통적 유통망을 따라 흐르고 있었다. 반면 해안지역의 경우에는 개항장과 긴밀한 관계를 맺고 있었다. 경기도에서 충청도에 이르는 해안 지역에서는 곡물시장을 중심으로 매집된 미곡이 개항장으로 보내져 일본으로 수출되었다. 내륙지역인 安城과 水原은 개항장의 영향을 받으면서도 동시에 기존 유통망도 함께 작동하고 있었다.

다음으로 수요지인 서울에서는 한강을 따라 서울로 들어오는 미곡 유통은 용산을 기점으로 용산 상류로는 전통적 유통이 중심이었고, 하류 지역에서는 증기선 등을 이용한 미곡 유통이 나타나고 있었다. 다만 서울은 일본인도 쌀을 조선인 미곡상점에서 구매하였을 만큼, 일본인이 미곡을 거래하는 경우가 거의 없었기 때문에 서울에 미곡을 공급하는 유통망은 개항 이전과 크게 다를 바가 없이 소작료 및 한상을 중심으로 유지되었다.

인천 개항장으로 들어오는 미곡은 충청도, 황해도, 전라도 북부, 평안도 및 경기지역 인근에서 수송되었다. 이 미곡들은 도매상 혹은 출장인을 통해 산지에서 매집되거나 내지행상을 통해 구매하는 등의 방식으로 인천에 들어왔으며, 기존에 재정물류를 따라 올라오던 미곡이 갑오개혁으로 조세금납화가 진행되면서 인천으로 흡수된 것이 주를 이루었다.

다음으로 생산지를 살펴보면 내륙 지역의 경우 果川, 용인의 金良場, 安城, 水原 등 미곡이 생산되는 지역에 있는 큰 시장이라도 청상 혹은 일상이 거의 방문하지 않는 경우가 많았다. 반면 해안지역에서는 일상과 청상이 상주하면서 많은 양의 미곡을 인천으로 수송하는 것이 일반적이었다.

경기도는 개항장 및 외국상인과 긴밀하게 연결되어 미곡 수출을 위한 유통이 활발한 지역과 내륙을 중심으로 전통적인 미곡 유통이 진행되는 지역이 어느 정도 구분되어 있었다. 미곡의 유통망이 분리되어 있었던 이유는 당시 모든 미곡이 개항장에 흡수되어 일본으로 수출된 것이 아니라 수출에 적합한 미곡이 수출지역의 수용에 따라 상품화가 진행되어 선택적으로 개항장으로 들어와 거래가 이루어졌기 때문이다. 따라서 미곡은 수출을 위한 상품화의 과정은 국내의 기준이나 관행과 다르게 수출에 적합한 형태로 가공 및 포장이 이루어졌다. 바꾸어 말하자면 수출을 위한 상품화가 진행됨에 따라 수출용 미곡이 점차 분리되어 나오고 있었다. 따라서 전체 미곡 생산지 가운데 수출용 미곡을 생산·유통하기에 적합한 지역은 상당히 제한적일 수밖에 없었다. 결국 개항장 및 외국상인과 관계 속에서 수출용 미곡을 생산·유통하는 지역과 그렇지 않고 기존의 미곡이 유통되던 지역으로 구분되는 경향이 나타나게 된 것이다.

이처럼 개항장을 중심으로 한 유통망은 수출에 적합한 상품을 선택적으로 수용할 수밖에 없었기 때문에 영향력에 한계가 있었다. 반면 제한적 상품화 속에서 전통적 유통망은 서울을 중심으로 상당히 강고하게 유지되고 있었다. 즉 근대적 변화의 영향력은 제한된 상황에서만 작동하는 경우가 있었고, 전통의 지속력은 보다 폭넓은 지역에서 유지되고 있었다. 따라서 양자가 서로 중첩되는 양상 속에서 개항기 유통을 다시 한번 살펴보아야 할 것이다.

참고문헌

1. 저서

남금자, 2014,『19세기 충주지역 외척 세도가의 토지소유와 지주경영』, 충
북대학교 사학과 박사학위 논문.
柳承烈, 1996,『韓末·日帝初期 商業變動과 客主』, 서울대학교 국사학과 박사학
위 논문.
이병천, 1985,『開港期 外國商人의 侵入과 韓國商人의 對應』, 서울대학교 경제
학과 박사학위 논문.
이헌창, 1990,「개항기 시장구조와 그 변화에 관한 연구」, 서울대학교 경제
학과 박사학위 논문.
이승렬, 2007,『제국과 상인』, 역사비평사.
李燦娘, 2015,『植民地朝鮮の米と日本 -米穀檢査制度の展開過程』, 八王子: 中央
大學校出版部.
인병선·김도형 엮음, 2016,『가마니로 본 일제강점기 농민 수탈사』, 창비.
韓祐劤, 2001,『韓國開港期의 商業研究』, 한국학술정보(주).

2. 논문

김연지, 2013,「개항장객주의 변모 양상과 성격 고찰」,『한일관계사연구』
44, 한일관계사학회.
김태웅, 2013,「開港~日帝强占 前期(1899~1933) 群山 地域 搗精業의 推移와 地
域的 特徵」,『한국문화』64, 서울대학교 규장각 한국학연구원.
남금자, 2016,「대한제국기 충주 풍양 조씨 세도가의 가계와 경제기반」,
『한국근현대사학회』76, 한국근현대사학회.
남금자, 2017,「대한제국기 김가진의 충주지역 토지 소유와 의의」,『한국독
립운동사연구』58, 독립기념관 한국독립운동사연구소.
남금자, 2017,「대한제국기 한규설의 武班家系와 충북지역 토지 소유」,『한
국근현대사연구』80, 한국근현대사학회.
남금자, 2017,「將臣이종건의 武班閥族家系와 경제기반」,『한국사연구』176,
한국사연구회.
이영훈·전성호, 2000,「미가사 자료의 현황과 해설」,『고문서연구』18, 한국

고문서학회.

이헌창, 2000, 「1882-1910년간 서울시장의 변동」, 『서울상업사』, 태학사.

이헌창, 1984, 「개항기 한국인 도정업(搗精業)에 관한 연구」, 『경제사학』 7-1, 경제사학회.

임혜영, 2018, 「일제 강점기 가마니의 보급과 통제」, 『전북사학』 58, 전북사학회.

전우용, 2005, 「근대 이행기 서울의 객주와 객주업」, 『서울학연구』 24, 서울학연구소.

홍순권, 1985, 「개항기 객주의 유통지배에 관한 연구」, 『韓國學報』 11-2, 일지사.

홍성찬, 2007, 「한말 서울 東幕의 미곡객주 연구 - 彰熙組合, 西署東幕合資商會의 사례 -」, 『경제사학』 42, 경제사학회.

홍성찬, 2009, 「한말 서울 東幕 객주의 米穀 반입과 재래 船運業 - 객주업체 '東泰元'의 자료를 중심으로」, 『韓國史硏究』 145, 韓國史硏究會.

홍성찬, 2012, 「한말 서울 東幕 객주의 미곡 거래와 荷主들 -'東泰元'의 장부를 중심으로-」, 『東方學志』 159, 연세대학교 국학연구원.

홍성찬, 2016, 「19세기말 서울 동막 객주의 미곡 거래 -金相敏 집안의 장부 『日記』와 『長冊』 분석을 중심으로-」, 『東方學志』 177, 연세대학교 국학연구원.

총력전과 바다
: 일제말 인천항 연안의 변용

양지혜
(한국교원대학교)

1. 전쟁 속의 '개발붐', 그 표면과 이면

중일전쟁 이후 일본의 총력전 속에서 '바다'는 핵심적 위치를 차지했다.[1] 해상을 통한 일본 열도로의 원활한 물자 수송은 전쟁의 승패를 가를 수 있는 중요한 요소로 작용했으며, 육지뿐 아니라 해상에서의 전방위적인 자원 확보가 요구되었기 때문이다. 이러한 흐름 속에서 식민지 조선의 바다 역시 대륙과 일본 열도를 잇는 '물류의 혈관'이자, '자원의 개척기지'로 새롭게 인식되었다. 이 글은 특히, 중일전쟁 이후 '황해'[2]의 중심지로 부상한 인천항과 그 연안의 변용을 주목하고, 이를 통해 한국사에서 일본제국의 총력전이 미친 영향을 보다 깊이 있게 살펴보고자 한다.

만주사변기, 중일전쟁기, 아시아태평양전쟁기에 이르는 장기간의 전시체제 속에서 일본 정부는 '군수물자의 약탈'이라는 일관된 기조 하에 각종 개발 사업을 추진했다.[3] 제국의 각지에서는 "일본의 국가적 이익을 확보하기 위한 첨병이 될 것"을 자청하면서, 자기 지역의 경제

---

* 이 글은『역사와 현실』121호(2021년 9월)에 수록한 같은 제목의 원고를 수정·보완한 글이다. 난삽한 원고에 대해 애정 어린 토론을 해주신 김영진 선생님께 다시 한번 감사의 마음을 전한다.

1 전시체제기 일본에서 해상 수송력은 일본전시경제에서 가장 핵심적인 문제로 취급되었다. 전시하의 해상 물동량의 변화와 해운업에 대해서는 대표적으로 일본과 한국의 다음의 연구를 참고할 수 있다. 原朗, 2013,『日本戰時經濟研究』, 東京大學出版會 ; 배석만, 2014,『한국 조선업사: 일제시기편』, 선인.

2 이 글에서는 서해를 '황해'로, 동해를 '일본해'로 표기한 일제시기의 용어를 그대로 차용했다. 이는 일본제국의 지배 하에서 식민지 조선을 둘러싼 지리적 상상력의 한계를 지적하기 위해 비판적으로 사용한 것이며, 일제시기의 차별적 지리 관념을 그대로 반영한 것이 아님을 밝혀둔다.

3 原朗, 2013, 앞의 책, 90쪽.

적 발전을 추구하는 풀뿌리의 개발 요구들이 제기되었다.[4] 만주사변 이후 한반도 동북부 연안과 동북 만주, 우라니혼裏日本[5] 일대를 중심으로 확대된 '일본해호수화론'은 그 대표적인 예이다. 조선의 나진, 청진, 웅기를 비롯해 일본의 니이가타新潟 등지에서는 일본의 대륙 침략을 위한 전진 기지가 될 것을 자임하며, 일본 정부로부터 더 많은 개발 기회를 확보하려는 지역적 움직임이 형성되었다.[6] 중일전쟁의 발발은 기존에 일본 열도와 대륙을 잇는 종관철도망 중심의 개발 기회에서 소외되어 있던 각지에서 새로운 개발 구상을 포착할 수 있는 계기가 되었다. 중국 대륙과 한반도 서해 연안, 일본 열도를 잇는 '황해호수화'라는 새로운 지리적 구상이 조성된 것은 그 일례로,[7] '인천항'은 한반도 내에서 이 구상의 중심지로 부상했다.

인천과 그 연안은 서울의 관문으로, 개항 이후 일찍부터 개발이 이루어졌다.[8] 그러나 일본 열도와 중국 대륙을 잇는 종관철도망과 그 종

---

4 芳井研一, 2000, 『環日本海地域社会の変容』, 青木書店, 254~257쪽.
5 동해를 마주보는 일본의 연안을 말한다. 메이지유신明治維新 이후 1970년대까지 사용된 용어로, 일본정부의 부국강병론 중심의 경제정책에서 소외되었던 '발전에 뒤쳐진 지역'이라는 어감을 띄고 있었다. 여기에 대해서는 가토 케이키, 「소외와 배제, '裏日本' 탈각이라는 공허한 꿈」 『레디앙』 2017년 8월 14일을 참고할 수 있다.
6 일본 내에서의 관련된 흐름에 대해서는 芳井研一, 2000, 앞의 책을, 조선에서의 움직임에 대해서는 加藤圭木, 2017, 『植民地期朝鮮の地域変容』, 吉川弘文館와 양지혜, 2020, 「일제하 기업의 항만 개발과 '번영'의 동상이몽」 『역사와현실』 117, 한국역사연구회를 참고할 수 있다.
7 '황해호수화'는 만주사변 이후 제기된 '일본해호수화'에 대응해 중일전쟁 이후 새롭게 조성된 개발 구상으로, '황해'를 중심으로 중국의 천진天津, 청도青島, 상해上海 등과 조선의 인천, 다사도多獅島, 진남포鎮南浦와 일본의 규슈九州 지역을 하나로 연결해 그 해상을 일본의 내해內海로 삼는다는 것을 의미한다. 관련 개념은 이 글의 1장에 상세히 소개했다. 이와 관련해 현재까지도 중국과 한반도, 규슈를 연결하는 '황해경제권'에 대한 구상은 이어지고 있다. 森脇喜一, 2010, 「北九州市と韓国の地域間連携と今後の課題」 『九州国際大学経営経済論集』 16-3, 九州国際大学経済学会.
8 개항 이후 인천항의 변화에 대해서는 이 글의 2장에 상세하다.

단항을 중심으로 하는 개발 정책 아래에서, 1904년 경부선의 개통 이래 부산항에 밀려나며 상대적으로 개발이 지체되었다. 중일전쟁의 발생과 그에 따른 '황해호수화론'의 등장은 인천항과 그 연안이 일본제국의 중핵으로 거듭날 수 있다는 기대를 지역 내외에 유포시키는 계기가 되었다. 이 글에서는 중일전쟁 이후의 전시체제 속에서 인천항과 그 연안을 둘러싼 개발 기획의 구상과 그 실재를 살펴볼 것이다.

기존에 일제시기 인천의 시가지 형성,[9] 인천항의 구축,[10] 전시체제기 인천의 일본 대기업 진출[11] 및 노동력 강제동원 문제[12]에 대해 많은 의

9 심재만, 1986, 「인천시가지의 성장과 변천에 관한 연구」, 인하대학교 석사학위논문 ; 손정목, 1990, 『일제강점기도시계획연구』, 일지사 ; 염복규, 2007, 「1930~40년대 인천지역의 행정구역 확장과 시가지계획의 전개」『인천학연구』6, 인천대학교 인천학연구원 ; 오미일, 2010, 「자본주의생산체제의 변화와 공간의 편성」『한국근현대사연구』53, 한국근현대사학회 ; 염복규, 2008, 「일제말기 지방·국토계획론과 경인시가지계획」『서울학연구』32, 서울학연구소 ; 김종근, 2011, 「식민도시 인천의 거주지 분리 담론과 실제」『인천학연구』14, 인천대학교 인천학연구원 ; 박인옥, 2014, 「일제강점기 인천의 생산구조와 도시공간의 변화」『인천학연구』20, 인천대학교 인천학연구원 ; 박진한, 2017 「통감부 시기 인천의 시구개정사업과 시가지 행정」『동방학지』180, 연세대학교 국학연구원 ; 박진한, 2020, 「1910년대 인천부의 주요 정책과 시가지행정에 관한 연구」『도시연구』23, 도시사학회
10 노상주·김용하·이동배, 1990, 「도시도를 통한 인천 도시형태변화에 관한 연구」『대한건축학회 학술발표대회 논문집-계획계』10-2, 대한건축학회 ; 박진한, 2014, 「개항기 인천의 해안매립사업과 시가지 확장」『도시연구』12, 도시사학회 ; 박진한, 2016, 「1900년대 인천 해안매립사업의 전개와 의의」『도시연구』15, 도시사학회 ; 손승호·박진한·윤현위·이호상·문순희·윤현위, 2017, 『지도로 만나는 근대도시 인천』, 인천대학교 인천학연구원 ; 이동훈, 2018, 「1910년대 인천항 축항 사업과 식민자 사회」『인천학연구』1-28, 인천대학교 인천학연구원.
11 배석만, 2009, 「일제시기 조선기계제작소의 설립과 경영(1937~1945)」『인천학연구』1-10, 인천대학교 인천학연구원.
12 이병례, 2009, 「일제말기(1937~1945) 인천지역 공업현황과 노동자 존재형태」『인천학연구』1-10, 인천대학교 인천학연구원 ; 김미현, 2010, 「전시체제기 인천지역 학생 노동력 동원」『인천학연구』1-12, 인천대학교 인천학연구원 ; 오미일, 2011, 「총동원체제하 생활개선캠페인과 조선인의 일상」『한국독립운동사연구』39, 한국독립운동사연구소 ; 이상의, 2016, 「아시아·태평양전쟁기 일제의 '인천조병창' 운영과 조선인 학생동원」『인천학연구』1-25, 인천대학교 인천학연구원 ; 이상의,

미있는 연구가 이루어져 왔다. 그럼에도 전시체제 하에서 인천항과 연안의 변용에 대해서는 관심이 부족했다. 항만에 관한 연구에서는 전시체제기를 항만 공사가 중단된 '단절'의 시기로 바라보며 서술을 누락하고 있으며,[13] 전시하에서 급격하게 추진된 공장부지용 갯벌 간척에 대해서는 부정확한 정보가 여러 연구에서 반복적으로 이용되고 있다.[14] 또한, 전시체제기 '경인공업지대'의 구축 역시 남한 내 최대 공업지대이자 최대 규모의 강제동원처라는 점에서 주목되고 있지만,[15] 공업지대 구축 과정에서 이루어진 갯벌 간척의 문제는 여전히 간과되고 있다.[16]

이 글은 이러한 기존연구를 참고하며, 중일전쟁 이후 '총력전'이라는 특수한 상황 속에서 인천의 바다가 '자본'·'자원'·'노동'의 공간으로 변화되어 가는 흐름을 분석할 것이다. 먼저, 2장에서는 중일전쟁 이

2019, 「구술로 보는 일제하의 강제동원과 '인천조병창'」『동방학지』 188, 연세대학교 국학연구원.

13 인천광역시 역사자료관 편역, 2009, 『역주 인천과 인천항』 2, 인천시, 127쪽의 주석 1번 ; 손승호, 2017, 「제7장. 해류연락설비확장공사와 제2차 축항 계획」『지도로 만나는 근대도시 인천』, 인천대학교 인천학연구원, 122~123쪽.

14 일제시기 인천의 공유수면 매립에 대해서는 노상주·김용하·이동배, 1990, 위의 논문, 318쪽에 제시한 표가 여러 연구를 통해 인용되고 있다. 그러나 출전을 누락해 원자료를 확인할 수 없을 뿐만 아니라, 『조선총독부관보』와의 대조 결과 1937년 이후에 대한 관련 서술에는 부정확한 점이 적지 않았다.

15 경인공업지대의 구축에 대해서는 염복규, 2008, 앞의 논문을 참고할 수 있다. 경인공업지대와 관련해서는 특히 부평에 대한 연구가 활발하다. 관련해서는 부평역사박물관, 2014, 『부평 산곡동 근로자주택』, 부평역사박물관 ; 부평역사박물관, 2016, 『미쓰비시를 품은 여백, 사택마을 부평삼릉』, 부평역사박물관 ; 이연경·홍현도, 2019, 「부평 미쓰비시三菱사택의 도시주거로서의 특징과 가치」『도시연구』 22, 도시사학회를 참고할 수 있다.

16 일제시기 인천의 갯벌 간척에 대해서는 인천광역시 역사자료관 편, 2009, 『인천의 갯벌과 간척』, 인천광역시 역사자료관 ; 류창호, 2014, 「일제강점기 '송도' 연안의 개발과 어촌주민들의 삶」『인천학연구』 1-21, 인천대학교 인천학연구원 ; 2017, 『식민지기 인천의 근대 제염업』, 보고사를 참고할 수 있다. 이들 연구는 갯벌과 간척, 나아가 환경 문제를 아우르는 중요한 지점을 분석하고 있지만, 공업지대 구축의 문제는 충분히 다루지 않았다.

후 황해호수화론의 등장과 인천의 부상을 살펴볼 것이다. 이어서 3장
에서는 이러한 계획이 아시아태평양전쟁의 전황 악화라는 전쟁의 흐름
속에서 어떠한 방식으로 발현되었는가를 검토하겠다. 이를 위해 인천
시에서 번역 발간한 다양한 일제시기 지역지 자료를 포함해, 국가기록
원에 소장된 조선총독부 행정문서, 민족문제연구소에서 편집 발간한
1940년대 조선총독부의 제국의회 설명자료를 비롯해, 각종 신문자료를
주로 활용하겠다.[17]

2. 계획: 중일전쟁 이후 황해호수화론의
　　등장과 인천의 부상

1) 중일전쟁 이전의 인천항

일제시기 인천항은 수도 경성京城을 배후에 둔 '조선의 관문'에 위치
해 있었다.[18] 또한 중국을 마주하고 있어 대對중국무역의 요충지라는
입지적 유리함도 갖추고 있었다. 환경적으로는 한강 하류를 이어 내륙
해운에 유리하였으며, 용유龍游·무의舞衣·자월紫月·영종永宗·강화江華·영흥
靈興 등 여러 섬으로 성벽처럼 둘러싸여 있어 겨울철 부동항不凍港이라는
이점이 있었다. 이러한 배경 아래 1883년 1월 개항 이래 인천항은 계

17　이외에 일본 도쿄도 상공경제회에 보관되어 있던 仁川府勢振興會, 1938, 『港仁川
　　ノ再認識卜京仁一体ノ指導原理』, 仁川府勢振興會과 조선총독부 교통국, 1944, 『조
　　선교통상황』, 조선총독부 등의 자료를 고려대학교 대학원의 박우현, 주동빈을 통
　　해 검토할 수 있었다. 깊은 감사를 전한다.
18　이하, 이 문단의 인천항의 입지적 요건과 1920년대까지의 개발 과정에 대해서는
　　다음의 자료를 참고했다. 인천광역시 역사자료관 편역, 2009, 『역주 인천과 인천
　　항』 2, 인천시(원문: 인천항만협회협찬회, 1925, 『인천』 ; 萩森茂, 1929, 『경성과
　　인천』), 83~87쪽 및 127~129쪽 ; 인천광역시사편찬위원회, 2003, 『인천의 역사와
　　문화』, 인천시, 149~154쪽 및 182~183쪽.

속해서 개발되었다. 개항 직후에는 잔교와 석축 부두, 선창船艙 등의 기초 설비가, 러일전쟁 이후부터 병합 직후까지는 항만 설비 수축이, 1911년부터 1923년까지는 이중갑문식 선거船渠를 비롯한 제1기 설비 확장 공사가 이루어졌다.[19]

그럼에도 인천항은 조수간만의 차이가 10m를 넘었으며, 이로 인한 토사의 매몰로 인해 만조 시기에도 큰 선박이 입항할 수 없는 환경적 한계를 갖고 있었다. 여기에 병합 이후에는 일본의 대륙침략을 위해 경부선과 경의선 등 일본 열도와 만주를 연결하는 종관縱貫철도 노선에 투자가 집중되었기 때문에,[20] 이들 노선에서 유리된 인천항의 경우 그 개발 속도가 부산항에 비해 크게 뒤처졌다.[21] 여기에 1931년 만주사변의 발발 이후에는 일본 열도와 만주를 단거리로 연결하는 나진, 청진 등의 조선 동북지역 항만에 투자가 집중되면서,[22] 인천항의 개발은 다시금 지체되었다.

이러한 상황 속에서 인천 내에서는 1923년 제1기 설비 확장 공사의 완공 직후부터 축항 확장에 대한 필요성을 제기했다. 인천의 일본인과 조선인 유력자들은 인천의 물동량에 비해 항만 시설이 미비하다는 점을 들어 조선총독부에 항만의 확장을 꾸준히 요구했다.[23] 또한 만주사

---

19 1910년대 재인천 일본인의 항만 수축 운동의 의의와 한계에 대해서는 이동훈, 2018, 앞의 논문에 상세하다.
20 일제시기 일본제국의 조선 종관철도 집중 투자에 대해서는 대표적으로 정재정, 1999, 『일제침략과 한국철도, 1892~1945』, 서울대학교 출판부를 참고할 수 있다.
21 1910년대, 1920년대 일본제국의 조선사업공채 발행과 재원 조달의 부실 문제에 대해서는 박우현, 2019, 「1920년대 조선사업공채 정책 변화와 재원조달의 부실화」『한국사연구』 185, 한국사연구회 ; 2020, 「1910년대 조선사업공채 정책의 전개와 난맥상」『한국근현대사연구』 93, 한국근현대사연구회에 상세하다.
22 만주사변 이후 일본제국의 조선 철도 및 항만 개발 방향의 전환에 대해서는 송규진, 2013, 「일제의 대륙침략기 '북선루트'·'북선3항'」『한국사연구』 163, 한국사연구회 ; 2014, 「함경선 부설과 길회선 종단항 결정이 지역경제에 끼친 영향」『한국사학보』 57, 고려사학회를 참고할 수 있다.
23 「築港擴張 建議案委員會」『동아일보』 1923년 3월 23일 ; 「築港問題 原土本部長談」

변 이후에는 장래 대련大連과 연결해 만주 무역의 관문이 될 수 있다는
점을 강조하며, 종래의 축항 확장 운동을 '제2축항 건설운동'으로 이어
나갔다.[24] 그 결과 총독부는 1935년 여수항 방파제 축조, 부산항 북방파
제 축조, 청진 어항漁港 제2기 공사계획 등과 함께 인천항의 제2축항 사
업을 승인했다.[25] 공사기간 9년, 공사비 920여 만 원의 규모로 승인된
이 사업을 통해, 인천항에는 약 18만 1,500평에 달하는 새로운 제2선거
의 구축이 예정되었으며, 이외에도 축항을 위해 21만 여 평의 매립지가
형성되고, 총 700m 규모의 방사제防砂堤가 증설되기로 계획되었다.[26]

　1935년 총독부의 인천항 제2축항 건설계획 승인은 지역 내적으로는
1923년 이래 10여 년간 지속되어 온 요구가 실현된 성공적 계기임에
분명했다. 그럼에도 총독부는 이 계획을 어디까지나 "상업 정책적 입
장에서 상항商港 본래의 사명을 부과하며 설계"[27]한 것에 불과하다는
점을 강조했다. 구체적 개발 계획이 발표되었음에도 불구하고, 만주사
변 이후 급변하는 정세 속에서 '상업항'인 인천은 언제든 '군사'적 목
적과 필요에 밀려날 수 있는 불안정한 지위에 놓여있었다.

『조선일보』 1923년 4월 4일 ; 「仁川築港完了 明春三月內로」 『동아일보』 1923년 12
월 9일 ; 「仁川埠頭의狹窄」 『조선일보』 1924년 11월 26일 ; 「仁川公職者會議」 『조
선일보』 1926년 3월 12일 ; 「仁川府勢振興會 創立總會」 『조선일보』 1927년 5월 25
일 ; 「國際的貿易港으로 遜色만흔設備」 『동아일보』 1928년 6월 15일 ; 「인천축항확
장과 잔교건설희망」 『조선일보』 1929년 5월 15일.
24 「滿洲貿易關門 築港을擴張」 『동아일보』 1932년 7월 27일 ; 「港灣擴張의 期成會組
織」 『동아일보』 1934년 6월 26일 ; 「擴張될仁川港은 現在築港의七倍」 『동아일보』
1935년 3월 14일.
25 鮮交会, 1986, 『朝鮮交通史』, 鮮交会, 1073쪽.
26 「埋立十九萬坪 大仁川港建設」 『조선일보』 1935년 11월 25일 ; 「仁川港第二船渠工
事計畫槪要」 『朝鮮新聞』 1936년 5월 15일 ; 인천광역시 역사자료관 편역, 2009, 『역
주 인천과 인천항』 3, 인천시(원본: 조선운송주식회사, 1936, 『조선항만사정』, 조선
운송주식회사), 127쪽.
27 「仁川の築港海軍側の希望, 俄然本府の設計に喰違ひ」 『朝鮮時報』 1935년 7월 28일.

2) 중일전쟁과 황해호수화론의 등장

중일전쟁은 인천항을 둘러싼 이러한 논의 구조를 일거에 뒤바꾸는 전환점이 되었다. 이를 상징하는 개념이 중일전쟁 이후 등장한 '황해 호수화론'이었다. 황해호수화론은 만주사변 이후 '만주국'의 건설을 계기로 유행했던 '일본해(東海)호수화론'[28]을 모방한 개념이었다. 즉, 일본 해호수화론이 동해를 중심으로 일본열도와 조선 북부의 나진, 청진 등의 항만과 동북 만주의 각 항을 연결하는 구상이었다면,[29] 황해호수화 론은 중일전쟁 이후 천진天津·청도靑島·대련大連 등 중국의 여러 항만과 인천, 해주, 진남포 등 조선의 항만을 긴밀하게 연결해야 한다는 개발 구상을 바탕으로 했다. 이 개념은 1937년 관동주청關東州廳에 신설된 관 동주경제조사위원회關東州經濟調査委員會에서 '북중국의 무역 진흥을 위한 방책'을 통해 처음 제기된 이래, 황해·발해·남중국해를 포함하는 구상 으로 나아갔다.[30] 이후 이 개념은 조선에도 수용되어, 1937년 이후 "중 국과의 교섭을 위해 '황해호수화'라는 새로운 표어가 유행 중"이라는 보도가 이어졌을 뿐만 아니라,[31] 1939년 조선총독 미나미南次郞는 이와 관련해 다음과 같은 발언을 남기기도 했다.

> 사변 전은 일본해만이 호수湖水이었으나 사변과 동시에 황해, 발해, 지나해 는 모다 일본의 호수가 되었다. 일본해와 황해의 양 호수 가운데 돌출한 조선 반도는 대륙 일본의 발 받침이 될 곳일뿐더러 양 호상湖上의 유일한 대륙기점 이 될 것이다.[32]

---

28 앞서 설명한 것처럼 '동해호수화론'으로 표기하는 것이 바르나, 이 글에서는 원문 의 시대적 맥락을 고려해 '일본해호수화론'이라는 당대의 표현을 그대로 사용했다.
29 일본해호수화론의 구상과 개념에 대해서는 芳井研一, 2000, 앞의 책의 11장에 상 세하다.
30 宋芳芳, 2009, 「'日滿支ブロック'下の大連港」『現代社会文化研究』45, 新潟大学大 学院現代社会文化研究科, 106쪽 참조. 원문은 '발해호수화'이다.
31 「北支情勢安定함께 大黃海湖水化工作」『조선일보』1937년 12월 21일.
32 「병참기지 조선의 현지보고」『조선일보』1939년 8월 1일.

즉, 만주사변을 계기로 일본해(동해)를, 중일전쟁 이후에는 황해(서해)까지 모두 일본의 내해內海로 인식해야 한다는 발언이었다. 이러한 구상이 유포되는 과정 속에서, 관련된 각 지역의 상공업자들은 일본의 군사적 침략과 국익 확보를 위한 첨병이 될 것을 자청하면서 자신들의 이익을 확보하고자 했다.[33] 그 상징적 단체가 1938년 창립된 일본해경제연맹과 황해경제연맹이라는 2개의 경제단체였다.[34] 특히, 황해경제연맹에는 일본과 조선, 만주, 중국의 20여 개 지역의 상공회의소 및 상공회가 참여해, '황해호수화'를 통한 지역 간 연계와 이를 통한 지역 이익의 도모를 구상했다. 해당 연맹에 참가한 각 지역과, 이 과정에서 '황해호수화의 유망 항만'으로 손꼽힌 지역들을 그림으로 표시하면 다음과 같다. 먼저 황해경제연맹에는 일본의 도쿄, 고베, 교토 등의 무역 중심지를 비롯해 규슈의 가고시마와 오키나와의 나하와 같은 서일본 지역들이, 조선에서는 신의주, 진남포, 인천(경성), 군산, 목포, 부산 등이, 중국에서는 북경, 천진, 청도 등지의 각 상공단체들이 참여했다. 이들은 1938년 이후 연 1회 총회를 개최하고 『황해경제요람』이라는 기관지를 발간하며, 황해 연안으로의 국가 자원의 투자 유치와 지역 간 무역 활성화를 도모하고자 했다.[35] 인천은 이들 지역의 한 가운데에 위치해 있었을 뿐만 아니라, 황해호수화에 따라 조선 내에서 가장 발전 가능성이 유망한 지역으로 손꼽히게 되었다.[36]

---

33 芳井研一, 2000, 앞의 책, 254~257쪽 참조.
34 「黃海經濟聯盟組織 朝鮮物資大量輸出」『조선일보』 1937년 9월 16일 ; 「黃海를中心으로 經濟聯盟組織?」『동아일보』 1937년 9월 16일 ; 「日滿支ブロック開發」『中外商業新報』 1938년 10월 5일.
35 황해경제연맹의 활동에 대해서는 宋芳芳, 2009, 앞의 논문, 107쪽 참조.
36 「北支情勢安定함께 大黃海湖水化工作」『조선일보』 1937년 12월 21일.

〈그림 1〉 황해경제연맹과 황해호수화

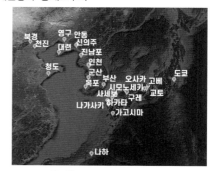

① 황해경제연맹 참가 지역   ② 황해호수화의 유망 항만

* 출전: ①「黃海湖水化實現!日,滿,支各代表十二月에甲子園서會合」『조선일보』 1938년 10월 10일 ;
宋芳芳, 2009, 앞의 논문, 106쪽 ; ②「北支情勢安定함께 大黃海湖水化工作」『조선일보』
1937년 12월 21일
** 비고: 출전에 표기된 지명을 토대로 구글 어스(https ://www.google.co.kr/)에 표기했다.

3) 조선총독부의 임해공업단지 구상 발표와 인천항 개발론

이러한 상황 속에서 조선총독부는 1937년 말부터 중국 일대를 시야
에 넣고 조선을 '대륙전진병참기지'로 규정하며 구체적인 산업개발 구
상을 발표하기 시작했다.[37] 즉, 중국과 만주 일대의 공업 자원을 수입
한 후 조선의 각 항만에 임해공업단지를 구축해 이를 가공하는 공업을
추진할 필요가 있다는 계획이었다.[38] 이를 위해 특히 중국의 자원을 수
입하기 위한 공단을 서해 연안의 인천·해주·진남포·다사도항의 4개

---

37 1936년 조선산업경제조사회와 1938년 조선시국대책조사회 사이의 변화상을 중심으
로, 1930년대 조선총독부의 산업정책 담론을 분석한 주요 연구로는 川北昭夫, 1996,
「1930年代の朝鮮工業化論議」『論集 朝鮮近現代史』, 明石書店 ; 방기중, 2003,「1930
년대 朝鮮 農工倂進政策과 經濟統制」『동방학지』 120, 연세대학교 국학연구원 등을
참고할 수 있다.
38 인천과 관련한 구상에 한정하면 다음의 신문기사를 통해 구체적인 관련 내용을
확인할 수 있다.「黃海의湖水化計劃進捗」『조선일보』 1938년 9월 17일 ;「黃海湖
水化 大陸進出의門戶로 西海岸四大港飛躍」『조선일보』 1939년 2월 25일 ;「西海
岸各港의 荷役能力擴充」『조선일보』 1939년 7월 14일.

항구에 설립할 필요가 있으며, 그 중 최대 규모의 공단은 경성과 부평을 포함한 인천항 연안에 건설해야 한다는 점을 강조했다.[39]

이를 바탕으로 총독부는 1938년 개최한 시국대책조사회를 통해 인천을 "대對중국 항로의 기점"으로 설정하고, 1935년에 결정했던 인천의 제2축항 공사를 단기간 내에 더 큰 규모에서 시행할 계획을 발표했다.[40] 기존에 9년으로 예정했던 공사 기간을 7년으로 단축하고, 안벽의 규모는 기존 800m에서 1,200m로 계획을 변경하며, 갑문 1개소를 증설한다는 내용이었다.

이처럼 조선총독부는 만주사변이라는 전례에 입각해 이후의 정세를 전망하면서 만주사변 직후에 동북 연안항을 개발했던 것과 마찬가지로, 중일전쟁 이후에는 서해 연안, 특히 인천항의 개발에 강조점을 두었다. 이 과정에서 인천은 기존의 '상업항'이라는 위치에서 벗어나 경인京仁공업지대를 배후에 둔 대규모의 '공업항'으로 새롭게 정의될 수 있었다.

여기에 대해 인천의 일본인·조선인 유력자들은 "우리들은 내선일여內鮮一如, 내內·선鮮·만滿·중支블록의 사명에서, 그리고 일본의 정치 경제의 견지에서, 또한 재정 금융 정책상의 관점에서, 경인의 대大 공업지를 개발해 활용하는 것이 단지 재계인이나 자본가의 영리 목적에 부합할 뿐만 아니라, 실로 우리 일본제국의 진정한 국책으로 가장 긴요하다고 확신"한다며 총독부의 인천항 및 경인공업지대 계획을 환영하는 동시에, 나아가 중국 청도青島와 상해上海의 일본계 공장을 경인의 대공업지로 이전시켜줄 것으로 요구했다.[41] 또한 인천을 "동아東亞의 배급기

---

39 「黃海湖水化 大陸進出의門戸로 西海岸四大港飛躍」『조선일보』 1939년 2월 25일. 경인공업지대 구축에 대해서는 염복규, 2008, 앞의 논문에 상세하다.

40 민족문제연구소 편, 2000, 「조선총독부 시국대책조사회 자문답신안 시안(조선총독부, 1938.09)」『일제하 전시체제기 정책자료총서』 72, 한국학술정보원, 145~148쪽.

41 仁川府勢振興會, 1938, 『港仁川ノ再認識ト京仁一体ノ指導原理』, 仁川府勢振興會, 9쪽 및 11쪽.

지"로 규정하며, 향후 인천항은 "반도 제일의 무역항"이자 "동양 제
일"을 자랑할 것이라고 기대했다.[42] 특히, 조선인 언론에서는 기존에
조선인 촌락이 모여 있던 인천항 북부 지역에 공업단지가 구축되는 것
에 대해, "이러케 되면 인천 북촌도 유수한 공장지대가 되는 동시에
인천의 땅덩이는 점점 바다를 먹어 들어가게 될 모양이라 한다."[43]
"이로서 인천 북촌의 문화시설에 혜택을 엇게 되리라 하야 일반은 많
은[만은] 기대[긔대]를 가지고 잇다 한다."[44]라며 인천항과 그 일대의 공
업지대화를 조선인 경제에 긍정적 효과를 불러올 것으로 전망하고 환
영했다. 이러한 기대 속에서 인천의 일본인과 조선인 유력자들은 인천
항의 제2축항 공사를 더욱 빠른 시기 내에 마쳐야 한다는 건의를 누차
제기했다.[45]

3. 실재: 전황의 악화 속 인천항·갯벌·섬의 변용

1) 항만: 전세의 변화와 인천항 공사 중

인천항의 개발은 전시하의 자재난과 인력난 속에서 더디게 진행되었

---

42 「躍進仁川の展望」『朝鮮時報』 1939년 11월 14일.
43 「仁川新花水里 四萬餘坪埋立」『동아일보』 1936년 1월 15일.
44 「仁川北部海岸에 十萬坪埋立計劃」『조선일보』 1936년 1월 28일.
45 「仁川築港促進코저 工事年限短縮運動」『조선일보』 1937년 10월 30일 ; 「우리地方
   의 期成問題 31」『매일신보』 1940년 2월 21일 ; 「第二築港을促進」『조선일보』
   1940년 5월 9일. 중일전쟁 이후 '황해호수화론'의 부상 속에서 인천의 조선인 및
   일본인 상공업자들이 보인 태도는 비판적으로 주목해야할 필요가 있다. 이들은
   인천 지역의 개발이라는 지역적·사적 이익을 위해 '제국의 전쟁'과 그에 따른 정
   세 구도의 변화를 적극적으로 이용하고자 했다. 즉, '전쟁'과 '국익'이라는 공적
   기표를 이용해 사적 이익을 추구한 것이다. 다만, 이 글에서는 황해호수화론의 부
   상을 전후로 한 인천항 개발 계획의 부상과 그 개발 실태를 살펴보는 데 그쳤다.
   이와 관련한 지역사회의 논리에 대해서는 추후 별도의 연구를 기약한다.

다. 1940년에는 인력난을 해결하기 위해 인천의 축항 설립을 추진했던 진정운동단체인 인천부세진흥회仁川府勢振興會가 중국에서 노동자 모집을 직접 추진해야 했을 정도였다.[46] 그럼에도 조선총독부에서는 1941년 제2축항을 위한 추가 예산 지급을 결정했으며, 1942년에는 항만 내 저탄貯炭설비 예산 지급을 결정했다.[47] 인천항과 경인공업지대에 대한 개발구상은 일본제국 차원에서도 이어졌다. 먼저, 1940년 9월 24일 일본 각의에서 결정된 '국토계획설정요강'에 기반해 그 입안이 시작된 '국토계획'에서도 인천의 중요성이 여러 차례 강조된 점을 주목할 수 있다. 1942년 6월 기획원이 입안한 〈대동아국토계획대강소안大東亞國土計劃大綱素案 제2차〉에 따르면, 인천 일대의 '중앙조선'은 황해·평안도 일대의 '서북조선'과 함께 황해·발해의 연결지대라는 국방상의 중요 위치에 입지해 있다는 점, 일본 열도의 철강공업지대와 근접하며 그 연락로로서 안전하다는 점에서 핵심적인 중화학공업지대로 계획되었다.[48] 또한 기획원에서 1942년 10월 입안한 〈황해·발해지역국토계획요강안黃海渤海地域國土計劃要綱案〉에서도 조선의 서해안 일대는 중요 기초산업 입지로 설정되었으며, 특히 중앙·서북조선의 공업지대 건설을 위해 인천·진남포·다사도항의 확장 및 철도망의 정비가 강조되었다.[49] 그러나 아시아태평양전쟁의 전황은 이러한 개발 구상을 크게 변화시켰다. 1943년 일본의 전세가 급격히 악화된 시점 이후부터는 경성을 중심으로 한 중부 조선 일대보다는 중국과 육로로 이어진 북부의 황해·평안도 일대, 특히 다사도 지역의 중공업화가 핵심적으로 다루어졌기 때문이다.[50] 1943년을 전후로 일본제국과 조선총독부의 개발 기획 속에서 인

---

46 「第二築港遲延도 勞力不足이原因」『조선일보』 1940년 5월 8일 ;「勞働者不足으로 仁川港築港不振」『조선일보』 1940년 6월 23일.

47 鮮交会, 1986, 앞의 책, 1073쪽.

48 安達宏昭, 2017,「戰時期國土計畵における朝鮮」『한림일본학』 31, 한림대학교 일본학연구소, 14쪽.

49 安達宏昭, 2017, 앞의 논문, 15쪽.

천항의 위치가 변화하는 이러한 양상을 다음의 지도와 표를 통해 보다 상세하게 살펴볼 수 있다.

〈그림 2〉 1945년 8월 현재 조선의 주요 인프라와 항만

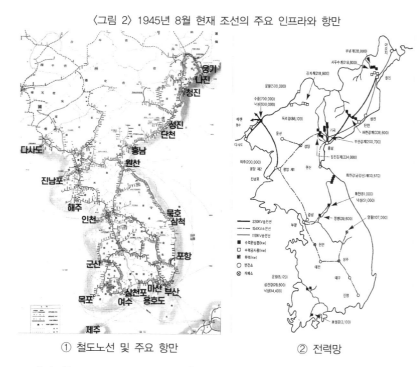

① 철도노선 및 주요 항만 ② 전력망

* 출전: ① 朝鮮總督府 交通局, 1945, 『朝鮮鐵道略圖』, 朝鮮總督府 交通局 ; ② 호리 가즈오, 주익종 역, 2003, 『한국 근대의 공업화』, 전통과현대(堀和生, 1995, 『朝鮮工業化の史的分析』, 有斐閣) 237쪽

** 비고: ①은 원본에 포함된 각 지역별 세부지도를 삭제했다.

** 비고: ①은 원본 지도 위에 주요 항만 위치를 표기했다.

---

50 기획원이 1943년 10월 작성한 〈중앙계획소안·동요강안中央計畫素案·同要編案〉의 내용을 의미한다. 여기에 대해서는 安達宏昭, 2017, 위의 논문, 16~18쪽 참조. 이와 관련해 중일전쟁 이후 아시아태평양전쟁의 전세 변화는 각 연도별로 보다 미시적으로 살펴볼 필요가 있다. 그럼에도 자료의 한계로 이 글에서는 1943년 전후의 변화를 살펴보는 데 그쳤다.

〈표 1〉 일제시기 조선총독부의 항만 공사비 집행 및 예정 내역

① 1911~1940년 집행 공사비 (단위: 원)		② 1941~1943년 집행 공사비 (단위: 원)		③ 1941년 현재 예정액(41~45년) (단위: 원)		④ 1944년 현재 예정액(44~46년) (단위: 원)	
구분	금액	구분	금액	구분	금액	구분	금액
부산	28,479,139	부산	21,899,195	부산	23,381,896	부산	23,259,156
인천	12,869,787	인천	5,078,668	다사도	12,000,886	삼천포	14,013,930
여수	7,824,191	다사도	4,947,921	인천	10,164,128	원산	7,882,770
다사도	7,411,622	여수	4,218,809	성진	10,000,000	다사도	7,052,965
청진	6,229,014	성진	4,172,158	원산	9,800,000	인천	6,704,845
청진서항	6,136,284	진남포	2,996,992	해주	6,300,000	여수	4,863,000
원산	3,494,000	군산	2,571,793	여수	4,788,809	해주	4,775,945
군산	2,820,274	청진서항	1,995,716	단천	3,113,164	마산	1,510,325
마산	1,644,500	원산	1,916,230	삼천포	2,400,000	단천	1,465,590
묵호	1,394,000	삼천포	1,739,070	묵호	2,006,000	묵호	1,040,270
청진어항	1,280,000	단천	1,607,574	청진서항	1,993,416	성진	655,730
단천	1,226,836	해주	1,524,055	마산	1,971,500	군산	-
해주	900,000	마산	1,390,175	군산	-	성진 저목장	-
성진 저목장	680,000	묵호	965,730	성진 저목장	-	진남포	-
진남포	482,680	청진	670,986	진남포	-	청진	-
평양	129,375	청진어항	100,000	청진	-	청진서항	-
삼천포	-	성진 저목장	-	청진어항	-	청진어항	-
성진		평양	-	평양	-	평양	

* 출전: ① 민족문제연구소 편, 2000, 「昭和16年第79回帝國議會說明資料(司政)」 『일제하
　　　전시체제기 정책자료총서』 7, 한국학술정보, 323~324쪽 ; ② 鮮交会, 1986, 『朝鮮交通史』,
　　　鮮交会, 1074쪽.
** 비고: (2)의 1941~1943년 집행 공사비는 ①의 〈1941년 현재 항만별 공사 예산액표〉와 ②의
　　　〈1944년 현재 항만 공사 예정액〉을 바탕으로 계산했다. 공사비의 세부 항목은 기록되어
　　　있지 않으나, '장래 계획 개요'에 따르면 해륙연락설비, 제2선거 축조, 방파제 축조,
　　　광석(鑛石) 적치장, 항만 확장 등을 위한 비용으로 표기되어 있다.
** 비고: 각 시기별 변화를 파악하기 위해, 자료 ①과 ②에서 중복되는 지역만을 대상으로
　　　수록했다. 자료 중 한 곳에만 기록된 나진, 진해, 정라, 웅기는 제외했다.
** 비고: ①의 '청진서항'은 (1)과 (3)의 합계 총액이 원문에 8,142,000원으로 기록되어 있는데,
　　　실제 계산해보면 8,129,700원이 바르다.

먼저 일제시기 조선총독부의 항만 공사비 집행 및 예정 내역을 주목
해 보면,[51] 〈표 1-①〉과 〈표 1-②〉에서 나타난 것처럼 1911년부터

51 이 글에서는 인천항의 위상 변화를 살펴보는 데 집중해 집행 및 예정된 공사비의
　　'절대금액'을 기준으로 분석을 진행했다. 그러나 〈표 1〉의 ②와 ③을 통해 '투자
　　예정액 대비 실제 집행율'을 산출해 보면, 1941년부터 1943년까지 인천의 해당 비

1943년까지 인천은 조선총독부의 항만 개발 투자에서 부산에 이어 2위에 해당했다. 비록 그 금액은 1940년 이전까지는 부산에 비해 50% 수준, 1941년부터 43년까지의 3년간은 부산의 25% 수준에 머물렀지만, 적어도 1943년 이전까지는 인천항에 대한 조선총독부의 투자가 계속되었음을 확인할 수 있다. 다만, 〈표 1-③〉과 〈표 1-④〉에 나타난 예정액의 규모는 국토계획과 전황의 변화로 인해 조선총독부, 나아가 일본제국에게 인천항이 갖는 의미가 변화되어 간 과정을 보여준다. 먼저, 1941년 현재 총독부의 투자 예정액을 나타낸 〈표 1-③〉을 보면, 인천의 투자 예정 규모는 3위로, 부산과 다사도에 비해 그 규모가 작았으며, 인천보다 규모가 작았던 성진이나 원산과 비교해도 그 금액 차가 크지 않았다. 이어서 1944년의 투자 예정액을 표기한 〈표 1-④〉를 보면, 인천은 부산, 삼천포, 원산, 다사도에 이어 투자 예정액 규모로 5위에 해당할 만큼 그 중요도에서 밀려나 있었다.

이러한 변화를 1945년 8월 현재 조선의 주요 인프라망을 표기한 〈그림 2〉를 통해 살펴보면 먼저, 1940년대 이후의 국토계획 속에서 조선 내 중화학공업지역에서 "전원電源개발"와 "군사적 안정성"이 강조되었던 맥락을 확인할 수 있다. 즉, 1941년 이후 인천에 비해 더 높은 투자 예정액이 할당되었던 다사도의 경우, 국토계획상에서 압록강의 수풍댐 등을 통해 동양 최대 규모의 전력량을 안정적으로 공급받을 수 있는 위치라는 점이 부각되며 그 투자가 강조되었다. 여기에 청진이나 나진 등의 동북부 지역과는 달리 소련의 군사적 공격으로부터도 상대적으로 자유로운 위치라는 점 역시 중요하게 평가되었다.[52] 조선총독부

율은 50%에 그쳤다. 이는 부산 약 94%, 여수 약 88%, 삼천포 약 73%, 마산 약 70% 등 남해안 항만 사업의 해당 비율이 높았던 것과 크게 대비된다. 이를 고려해 보면 이미 전세가 급격히 악화된 1943년 이전부터도 항만에 대한 투자는 남해안 연안으로 집중되었다고 해석할 여지가 있다. 그럼에도 여기에서는 상대적 비율보다는 절대금액의 투자 규모 자체에 주목해, 1943년을 인천항의 위상이 낮아지는 기점으로 해석했다.

의 항만 공사와 예산 기획 역시 이러한 맥락을 반영한 조치로 볼 수 있다.

또한 아시아태평양전쟁 하에서 선박 및 연료의 부족으로 인해 일본과 조선, 대륙을 잇는 해양 수송력이 급격하게 위축되자 1942년 12월부터는 '조선 경유經由 육운陸運 전가轉嫁수송방침'에 의거해 중국 물자의 운송이 조선철도를 이용한 육상수송으로 집중되었다는 점 역시 주목할 필요가 있다.[53] 조선의 종관철도망을 따라 만주 및 중국 지역에서 반입된 물자들은 부산, 여수, 마산 등 남해안의 여러 항만을 통해 일본 열도로 수송되었다.[54] 이에 따라 1944년도에는 이들 남해안의 전가화물 인계항을 비롯해, 삼천포와 같이 남해에 위치해 그 역할을 분담할 수 있는 지역에 대한 투자가 집중적으로 기획된 것이었다.[55]

인천항은 중일전쟁 이후 등장한 황해호수화론 속에서 "동아東亞의 배급기지"이자, 반도 제일, 동양 제일의 항만이 될 것으로 선전되었지만,

---

52 일본의 국토계획 속에서 다사도의 입지에 대한 평가는 安達宏昭, 2017, 앞의 논문을 참조. 일제 말 다사도의 개발에 대해서는 김승, 2018, 「일제시기 다사도항 개발과 신의주·다사도간의 철도부설」 『해항도시문화교섭학』 18, 한국해양대학교 국제해양문제연구소를 참조.
53 朝鮮總督府, 1944, 「昭和19年第86回帝國議會說明資料(鑛工)」(민족문제연구소 편, 2000, 『일제하 전시체제기 정책자료총서』 23, 한국학술정보, 406쪽) ; 육운전가수송의 자세한 양상에 관해서는 林采成, 2005, 『戰時經濟と鐵道運營』, 東京大學出版會, 3장을 참조할 수 있다.
54 朝鮮總督府, 1944, 「昭和19年第86回帝國議會說明資料(交通)」(민족문제연구소 편, 2000, 『일제하 전시체제기 정책자료총서』 23, 한국학술정보, 368쪽)
55 〈표 1〉의 ②와 ③을 통해 1941~1943년 사이의 '투자 예정금액 중 미집행액'을 산출해보면, 남해안 일대를 비롯한 타 지역에서는 신규 투자예정액(④)이 기존 미집행액(③-②)을 반영하는 추이를 보였다. 즉, 원래 투자하려고 했던 금액을 재집행하는 구상이었다고 볼 수 있다. 다만, 인천의 경우 미집행액보다도 추가예정액이 약 30% 증가했다. 기존 미집행액 이상의 초과 투자를 계획한 것이다. 이렇게 보면 1944년 인천의 중요성은 오히려 높아진 것으로 볼 수 있다. 다만, 이 글에서는 '절대금액'에 초점을 두고, 인천에 대한 투자금액의 규모가 절대적으로 낮아졌다는 점에 서술을 집중했다.

결국 1944년 10월 이후 "종관縱貫 수송에 직접적 영향이 없는 곳"이라
는 이유로 그 공사가 중단되었다.[56] 공사 중단 이후 인천항의 규모를
표를 통해 살펴보면 다음과 같다.

<표 2> 1944년 현재 인천항 시설 규모

(단위 : m, 평)

시설명	수심	수량	비고
안벽	8.3	454.5	선거 내 안벽
안벽	8.2	116.0	선거 내 도크벽
잔교	6.5	364.0	선거 내 잔교
물양장	2.0	290.0	선거 내 물양장
물양장	2.0	370.0	선거 외 290m, 80m
돌제 물양장	2.0	87.0	
저탄장 물양장	2.0	443.0	
훈도제		1,718.2	
방사제		468.0	
월미도 연락제		1,078.0	
매립면적		약 13만	
정박면적		약 3만	도크 내 유효 면적

* 출전 : 鮮交会, 1986, 앞의 책, 1081쪽.

<그림 3> 1940년 현재 공사 중의 제2축항

* 출처: 인천광역시 역사자료관 편, 2009, 『인천의 갯벌과 간척』, 인천광역시 역사자료관, 49쪽.

---

56 鮮交会, 1986, 앞의 책, 1074쪽.

1938년 시국대책조사위원회 개최 당시 조선총독부가 계획했던 인천항의 선거 내 안벽의 규모는 1,200m였지만, 1944년 현재는 약 454.5m에 불과했던 것을 확인할 수 있다. 또한, 항만을 위한 매립지 역시 1935년 계획 발표 당초에 21만 평을 계획했지만, 실제로는 13만 평을 건설하는 데 그쳤다.

이처럼 인천은 중일전쟁이라는 전시특수戰時特需에 편승해서 동양 제일의 항만을 건설하는 지역 부흥 계획을 도모하고자 했다. 그러나 예상치 못하게 전쟁이 장기화되면서, 그에 따른 물자난과 인력난, 나아가 타 항만과의 경쟁이 강화되며 결국 부산에 이어 조선 제2위였던 그 지위마저 위협받는 상황에 처했음을 알 수 있다.

2) 갯벌: 간척을 통한 공장용지 공급

중일전쟁 이후 큰 화제를 모았던 인천항의 개발이 전황의 악화 속에서 결국 좌초되었던 반면, 인천의 공업단지 형성은 종전 직전까지도 급격하게 전개되었다. 조선총독부는 1937년 4월 고시 제263호를 통해 인천에 '시가지계획령'의 적용을 실시한 데 이어, 1938년 9월에는 "군수공업의 비약적 진전伸展"을 위해 시가지계획에서 규정하는 공업용지에 대해서는 '토지수용령'의 적용을 허가했다.[57] 또한 1940년 1월에는 경성과 인천을 연계한 대단위 개발계획인 '경인시가지계획'을 고시하고, 부평 등지 일대에 총 1,053만여 평 규모의 공업용지 조성계획을 발표했다.[58]

이 과정에서 값싸고 빠르게 확보할 수 있는 땅으로 인천항 연안의 갯벌이 주목받게 되었다. 1938년 인천부세진흥회에서 발간한 책자에 따르면, "오늘날 공장의 부지는 어느 토지이든 상당히 비싸다. 그렇지

---

57 손정목, 1990, 앞의 책, 198쪽 및 303쪽 참조.
58 염복규, 2016, 「8장. '경성'에서 '경인'으로」 『서울의 기원 경성의 탄생』, 이데아, 349쪽 참조.

만 인천에는 현재 북인천항 이외에 율도에서 한강 하구를 잇는 대大 매
립을 통해 족히 3,000만 평의 토지를 염가로 쉽게 구할 수 있을 뿐만
아니라, 그 안벽에 1만 톤 급의 큰 배를 장정長汀 5리에 걸쳐 계류할 수
있다."59라고 할 정도로 갯벌의 매립은 손쉽게 공장용지를 확보할 수
있는 방안으로 선전되었다. 실제로 인천부仁川府는 1934년부터 남부의
화정花町에 공장용 부지 마련을 위해 매립을 시작한 데 이어,60 1936년
부터는 북부의 신화수리新花水里(이후, 화수정花水町으로 개칭)에서 신규 매립
을 추진하기에 나섰다.61 이후, 기존 부역府域 내의 북부 및 부천군에서
새롭게 편입된 학익정鶴翼町 등을 대상으로 전시 말까지 대규모의 간척
사업이 시행되었다.62 그 대략적인 추이를 『조선총독부 관보』에 기록
된 인천부의 '해면매립 허가' 기록을 토대로 확인할 수 있다.63

<표 3> 일제시기 인천의 간척사업 허가 내역

(단위: 평)

	구분	날짜	사업자	장소	면적	목적
1	면허발급	1917.03.30	光田百太郎(인천)	만석정	2,420	공장
2	면허취소	1918.11.27	光田百太郎(인천)	만석정	▲ 2,420	공장
3	면허발급	1919.01.24	奧田貞次郎(인천)	축항 앞	4,156	조선
4	면허취소	1919.01.24	奧田貞次郎(인천)	월미도	▲ 1,689	-
5	면허발급	1920.03.08	緒方久(인천)	사도	2,141	항만

---

59 仁川府勢振興會, 1938, 『港仁川ノ再認識ト京仁一体ノ指導原理』, 仁川府勢振興會, 3쪽.
60 「仁川花町海面의 埋立工事進捗」『동아일보』 1935년 3월 5일. 허가는 '시가지' 및
'대지' 명목으로 받았다. 이에 대해서는 아래 본문의 『조선총독부 관보』 분석에
서 다시 언급했다.
61 「仁川新花水里 四萬餘坪埋立」『동아일보』 1936년 1월 15일 ; 「仁川北部海岸에 十
萬坪埋立計劃」『조선일보』 1936년 1월 28일.
62 「"메트로포리스"에로 海港仁川急轉回」『매일신보』 1937년 1월 28일 ; 「劃期的大
埋立工事」『매일신보』 1938년 4월 13일 ; 「北仁川港工業地帶」『매일신보』 1939년
9월 29일.
63 보다 정밀한 분석을 위해서는 『관보』 원문의 열람이 필요하지만, 이 글에서는 한
국사데이터베이스에서 제공하는 <조선총독부 관보활용시스템>을 활용하는 데 그
쳤다.

	구분	날짜	사업자	장소	면적	목적
6	면허발급	1921.08.23	緒方久(인천)	축항 앞	4,156	항만
7	면허취소	1921.08.23	緒方久(인천)	사도	▲2,141	항만
8	면허발급	1925.07.15	日本製粉株式會社	화방정	7,167	공장
9	면허발급	1925.09.11	谷本茂三郎(부천)	사도	3,280	축산
10	면허발급	1925.11.16	淺野總一郎(東京)	만석정	8,459	공장
11	면허발급	1926.02.06	谷本茂三郎(부천)	사도	621	축산
12	기한연장	1926.06.15	日本製粉株式會社	화방정	●7,167	공장
13	기한연장	1926.09.17	日本製粉株式會社	화방정	●7,167	공장
14	면허재발급	1926.09.20	淺野總一郎(東京)	만석정	●8,572	공장
15	면허취소	1927.03.12	淺野總一郎(東京)	만석정	▲8,459	공장
16	면허발급	1929.02.06	株式會社滿洲銀行	궁정	1,368	대지
17	면허발급	1929.10.19	仁川府	화방정	3,169	시가지
18	면허발급	1930.03.18	加藤平太郎(인천)	궁정·화정	20,671	공장
19	면허발급	1930.06.02	吉田秀次郎(인천)	내리	5,599	항만
20	면허취소	1932.05.04	加藤平太郎(인천)	궁정·화정	▲20,671	공장
21	면허발급	1932.05.10	谷本茂三郎(부천)	항정	73.92	축산
22	면허발급	1932.08.18	仁川府	만석정	7,336	공장
23	면허취소	1932.10.15	吉田秀次郎(인천)	항정	▲5,599	항만
24	면허발급	1932.11.14	仁川府	궁정·화정	7,159	철도
25	면허발급	1933.07.03	東洋紡績株式會社	만석정	132	저수지
26	면허발급	1933.07.18	山崎信雄(인천)	화정	889	대지
27	면허발급	1933.08.10	東洋拓殖株式會社	화정	159	대지
28	면허발급	1933.11.27	力武嘉次郎(인천)	화정	3,787	대지
29	기한연장	1933.12.05	東洋拓殖株式會社	화정	●159	대지
30	기한연장	1934.02.23	山崎信雄(인천)	화정	●889	대지
31	면허재발급	1934.03.30	東洋拓殖株式會社	화정	●159	대지
32	면허발급	1934.04.14	仁川府	화정	59,832	시가지
33	면허발급	1935.12.16	仁川府	화방정	2,527	대지
34	기한연장	1936.04.16	仁川府	화방정	●2,527	대지
35	면허양도	1936.12.15	仁川府 → 丸二商會	화방정	▷2,777	대지
36	면허발급	1937.05.04	仁川府	학익정	216,361	대지
37	면허발급	1937.07.02	仁川府	만석정	501	철도
38	면허발급	1938.05.23	仁川府	만석정	8,069	조선
39	면허발급	1938.07.22	日本車輛製造株式會社	송현정	19,169	대지
40	면허발급	1938.08.05	京畿道漁業組合聯合會	화방정	2,425	수산
41	면허재발급	1938.08.10	仁川府	학익정	●216,361	대지
42	면허양도	1938.11.18	仁川府 → 日立製作所	학익정	▷216,361	대지
43	기한연장	1939.01.12	仁川府	화수정	●24,061	대지
44	면허양도	1939.01.14	仁川府 → 芝浦製作所	화수정	▷17,000	대지
45	면허발급	1939.03.20	仁川府	송현정	76,485	대지

	구분	날짜	사업자	장소	면적	목적
46	면허양도	1939.03.20	仁川府 → 朝鮮理硏金屬	송현정	▷ 58,343	대지
47	면허양도	1939.03.30	芝浦製作所	화수정	7,061	대지
48	기한연장	1939.06.09	仁川府	만석정	● 12,949	대지
49	면허발급	1939.06.16	仁川府	송현· 송림정	47,127	대지
50	기한연장	1939.08.02	仁川府	만석정	● 42,379	대지
51	기한연장	1939.10.11	朝鮮理硏金屬	송현정	● 58,343	대지
52	면허발급	1939.10.19	東洋紡績	만석정	82	대지
53	기한연장	1940.03.23	東洋紡績	만석정	● 82	대지
54	면허취소	1940.07.13	京畿道漁業組合聯合會	화방정	▲ 2,425	수산
55	면허발급	1941.04.04	遞信局長	만석정	8	공장
56	기한연장	1941.04.19	仁川府	송현· 송림정	● 47,127	대지
57	기한연장	1941.06.26	朝鮮理硏金屬	송현정	● 26,124	대지
58	면허발급	1942.05.30	仁川府	송현정	26,832	대지
59	면허발급	1942.12.09	鐵道局長	화방정	10,084	철도
60	면허발급	1943.10.28	鐘淵海水利用工業 朝鮮機械製作所	화수정	2,240	공장
61	면허발급	1944.02.17	朝鮮アルミニウム工業	송림정	12,003	공장
62	면허발급	1944.05.22	仁川府	화수정	8,465	대지
63	면허발급	1944.07.13	仁川府	만석정	406	도로
64	면허발급	1944.11.01	仁川府	만석정 (월미도)	495	대지
65	기한연장	1945.04.10	交通局長	화방정	● 10,084	-
66	면허취소	1945.05.24	朝鮮理硏金屬	송현정	▲ 26,124	대지

* 출전: 조선총독부『조선총독부관보』각 발간일(조선총독부 관보활용시스템)

** 비고: '구분'란은 ① 공유수면매축허가, 공유수면매립면허, 공유수면매립허가, 매립면허, 매립승인 등은 모두 '면허발급'으로, ② 착수기간연장, 준공기간연장, 준공기간변경은 모두 '기한연장'으로, ③ 매립면허실효, 실효, 매립폐지승인 등은 모두 '면허취소'로, ④ 매립면허효력부활, 효력부활은 모두 '면허재발급'으로 표기했다. '사업자'란에서 개인의 경우 출신지를 ( ) 안에 표기했다. '장소'란에는 세부 번지 및 공사 구역의 명칭은 생략했다. '면적'란은 편의상 소수점 이하를 생략했다. '목적'란은 원문의 ① (공공용 및 시설용) 대지 및 택지(기타 도로 등 포함) 조성, ② 철도부지 조성, ③ 시가지 조성, ④ 공장부지 조성, ⑤ 염전 조성, ⑥ 도로(단독 표기) 조성, ⑦ 어획물 창고 및 육양장 조성, ⑧ 이출우 검역소용 우사(牛舍) 부지 조성, ⑨ 저수지 조성 등을 각각 ① 대지, ② 철도, ③ 시가지, ④ 공장, ⑤ 염전, ⑥ 도로, ⑦ 수산, ⑧ 축산, ⑨ 저수지 등으로 표기했다. 원문에 목적이 기록되지 않은 경우 '-'로 표기했다.

** 비고: '면적'란에서 '▲'는 면허취소를, '●'는 기한연장을, '▷'는 양도를 의미한다.

** 비고: 일부 사업에서는 면허발급 이후 사업 면적 등을 다소 조정해 '계획변경허가'를 받은 바 있지만, 지엽적 정보로 판단해 이 표에는 반영하지 않았다. 또한 면허기간 이후에도『관보』를 통해 준공 및 취소 내역이 파악되지 않는 사업이 있지만, 해당 사항을 별

도로 표기하지는 않았다.

〈표 4〉 1937년 이후 인천의 간척사업 준공 내역

(단위: 평)

	날짜	사업자	장소	목적	면적
1	1937.09.03	合名會社丸二商會	화방정	대지	2,738
2	1937.12.27	仁川府	화수정	시가지	9,648
3	1938.06.17	仁川府	화수정	시가지	14,087
4	1938.06.22	仁川府	만석정	철도	486
5	1938.07.26	日本車輛製造株式會社	송현정	대지	12,214
6	1939.04.06	松島遊園株式會社	송도정	유원지	98,016
7	1939.05.13	吉田秀次郎	송현정	대지	13,691
8	1939.08.18	株式會社芝浦製作所	화수정	대지	17,000
9	1939.09.09	仁川府	화수정	대지	31,584
10	1940.05.20	朝鮮理研金屬株式會社	송현정	대지	32,283
11	1940.05.21	日本車輛製造株式會社	송현정	대지	17,439
12	1940.07.03	東京芝浦電氣株式會社	화수정	대지	7,410
13	1940.12.11	東洋紡績株式會社	만석정	대지	82
14	1941.02.28	仁川府	만석정	대지	40,218
15	1941.06.11	京畿道漁業組合聯合會	화방정	대지	2,338
16	1941.11.13	仁川府	송현정 및 송림정	대지	8,847
17	1942.02.21	仁川府	송현정 및 송림정	대지	38,114
18	1943.02.01	京畿道漁業組合聯合會	화방정	수산	108
	합계				346,303

* 출전: 조선총독부 『조선총독부관보』 각 발간일(조선총독부 관보활용시스템)
** 비고: '장소'란에는 세부 번지 및 공사 구역의 명칭은 생략했다. '목적'란은 원문의 ① (공공
용 및 사설용) 대지 및 택지(기타 도로 등 포함) 조성, ② 철도부지 조성, ③ 시가지 조
성, ④ 유원지 조성, ⑤ 어획물 창고 및 육양장 등을 각각 ① 대지, ② 철도, ③ 시가지,
④ 유원지, ⑤ 수산으로 표기했다. '면적'란은 편의상 소수점 이하를 생략했다.
** 비고: 〈표 3〉과 연동시켜보면, 면허발급 여부가 확인되지 않는 사례를 비롯해, 면허발급일
과 준공일이 거의 동시기인 사례들도 있다. 추후 『조선총독부관보』의 보다 상세한
확인을 통해 이러한 오류의 원인을 확인할 필요가 있다.

〈그림 4〉 일제시기 인천항 연안의 갯벌과 주요 간척지

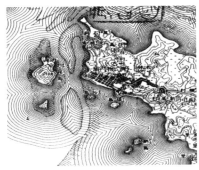

① 병합 이전 인천의 갯벌

② 1937년 이전 주요 매립지

③ 1937년 이후 주요 매립지   ④ 1947년 현재 인천항 연안

* 출전: 인천대학교 일본문화연구소, 인천학디지털아카이브(https ://idmap.inu.ac.kr) ;
  인천광역시 지도포털(https ://imap.incheon.go.kr/) ; [원본] ① 조선총독부 〈제물포〉
  1911 ; ② 조선총독부 〈인천부관내도〉 1929 ; ③ 미군 〈인천〉, 1946(텍사스대도서관
  소장) ; ④ 1947년 항공사진
** 비고: ②와 ③에는 주요 매립지의 지명을 표기했다.

먼저, 〈표 3〉을 통해 일제시기 인천의 간척사업 추이를 살펴보겠다.
이 표는 『관보』에서 간척사업(공유수면매립사업)의 면허 발급, 면허 재발
급, 기한 연장, 면허 취소의 4가지 정보를 집계한 내역으로, 1917년 3
월부터 1945년 5월까지의 정보를 담고 있다. 해당 내역을 21만 평(연번

36)에 달하는 대규모 사업이 시작된 1937년을 기준으로, 두 시기로 나누어 각각의 특징을 알아볼 수 있다. 우선, 사업 규모의 경우 1936년까지는 순수 허가면적만 14만여 평으로, 이 중 4만여 평이 기간 내에 사업에 착수하지 않아 면허가 취소되어 도합 10만여 평의 사업이 추진되었다. 반면, 1937년 이후에는 순수 허가면적만 43만여 평에 달했으며, 이 중 사업 미착수로 인해 면허가 취소된 3만여 평을 제외해도 40만여 평의 사업이 추진되었다. 개별 사업 단위로 보아도 1936년 이전에는 대개 1만 평 이하의 사업들이 추진되었지만, 1937년 이후에는 대체로 1만 평 이상에서 많게는 21만 평 규모의 사업이 전개되었다. 1937년 이후 전시 하에서 매립을 통한 군수공업지대의 구축이 급격하게 전개되었음을 명확히 확인할 수 있다.

둘째, 사업 신청 주체를 보면 1936년 이전은 인천에 거주하는 일본인 개인 기업가들이 그 중심을 이루었다. 이들은 소규모 공장 및 선박 수리용 조선소 부지, 이출우移出牛 검역소 용지 등을 위해 간척 사업을 신청했지만, 실제 사업을 완수하기 보다는 면허 취소에 이르는 경우가 많았다. 또한 일본제분日本製粉 및 만주은행滿洲銀行·동양척식東洋拓殖 등이 제조업 공장 및 미곡 창고 용지로 소규모의 간척 사업을 실시했다. 그러나 1937년 이후에는 인천부가 간척을 진행해 용지를 조성한 후 각 기업에 공장 용지로 매각하는 한편, 일본에 본점을 둔 기계·금속공업계의 대기업들이 직접 간척 사업의 주체가 되었다.

셋째, 지역별로 보면 1936년 이전은 제1선거를 중심으로 항만 일대의 '남촌' 즉, 일본인 촌락을 중심으로 간척이 이루어졌다.64 반면, 1937년 이후는 제2선거를 비롯해, 종래 '북촌'으로 불렸던 조선인 촌락 일대의 화수·송현松峴·송림정松林町과 기존에 부천군에 소속되어 있던 학익정 지역을 중심으로 간척이 시행되었다.

---

64 일제시기 인천의 일본인촌락과 조선인촌락의 분리와 중첩에 대해서는 김종근, 2011, 앞의 논문을 참고할 수 있다.

이어서 〈표 4〉를 통해 1937년 이후 실제 간척지의 준공 내역을 확인해 보겠다. 〈표 3〉에서 확인한 바와 같이 1937년 이후 추진된 간척 사업의 규모는 약 40만 평이었는데, 실제 그 86.5%에 해당하는 34만 6,000여 평이 준공된 것을 알 수 있다. 사업 허가부터 준공까지의 기간은 대체로 1년 이내로, 〈표 4〉의 연번 1의 사례의 경우, 1936년 12월 16일에 허가되었는데(〈표 3〉의 연번 35) 9개월 만인 1937년 9월 3일에 준공되었다. 또한, 〈표 4〉의 연번 8의 사례 역시 1939년 1월 15일에 허가되었는데(〈표 3〉의 연번 44) 같은 해 8월 7개월 만에 공사를 완공한 것을 알 수 있다. 이처럼 허가에서 준공에 이르는 간척의 추진 과정을 사업 주체별로 2가지로 구분해 보다 상세하게 살펴볼 수 있다.

먼저, 〈표 3〉과 〈표 4〉에서 음영으로 표기한 조선이연금속朝鮮理硏金屬의 예를 통해 기업이 직접 간척의 주체가 된 경우를 확인해 보겠다. 먼저, 인천부는 1939년 3월 20일 송현정에서 7만 6,485평의 간척 계획을 허가받아(〈표 3〉의 연번 45), 같은 날 이 면허권 중 5만 8,343평의 분량을 조선이연금속에게 양도했다(같은 표 연번 46). 조선이연금속은 같은 해 10월 그 면허권을 한 차례 연장한 후(같은 표 연번 51), 이 중 3만 2,281평에 한해 이듬해 5월 20일 준공을 마쳤다(〈표 4〉 연번 10). 그러나 나머지 분량에 대해서는 1941년 6월 기한 연장을 한 이래(〈표 3〉 연번 57), 사업을 이행하지 않아 결국 1945년 5월 24일 그 면허를 취소당하게 되었다(〈표 3〉 연번 66).[65]

다음으로, 인천부가 간척을 시행한 후 기업에 토지를 매각한 사례를 살펴보겠다. 인천부는 1942년 5월 30일에 송현정에 2만 6,832평의 간척 계획을 허가받았는데(〈표 3〉 연번 57), 여기에 대해 경기도지사가 조선총독에게 제출한 공사비 신청서가 남아있다. 해당 문서에 따르면 이 지역 일대는 이미 간척을 통한 공장용지 조성이 완료되어 조선이연과

---

[65] 현재는 관련 사료가 부족해서 구체적인 매립공사 과정에 대해서는 확인할 수 없었다.

조선알류미늄공업 등이 조업 중이었지만, 조선알류미늄공업 측에서 부지
가 좁다는 불만을 제기해 추가 매립이 필요하다고 전망했다. 인천부에서
는 이를 위해 1941년 이후 3개년 계속사업으로 총독부로부터 사업비를
받아 우선 준공한 후, 그 간척사업의 사무비와 공사비는 회사 측에 토지
를 매각해서 추후에 충당하겠다는 계획을 제출했다.[66] 자료의 한계로 이
후의 사업 시행 과정은 상세히 알아볼 수 없었지만, 아래의 〈그림 5〉에
따르면 일제 말에 관련 부지가 실제 준공된 것을 확인할 수 있다.[67]

〈그림 5〉 1940년대 인천부의 조선알류미늄 예정지 매립공사 평면도 및 사진

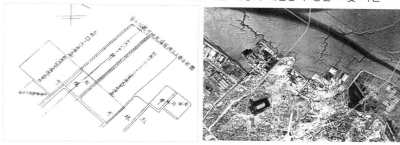

① 1942년 공사 예정도(조선알류미늄 예정지)　　② 1947년 항공사진

* 출전: ① 경기도지사 → 조선총독, 「仁川府第三松峴町地先海面埋立工事費繼續費設定ノ件」, 『지
　　방행정』(CJA0003655), 1942.06.04, 36쪽 ; ② 인천시 지도포털(https://imap.incheo-
　　n.go.kr) [원본] 1947년 항공사진.

　　이상을 종합해 보면, 중일전쟁 이후 본격화되었던 인천의 공업지대
구축 과정에서 전례 없이 급격하게 전개된 인천의 간척사업은 다음과
같은 특징 속에 이루어진 것으로 볼 수 있다. 즉, 항만의 개발이 많은
자본을 요구하는 공사인 반면, 간척사업은 자원착취적·노동집약적 공

---

66 경기도지사 → 조선총독, 「仁川府第三松峴町地先海面埋立工事費繼續費設定ノ件」 『지
　　방행정』(CJA0003655) 1942년 6월 4일, 28쪽.
67 보다 세밀한 분석을 위해서는 간척사업의 시행주체별(사기업과 인천부)로 사업집
　　행 비용을 비롯해 간척 이후의 이익 수렴 구조 등을 파악할 필요가 있다. 그럼에
　　도 이 글에서는 자료의 한계로 이러한 분석까지 나아가지 못했다.

사였다는 점이다.[68] 전황의 변동에 따라 자본의 동원 가능성이 유동적으로 달라지는 항만 사업과는 달리, 산을 깎아 갯벌을 메우는 간척사업에는 큰 자본이 요구되지 않았다.[69] 또한, 전시하 노동력의 강제동원 체제 속에서 노동력의 집약적 활용을 통해 공사 역시 장기간 유지될 수 있었다. '자본의 투입'이 아닌 '자원의 동원'을 통한 개발 구상은 인천항 연안의 섬을 대상으로도 이루어졌다.

---

68 항만의 개발과 공업용지를 위한 간척사업은 모두 자원착취적이며, 매립을 통해 더 많은 개발 이익을 확보하려고 한다는 점에서 최소한의 투자로 최대의 이익을 추구하는 '자본'의 특성을 공유한다. 그럼에도 이 글에서는 항만 개발이 해양에서 실시되는 토목공사를 포함한다는 면에서 보다 높은 수준의 기술력과 중장비를 동원해야 하는 반면에, 간척사업은 인접한 산에서 흙을 운반해 땅을 다지는 자원·노동집약적 사업이라는 점을 양자의 차이로 주목했다. 같은 이유로 한국전쟁기부터 본격화된 탈식민 남한정부의 난민정착사업 역시 농지의 개척과 간척사업을 중심으로 이루어졌다는 점에 주목할 수 있다. 여기에 대해서는 김아람, 2017, 『한국의 난민 발생과 농촌 정착사업(1945~1960년대)』, 연세대학교 박사학위논문을 참고. 또한, 항만과는 달리 간척사업은 완공 이후 토지를 판매하는 과정에서 공사비를 상회하는 이권을 남길 수 있다는 점 역시 고려할 필요가 있다. 개항기 이래로 인천의 개항장과 항구를 중심으로 추진된 여러 간척사업은 '뇌물' 등의 이권을 매개로 추진되었다는 점이 이미 연구된 바 있다. 여기에 대해서는 박진한, 2014, 앞의 논문 ; 2016, 앞의 논문을 참고할 수 있다. 이와 관련해 부산 지역 일대의 '매축왕'으로 불리며, 간척사업을 통해 큰 수익을 거두었던 이케다池田佐忠 역시 1940년 인천에서 156만여 평의 간척 투자를 계획했다는 점이 보도된 바 있는데, 전시체제기 인천에서 이루어진 간척의 특징에 대해서는 보다 심도있는 분석이 필요하다. 이케다의 인천 투자 계획에 대해서는 「임해 공장지대를 인천항으로 건설 계획」『부산일보』1940년 4월 11일 ;「二千萬圓의工費로 臨海工業地帶築造」『조선일보』1940년 4월 14일을 참조.

69 경기도지사가 조선총독에 제출한 계획서에 기록된 "매립용 토지는 송현정, 송림정 내 고지대 일대의 산의 흙으로 시행한다."는 내용을 비롯해,『조선총독부관보』의 허가 내역에도 매립에 필요한 흙을 일대의 산을 깎아서 진행한다는 계획이 다수 기록되어 있다. 경기도지사 → 조선총독,「仁川府第三松峴町地先海面埋立工事費繼續費設定ノ件」『지방행정』(CJA0003655) 1942년 6월 4일, 29쪽.

3) 섬: 다도해의 식량증산 기지화

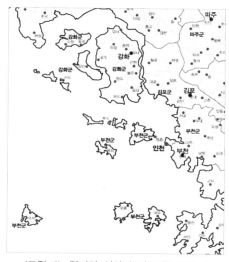

〈그림 6〉 경기만 연안의 다도해(1935년)

* 출처: 〈경기도〉, 한국근대전자역사지도

　인천항이 자리한 경기만 연안은 한반도의 대표적인 다도해로, 강화
도를 비롯해 영종도, 영흥도, 덕적도, 용호도 등의 수많은 섬이 산재해
있다. 일제시기에는 1938년 당시 부천군 내에만 유인도 43개소, 무인
도 143개소가 있을 정도였다.[70] 이들 지역은 일제시기 내내 항로가 제
대로 마련되지 않아 낙후된 지역이자, 잊힌 지역으로 언론에 소개되어
왔다.[71] 그러나 전시체제에는 이 일대의 갯벌과 섬을 자원화해야 한다

---

[70] 「西海岸島嶼連絡船 까솔린價暴騰」 『조선일보』 1938년 12월 9일.

[71] 부천군 내 섬 지역의 교통 불편에 대해서는 다음과 같은 기사들이 대표적이다. 「富川郡島
　　嶼面 定期航路開通」 『조선일보』 1928년 3월 3일 ; 「島嶼中心의 通運丸進水式」 『조선
　　일보』 1934년 9월 29일 ; 「島嶼의開發隊」 『조선일보』 1934년 10월 28일. 이외에 서해
　　5도에 대해서는 일제시기의 관련 특집 기사를 분석한 다음의 글을 참고할 수 있다.
　　유창호, 2015, 「어느 근대인의 서해5도 '순례'」 『서해5도민의 삶과 문화』, 보고사.

는 논의가 형성되었다. "동아신질서의 병참兵站기지로서 중대 지위를 차지하게 된 조선이""신동아 건설과 국내 생산력 확충안에 호응하야 최근 조선 반도의 3면 바다에 산재한 수천 도서島嶼 자원까지도 주목" 해야 한다는 것으로, 섬은 "무진장의 이용 가치와 자원을 간직하고 잇 으면서도 아즉 개발되지 안하서 앞으로 해운시설, 항공시설, 기타 각종 산업 방면에 공헌이 클 것"이라는 논리였다.[72] 이에 따라 경기도에서 는 경기만 연안의 각 섬을 어업과 농경·목축업의 개발지로 활용하고자 기획했다.

먼저, 어업을 위해서는 조기와 새우 어업의 유망 어장漁場인 덕적도 에 1938년부터 2년간 도채道債와 국고 보조금을 절반씩 투자해 어항漁港 을 신설했다.[73] 이외에도 1943년부터는 덕적도와 영흥도를 중심으로 김 양식을 시행해 그 시설을 확충할 계획을 세웠다.[74] 그러나 어업의 활성화를 통해 군수 식량 등을 확보하고자한 기획에도 불구하고, 1943 년 이후는 연료유의 공급이나 선박의 부족과 같은 자재난이 심화되며 "각 종업자는 가지고 있는 자재를 서로서로 융통해 쓰는 것이 한 방법 일 것이다."라는 수준의 소극적 정책밖에는 실시할 수 없는 상황에 처 했다.[75]

---

72 「朝鮮三千島嶼에 資源開發을促進」『조선일보』 1939년 7월 16일.
73 덕적도 어항 건설에 대해서는 京畿道知事→內務局長, 「昭和十二年度以降土木事業國庫 補助稟申ニ關スル件」『항만수축공사(각도)』(CJA0015390) 1936년 9월 12일 ; 「仁川近海 에 漁港構築要望」『조선일보』 1937년 9월 22일 ; 「德積島漁港施設 京畿道産業調査委 員會에서 仁川側委員이 力說」『매일신보』 1937년 9월 22일 ; 「仁川近海德積島에 大規 模의漁港施設」『조선일보』 1938년 9월 10일 ; 京畿道知事 → 朝鮮總督, 「德積島避難港防 波堤築造工事ニ對スル國庫補助ノ件」『국고보조각항수축공사(각도)』(CJA0015693) 1939년 6월 5일을 참조.
74 「海苔養殖에 成功」『매일신보』 1943년 2월 10일 ; 「京畿道에서海苔増産着手」『매 일신보』 1943년 8월 8일.
75 「道知事会議総督訓示要旨·政務総監訓示要旨」 1943년 4월 6일(水野直樹 編, 2001, 『朝鮮總督論告·訓示集成』 5, 緑蔭書房, 557쪽) ; 「中西, 青年教育强化하라」『매일 신보』 1944년 3월 18일.

한편, 섬을 통한 농지와 목축지의 개척 역시 추진되었다. 우선, 경기
도에서는 부천군과 강화군을 중심으로 농지와 목축지 개척이 전개되었
다. 1938년에는 "도서면島嶼面이 유리한 점은 지가地價가 저렴하고 토질
이 자못 조혼 관계라 한다."[76]는 이유로 알콜無水酒精의 원료인 감자를
부천군 관할 6개 섬을 대상으로 재배를 확대하는 한편, 1939년과 1940
년에는 같은 군에서 섬을 이용해 축산을 도모하자는 계획이 발표되었
다.[77] 강화군에서는 1943년 황산도 일대의 갯벌 90만 평을 농지로 간
척하는 계획을 발표하고, 이러한 "식량 증산" 기획에 총독부와 경기도
의 사업비 지원을 요청했다.[78] 한편, 경기만 내의 연평도에서는 군수
자원으로 활용하기 위해 1942년부터 면양綿羊사육장의 건설이 시작되
어, 향후 2,000마리를 육성하는 것을 목표로 축산 사업을 추진했다.[79]

이처럼 전시체제 하에서 경기만 일대의 섬에서 추진된 이러한 여러
개발 사업은 어업·농업·목축업을 통한 '군수 식량·자원 증산'이라는
사업 취지에도 불구하고, 항운航運의 단절이라는 섬 본연의 폐쇄성이 원
인이 되어 제대로 계획에 옮겨질 수 없었다. 반면, 이러한 폐쇄성이 개
발을 이끈 사례도 있었다. 1941년부터 본격적으로 추진된 선감도仙甘島
의 선감학원 건설 사업이었다. 경기도는 경성과 인천 인근의 '부랑아'·
'불량아'를 수용해 '국가산업의 첨병'이자 '산업전사'로 양성한다는 목
표로, 부천군 대부면 선감도에 청소년 수용소를 건설하는 사업을 추진
했다.[80] 사업 취지에서는 이 섬이 "농산물 생산력 확충기지로 낙원을

---

76 「無水酒精原料인 甘藷栽培를企圖」『조선일보』 1938년 4월 19일.
77 「富川의 産業開發 四日」『매일신보』 1939년 3월 12일 ; 「發展處는島嶼面」『조선
  일보』 1940년 3월 17일.
78 「黃山島에江華港」『매일신보』 1943년 8월 5일 ; 「水利施設을 要望」『매일신보』
  1943년 9월 23일.
79 「二千頭確保 目標」『매일신보』 1943년 10월 16일. 1930년대 이후 조선총독부의
  면양 장려 계획에 대해서는 노성룡, 2020, 「일제하 면양장려계획(1934~1945)의 전
  개과정과 식민지개발」『한국문화』 89, 규장각 한국학연구원을 참고할 수 있다.
80 「인천항 밖 선감도仙甘島에 부랑자 수용기관」『부산일보』 1941년 8월 31일.

꾸미기에도 이상적인 토지"라며, "식량 증산에 어린 고아들을 동원시
킨다는 것"을 강조했다.[81] 이에 따라 1941년 겨울 선감도 내에 있던
70호의 주택을 비롯해 섬 전체를 경기도 사회사업협회에서 매수해,
1942년 5월 1차로 200명의 청소년을 수용했다.[82] 이후, 1943년 4월 현
재까지 275명의 청소년을 섬에 수용하고, 농경과 어업에 동원시켰다.[83]
일부 청소년은 이후 "광업전사"로 각지의 광산 개발에 동원되었지만,
나머지 청소년들이 이 섬 안에 남아 농경과 어업 노동에 종사한 사실
은 섬이라는 공간이 가진 '폐쇄성'과 총력전 시기의 노동동원과 관련
해 중요한 시사점을 남긴다.

〈그림 7〉 1942년 선감학원 개원 당시 선감도에 도착한 부랑아

* 출전: 국가인권위원회, 2018, 『선감학원아동인권침해사건보고서』, 국가인권위원회, 4쪽.

4. 전쟁, 바다, 자본

이 글은 중일전쟁 이후 '총력전'이라는 특수한 상황 속에서 인천의
바다가 '자본'·'자원'·'노동'의 공간으로 변화되어 가는 흐름을 분석하

---

81 「고아들의 낙천지」, 『매일신보』 1941년 8월 28일.
82 국가인권위원회, 2018, 『선감학원아동인권침해사건보고서』, 국가인권위원회, 48쪽.
83 「가정불화가 큰 원인」, 『매일신보』 1943년 4월 16일.

고자 했다. 이를 위해 2장에서는 중일전쟁 이후 황해호수화론의 등장과 인천의 부상을 살펴보았다. 이어서 3장에서는 이러한 계획이 아시아태평양전쟁의 전황 악화라는 전쟁의 흐름 속에서 좌초·변형되었음을 분석했다.

이처럼 전시체제 하에서 경기만 연안은 중요한 자원이자 개발 대상으로 등장했지만, 그 개발 방식은 자본을 투자하기 보다는 자원을 착취하고 노동력을 동원하는 방식에 그쳤다. 결과적으로는 선감학원과 같이 섬의 '폐쇄성' 그 자체를 이용해 강압적 통제를 도모하기 위한 계획을 제외하면, 항만, 갯벌, 섬을 둘러싼 개발 계획은 '자본'의 투입이라는 절대적 문제에 큰 영향을 받으며 제한적으로 추진되는 데 그쳤다. 즉, '전쟁'을 새로운 개발 기회의 기점으로 보고 이에 편승하는 기대가 지역 내에서 형성되었음에도 불구하고, '전쟁' 그 자체가 자충수가 되어 지역 내의 개발기대를 배반하는 결과로 이어진 것이다. 이는 총력전체제 하의 개발이 '슬로건'에 불과했다는 근본적 한계를 보여준다.

바다는 섬나라인 일본이 제국과 식민지를 통치하는 데 핵심적 위치를 차지했지만, 기존의 많은 연구는 이를 본격적으로 탐구하지 않았다. 특히, 바다와 대륙을 연결하는 기점으로서 '항만'에 대한 연구는 부산, 나진 등 일부 지역을 중심으로 집중되었지만, 식민지화가 한반도 연안의 지역사회와 생태환경에 미친 전반적 영향에 대한 연구는 여전히 미지의 영역으로 남아있다. 20세기의 식민화와 전쟁이라는 급격한 변화 속에서 자본과 자원, 노동의 공간으로 재편되어간 한반도의 바다에 대해 향후 보다 많은 연구가 진행될 필요가 있다.

참고문헌

국가인권위원회, 2018, 『선감학원아동인권침해사건보고서』, 국가인권위원회.

김아람, 2017, 『한국의 난민 발생과 농촌 정착사업(1945~1960년대)』, 연세대학교 박사학위논문.

류창호, 2017, 『식민지기 인천의 근대 제염업』, 보고사.

배석만, 2014, 『한국 조선업사: 일제시기편』, 선인.

손승호·박진한·윤현위·이호상·문순희·윤현위, 2017, 『지도로 만나는 근대도시 인천』, 인천대학교 인천학연구원.

손정목, 1990, 『일제강점기도시계획연구』, 일지사.

염복규, 2016, 『서울의 기원 경성의 탄생』, 이데아.

유창호, 2015, 『서해5도민의 삶과 문화』, 보고사.

정재정, 1999, 『일제침략과 한국철도, 1892~1945』, 서울대학교 출판부.

加藤圭木, 2017, 『植民地期朝鮮の地域変容』, 吉川弘文館.

芳井研一, 2000, 『環日本海地域社会の変容』, 青木書店.

原朗, 2013, 『日本戦時経済研究』, 東京大学出版会.

川北昭夫, 1996. 「1930年代の朝鮮工業化論議」『論集 朝鮮近現代史』, 明石書店.

김미현, 2010, 「전시체제기 인천지역 학생 노동력 동원」『인천학연구』 1-12, 인천대학교 인천학연구원.

김승, 2018, 「일제시기 다사도항 개발과 신의주·다사도간의 철도부설」『해항도시문화교섭학』 18, 한국해양대학교 국제해양문제연구소.

김종근, 2011, 「식민도시 인천의 거주지 분리 담론과 실제」『인천학연구』 14, 인천대학교 인천학연구원.

노상주·김용하·이동배, 1990, 「도시도를 통한 인천 도시형태변화에 관한 연구」『대한건축학회 학술발표대회 논문집-계획계』 10-2, 대한건축학회.

류창호, 2014, 「일제강점기 '송도' 연안의 개발과 어촌주민들의 삶」『인천학연구』 1-21, 인천대학교 인천학연구원.

박우현, 2019, 「1920년대 조선사업공채 정책 변화와 재원조달의 부실화」『한국사연구』 185, 한국사연구회.

박우현, 2020, 「1910년대 조선사업공채 정책의 전개와 난맥상」『한국근현대사연구』 93, 한국근현대사연구회.

박인옥, 2014, 「일제강점기 인천의 생산구조와 도시공간의 변화」 『인천학연구』 20, 인천대학교 인천학연구원.

박진한, 2014, 「개항기 인천의 해안매립사업과 시가지 확장」 『도시연구』 12, 도시사학회.

박진한, 2016, 「1900년대 인천 해안매립사업의 전개와 의의」 『도시연구』 15, 도시사학회.

박진한, 2017, 「통감부 시기 인천의 시구개정사업과 시가지 행정」 『동방학지』 180, 연세대학교 국학연구원.

박진한, 2020, 「1910년대 인천부의 주요 정책과 시가지행정에 관한 연구」 『도시연구』 23, 도시사학회.

방기중, 2003, 「1930년대 朝鮮 農工併進政策과 經濟統制」 『동방학지』 120, 연세대학교 국학연구원.

배석만, 2009, 「일제시기 조선기계제작소의 설립과 경영(1937~1945)」 『인천학연구』 1-10, 인천대학교 인천학연구원.

송규진, 2013 「일제의 대륙침략기 '북선루트'·'북선3항'」 『한국사연구』 163, 한국사연구회.

송규진, 2014, 「함경선 부설과 길회선 종단항 결정이 지역경제에 끼친 영향」 『한국사학보』 57, 고려사학회.

심재만, 1986, 「인천시가지의 성장과 변천에 관한 연구」, 인하대학교 석사학위논문.

양지혜, 2020, 「일제하 기업의 항만 개발과 '번영'의 동상이몽」 『역사와현실』 117, 한국역사연구회.

염복규, 2007, 「1930~40년대 인천지역의 행정구역 확장과 시가지계획의 전개」 『인천학연구』 6, 인천대학교 인천학연구원.

염복규, 2008, 「일제말기 지방·국토계획론과 경인시가지계획」 『서울학연구』 32, 서울학연구소.

오미일, 2010, 「자본주의생산체제의 변화와 공간의 편성」 『한국근현대사연구』 53, 한국근현대사학회.

오미일, 2011, 「총동원체제하 생활개선캠페인과 조선인의 일상」 『한국독립운동사연구』 39, 한국독립운동사연구소.

이동훈, 2018, 「1910년대 인천항 축항 사업과 식민자 사회」 『인천학연구』 1-28, 인천대학교 인천학연구원.

이병례, 2009, 「일제말기(1937~1945) 인천지역 공업현황과 노동자 존재형태」 『인천학연구』 1-10, 인천대학교 인천학연구원.

이상의, 2016, 「아시아·태평양전쟁기 일제의 '인천조병창' 운영과 조선인 학생동원」 『인천학연구』 1-25, 인천대학교 인천학연구원.

이상의, 2019, 「구술로 보는 일제하의 강제동원과 '인천조병창'」 『동방학지』 188, 연세대학교 국학연구원.

이연경·홍현도, 2019, 「부평 미쓰비시(三菱)사택의 도시주거로서의 특징과 가치」 『도시연구』 22, 도시사학회.

森脇喜一, 2010, 「北九州市と韓国の地域間連携と今後の課題」 『九州国際大学経営経済論集』 16-3, 九州国際大学経済学会.

宋芳芳, 2009, 「'日満支ブロック'下の大連港」 『現代社会文化研究』 45, 新潟大学大学院現代社会文化研究科.

安達宏昭, 2017, 「戦時期國土計畫における朝鮮」 『한림일본학』 31, 한림대학교 일본학연구소.

林采成, 2005, 『戰時經濟と鐵道運營』, 東京大學出版會.

일제강점기 米俱樂部와 延市場에 관한 연구
- 소위 '인취문제'와의 관련성을 중심으로 -

김명수
(계명대학교)

1. 머리말

일제강점기의 산업정책은 일정한 패턴이 있다. 최초에는 '회사령'을 통한 통제, 회사령 폐지 이후의 자유방임주의, 경쟁 격화와 수익률 감소, 각종 부작용의 사회문제화, 근거법령의 정비를 둘러싼 이해관계자 및 관민 사이의 갈등, 근거법령의 성립, 조선총독부 주도의 합동정책과 통제 강화라는 도식이다. 조선은행령이나 조선신탁업령이 대표적인 사례이다.[1] 거래소(=취인소) 문제도 마찬가지였다.

1922년 10월에 인천미두취인소(인취)와 경성주식현물취인시장(경취)의 합병 및 경성 이전이 공식적으로 본격화하였다. 이에 대한 찬부를 둘러싸고 경성과 인천 사이의 지역적 대립, 그리고 인천 상업회의소 중역진과 평회원 및 인천부민들 사이의 경제적 이해를 둘러싼 갈등이 1920년대 내내 지속되었다. 이를 당시에는 '인취문제'라고 불렀다. 이를 계기로 조선총독부에서는 거래소에 대한 감독법령의 제정에 나섰고, 1931년 5월 20일 조선취인소령의 공포는 그 결론이었다. 이에 근거하여 1932년 1월 1일자로 인취와 경취의 합병이 인가되었고, 같은 해 1월 10일에는 두 거래소의 해산과 함께 자본합병을 단행, 조선취인소(조취)가 신설되었다.

일제강점기 조선총독부의 산업정책에 하나의 도식이 성립한다고 했

---

* 원 출전 논문 서지사항 : 김명수, 2021, 「일제강점기 미구락부米俱樂部와 연시장延市場에 관한 연구 -소위 '인취문제'와의 관련성을 중심으로-」, 『일본연구』 88의 글을 본서의 편집방향에 맞춰 일부 수정 보완하여 게재한 것임을 밝힌다.

1 朴賢, 2006, 「1920년대 후반 金融制度準備調查委員會의 설립과 활동-「金融組合令」・「銀行令」 개정논의를 중심으로」 『東方學志』 136집, 연세대 국학연구원, pp.189~229 ; 金明洙, 2005, 「朝鮮總督府의 金融統制政策과 그 制度的 基礎의 形成 -1931년 朝鮮信託業令의 制定을 중심으로-」 『東方學志』 131, 연세대 국학연구원, pp.89~138 등.

지만, 산업의 내용이 다른 만큼 그 구체적인 계기와 양상은 조금씩 달랐다. 미곡거래소 정책의 경우에도 마찬가지였다. 산업정책의 변화에는 그에 수반하는 이해관계의 조정이 필요하고, 그 과정에서 사회적 갈등을 노정하게 되는데, 미곡거래소 정책의 경우에는 소위 '인취문제'로 나타났다. 인취를 비롯한 미곡거래소 문제에 관해서는 당대의 기록이나 최근의 연구성과로 잘 알려져 있다. 김도형은 인취의 설립과정을 개항기 미곡유통과 관련성 속에서 정리하였고,[2] 김기성은 미곡 거래 방식에 초점을 맞추어 개항기 인취를 검토했다.[3] 이형진과 허병식은 일제의 수탈구조 속에서 미두시장이라 불린 미곡거래소의 투기적 성향에 주목하였고,[4] 김민화는 조선취인소령의 실시에 따른 부산미곡취인소의 설립과 활동을 검토하였다.[5] 인천부의 공식기록 속에 인취와 인취문제, 그리고 조선취인소의 출현 과정이 정리되어 있으며,[6] 당대의 신문도 꾸준히 인취문제에 주목해서 끊임없이 기사를 쏟아냈다.[7] 반면 인취문제에 대한 학계에서의 주목도는 상대적으로 낮다. 인취문제에 대한 지역재계와 지역자본가들의 대응을 다룬 시도가 있었으나[8] 인천상의가 개

2 김도형, 1992, 「갑오 이후 인천에서의 미곡유통구조 ; 「仁川米豆取引所」의 설립을 중심으로」『擇窩許善道선생정년기념 한국사학논총』일조각, pp.687~716.

3 김기성, 2020, 「개항기 정기미시장定期米市場의 도입과 미곡 거래 방식의 다변화」『한국사연구』191, pp.385~428.

4 이형진, 1992, 「일제하 투기와 수탈의 현장-미두·증권시장」『역사비평』18호, 역사문제연구소, pp.93~107 ; 이형진, 1992, 「日帝 강점기 米豆·證券市場정책과 '朝鮮取引所'」 연세대학교 사학과 석사논문 ; 허병식, 2017, 「조탕과 미두장, 유원지 혹은 악마굴 - 근대도시 인천의 장소정체성」『한국학연구』45, 인하대 한국학연구소, pp.379~401.

5 김민화, 2018, 「1930년대 부산미곡취인소의 설립과 활동」『지역과 역사』42, 부경역사연구소, pp.359~404.

6 仁川府廳編, 1933, 『仁川府史』仁川府 pp.1064~1069.

7 대표적인 것이 『朝鮮新聞』에 1931년 8월 18일부터 10월 31일까지 총 57회에 걸친 연재기사이다. 김명수 편역, 2015, 『인취성쇠기仁取盛衰記-미곡거래소 仁川米豆取引所의 흥망성쇠-』, 인천대학교 인천학연구원. 그 외에도 다수의 기사가 있다.

8 문영주, 2009, 「20세기 전반기 인천 지역경제와 식민지 근대성-인천상업회의소

입한 지역 현안 중 하나로 언급되었을 뿐이라 여전히 본격적 연구가 요구된다.

하지만 '악마는 디테일에 있다'고, 미곡거래소 관련 문제가 인취문제에만 국한되지 않았다. 미곡거래의 상세한 메커니즘을 따라가 보면 그 동안 주목하지 못했던 두 가지 문제가 드러난다. 하나는 '연시장 또는 연거래(=연취인) 문제'이고, 다른 하나는 인천미두취인소의 비공식적 부속기관이었던 '미구락부 문제'이다. 인천미두취인소가 선물거래를 주로 했었던 것에 대해 각 지방의 미곡상조합이 운영하던 곡물시장은 현물시장이었다. 외상거래의 일종인 연거래延取引가 사실상 유사 선물거래로 이용되면서 양자 사이의 갈등이 심화되었다. 이는 연거래에 대한 규제법령이 없는 제도상의 결함 때문이었다.[9] 미구락부는 인취의 외연이 확대되는 과정에서 등장하여 미곡 거래의 규모를 확대시키는 순기능을 낳기도 했지만, 인천의 이익을 유출시키는 파이프로 인식되어 지역 간 갈등의 원인이 되기도 했다. 사회적으로는 지역적 한계를 넘어 투기를 더욱 조장하는 사회문제를 낳았다. 본고는 이 두 가지 문제에 주목하여 그간 숲만 보고 나무를 보지 못한 일제강점기 미곡거래소 문제의 연구사상 공백을 매우고자 한다. 그 과정에서 자연스럽게 조선총독부 산업정책의 특징이 드러날 것으로 기대한다.

2. 米俱樂部 공인 문제와 '인취문제'

1) 미구락부의 출현과 公認 시도

1920년에 들어서 반동공황으로 인한 조선경제 전체의 경기 하락세

(1916~1929)와 재조일본인在朝日本人-」『인천학연구』 제10권, pp.19~21.

9 이형진 또한 연시장과 연거래에 대해 언급하였으나 그 투기적 성향을 강조한 나머지 그 구체적인 메커니즘과 인취와의 관련성에 대해서는 아쉬움을 남겼다.

가 계속되는 가운데 인천미두취인소(이하 '인취') 역시 경영악화를 경험했다. 다음의 〈그림 1〉을 통해 알 수 있듯이, 제1차 세계대전 호황기였던 1916년 상반기부터 1918년 상반기까지 120%의 배당률을 보였던 인취는 1918년 하반기와 1919년 상반기에 30%를 기록하면서 영업의 위기를 맞이했다. 이때의 영업 위기는 인취 내부의 증거금 부정사건과 관련이 있었다. 총 180만 원에 달하는 거액의 손실이 발생했는데, 180만 원 중 70여만 원은 이전에 증거금으로 받아 놓은 수표가 부도난 것으로, 인취 경영진이 수표의 부도 사실을 숨겨오다 1919년 총독부 상공과의 조사로 발각되었다.[10] 또한 중매인이 지불했어야 할 증거금의 미수금액이 상당액에 달하여 도합 180만 원이 손실로 처리되었던 것이다. 이 부정사건이 계기가 되어 부산부윤 와카마쓰若松兎三郎가 취임하는 등 인취의 중역진이 대거 교체되었다. 그밖에도 경성의 아라이荒井初太郎, 덴니치天日常次郎, 고죠古城管堂, 주성근朱性根, 부산의 오이케大池忠助, 군산의 누노이布井嘉造, 진남포의 사이토齋藤久太郎, 인천의 요시다吉田秀次郎, 고노河野竹之助, 시라가미白神専一, 정치국鄭致國이 중역으로 등장하였고, 가쿠加来榮太郎가 상담역에 취임하였다.[11] 1919년 5월의 일이었다. 이때의 손실 180만 원 중 65만 원은 증자를 통한 프리미엄을 통해 보전하였고, 나머지 115만 원은 식산은행으로부터 차입하여 보전하였다.[12]

---

10 1919년 3월 1일부터 제1차 세계대전의 강화가 원인이 되어 선물 시세 가격이 폭락하면서 8일에 인취시장의 거래가 정지되었는데, 이 거래 정지의 이면에 인취의 중역과 중매인에 의한 작전 실패가 있었다. 인취의 사장 이이다飯田와 취체역 오쿠다奧田가 아라키荒木助太郎 등 일부 중매인들과 결탁하여 기미期米의 투기적 매입에 나섰는데 인취 시세가 폭락하면서 큰 손해를 본 것이다. 이때 파는 쪽은 현금으로 증거금을 납부했지만, 사는 쪽은 증거금을 어음으로 납부했었다. 이때 납부한 어음에 문제가 있었다. 김명수 편역, 앞의 책, pp.94~95.

11 1920년 중역진에는 고죠, 가쿠, 고노, 주성근, 아라이, 요시다가 취체역이었고, 하라原勝一, 정치국, 덴니치, 시라가미가 감사역이었다. 中村資良編, 1920, 『朝鮮銀行會社要錄』, p.159. 이하에서는 『요록』으로 약한다.

12 김명수 편역, 앞의 책, pp.96~104.

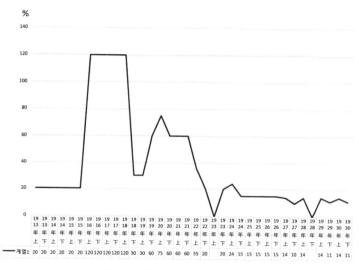

<그림 1> 인천미두취인소의 배당률 추이

* 출처: 中村資良編, 『朝鮮銀行會社組合要錄』, 東洋經濟時報社, 각연도판.

1919년 6월 2일에 입회를 재개한 인취는 1921년 하반기까지의 배당률이 60~75%에 달해 양호한 성적을 보였다. 하지만 이후 1922년 상반기 35%를 제외하고는 1920년대 내내 20%를 넘지 못했다.[13] 전후공황이라는 외부적 요인 외에도 이러한 인취의 경영악화와 위기의식을 가속화시킨 두 가지 사건이 있었다.

첫째, 1921년 4월 21일부터 시행된 '조선취인소세령(4월 15일 공포)'이 인취 경영에 부담을 가중시켰다. 제령 제6호로 공포된 조선취인소세령의 목적은 '歲計의 수요를 충당하는 동시에 투기를 억제'하기 위함이었다. 보통 取引所稅라고 통칭할 경우 취인소의 수익에 대한 과세인 취인소세뿐만 아니라 매매 이전으로 발생하는 중매인의 이득에 대한 과세 즉 취인세도 포함된다. 그런데 이 조선취인소세령에 의한 과세가

---

13 1924년 상반기에 24%를 기록하기는 했으나 이후 줄곧 10% 초중반의 배당률이었다.

'인천미두취인소 급 중매인에게만 적용'되어 인취와 소속 중매인들의 부담이 가중될 것으로 여겨졌다.[14] 그 때문에 인취는 취인소세령 공포에 직면하여 '정기취인'[15] 유사 거래에 대한 단속과 본점 이외의 장소에 있어서 중매인에 의한 영업소 설치 금지에 대한 입법을 요구했다. 관련하여 총독부의 미즈구치水口隆三 세무과장은 "稅令 중에 此等의 실체법을 加함은 온당치 아니할 뿐 아니라 刑法 회사령 급 시장규칙 등에 각기 상당히 취체함을 得하는 규정이 有함으로써 是等 諸法規의 내용 일부를 변경하여 추가할 필요가 無하다"고 했다.[16] 대신 세금 포탈에 대한 단속 강화를 천명했을 뿐이었다. 이러한 총독부 당국의 태도에 인취는 자체적인 대책 마련에 부심했다.

둘째, 대구, 군산, 부산 등 각지의 연시장이 점점 거래 규모를 확대하고 있었기 때문에, 인취는 연시장에 의한 시장 잠식을 인취 영업 정체의 원인 중 하나로 인식하고 있었다. 한때 약 30명에 달하던 인취의 중매인(=취인원)이 겨우 10명 정도로 감소한 이유도 거기에 있다고 보았다.[17] 이에 대해서는 후술한다.

한편, 인취의 경영악화를 배경으로 시장 진흥책으로서 인취의 이전과 합병을 처음 제창한 것은 '사기 광산업자의 대통령'[18] 고바야시小林藤右衛門였다. 고바야시는 1906년 초에 조선에 건너와 경성에서 여러 官署의 용달업과 신탁업에 종사했다. 1908년 4월에 마스다增田政夫로부터 매입한 황해도 樂山金鑛의 대성공을 계기로[19] 이후 광산업에 전념하였

14 『東亞日報』 1921.4.15. 〈取引所稅令에 對하야〉.
15 '정기취인'도 청산거래와 같은 의미인데 오늘날의 선물거래에 해당한다. 인천미두취인소와 같이 고유명사인 경우가 아니면, '取引'은 모두 '거래'로 통일한다. 외상거래를 뜻하는 연취인을 연거래로 표시하는 것도 같은 이유이다. 이외에 현물거래가 있다. 이후 본고에서 '淸算取引'은 '청산거래'로 표기한다.
16 『東亞日報』 1921.4.16. 〈取引所稅令에 對하야〉.
17 오랜 역사를 가지고 있던 취인원 마루토미丸富가 2월 20일 폐업한 것도 불평등대우의 희생자라고 보고 있었다. 井上新一郎, 앞의 책, pp.79~80.
18 『釜山日報』 1918.04.21. 〈イカサマ鑛業屋의 大統領 小林藤右衛門의 窮境(上)〉.

다. 그의 경제적 기반 역시 금광에서 형성된 것으로 보인다. 1919년 6월부터는 인취의 중매인이 되어 상당한 수완을 발휘했다.[20] 인취에서 고바야시의 위상을 엿볼 수 있는 기사가 있다. 인취에서는 연초 立會 직전 전년도 매매성적이 우수한 중매인을 표창했는데, 고바야시는 1926년 1월과 1928년 1월에 각각 닛타新田義民에 이어 2등을 기록했다.[21] 고바야시는 뒤에 인취 취인원조합의 조합장에 취임할 정도로 인취 취인원의 대표적 인물이 되었다.

고바야시가 인취의 중매인 자격을 취득한 1919년 당시 인취의 취인원 중에서 경성에 주거를 두고 인천에 상점만 두고 있는 것은 고바야시 정도였다.[22] 자신의 주요 사업기반 역시 경성에 있었기 때문에, 고바야시는 인천의 중매점과는 별도로 경성의 고객들을 대상으로 출장소 격인 사쿠라이상점櫻井商店을 개설했다. 사쿠라이상점은 明治町(현재의 명동) 1정목에 위치하고 있었는데,[23] 당시 명치정은 경성의 월스트리트로

---

19 한국사데이터베이스 〈한국근현대인물자료〉 增田政夫.
20 고바야시小林藤右衛門는 1869년 나라현奈良縣 출신으로 1929년 7월에 사망했다. 그의 사업은 두 아들에게 승계되었는데, 광산업은 采男이 물려받아 1939년 현재에도 사장으로 재직 중이었고, 인천의 福취인점은 幹三이 물려받아 1935년 현재에도 운영 중이었다. 한국사데이터베이스 〈한국근현대인물자료〉 小林藤右衛門. 고바야시는 이외에도 京城葬儀社의 취체역(1916), 경성경매주식회사의 취체역(1916.8.15.사임), 京城商事信託株式會社 설립(1921.11.10.)과 동시에 취체역을 지냈다. 『조선총독부관보』 제1224호, 1916.8.30. 〈상업등기〉; 제2802호, 1921.12.14. 〈상업등기〉.
21 한편, 인취에서는 매년 매매성적이 우수한 중매인의 순위를 매겨 포상했다. 1925년 매매성적을 대상으로 한 포상에서는 닛타 1등, 2등 고바야시, 3등 이마무라, 4등 리키타케力武黑左衛門, 5등 우쓰미內海淑郎의 순서였고, 1927년 매매성적에서는 1등과 2등은 역시 닛타와 고바야시로 변함이 없었으나, 3등에는 고토부치, 4등 이마무라, 5등 김인오가 새롭게 이름을 올렸다. 1927년 수도고를 대상으로 해서는 1등 닛타, 2등 우쓰미, 3등 고토부치 순이었다. 『東亞日報』 1926.1.7. 〈仲買人襃賞〉; 1928. 1.7. 〈取引員表彰〉.
22 김명수 편역, 앞의 책, p.160.
23 1919년 6월 현재 고바야시의 주소는 京城府 明治町 1丁目 10番地였다. 『조선총독부관보』 제2044호, 1916.6.4. 〈광업권설정〉. 따라서 사쿠라이상점은 본인의 거주지에 개설한 것으로 판단된다.

불리는 금융의 중심가였다. 시기를 정확히 알 수 없지만 유타카豊 중매
점의 무네 기혜이宗喜平도 명치정에 유타카 구락부라 불리는 미구락부를
설치하였다.[24] 고바야시는 인취의 중매인으로서 경성의 고객들을 모으
는데 자신의 사업기반과 인적 네트워크를 활용했고, 사쿠라이상점은
그 통로로 이용되었다. 이 사쿠라이상점이 소위 '米俱樂部'의 효시였
다고 알려진다. 고바야시가 인취를 경성으로 이전시켜 경취와 합병시
키자고 주장한 데는 미구락부를 통해 커다란 이익을 거둔 경험이 크게
작용한 것으로 보인다.

관련하여 1930년 조선총독부 식산국에서도 미구락부의 출현배경으
로 다음과 같은 여섯 가지의 이유를 들었다. ①인취의 단골 고객들 다
수가 경성에 거주하고 있었다. ②위탁자가 인천에 왕래하는 번잡함 없
이 손쉽게 거래를 할 수 있도록 하여 자연스럽게 위탁자 증가를 도모
할 수 있다. ③구락부를 두지 않게 되면 이를 설치한 중매인에게 위탁
자를 빼앗기는 불리함을 감수해야 했다. ④인취의 기미 매매상 주요한
목표인 오사카 도지마취인소堂島取引所의 시세가 통신 경로상 경성이 인
천보다 십 수분 먼저 알 수 있게 되고, 따라서 지급전화至急電話를 이용
할 경우 거래에서 유리할 수 있었다. ⑤구락부를 설치하게 되면 위탁
자를 흡수할 수 있어서 그들이 내는 증거금을 유용할 수 있게 되어 자
금 융통상 편리하다. ⑥구락부 경영이 유리하다고 생각하고 있는 이들
이 중매인에게 구락부 설치를 종용하는 자 적지 않다.[25] 즉 경성 거주
고객의 확보와 거래 과정에서 흡수하게 되는 증거금을 이용한 자금 융
통의 편리함이 중요한 이유로 지적되고 있음을 알 수 있다.

한편, 1922년 10월 인취는 영업세칙 일부를 개정하여 경성에 인취
소속 중매점의 지점·출장소를 개점할 수 있도록 해 달라는 요청을 인

---

24 김명수 편역, 앞의 책, p.149.
25 朝鮮總督府殖産局編, 1930, 『取引所關係事項の槪要』 朝鮮總督府殖産局 pp.95~96 ;
　金明洙 편역 앞의 책, p.160.

천부를 경유해 총독부에 신청했다. 미구락부가 매매계약고에서 차지하는 비중이 컸기 때문이다. 인취의 고객 중에서 경성에서 오는 이들이 많았고, 조선경제에서 경성이 차지하는 비중을 고려할 때 지방과의 관계상 중매점을 경성으로 진출시키는 것이 지방 고객의 유치에 유리했다. 인취의 시장진흥책이었던 셈이다. 인취의 신청을 접한 당시의 인천 부윤 후카가와深川傳次郞는 인천상업회의소에 영업세칙 개정에 대한 자문을 구했다. 여기서 인취의 영업세칙 일부 개정이란 곧 영업세칙 제34조를 가리키는 것으로 '취인원은 지점, 출장소 기타 어떤 명의이든 불문하고 해당 영업소 이외에 買賣取引을 취급하는 장소를 둘 수 없다'[26]를 해당 영업소 이외의 장소에도 매매거래를 취급하는 장소를 둘 수 있다고 바꾸는 것이었다. 이는 그 동안 고객 확보를 목적으로 경성에 임의 설치한 비공인 출장소(=미구락부)를 인취 중매점의 정식 출장소로 공인하는 것이었다.

하지만 영업세칙 변경에 찬성했던 요시다吉田秀次郞 회두, 나가미永見京造 부회두, 그리고 상무위원인 사카쿠라坂倉伊平와 히라야마平山松太郞 등의 임원들과 달리 인천상의의 평의원이나 인천부민들의 생각은 달랐던 것 같다. 인천상의 평의원 가와이다川井田彌二郞 등 5명의 요구로 10월 19일과 20일 양일간 인천곡물협회에서 개최된 임시긴급평의원회에서는 만장일치로 '인천미두취인소 중매점 경성지점 설치인가 신청'에 대하여 반대입장을 정리했다.[27] 후술하듯, 인천의 부가 경성으로 유출된다고 생각했던 것이다. 결국 인취가 시장진흥책으로서 추진한 지점 설치를 통한 경성 진출은 좌절되고 말았다.[28]

---

26 인천미두취인소, 1930, 改刷 「營業細則」, p.15.
27 『東亞日報』 1922.10.21. 〈商議緊急會議〉 ; 1922.10.22. 〈各組合代表會議〉.
28 『仁川府使』, p.1065.

2) 미구락부의 확대와 정리

1922년 10월 인취 중매점의 지점·출장소 공인 시도가 좌절되었음은 전술한 바와 같다. 하지만 이러한 시도는 오히려 1923년부터 명치정 경취시장 주변에 인취 중매점의 비공인 중개기관인 미구락부가 속출하는 계기가 되었다. 1924년 4월 현재 경성에만 약 80개의 미구락부가 '경성 시중 도처에 점포를 두고 無電을 이용하여 期米를 중개하였다'고 하니 그 확산세를 짐작할 수 있다. 미구락부는 명치정 1, 2정목에서 황금정 2정목에 집중되어 있었고, 三角町, 종로 都染洞에서 북부에 산재하고 신구용산에도 3, 4점이 설치되어 있었다.[29] 이들 미구락부 중에는 인취 중매점과 특약을 맺고 사실상 인취 중매점의 경성지점으로 기능하는 곳이 많았다. 인취와 긴밀한 연락을 취하는 곳이 40여 개에 달했고, 멀리 대구나 기타 지방에까지 영업을 확대하는 경우도 있었다.[30] 따라서 인취가 미구락부를 통해 흡수하는 증거금이나 수수료가 상당한 수준이었을 것이다.

한편, 미구락부를 통한 경성 고객 확보에는 부작용도 수반되었다. 미구락부가 일확천금을 노리는 미두꾼의 온상이 되기도 했던 것이다. 총독부 상공과에서도 이에 대해 주목하고 단속에 부심하고 있었다.[31] 당시 미구락부에는 '正業이 없는 자를 흡수하여 공연히 도박행위를 常習으로 하며 재계를 교란하고 風敎를 문란'하게 만드는 자가 많이 모여들었다. 이런 폐단으로 인한 영업질서의 문란을 우려하여 인취가 경성곡물조합시장과 함께 당국에 미구락부의 단속을 진정하기도 했다.[32] 실제로 경찰이 미구락부를 이용하여 교묘한 수단으로 취인소 기능을 악용하는 '고등도박' 상습범의 단속에 나서기도 했지만, '조사에 당하

---

29 『東亞日報』 1924.4.22, 〈米俱樂部의 內幕〉.
30 『東亞日報』 1924.4.30, 〈米俱樂部의 取締 目下 內容調查中 平井商工課長談〉.
31 『東亞日報』 1924.3.28, 〈俱樂部弊害調查〉.
32 『東亞日報』 1924.4.22, 〈米俱樂部의 內幕〉.

면 애매한 投株界의 은어와 복잡한 취인상태를 呶呶히 설명하고 차에 소양이 없는 경관을 欺하며 간악한 수단으로 농락하는 구락부'도 적지 않았다.[33]

하지만 미구락부가 일제히 폐쇄될 경우, 그 영향으로 인취 중매점 중 상당수가 파산하게 될 것이라는 전망이 있었다.[34] 당시 미구락부가 인취 중매점 영업에서 차지하는 비중이 상당했음을 알 수 있다. 인취가 미구락부의 각종 폐단을 낳는 투기행위에 대한 단속을 요청하기는 했지만, 미구락부 자체의 '절멸'에는 반대했다고 하는 것은 그 때문이었다.[35] 조선총독부의 히라이平井三男 상공과장이 인취의 요청을 받아 단속을 위한 본격적인 조사에 착수하려고 했다가 인취의 반대에 부딪쳐 중지했다는 풍설이 떠돌기도 했다. 그렇다고 미구락부의 폐해가 증가하는 상황에서 등한시할 수도 없는 문제였다. 여론에 밀려 인취와의 협의를 통한 미구락부의 내용 조사를 진행하기는 했지만, 결국 인취 중

---

33 『東亞日報』1924.4.27,〈米俱樂部內幕〉.

34 〈延受場京城進出〉朝鮮每日新聞, 井上新一郎編, 1930,『紊亂の極に在る朝鮮取引所界現狀批判』, 商業通信社(이하『현상비판』으로 약함), p.35 ;『東亞日報』1924.3.28,〈米俱樂部의 內幕〉.

35 미구락부의 존재를 인정하는 의견도 있었다. 인천상업회의소 평의원 古川文道의 의견이다. "인취에 대해 이를 보건대, 영업세칙 제34조에 의해 지점 출장소는 금지되어 있다. 그리고 현재에도 취인원은 이를 설치하고 있지 않다. 이렇게 이야기하면 경성에 있는 미구락부는 어떻게 된 것인가라는 반문이 있지만, 그것은 원래 회원조직이었던 자가, 결국 독립 영업자를 낳게 되었고, 현재 국세영업세를 납부하고 있는 자로, 취인소법으로 한다면 제11조의 4 제2항 본문에 해당하는 자이다. 조선에서는 단행의 취인소령이 없기 때문에 자유영업이어서, 정기취인 위탁의 대리 매개 및 중개取次를 영업으로 하는 자이다. 그리고 이 영업자는 경성에만 있는 것이 아니다. 인천 지역에도 속칭 注文取라고 해서 구전을 수입으로 하여 영업하고 있다. 인천 지역의 영업자가 금지되지 않고 경성의 영업자를 금지할 수는 없다" 말할 필요도 없이 취인소의 정관 영업세칙은 취인원을 속박할 뿐이다. 내지에서는 注文取 영업은 법이 금하는 바이기 때문에 각 점의 外交員이라는 명칭 하에 활동하고 있다. 古川文道,〈不正の受場を彈壓せよ 仁川差別待遇撤廢問題に就て〉, 朝鮮新聞・朝鮮每日新聞,『현상비판』, p.40.

매인의 자각을 통한 자체적인 자정 노력을 촉구하는 정도에 그치고 말았다. 인취도 상공 당국도 미구락부 문제가 뜨거운 감자였던 것이다.[36]

이에 대한 대책으로 첫째, 인취 중매점의 자각을 촉구하는 동시에 延市場을 발달시켜 미구락부 출입자를 연시장으로 유도하자는 방안이 제시되었다. 경성곡물조합현물시장을 미구락부가 집중되어 있는 명치정으로 이전하자는 안이었다.[37] 둘째, 인취 중매점과 미구락부도 자체적으로 자정노력을 기울이기로 했다. 폐해를 그냥 두면 당국의 단속 대상이 될 것이 분명했고, 과당경쟁으로 인한 이익 감소를 우려한 때문이기도 했다. 1924년 7월 9일 협의를 통해서는 중매점당 1개의 미구락부로 제한하고 위반자에게는 상당한 제재를 가하기로 합의한 뒤, 7월 11일부터 기설 미구락부의 정리를 단행했다. 이후 재계불황이라는 외적 요인도 겹쳐서 중매점과 긴밀하게 연락하던 43개의 미구락부는 〈표 1〉과 같이 7개소로 감소했다.[38]

〈표 1〉 1924년 7월 당시의 미구락부 현황

구락부명	소재지	관계 취인원	경영자/주임자	경영방법
大正商会	명치정 1-59	今村覺次郎	兪琪濬	청부
桜井商店	명치정 1정목	小林藤右衛門	桜井秀専	직영
有隣社	명치정 1정목	桑野健治	美鄉喜熊	직영
カネ太俱楽部	황금정 2-199	新田義民	古野義行	직영
順興商会	인사동 75	金仁梧	朴瑢其	청부
山岡商店	황금정 2	菰淵紋七	山岡鉄次郎	직영
永昌商会	종로 2-55	金永始	李春儀	직영

* 출처: 朝鮮總督府殖産局編, 『取引所關係事項の槪要』, 朝鮮總督府殖産局, 1930年, p.97.

---

36 농상무성에서 농무국장이나 상무국장을 지내면서 취인소 일에 밝았던 정무총감 시모오카下岡忠治가 평소 취인소와 유곽 문제를 관리의 귀문鬼門이라서 영리한 사람은 손을 대지 않는다며 경계했다는 이야기로부터도 당시의 취인소 문제를 대하는 총독부 관료들의 태도를 엿볼 수 있다. 김명수 편역, 앞의 책, p.163.

37 『東亞日報』 1925.3.27, 〈米俱樂部 撤廢와 延市移轉〉.

38 『取引所關係事項の槪要』, pp.96~97.

이마무라今村覺次郎는 가고시마 출신으로 청일전쟁 무렵 조선에 건너와 줄곧 인천에 거주하였다. 1910년에 인취의 중매점을 개업한 것을 보면 오랫동안 인천에서 미곡상을 경영한 것으로 보인다. 이후 1912년에는 인천상업회의소 의원에 추대되었고, 인천부협의원을 여러 차례 역임하는 등 인천재계의 중진으로 성장했다.39 1927년『요록』에 의하면, 조선신탁 감사, 朝鮮計理 취체역, 월미도유원 취체역, 합자회사 華王園의 사원이었다.40 구와노 겐지桑野健治는 부친인 구와노 료타로桑野良太郎와 함께 인천 개발의 공로자로 불리던 인물로 지바현千葉縣 출신이다. 1921년 4월 조선취인소세령이 공포된 뒤 인취 중매인이 된 것으로 알려져 있고,41 1927년에는 조선신탁의 상무취체역이면서 인천무진의 취체역이었다.42 구와노 료타로는 일찍부터 '인천재계에서 膽略을 두루 갖춘 신인으로 인격과 식견에서는 제일'43이라고 평가받고 있었고『조선타임즈』의 경영에도 관여하였다.44 닛타新田義民는 시모노세키미곡취인소의 중매인 아사노상점淺野太三郎商店에서 근무하다가 이토상점伊藤和吉商店의 지배인을 거쳐 조선에 건너왔다. 그야말로 미곡업계에서 잔뼈가

---

39 한국사데이터베이스 근현대인물자료 '金村覺次郎'.
40 『요록』 1927년판. 이마무라는 훗날 인취문제로 시끄럽던 1930년 인취 총회 당시 '경성 측'에 위임장을 제공하여 인천부협의회로부터 비난과 함께 권고를 받게 된다. "지난 十七일 인천부협의회를 마친 후 특히 감담회를 개최하야 仁取문제를 토의하야 금후 부협의회원으로서 그 문제에 대할 태도를 결정하고 다음에 부협의 회원인 今村覺次郎 씨가 저번 인취 총회 때에 경성 측에 위임장을 제공한 것은 천만부당한 일이라는 소리가 속출하야 村田 씨 金允福 씨 二인을 위원으로 하야 그 本人인 今村 씨에게 권고하기로 일치결정하얏다" 『東亞日報』 1930.11.19,〈府議全員決議 今村氏에 勸告〉. 이마무라는 1939년 9월 17일 병으로 사망하였다.『釜山日報』 1939.9.20,〈今村覺次郎氏 仁川財界의 巨頭〉.
41 한국사데이터베이스 근현대인물자료 '桑野健治'.
42 『요록』 1927년판.
43 김명수 편역, 앞의 책, p.82.
44 이『조선타임즈』는 뒤에『조선신보』와 합병하여『조선신보』가 되었다. 이에 대해서는 장신, 2007,「한말·일제초 재인천 일본인의 신문 발행과 조선신문」『인천학연구』6, 인천대학교 인천학연구원, pp.289~311 ; 김명수 편역, 앞의 책, pp.53~54.

굵은 사람이다. 1922년 4월에 인취의 중매인 면허를 획득하였고, 1927
년에는 인취중매인조합의 부위원장을 맡기도 했다.[45] 고토부치菰淵紋七는
가가와현香川縣 출신으로 1910년 7월 한국에 건너와 인취 중매인 나카
무라상점中村嘉兵衛商店에서 근무하였고, 역시 중매인 行實商店과 히로사
와상점廣澤正次郎商店(1917년) 지배인을 거쳐 1925년 인취 중매인 면허를
취득했다丸丸商店.[46] 1922년 3월에 발간된 『(주식회사)인취미두취인소연혁』
의 중매인 명단에 김인오, 김영시, 닛타, 고토부치의 이름을 발견할 수
없는데,[47] 이는 1922년 3월 이후 중매인 면허를 취득했기 때문이다. 반
면 이마무라, 고바야시, 구와노는 1922년 이전부터 중매인이었다. 대정
리 단행 후 남은 7개 미구락부는 매매성적이나 수도고 규모에서 최상
위에 있던 중매인들의 청부를 받거나 해당 중매인들이 직영하던 곳이
었음을 알 수 있다.

이러한 미구락부에 대해 인천 지역사회는 어떤 의견을 가지고 있었
을까? 인취 회사나 중매점은 미구락부에 대해 미묘한 입장을 취했다.
당장 수수료와 증거금 수입이 만만치 않았기 때문이다. 하지만 인천의
일반 부민들은 당장 인천 지역사회가 향유해야 할 이익을 경성에 빼앗
긴다고 보았고, 인취 회사와 중매인들이 이러한 현상을 수수방관하고
있다고 인식했다. 이와 관련하여 1925년 3월 8일, 인천의 각 정리町里의
총대와 유지가 발기하여 공회당에서 개최한 부민대회가 주목된다. 이
부민대회에서는 첫째, 인천의 경제 발전을 도모하기 위해 상무위원 약
간 명을 둘 것, 둘째, 인취 중매점의 경성지점과 유사한 미구락부를 철
폐할 것, 셋째, 이 목적을 달성하기 위해 경성미구락부철폐기성동맹회
를 결성할 것, 넷째 경성미구락부 철폐운동에 필요한 비용을 시내 각
단체 및 독지가의 기부금으로 충당할 것, 다섯째, 이를 위해 각 당무자

---

45 한국사데이터베이스 근현대인물자료 '新田義民'.
46 한국사데이터베이스 근현대인물자료 '菰淵紋七'; 서울역사박물관, 2018, 『〈대경
    성부대관〉과 『대경성도시대관』으로 보는 경성상점가』, p.222.
47 秋山滿夫, 1922, 『(株式會社)仁川米豆取引所沿革』, 仁川米豆取引所 p.36.

에게 철폐를 권고하고 불응할 때에는 관청과 교섭하여 반드시 철폐할 것 등의 결의를 보았다.[48] 경성의 미구락부가 인천의 이익을 경성으로 유출시킴으로써 인천의 경제 발전에 장애물이 된다는 인식을 가지고 있었던 것이다. 이러한 인식은 1920년대 내내 전개된 '인취문제'의 배경을 이해하는데 있어서 중요한 지점이 아닐 수 없다.

한편, 미구락부의 폐해를 인식하고 있었지만 단속에 어려움을 겪고 있던 총독부 상공과는 1930년 5월 20일자로 시장규칙을 개정하여 종래 실질적으로 인취 중매점의 출장소 역할을 해 왔던 경성의 미구락부에 대한 폐쇄명령을 내렸다. 총독부령 제53호로 개정된 시장규칙은 그해 8월 1일부터 시행되었다. 개정된 시장규칙 제7조 3에 의하면, 조합원 혹은 중매인 또는 회사조직 취인소의 취인원은 지점, 출장소, 기타 어떤 명의를 불문하고 둘 이상의 장소에서 영업할 수 없었다.[49] 실제로 미구락부가 폐지되고 나서 미구락부를 출입하며 청산거래를 하던 이들이 인취로 몰려들어 그 수가 약 300명에 달했다고 한다. 이러한 이들 업자들의 격증에 인천부민들은 비단 인취의 번영만이 아니라 인천 隆興으로 이어질 것이라고 기대했다.[50]

3. '인취차별대우문제'와 延市場 문제

1) 연시장의 성장과 인취의 경영악화

전술했듯이, 조선총독부는 1920년 4월 1일부터 조선회사령을 폐지했

---

48 『東亞日報』 1925.3.10, 〈仁川市民大會, 在京米俱樂部廢止運動, 五個條를 決議〉.
49 『中外日報』 1930.5.20, 〈八月一日부터 米俱樂部를 廢止, 延市場「受場」亦是 嚴禁, 市場規則 改正〉.
50 『朝鮮新聞』 1930.8.4, 〈(京畿道)米俱樂部撤廢で来仁客俄かに殺到、構內立錐の余地なく府內各方面とも雑踏〉.

지만, 취인소, 보험업, 무진업, 유가증권의 매매 또는 중개업은 당분간 종전의 회사령을 적용하기로 했다. 그에 따라 시장규칙도 일부 개정하여 그 동안 방치해 두었던 각 지역의 곡물시장에 대한 감독 규정을 명확히 했다(조선총독부령 제38호 개정 시장규칙). 이를 위해 시장규칙 제1조에 '매일 또는 정기적으로 영업자가 집회하여 見本 또는 銘柄에 의해 물품 또는 유가증권의 매매취인을 행하는 장소'를 추가하였다.[51]

각 지역에 있던 곡물시장은 개정시장규칙 시행일인 4월 1일부터 3개월, 즉 6월 말까지는 동 규칙에 의거하여 허가를 받아야 했다. 군산곡물시장의 경우 6월 초에 이미 허가에 필요한 원서를 제출했다.[52] 1921년 2월 현재 총독부 상공과에 인가신청서를 제출한 곡물조합은 23개소에 달했지만,[53] 최종적으로 경성, 부산, 대구, 군산, 목포, 진남포, 원산, 강경, 신의주 등 9개 지역에만 현물시장을 허가하였다. 이들 현물시장 正米市場에서는 60일 이내의 연거래延取引가 허용되었다.[54] 연거래가 이루어지는 현물시장을 연시장이라고 불렀다. 연거래는 매매계약 후 실제 수도할 때까지 최장 60일이라는 시간차가 존재하여 일종의 외상거래였다. 그 사이 전매와 환매, 그리고 차금결제는 금지되었다. 이것이 청산거래, 즉 선물거래와 다른 점이었다. 하지만 계약 후 수도가 이루어질 때까지 가격 변동이 크다면 연시장에서도 전매와 환매를 통해 이익을 낼 가능성이 커진다. 연시장이 유사 청산거래로 변질될 가능성이 항상적으로 존재했던 것이다.

사실 연거래는 각 지역 미곡시장의 사정과 계절적 수급 상황에 따라

---

51 『朝鮮總督府官報』 제2290호, 1920.4.1, 〈府令〉.
52 『群山日報』 1930.4.17, 〈在職十年の回顧〉(4)〉.
53 『每日申報』 1921.2.23, 〈正米市場許可期〉.
54 일본 取引所法(1893년)에 의하면, 延取引이란, 상품거래소에서는 견본, 상표銘柄 및 현물에 대해, 주식거래소에서는 종목銘柄에 대해 매매 당사자의 합의로 계약 당일부터 3일 이상 150일 이내의 기간 내 약정일에 수도한다는 것을 약속하고 轉買나 還買買戾し를 인정하지 않는 거래를 말한다. 특약이 없을 때는 수도기일은 최종일이 된다. 島本得一編, 1920, 『株式期米市場用語字彙』, 文雅堂, pp.102~103.

탄력적으로 운영되었다. 예컨대, 군산미곡상조합은 1918년 8월의 임원
회의에서 8월말부터 일단 연거래를 중지했다가 新穀 출하 후에 다시
재개하기로 결정한 적이 있다. 거래 불안으로 미가변동이 격심하여 투
기적 매매가 성행했던 시기였기 때문이다.[55] 하지만 1920년 개정시장
규칙에 의한 연거래 공인은 결국 차금결제와 전매·환매 금지 규정을
무시한 사실상의 청산거래가 활발하게 이루어지는 계기가 되었다. 인
취 취인원들은 이러한 조치가 결국 인취에 큰 타격을 주었다고 보았
다. 인취가 이 문제를 인취에 대한 차별대우라고 끊임없이 지적한 이
유도 여기에 있었다.

인취에 부과되는 취인소세(1할)와 부가세(1할 4푼)를 합하면 2할 4푼으
로 100석당 36전이었다. 반면 연시장의 부세잡종세는 군산이 100석당
30전, 대구가 40전, 부산이 150전이었다. 인취의 취인소세·부가세와
연시장의 부세잡종세를 비교하면, 군산 및 대구와는 대차가 없었으나
부산은 인취의 4배 이상이었다. 또한 인취 중매인에게 부과하는 취인
세율은 매매고의 10만분의 25였음에 비해 연시장의 조합원에게 부과되
는 특별시장세는 매매고의 10만분의 5였다. 이 둘만 비교할 경우 인취
가 연시장의 5배에 해당하는 세율을 적용받고 있는 셈이었다.[56] 앞에서
검토했듯이, 인취는 이를 근거로 각 지역의 연시장이 조선취인소세령
의 적용을 받지 않기 때문에 차별대우를 받고 있다고 주장하였다. 실
제로 이러한 상황은 아래의 〈표 2〉에서 살펴볼 수 있듯이, 군산, 대구,
부산의 연시장이 1920년대에 비약적으로 성장하여 인취와 인천부민에
게 큰 위기감을 안겨주었다.

---

55 『朝鮮時報』 1918.8.25, 〈延取引中止〉, 연취인 문제는 이미 1918년에도 경성의 미곡상
들 사이에 연취인을 포함한 正米市場 개설이 검토된 적이 있었는데, 결국 연취인 조
항은 삭제했었다. 정기취인, 즉 선물시장의 전매와 환매로 인한 폐해가 연취인에서도
드러날 것을 염려해서였다. 『每日申報』 1918.6.14, 〈正米市場問題 延取引은 削除〉.
56 『中外日報』 1930.2.26, 〈仁取對延市場 稅率比較 組合員稅率의 五倍인 仲買稅〉.

〈표 2〉 주요 곡물시장 연거래 추이 비교표

(단위: 석)

구분		1922	1923	1924	1925	1926	1927	1928
경성	매매고	1,465,750	385,800	72,000	228,300	-	-	-
	수도고	10,250	14,400	2,700	1,050	-	-	-
군산	매매고	10,169,900	14,251,800	11,642,000	8,217,700	8,004,900	10,880,100	10,857,000
	수도고	64,600	65,200	47,600	72,000	110,700	110,500	96,600
목포	매매고	-	16,300	51,500	86,200	35,500	-	-
	수도고	-	1,500	400	2,800	8,700	-	-
대구	매매고	11,058,600	11,167,100	10,814,800	9,601,000	6,769,700	9,558,000	9,739,000
	수도고	76,900	158,500	145,900	176,000	73,400	93,500	88,700
부산	매매고	2,805,000	5,242,100	3,803,700	3,116,700	1,137,200	1,365,800	1,499,700
	수도고	11,100	40,500	30,500	54,800	34,000	43,500	73,600

* 출처: 朝鮮總督府殖産局編, 『取引所關係事項の槪要』, 朝鮮總督府殖産局, 1930년, p.88.

　　조선취인소세령이 제정될 당시 인취에서 유사 취인 단속 조항을 同
令에 넣어달라고 요구한 것도 이러한 연시장을 의식한 요구였다.[57] 하
지만 총독부 당국에서는 이를 수용하지 않았다. 이런 상황에서 군산
연시장의 경성 진출과 인천 진출설이 퍼지면서 인취의 위기의식은 피
크에 달했다. 1920년대 인취의 청산거래와 군산미곡시장의 연거래 실
적을 정리한 〈표 3〉을 보면, 이러한 위기의식이 엄살이 아니었음을 짐
작할 수 있다. 1922년의 매매고를 보면, 인취와 군산 연시장이 각각
3962만 석과 1017만 석을 기록하여 인취가 군산 연시장의 4배 정도였
지만, 1928년에는 양측의 매매고가 거의 비슷한 규모를 보였다. 1920
년대 내내 꾸준히 인취의 매매고가 감소했던 것이다. 이러한 상황에서
인취의 중역들, 취인원조합의 수뇌부, 대주주를 중심으로 한 인취시장
진흥책이 본격적으로 논의되기 시작했다. 인취의 경성 이전과 경취와
의 합병 추진도 그러한 대책 중 하나로 이해할 수 있다. 또한 인취가
총독부에 '인취불평등대우' 문제의 해결을 꾸준히 제기했던 것도 첫째,

---

57 김명수 편역, 앞의 책, p.140.

연거래가 청산거래와 유사함에도 불구하고 인취와 달리 연시장이 당국
의 감독에서 벗어나 있다는 인식, 둘째, 인취와 연시장의 세금체계가
상이하다는 인식에서 비롯되었다.

〈표 3〉 인천미두취인소와 군산 연시장의 매매고와 수도고 비교

(단위: 100석, %)

구분		1922	1923	1924	1925	1926	1927	1928
인천 (청산거래)	매매고(A)	396,172	314,099	261,726	175,540	120,140	111,510	127,091
	수도고(B)	711	584	458	638	506	536	560
	B/A	0.18	0.19	0.17	0.36	0.42	0.48	0.44
군산 (연거래)	매매고(A)	101,699	142,518	116,420	82,177	80,049	108,801	108,570
	수도고(B)	646	652	476	720	1,107	1,105	966
	B/A	0.64	0.46	0.41	0.88	1.38	1.02	0.89

* 출처: 朝鮮總督府殖産局編, 『取引所關係事項の槪要』, 朝鮮總督府殖産局, 1930년, p.60~61, 88.

이러한 상황에서 1930년 2월 내내 조선 중앙의 신문들은 소위 '인취
차별대우철폐운동'을 앞다투어 보도하였다. 그 주요 내용은 인취 취인
원조합의 주장이나 이들을 지지하는 상업회의소, 학교조합, 부협의회
등의 의견이었다.[58] '인취차별대우철폐운동'은 1920년 시장규칙의 개
정과 1921년 조선취인소세령 공포 이후 인취를 중심으로 꾸준히 제기
된 문제였는데, 1930년 2월에 특히 차별대우 철폐 요구가 인취 취인원
조합을 중심으로 본격화한 계기는 군산 연시장(이하 군연) 조합원이 경
성에 '受場'을 설치하면서였다.[59] 여기서 '受場'은 지점·출장소 또는
이와 유사한 것을 말하는데, 경성의 고객을 유인하는 것이 목적이었다.
그간 지방을 대상으로 영업하던 군연이 그 영업범위를 경성까지 확대
한 것이었다. 따라서 군연의 '受場'은 인취 중매인들에 의해 경성에 설
치되어 직영 또는 청부로 운영되던 미구락부와 유사한 성격을 갖고 있

---

58 이때 인취의 입장을 담은 기사들만 따로 모아 펴낸 책이 井上新一郞, 1930, 『紊亂
の極に在る朝鮮取引所界現狀批判』, 商業通信社이다.

59 『朝鮮每日新聞』 1930.5.23. 〈赤軒生 米界の渦紋 延市場の合理化〉.

었다. 하지만 미구락부의 경우 '인취 매매고의 대부분이 該구락부를 경유하는 주문이어서 이를 철폐하는 것은 취인원 영업을 폐지하는 결과로 귀착하기 때문에 갱생의 길을 마련하지 않는 한 이를 폐지하는 것은 지극히 어려운 일'이었다.[60] 이러한 인식 하에서 인취 취인원들의 입장에서는 인취가 유독 차별대우를 받고 있는 '대모순과 대불합리'의 현실을 냉혹하다고 지적하면서 반발한 것은 당연했다.[61]

인취 취인원조합에서는 수차례 임시총회를 개최하고 대책마련에 부심했지만 뾰족한 수가 없었다. 인취의 취인원들은 群延의 受場과 같은 것이 이미 전 조선에 걸쳐 100개 이상 존재하고 있었고, 그 해독 또한 상당하다고 보았다.[62] 특히 군연에는 전국에서 투기자들이 몰려들었다. 광주, 이리, 전주, 대전 등 도시부는 물론, 농촌에도 군연 중매점의 출장소와 중개점取次店이 생겨 한 때 130여 개소에 달했다. 1930년 2월 현재에도 70여 개소가 있었다고 한다.[63] 연시장의 연거래를 단속할 근거 법령이 없었기 때문이다. 인취의 아키야마秋山滿夫 지배인은 "群延의 受場問題는 本取引所로도 중대한 관계가 있으나 취인소로서는 如何한 대책도 없다. 法의 결함으로 오는 문제인 만치 此를 取締하는 법의 발포를 待할 수밖에 良法이 없다"고 했고, 미쓰이三井 인천상업회의소 서기장은 "환경의 불량 등으로 그렇지 않아도 매매가 없어 야단인데 群延의 受場이 商圈範圍에 진출한 것은 결과의 如何에 불구하고 조합원으로는 安閑하게 있을 수 없다. 당국에서는 취인소령의 발포가 없는 한 취체할 수 없다고 언명하나 취체하는 법은 많이 있을 것으로 생각한다. …… 여하간 취인소령 발포를 待할 수 밖에 없다"고 했다. 연시장

60 〈延受場京城進出〉, 朝鮮每日新聞 『현상비판』, p.35.
61 桑野健治, 〈仁取取引員の不平等待遇撤廢を期す 大矛盾と大不合理, 飽迄撤廢〉, 『현상비판』, pp.4~5 ; 堆浩, 〈獨り仁取にのみ何故冷酷なるや〉, 『현상비판』 pp.5~6.
62 〈延受場京城進出〉, 朝鮮每日新聞, 『현상비판』, p.33.
63 金憲植(동아일보 인천특파원), 〈紊亂米穀取引機關 差金取引橫行, 地方農村荒廢〉 東亞日報, 『현상비판』, p.63.

과 취인소에 대한 근거법령인 조선취인소령의 부재가 단속을 어렵게
하고 있다는 것이다.[64] 총독부 당국도 법의 결함을 인정하고 있었다.
하시土師盛貞 상공과장이 '本府(=총독부)에서도 법의 결함에서 발생한 일
임을 인정하고 있고, 현재 이 대책을 위해 힘껏 연구 중이기 때문에 조
만간 구체적인 成案이 나올 것'이라고 언급한 것도 같은 맥락이다.[65]

인천상업회의소(회두 吉田秀次郎)에서는 1930년 2월 15일 평의원 총회의
결의로 연시장에 대한 단속 법규 제정과 인취 보호를 촉구하는 건의서
를 제출했다.[66] 인천부협의회에서도 2월 22일 간담회를 열고 곡물현물
시장의 투기시장화 억제와 단속을 촉구하는 결의문을 만장일치로 사이
토齋藤 총독과 와타나베渡邊 경기도지사 앞으로 제출했다.[67] 인천학교조
합회 의원 기요타淸田三郎는 2월 22일자 商工新聞에 게재된 '인취 취인
원조합의 요망한 평등대우라는 것이 인취 세액의 저감에 있는지 연시
장세의 인상에 있는지 약간 諒解하기 어렵다'는 하지土師 상공과장의
발언을 무능하다고 비판했다.[68] 인천상업회의소 부회두 심의숙沈宜淑은
현물시장 단속에 대한 총독부와 지방청의 견해가 달라 인취의 진정에
총독부가 누차 통첩을 내려보내도 아무런 효과가 없었고, 결국 연시장
이 자신들의 탈법행위에 대한 묵인을 공인해달라고 요청하는 상황이
되었다고 비판했다. 또한 심의숙은 보통학교를 막 졸업한 사람이 일확
천금을 꿈꾸어 중매점에 취직하려는 사람이 많은데, 취인소 濫設 현상
이 투기열이 횡행하게 만들고 순박한 농민의 사상을 輕佻浮華하게 만
들어 2천만 민중의 자제들에게까지 미치고 있다고 한탄하며 연시장의

---

64 『東亞日報』 1930.2.6, 〈群延進出에 對한 各方面의 意見 =新法令實施外無策=〉.
65 總督府商工課當局談, 〈群延京城進出は確に法の缺陷 適當な取締法がない〉, 『현상비
   판』, pp.8~10.
66 〈輿論と化した仁川差別待遇撤廢問題 仁川商議が決議を以て 齋藤總督へ建議書〉 朝
   鮮新聞, 『현상비판』, pp.72~75.
67 〈穀物現物市場の投機市場化を抑制〉, 朝鮮新聞, 『현상비판』, pp.76~78.
68 淸田三郎, 〈暗黑の取引所に明るき對策 我我の望むところ〉, 朝鮮每日新聞, 『현상비판』, p.86.

투기시장화를 彈壓할 것을 희망했다.[69] 이와 같이 인취 취인원조합의
차별대우철폐운동은 인천 지역사회의 강력한 지지 속에서 전개되었다.
조선취인소령의 발포가 본격화하면서 군산미곡거래소의 존폐까지 거론
되자, 군산미곡상조합은 1930년 4월 1일부터는 자체적으로 지점을 철
폐하기로 했다. 1930년 5월 20일 시장규칙이 개정된 이유를 설명하는
마쓰무라松村盛貞 식산국장의 발언은 이러한 상황을 여실히 보여준다.

> "인천미두취인소의 취인원은 조선총독의 인가를 받은 영업세칙이 정하는
> 바에 의해 지점·출장소의 설치가 금지되어 있음에도 불구하고, 영업세칙에
> 위반하여 소위 미구락부를 설치, 때에 따라 消長이 있었지만, 종래 어찌되었건
> 폐해가 있었음은 매우 유감으로 생각하는 바이다. 한편 소위 연시장은 본질이
> 현물시장임에도 불구하고 그 거래가 투기거래에 빠지는 경향이 있었는데, 조
> 합원이 여러 지역에 소위 受場을 설치하게 되면서 더욱 그 폐를 조장하는 경
> 향이 있었다. 따라서 당국은 얼마 전부터 실정을 조사한 바 受場의 남설이 폐
> 해를 조장하는 일대원인이 되고 있음은 의심할 여지가 없다. 특히 최근 남선
> 지방에서는 군산시장의 受場 폐지에 편승하여 타 지역의 受場類가 속속 출현하
> 는 정세가 되었고, 그 폐해를 저지할 수 없는 상태로 도저히 이 이상 방임할
> 수 없다고 생각된다. 따라서 이러한 때 법령으로 인취 취인원의 미구락부 및
> 연시장의 受場 설치를 동시에 금지하고, 취인원 또는 조합원의 클럽, 受場과 유
> 사하여 거의 같은 폐해를 나을 우려가 있는 주문중개업注文取次業도 금지하게
> 되었다. 이런 것들은 모두 감독 명령만으로는 각 개인에 대한 단속을 사실상
> 철저하게 기하기 어렵기 때문에 이에 시장규칙을 개정하게 된 것이다"[70]

2) 조선취인소령의 공포와 연시장의 대응

조선취인소령은 1918년에서 20년까지 전조선상업회의소연합회에서
꾸준히 제정을 요구했던 내용이고, 총독부에서도 당시 취인소령의 제

---

69 仁川商議副會頭 沈宜淑,〈仁取差別待遇撤廢問題取引所賭博撲滅〉, 朝鮮新聞·朝鮮每
日新聞·朝鮮商工新聞,『현상비판』, pp.98~102.
70 『大阪每日新聞』朝鮮版, 1930.5.21,〈いはゆる受場び類似行爲を禁止 從來の取引弊
害の根絶を期す 八月一日から實施〉.

정 의지가 있었으나, 母法이 될 일본 취인소법 개정 논의가 한창이어
서 실현되지 못했다.[71] 1923년 초에도 사이토齋藤實 총독의 의회 발언을
계기로 취인소령 제정에 관한 논의와 관련 조사가 이루어졌으나 역시
법제화에 이르지는 못했다.[72] 당시에는 취인소를 둘러싼 정당의 이권
획득 운동을 배제하려는 총독부의 움직임과 관련이 있었던 것으로 보
인다. 이미 오하라小原新三가 농상공부장관으로 있던 1916년, 17년부터
이런 움직임이 감지되었다. '정당의 高等運動이 개시되었고 시미즈淸水
市太郎, 고이즈미小泉鑛太郎, 마키야마牧山耕藏, 다케우치武內作平의 각 代議士
는 夙히 운동하였을 뿐 아니라 政友會 領袖 중 新히 운동을 起한 者'가
있었던 것 같다. 이때 총독부가 조선취인소령의 발포를 지연시킨 것도
정당과의 관계를 단절하려는 사이토 총독의 의도에서 비롯되었다.[73]
기실 조선총독이라는 자리가 정당의 정치자금이나 이권의 대상이 되곤
했다. 사이토의 후임 야마나시山梨半造 총독의 취임이 가능했던 것도 이
권 브로커나 정당의 정략 때문이었다고 알려진다. 이권 획득과 정치자
금 확보의 통로로는 취인소가 더러 이용되었는데, 야마나시도 부산취
인소 개설을 둘러싸고 미곡상으로부터 수뢰한 것이 입헌민정당에 의해
폭로되면서 총독에서 물러났다. 정계로의 진출을 노리던 야마나시 입
장에서는 정당의 정치자금 요구를 물리칠 수 없었던 것이다.[74]

　조선취인소령 제정 요구는 이후에도 꾸준히 제기되었으나 총독부는

---

71 『東亞日報』 1923.8.28, 〈政變과 取引所令 自然遲延〉.
72 당시 1923년 4월 1일부터 실시될 것이라는 소문이 있었고, 이 때문에 다양한 운동
　이 전개되어 상당한 혼란이 야기되었던 것 같다. 아리요시有吉忠一 정무총감이 직
　접 나서 일본 의회에서 관련 질문이 있었던 것이 와전된 것일 뿐 취인소령 제정
　이나 실시에 대해서는 전혀 사실무근이라고 해명했다. 『東亞日報』, 1923.2.24,
　〈取引所令實施未定 有吉總監談〉.
73 이전에 이미 滿洲나 靑島, 그리고 일본 각 취인소의 경우도 정당의 이권획득 운동
　으로 비화된 적이 있었던 것으로 보인다. 東亞日報, 1923.3.9, 〈取引所令發布期〉.
74 飯沼二郎, 1986, 「山梨總督疑獄事件と米穀取引所」 『朝鮮民族運動史研究』3 朝鮮民
　族運動史研究會, pp.9~13.

그때마다 연구 중이라고 대답할 뿐이었다. 1925년에도 취인소 설치를 계획하고 이미 총독부 수뇌부의 양해를 얻은 것처럼 유포되고 있는 것에 대해 이케다池田 식산국장이 부인했고, 1926년에도 이케다가 나서서 취인소령은 먼 장래에나 가능한 일이라고 해명했음에도 불구하고 곧 취인소령이 발포될 것이라는 소문이 나돌아 아다치安達 상공과장이 경고하는 일도 있었다.[75] 이러한 기조는 1928년까지도 계속되었다. 기본적으로 취인소령 발포로 인한 혼란을 방지하고자 하는 총독부의 방침이었다고 이해되었지만, 인취와 경취의 합병문제와도 관련 있어 보인다. 즉 지방의 곡물시장은 계속 시장규칙에 의한 시장으로 남겨두고 양취를 합병시켜 경성에 하나의 취인소만 두자는 주장이었다.[76] 물론 이 경우에는 곡물시장을 시장규칙에 의한 현물시장으로서 기능하게 하는 것이 전제였을 것이다. 따라서 취인소령의 공포를 서두를 필요가 없었다.

조선취인소령의 발포와 관련해서는 연구 중이거나 시기상조라는 말들이 난무했지만, 그 사이에도 취인소령 제정을 위한 조사는 계속되었다. 실제로 총독부 식산국에 의해 취인소령의 제정이 본격적으로 표면화한 것은 1930년 10월경이었다. 취인소령의 제정이 가시화되자 그 동안 수면아래 잠겨 있던 인취와 경취의 합병문제도 재연하였다. 1930년 10월 18일에는 양취의 수뇌부들이 총독부를 찾아 기득권을 취인소령에 반영시켜 달라는 요구를 하였다.[77] 취인소령 발포에 앞서 인취, 경취, 그리고 연시장에 대한 처리방침도 정해야 했다.[78]

조선취인소령의 공포일이 다가오면서 부산, 군산, 대구의 세 연시장에 의한 三延市場 협의회가 개최되었다. 제1회는 1929년 11월 10일 부

---

75 『東亞日報』 1925.6.16, 〈取引所令 發布說은 虛傳〉 ; 1926.6.5, 〈取引所問題〉.

76 『東亞日報』 1928.5.30, 〈取引所令 發布는 時期가 尙早하다〉.

77 『東亞日報』 1930.10.19, 〈取引所令 압두고 兩取代表가 陳情〉 ; 1930.10.21. 〈取引所令 漸次 具體化 總督府에서 審議中〉.

78 東亞日報 1930.10.25, 〈取引所令을 審議室에 回附 發令은 明春일 듯〉.

산에서 개최되었고,[79] 제2회는 1930년 3월 16일에 대구에서, 그리고 제
3회는 1930년 11월 7일에 군산에서 개최되었다. 3회에 걸친 이들의 요
구사항은 현물시장 규약 및 매매규정의 변경 및 폐지였다. 구체적으로
는 첫째, 규약 제40조의 '差金授受에 의한 매매거래 금지' 조항 폐지,
둘째, 규약 제41조의 '조합원은 곡물의 생산자, 매매업자, 기타 특히
곡물 현물의 거래를 필요로 하는 자 이외의 자로부터 매매의 주문 또
는 위탁을 받을 수 없다' 폐지, 셋째, 규약 제44조의 '取引(=거래)은 直
取引 및 延取引으로서 모두 당사자의 상대매매로 한다'를 '取引은 直
取引 및 延取引의 2종으로 한다'로 개정, 넷째, 매매규정 제25조 '계약
에 의한 銘柄 이외의 代品으로 受渡할 수 없다' 폐지 등이었다. 그런데
이런 내용들이 실현된다는 것은, 연시장과 취인소 사이의 구별이 사실
상 없어진다는 것을 의미했다. 연시장들이 이를 모를 리 없었기 때문
에, 이러한 전략적 요구는 결국 연시장의 매매규정 변경이라는 형식을
통해 취인소 설립을 출원하는 것과 같았다.[80] 연시장을 취인소로 승격
시킴으로써 그간 '불법적'으로 이루어지던 연거래를 공인받고자 했던
것이다.

한편, 조선취인소령은 일본취인소법에 준거하여 제정되었고, 1931년
5월 20일에 공포되었다(제령 5호). 취인소령의 공포와 무관하게 인취의
영업기한이 1940년 5월까지로 향후 10년 동안 계속영업이 허가되었다.
인취와 경취의 합병은 가능했지만, 인취의 경성 이전은 불가했다. 취인
소령 제9조에 의해 동일 취인소에서 유가증권의 매매와 미곡 등 기타
상품의 매매를 동시에 취급二種上場할 수 없었기 때문이다.[81] 1931년 9월

79 『釜山日報』 1929.11.3, 〈釜山·大邱·群山三延市場の提携, 受渡規約統一の爲で取引
　　所運動とは全然別問題〉.
80 〈三延市場の合同決議に就て 奮然猛運動を開始 天下の判斷に問へ〉, 朝鮮新聞·朝鮮
　　商工新聞·朝鮮毎日新聞, 『현상비판』, pp.127~130.
81 東亞日報 1931.5.10, 〈取引所令 十二日부터 實施〉; 〈全朝鮮에 取引所 五處 京城, 仁
　　川, 群山, 大邱, 釜山 旣得權 認定으로〉; 〈延市場의 旣得權 不認定 取引所數 無決定〉.

11일에는 조선취인소령시행규칙 발표되었는데, 연시장과 관련하여 다음 사항들이 주목된다.[82]

> 첫째, 취인소의 매매취인은 此를 실물시장 賣買取引과 淸算市場의 賣買取引의 2종으로 하고 현물시장의 매매취인에는 差金 수수에 의한 결제를 할 수 없다.
>
> 둘째, 취인소의 매매취인 기한은 3개월을 초과할 수 없다.
>
> 둘째, 시장규칙 제1조 제4호의 현물시장제도는 此를 폐지하고 동 규칙 중에서 此에 관한 규정을 삭제한다.
>
> 셋째, 취인소 법령 외에 正米市場規則을 제정하고 정미의 直取引을 목적으로 하는 시장을 통제한다.
>
> 넷째, 현존 시장규칙 제1조 제4호의 곡물현물시장은 동제도 폐지 후 1년간을 한하여 종전의 규정대로 존속할 수 있다.

각지의 연시장, 즉 연거래가 이루어지는 현물시장이 곡물취인소로 승격되자, 이를 대신할 정미시장이 정미시장규칙에 의거하여 새롭게 설치되었다. 그 주요 내용은 ①정미시장의 설치는 조선총독의 인가 사항, ②정미시장은 영리를 목적으로 안하는 법인 又는 米의 매매 혹은 仲立을 업으로 하는 상인의 조합이 아니면 此를 경영함을 부득함, ③정미시장의 賣買受渡期限은 매매성립일로부터 起算하여 5일을 초과함을 부득함, ④정미시장의 매매는 借金授受에 의하여 결제함을 부득함 등이었다.[83] 기존 곡물현물시장의 본래 기능인 직거래는 정미시장의 성립으로, 외상거래인 연거래는 곡물취인소의 매매거래로, 연거래에 전매와 환매가 가미된 청산거래 유사 거래는 곡물취인소의 청산거래淸算取引로 분화되어 확립된 셈이다.

조선취인소령이 정식으로 시행된 것은 1932년 1월 1일부터였다. 당

---

82 『東亞日報』 1931.9.11, 〈取引所令 施行規則 內容〉; 〈取引所令 施行規則 發表〉; 〈米穀取引所 六個所 決定〉.

83 『東亞日報』 1931.9.12, 〈朝鮮正米市場規則 全文 內容 施行期日 尙未定〉.

초 미곡취인소로 내인가된 곳은 부산, 대구, 군산, 목포 등 4곳이었는데, 결국 회원조직으로 허가된 미곡취인소는 인천, 군산, 목포, 대구, 부산, 진남포의 6개소였다. 경성 등 기타 미곡시장은 1년의 유예기간을 거쳐 폐지되었다.[84] 취인원은 대구가 24명, 부산이 16명, 군산이 18명, 목포가 16명이었다. 종래 연취인에 의한 거래는 1931년 내에 納會日까지 모두 解合하기로 했다.[85]

1931년 5월 20일 조선취인소령이 공포되면서 인취의 경성 이전은 불가능한 일이 되었다. 남은 문제는 인취와 경취의 자본합병 또는 강제합병 뿐이었다. 9월 11일 부령 제108호로 동령시행규칙이 발포되면서 어느 정도 실마리가 발견되었다. 10월 6일 인취의 임시주주총회에서 경취와의 경제합병이 가결되었고, 25일 정시주주총회에서 그대로 추인되었다. 1932년 1월 10일에는 인취와 경취 두 거래소가 해산하여 자본합병을 단행했다. 다음날 11일부터 인취는 조선취인소 인천지점이 됨으로써 주주의 경제문제로서 뿐만 아니라 인천의 사회문제로서 격렬하게 대립되었던 소위 '인취문제'가 막을 내리게 되었다.

4. 맺음말

이상에서는 1920년대 내내 인천과 인천부민들의 초미의 관심사였던 소위 '인취문제'와의 관련성에 주목하면서 지금까지 주목받지 못했던 미구락부와 연시장 문제를 상세하게 검토했다. 미구락부는 인취의 중매인들이 경성의 고객들을 대상으로 인취의 선물거래 주문을 받기 위해 출장소와 같은 형식으로 경취 근처인 명치정 부근에 낸 말단 점포를 의미한다. 1920년대에 위축된 인취의 상세를 진흥시키기 위해 인취

84 『東亞日報』 1931.9.11, 〈京城延取 一年猶豫〉.
85 『東亞日報』 1927.12.27, 〈朝鮮取引所 內認可됏다 鎭南浦米取에도〉.

지점의 경성 설치가 검토된 적이 있었는데, 이러한 시도가 좌절된 이후 인취의 비공식 출장소로서 미구락부가 급증하였다.

한편, 총독부는 1920년 시장규칙을 개정하여 一道一個所主義로 경성, 부산, 대구, 군산, 목포, 진남포, 원산, 강경, 신의주 등 9개소에 현물시장을 허용하고, 60일 이내의 연거래를 인정했다. 이는 곡물현물시장에서 차금결제를 통한 전매 및 환매를 공인하는 결과를 가져왔고, 사실상의 선물시장으로 기능했다. 이를 연시장이라 했다. 이러한 연시장에 있어서 연거래의 규모 확대는 청산시장인 인취에 큰 타격을 주었다.

1921년에 시행된 조선취인소세령의 주요 내용은 세원 함양을 위한 취인소세와 취인세 신설이었다. 취인소세의 부과는 연시장에는 적용되지 않고 인취시장과 취인원에게만 적용되었다. 사실상 인취와 같은 선물시장으로 기능하고 있던 연시장에는 적용되지 않아 인취의 취인원들은 꾸준히 이에 대한 부당함을 총독부 당국에 제기했다. 이러한 상황에서 군산 연시장의 한 조합원이 경성에 '受場'을 설치하였고, 군산 연시장의 경성 진출 시도가 인취 취인원조합에 의한 이른바 '불평등대우철폐운동'이 전개되는 계기가 되었다. 인취 중매점이 미구락부를 통해 얻는 매매계약고와 증거금 수입이 상당한 상황에서 가장 세력이 큰 군산 연시장의 경성 진출은 큰 위협이 되었다. 실제로 인취의 영업악화가 초래되었고, 인취 취인원 중에서 마루토미丸富 등이 파산하기도 했다.

1930년 5월 20일 총독부령 제53호로 개정된 시장규칙에서는 시장을 경영하는 조합의 조합원중매인 또는 취인소의 취인원은 지점, 출장소 기타 어떤 명의로든 2개소 이상의 장소에서 동일한 시장이나 취인소의 매매취인이 금지되었고, 매매취인의 위탁 대리나 중개 또한 금지되었다. 이 개정 시장규칙에 의해 인취 중매점의 출장소 역할을 해 왔던 경성의 미구락부가 철폐되었고, 군산곡물상조합은 1930년 4월 1일부터는 자체적으로 지점을 철폐하기로 했다.

사실상 청산시장이었던 연시장에 대한 감독 소홀과 조선취인소세령에 의한 불평등한 세금부과에 대해 인취는 꾸준히 연시장과의 '평등대우'를 요구했고, 연시장의 위협과 경기후퇴로 인한 영업악화로 인취 중역들에 의한 경취와의 합병 및 경성 이전이 추진되었다. 이 역시 인취 진흥책의 하나로 제기된 것이었지만, 1920년대 내내 京仁을 떠들썩하게 만든 소위 '인취문제'가 대두하는 계기가 되었다. 1931년 5월에 공포되고 1932년 1월부터 시행된 조선취인소령은 이러한 불안한 동거와 청산거래의 선물시장(기미시장)과 현물시장 사이의 영업범위를 둘러싼 갈등을 해소하는 계기가 되었다. 기존 곡물현물시장의 본래 기능인 직거래는 정미시장의 성립으로, 외상거래인 연거래는 곡물취인소의 매매거래로, 연거래에 전매와 환매가 가미된 유사 청산거래는 곡물취인소의 청산거래로 분화되어 확립되었다.

또한 연시장의 취인소로의 승격과 조선취인소령의 확립 과정에서는 조선총독부 주도의 산업정책에서 찾아볼 수 있는 패턴이 잘 드러난다. 본고의 내용은 1920년 시장규칙에 의한 곡물현물시장 허가와 연거래 인정, 군산 대구 부산 연시장의 성장과 인취와의 경쟁 격화, 인취의 수익률 감소, 연거래의 투기화로 인한 각종 부작용의 사회문제화, 인취차별대우철폐운동 등 근거 법령의 정비를 둘러싼 이해관계자 및 관민 사이의 갈등, 조선취인소령이라는 근거 법령의 성립, 인취와 경취의 합병과 조선취인소의 성립이라는 패턴으로 정리될 수 있다. 자유방임에 의한 경쟁 체제가 합동에 의한 통제 강화로 이어지는 조선은행령의 사례나 조선신탁업령의 사례와 같은 맥락으로 이해될 수 있다.

참고문헌

『朝鮮總督府官報』, 『東亞日報』, 『釜山日報』, 『朝鮮每日新聞』, 『朝鮮新聞』, 『群山日報』, 『每日申報』, 『朝鮮時報』, 『中外日報』, 『朝鮮商工新聞』, 『大阪每日新聞』 조선판.

仁川府廳編, 1933, 『仁川府史』, 仁川府, p.1061, pp.1064~1069.

中村資良編, 『朝鮮銀行會社組合要錄』 1920년판, p.159 ; 1921년판, p.44, p.196 ; 1927년판, p.33,pp.348~350.

井上新一郞編, 1930, 『紊亂の極に在る朝鮮取引所界現狀批判』, 商業通信社, pp.8~10, p.35, pp.76~78, p.86, pp.98~102, pp.127~130.

仁川米豆取引所, 1930, 「營業細則」, 1930년 11월, 改刷, p.15.

朝鮮總督府殖産局編, 1930, 『取引所關系事項の槪要』 朝鮮總督府殖産局, pp.95~96.

秋山滿夫, 1922, 『(株式會社)仁川米豆取引所沿革』, 仁川米豆取引所, p.36.

김기성, 2020, 「개항기 정기미시장(定期米市場)의 도입과 미곡 거래 방식의 다변화」 『한국사연구』 191, pp.385~428.

김명수 편역, 2015, 『인취성쇠기(仁取盛衰記) -미곡거래소 仁川米豆取引所의 흥망성쇠-』, 인천대학교 인천학연구원, pp.53~54, p.82, pp96~104, p.140, p.149, p.160, p.163.

朴賢, 2006, 「1920년대 후반 金融制度準備調査委員會의 설립과 활동 -「金融組合令」·「銀行令」개정논의를 중심으로」 『東方學志』 136, 연세대 국학연구원, pp.189-229

飯沼二郞, 1986, 「山梨總督疑獄事件と米穀取引所」 『朝鮮民族運動史研究』 3, 朝鮮民族運動史研究會 pp.9~13.

이형진, 1992, 「일제하 투기와 수탈의 현장-미두·증권시장」 『역사비평』 18호, 역사문제연구소, pp.93~107.

허병식, 2017, 「조탕과 미두장, 유원지 혹은 악마굴 –근대도시 인천의 장소 정체성」 『한국학연구』 45, 인하대 한국학연구소, pp.379~401.

서울역사박물관, 2018, 『〈대경성부대관〉과 『대경성도시대관』으로 보는 경성상점가』, p.222.

한국사데이터베이스(db.history.go.kr)

인천항의 전쟁 피해와 전후 복구

박광명
(동국대학교)

1. 머리말

한국 근현대사에서 인천항은 부산항과 함께 '관문의 역사'로 항상 언급되는 곳이었다. 그렇기에 인천항의 역사에 대해서는 다양한 연구들이 진행되었다. 특히 개항기 인천에 대한 연구는 거의 안 다룬 분야가 없을 정도로 많은 연구가 진행되었다. 하지만 상대적으로 현대 인천항에 대한 역사학 분야의 연구는 부족한 실정이다. 1950년대 인천항의 전쟁 피해와 전후 복구 논의, 그리고 개발 사업 구상의 전개 과정은 현대사에서 전후 공적 시설 복구에 대한 전형적인 유형을 보여준다고 할 수 있다. 그럼에도 인천항의 발전 및 건설 과정에 대한 기존의 백서나 연혁사의 내용은 대부분 태평양전쟁 개전으로 인한 개발 중단·한국전쟁으로 인한 침체 이후 1960년대 중반 본격적인 개발과 항구의 역할이 가능했던 것으로 간략히 서술하고 있다.[1] 이러한 내용은 일부분 사실에 부합하면서도, 미군정기부터 1950년대에 이르는 인천항의 모습을 축소 및 외면하는 결과로 이어졌다.

현대 인천항에 대한 역사적 접근이 전혀 없었던 것은 아니었다. 지역학 연구의 활성화에 따라, 인천상륙작전 당시 피해 상황이나 포로수용소 운영, 부평의 미군기지 관련 연구들이 진행되었다.[2] 해당 연구들은 한국전쟁의 영향으로 인한 인천의 변화와 연결되는 특징을 갖고 있다. 이와 함께 공식적 연구는 아니지만, 일간지에 수록된 기획연재 기사가 있어 눈에 띈다.[3] 해당 기사는 구술과 사진, 과거 기사들을 바탕

---

* 이 글은 박광명, 2021, 「인천항의 전쟁 피해와 전후 복구사업의 전개」, 『숭실사학』 46 원고를 수정·보완한 글이다.

1 인천광역시, 『인천광역시사』 4, 2002, 233~237쪽 ; 해운항만청, 1948, 『港灣建設史』, 613~642쪽. 한국컨테이너부두공단, 2001, 『港灣變遷史』, 119~136쪽.

2 전갑생, 2020, 『인천과 한국전쟁 이야기』, 글누림.

으로 근현대 인천항의 모습을 상세하게 그리고 있어 참고가 된다.

그럼에도 비교 위치에 있는 1940~1950년대 부산항 연구 축적에 비해,[4] 인천항에 대한 연구는 상대적으로 소홀히 취급되었던 것이 사실이다. 본고는 한국전쟁을 전후로 한 시기부터 1950년대까지 인천항의 수도 서울에 대한 물자수송 창구와 관문으로서의 역할에 대해 분석할 것이다. 이를 위해 그간 제대로 활용되지 못했던 인천항 관련 통계, 복구 및 원조물자 수송 관련 미국 문서를 활용할 것이다. 이는 한국전쟁을 전후로 한 국가 중요 시설인 항구의 피해와 복구, 발전 과정의 시작 지점의 전형을 보여줄 것이다.

근대와 1960년대 중반 이후 인천항의 시설에 대한 통계는 기존 연구들에서 충분히 정리 및 활용되었다. 하지만 1950년대의 전후 피해와 수출입 통계 등은 기존의 『朝鮮經濟年報』·『經濟年鑑』 등의 자료를 통해 확인할 수 있으나, 제대로 정리 및 활용되지 않았다. 해당 자료들을 통해 본고는 1950년대 인천항에 대한 통계 복원을 시도할 것이다. 더불어 기존에 수집된 RG 338과 RG 469 문서군에 산재 되어 있는 인천항 복구 및 계획에 대한 문서들도 새롭게 발굴하여 활용하였다. 해당 문서들은 일관성 있게 작성된 보고서는 아니지만, 한국전쟁기 인천항 복구를 담당했던 공병중대의 활동사항[5]과 부대장의 인터뷰[6]가 함께 수

---

3 「기획연재/현대사 한 바퀴-부둣가, 그 삶을 읽다」, 『인천일보』, 2020. 2020년 7월 22일자부터 주간으로 연재되는 해당 기획기사는 개항기부터 현재까지 인천항의 발전 과정에 대해 담고 있다. 특히 27화부터 34화까지는 본고에서 다루고 있는 해방 이후부터 1950년대 인천항의 역사에 대해 서술하고 있다.

4 한국전쟁 전후 부산항에 대한 연구성과 정리는 배석만, 「한국전쟁 전후 부산항 연구의 성과와 과제」, 『港都부산』 30, 2014 참고.

5 "Rehabilitation of Tidal Locks, Inchon, Korea, 50th Engr. Port Const Co.", Box 59, Entry UD34407, RG 338, NARA(국사편찬위원회 사료철 AUS251_09_00C0362).

6 "First Lieutenant Frank C. Casillas, 0-1913206, Operations Officer, 50th Engineer Port Construction Company", Box 59, Entry UD34407, RG 338, NARA(국사편찬위원회 사료철 AUS251_09_00C0362), pp.2~5.

록되어 있어 기존 전쟁기 인천항의 피해와 임시 복구에 대한 역사상 복원에 충분히 도움이 되는 내용들이다. 이외에도 1950년대 대한경제 원조사업의 한미간 협의체였던 합동경제위원회(Combined Economic Board, CEB)의 회의록과 관련 문서를 통해 전후 복구 이후 인천항 복구 계획에 대한 내용도 간단히 살펴볼 것이다. 이러한 분석을 통해 수도 서울의 해운 관문으로서의 인천항이 현대사에서 지속적으로 기능하였음을 밝힘으로써, 그간 소외되었던 1950년대 인천항에 대한 연구를 보완할 것이다.

2. 해방 진주의 공간과 국도 항구로의 역할

일제의 패망은 곧 독립의 순간을 의미하였다. 하지만 한반도에는 아직 일본군이 주둔하고 있었고, 이들에 대한 무장해제를 위해 미소 연합군은 한반도에 진주하였다. 이 과정에서 한반도 남부는 미군 점령하에 들어갔다. 일본에 본부를 두고 있던 미군에게는 어찌보면 부산이 한반도 진주에 적합한 항만이었을지 모른다. 하지만 우리가 알고 있는 바와 같이, 미군은 인천항을 통해 한반도로 진주하였다.

일본 본토와 조선 점령 계획은 기존에 알려진 바와 같이, '블랙리스트(Blacklist)' 작전으로 명명되었다. 해당 계획에 따르면 일본군 수뇌부의 붕괴나 항복에 따라, 태평양미육군사령부 지휘하의 부대가 일본 본토와 조선을 점령하는 것이 결정되어 있었다. 일본 본토와 조선 점령은 태평양미육군과 해군 부대 모두에게 제1순위의 임무였다. 이중에 한반도 점령 작전명은 '베이커-포티(Baker–Forty)'로, 3단계로 나누어서 진행될 계획이었다. 1단계는 서울-인천지구, 2단계는 부산지구, 3단계는 군산지구로 점령이 예정되었다.[7]

1단계 점령 목표가 서울-인천지구 점령이었기에, 미군은 인천항을

통해 상륙할 수밖에 없었다. 확정된 점령일자(E-day)는 1945년 9월 7일
이었다. 선발대인 제7사단은 인천항에 상륙하여 제24군수지원상령부가
도착할 때까지 항만시설을 확보 및 운영하는 한편, 신속히 서울방면으
로 이동하면서 인천-서울지구에 위치한 주요 군사 및 민간시설을 점령
해야 했다.[8] 당시 인천항 상륙을 계획한 이유 중의 하나는 소련군보다
신속하게 수도 서울을 점령해야 한다는 사령부의 판단 때문이었다. 이
러한 판단의 근저에는 일본식 지명의 발음에 따른 잘못된 정보의 입수
가 원인이 되었다. 소련군의 진군 속도가 예상을 앞질렀고, 'Gensan元
山'을 점령했다는 보고가 이어졌다. 틀린 보고는 아니었으나, 원산의
일본식 표기가 인천의 일본식 표기인 'Jinsen仁川'과 유사하여 정보 보
고에 혼란이 생겼다.[9] 이러한 정보의 오류 속에서 수도 서울을 소련보
다 빨리 점령하려면 인천항으로의 상륙밖에는 방법이 없었다.

〈그림 1〉 1945년 9월 8일, 미군 상륙 직전의 인천항 모습[10]

7 "Blacklist", *HUSAFIK* 1, pp.16~25(http://db.history.go.kr/id/husa_001r_0010_0010, a
  ccessed 2021.09.06.).

8 "Operational Planning", *HUSAFIK* 1, pp.52~55(http://db.history.go.kr/id/husa_001r_0010_0070,
  accessed 2021.09.06.).

9 "The Russian Scare", *HUSAFIK* 1, pp.201~203(http://db.history.go.kr/id/husa_001r_0030_0040,
  accessed 2021.09.06.).

10 "Tidal Docks at Jinsen, Korea. Alt. 1000' F. L. 63/8". Taken by Plane from USS
   Anzio (CVE-57)"; "Dry docks and Submarines under Construction at Jinsen, Korea.
   Alt. 1000' F. L. 63/8". Taken by Plane from USS Anzio (CVE-57)", Box 1298, RG 80,

위 그림은 미해군 호위항공모함인 Anzio함 소속 비행기인 CVE-57이 1945년 9월 8일 인천항을 미리 촬영한 사진이다. 미군 진주 직전의 인천항은 매우 평온하였으며, 일제강점기의 전쟁 준비 흔적이 그대로 남아 있었다. 우측의 사진 상단에는 일본군 잠수함 4기가 놓여 있는 모습도 볼 수 있다. 인천항의 미군 상륙 직후인 1945년 9월부터 1950년대까지 인천항만은 실질적으로 군부대의 관할 하에 운영되었다.

이렇게 해방 이후 미국과 한국인이 처음으로 서로를 직접 접촉한 곳이 인천항이었다. 미군의 한반도 진주를 위해서는 당연히 그들의 물자를 하역해야 했고, 일본군은 이에 협조하기로 되어 있었다. 하지만 실질적인 물자의 하역을 담당했던 인부들은 한국인 하역 노동자들이었다. 9월 15일에는 1,000명, 16일에는 1,900명, 19일에는 2,472명의 한국인 노동자들이 동원되었다.[11] 그들은 해방 이후 한반도에 진주한 미군과 최초로 접촉했던 사람들이었다. 이 시기 인천항은 전적으로 미육군의 인력과 물자를 실어 나르는 데 사용되었다.[12]

해방 공간, 남한의 항만 분포 상태는 남해안은 부산·마산·진해·통영·삼천포·여수·제주가 있었다. 동해안은 포항·묵호·주문진·원산·청진·나진 등이 주요 항구였고, 서해안은 인천·목포·군산·진남포가 있었다. 하지만 미군정하의 한반도는 체계적 정부가 수립되지 못한 상황이었으며, 정치·경제·사회 모든 면에서 미군정의 통제하에 있었다. 항만 운영 역시 마찬가지였다. 미군정의 경제통제령이 시작된 이후인 1946년 7월 12일, 상무부 무역국 외국무역규칙 제1호에 따라 개항장으로 지정된 곳은 인천·군산·목호·목포·부산의 5개 항이었다.[13] 경제통제령

NARA(국사편찬위원회 사료건 AUS060_01_00V0001_018 ; AUS060_01_00V0001_019).

11 "Port Operations Inch'on", HUSAFIK 1, pp.266~269(http://db.history.go.kr/id/husa_001r_0040_0080, accessed 2021.09.06.).

12 "Utilization of Other Korean Ports", HUSAFIK 1, pp.624~627(http://db.history.go.kr/id/husa_001r_0080_0090, accessed 2021.09.06.).

13 「상무부 무역국 외국무역규칙 제1호 면허 및 수입수출허가」, 『미군정청 관보』 1,

상황에서는 이들 항구를 통해서만 물자의 수출입이 가능했다. 이후 1947년 8월 25일, 남조선과도정부 법령 149호를 통해 제주항이 추가되었다.[14] 미군정기부터 정부수립 직후의 항만시설 현황을 살펴보면 다음과 같다.

〈표 1〉 미군정기~정부수립 전후 남한의 주요 항만시설 현황[15]

구분	부산항	인천항	목포항	군산항	여수항
개항연도	1876	1883	1897	1899	-
항내면적	870陌 (2,631,750평)	579,000평 1,510,000평	-	1,100,000평	2,480,000(북항) 1,280,000(남항)
취선능력	192,000톤	24,500톤	12,000톤	13,800톤	26,000톤
하역장잔 교연장	7,777米	-	319.2米	-	240米
작업기 (기중기)	22기	4기	1기	-	-
창고	-	-	151동 (20,295평)	85동 (16,443평)	3,130평
艀船曳船	-	166척	98척	-	-

5개 항구에서 살펴볼 점 중 하나는 중량물 하역 작업이 가능했던 항구는 기중기를 보유한 부산항·인천항·목포항이었다는 점이다. 실질적으로 목포항은 기중기가 1기였으며, 부산과 인천항이 대단위 하역작업이 가능한 항구였다. 제1항구는 단연 부산항이었다. 부산의 취선능력은 이미 192,000톤급으로, 나머지 주요 항구의 취선능력을 모두 합한 수치를 뛰어 넘고 있었다. 면적부터 하역장 전고 등에서도 부산항이 제1항구의 면모를 여지없이 보여준다. 가장 먼저 개항한 항구로, 식민

원주문화사, 1991, 478~481쪽.
14 「남조선과도정부 법령 제149호 대외무역규칙」, 『미군정청 관보』 3, 원주문화사, 1991, 258쪽. 이와 함께 수도 서울 부근의 김포비행장 역시 무역창구로 지정되었다. 김포공항과 제주항을 포함해 총 7개 항구가 개항장으로 지정되었다.
15 朝鮮銀行調査部, 『朝鮮統計年報』, 1948, Ⅰ-184~185쪽의 내용을 표로 종합.

지기에서도 만주로 이어지는 가장 중요한 관문으로 역할하였기에 이는 당연한 것이었다.

인천항은 국도의 관문항으로서의 지위에 비해서, 당시 면적이나 취선능력에서 여수항의 바로 다음인, 3위의 역할을 하고 있었다. 이는 단순히 인천항의 시설이 낙후된 결과로 인한 것이 아니었다. 여기에는 인천항의 제1선거를 미국 선박이 전용하고 있기 때문이었다. 더불어 일제강점기 제2선거 공사가 진행되었으나, 전쟁으로 인한 자원 부족으로 중단된 체 해방을 맞이했기 때문이었다. 물론 해방 이후 인천항만청에서 제2선거에 대한 공사에 착수하였으나, 이 역시도 자원과 자금 부족으로 중단되었다.[16] 실질적으로 주한미군의 관리하에 미국선박 위주로 사용되던 인천항이었기에 자유무역은 진행될 수 없었다. 그럼에도 해방 이후 인천항의 무역액은 꾸준히 증가하는 추세를 보여주었다. 다음은 해방 전후 인천항 무역액을 나타낸 도표이다.

<표 2> 해방전후 인천항 무역액 대조표[17]

(단위: 圓)

연도별	수출	비율	수입	비율	합계	지수	개항익년 대비
1884	184,917	32.9	377,548	67.1	562,465	100	1.0
1929	46,476,098	42.3	63,290,425	57.7	109,766,523	19,515	195.2
1930	92,566,943	33.1	187,372,003	66.9	279,938,946	49,770	497.7
1939	106,401,122	33.0	216,016,348	67.0	322,417,470	57,322	573.2
1946	38,863,287	19.8	157,850,010	80.2	196,713,297	34,973	349.7
1947	410,111,074	31.6	888,086,443	68.4	1,298,197,517	230,805	2,308.1
1948	2,341,425,936	23.7	7,541,524,088	76.3	9,882,950,024	1,757,078	17,570.8
1949	3,334,474,898	20.8	12,687,932,103	79.2	16,022,407,001	2,848,605	28,486.1

16 "仁川第二독크完成時急", 『自由新聞』, 1948년 12월 1일자, 2면, 1단.
17 朝鮮銀行調査部, 『經濟年鑑』, 1949, 1-164쪽과 "인천항, 금년도에 93억 원의 수입 초과를 기록", 『수산경제신문』, 1949년 12월 30일자의 기사를 참고하여 도표로 작성함. 원자료에 수출입 비율과 개항연도 대비 배수를 계산하여 추가하였음.

위 표를 보면, 인천항의 무역액은 개항 이후 1939년까지 꾸준히 성장했음을 알 수 있다. 1939년도에는 개항익년도 대비 약 573배까지 무역액이 상승하였다. 하지만 이는 제2차 세계대전을 전후로 다시 하락 국면으로 접어들었다. 결국 해방 직후인 1946년에는 개항익년도 대비 약 350배 정도로 축소되었다. 제2차 세계대전으로 인한 전반적인 산업 축소에 영향을 받았지만, 이외에도 미군정기의 통제경제체제하의 수출입통제에 의한 영향 역시 무시할 수 없었다. 하지만 정부수립 이후 인천항의 무역액은 다시 급성장하기 시작하였다. 물론 해방 이후부터 정부수립 전후의 무역액 상승은 단순히 무역량의 순수 증가만으로는 볼 수 없다. 당시 인플레이션 현상의 영향을 받아 무역액 자체에도 인플레이션 현상이 발생했다고 볼 수 있다.[18] 그럼에도 인천항을 통한 무역량이 증가했던 것은 분명하다고 볼 수 있다. 특히 경제통제령 이후 일정 부분 무역통제가 완화되었던 1947년부터 인천항의 무역액은 확실히 증가하기 시작하였다.

일제강점기부터 미군정기에 이르기까지 인천항 무역의 특징 중 하나는, 인천항이 수출보다는 수입에 중점을 두고 운영되었다는 점이다. 전반적으로 무역액의 60~80% 비율이 수입을 통한 것이었다. 이는 수도 서울과 경기권에 대한 GARIOA(Government and Relief in Occupied Area, 점령지역행정구호원조) 원조 물자 도입에 따른 것이었다.[19] 정부수립 이후인 1949년, 인천항은 정치·경제·지리적 조건을 바탕으로 한국 굴지의 국제항이 될 것이라 평가받았다. 항만으로서의 위상은 뉴욕항과 상해항만큼 성장할 것으로 보았다.[20] 하지만 이러한 당시의 예측은 빗나가고

---

18 미군정기의 인플레이션 현상과 경제통제정책에 대해서는 許洙, 「1945~46년 美軍政의 生必品 統制政策」, 『韓國史論』 34, 1995 ; 박광명, 「미군정기 경제통제정책의 시행과 암거래 실태」, 『한국민족운동사학회』 101, 2019, 363~371쪽 참고.

19 GARIOA 원조의 구성과 성격에 대해서는 박광명, 「해방이후~한국전쟁기 미국의 대한원조와 ECA·SEC 원조의 성격」, 『東國史學』 68, 2020, 317~328쪽 참고.

20 朝鮮銀行調査部, 『經濟年鑑』, 1949, Ⅰ-161쪽.

말았다. 미군정기와 정부수립기를 거치면서 차츰 대외무역 창구로서의 기능을 회복하고 있던 남한의 항구들은 한국전쟁을 거치면서 파괴되고 말았다. 인천항 역시 기존의 기능을 차츰 회복하던 단계에서 가장 북단에 위치했던 항구였던 만큼 제일 큰 피해를 입게 되었다.

3. 인천항의 전쟁 피해와 복구 논의

수도 서울의 관문이라는 인천항의 위치는 물자수송에서뿐만 아니라, 전쟁기 군사적 요충지라는 측면에서도 유효하였다. 그렇기 때문에 인천항은 수도 서울 탈환을 위한 인천상륙작전이 전개되었던 장소였다. 이러한 상황들로 인해 인천항의 피해는 다른 항만보다 훨씬 클 수밖에 없었다. 실제로 한국전쟁기 부산항을 제외한 7개 항의 전체 피해액은 11,776,400,000원이었는데, 이 중에서 인천항의 피해액은 3,194,500,000원이었다.[21] 이는 전체 남한 항만시설 피해의 27.1%에 달하는 금액으로, 남한의 항만시설 중에서는 한국전쟁의 피해를 가장 많이 입었던 것을 알 수 있다. 그렇다면 인천항의 시설별 피해 상황은 어떠했을까? 다음은 한국전쟁 개전 1년 이후 교통부에서 조사한 인천항만시설의 피해를 종합한 도표이다.

---

21 국사편찬위원회, 『한국경제 정책자료』 8, 2013, 569~571쪽, 〈표 351〉부터 〈표 354〉까지의 내용을 종합하여 산출한 금액임.

〈표 3〉 한국전쟁 이후 인천항만시설 피해 일람표 종합[22]

명칭		6·25직후 수량	피해수량	피해비율 (%)	피해액(원)	비율
접안 시설	순도제(馴導堤)	2,186M	20M	1	8,000,000	0.3
	갑문	4매	4매	70*	285,000,000	8.9
	개폐장치	4개	4개	100	20,000,000	0.6
	호안(護岸)	3,000M	440M	15	36,700,000	1.1
	안벽(岸壁)	454M	30M	7	20,000,000	0.6
	물양장	1,300M	310M	24	116,000,000	3.6
	잔교	4기	3M	7	200,000,000	6.3
외곽 시설	상옥	1,900평	1,900평	100	1,155,000,000	36.2
기타 육상 시설	조명장치	3,600M	1,800M	50	20,000,000	0.6
	급수시설	1,800M	900M	50	10,000,000	0.3
	기중기	5대	5대	100	210,000,000	6.6
기타	공사용 선박	15척	13척	80	453,800,000	14.2
	공영소 공업용 건물	1,850평	1,420평	70	660,000,000	20.7
합계					3,194,500,000	100.0

* 갑문은 4개 모두 피해를 입었지만, 모든 갑문이 전파(全破)되었던 것이 아니라 일부 파괴된 갑문도 있었다. 이에 피해 비율은 70%로 산출되어 있다.

위 일람표에서 50% 이상의 피해를 입었던 시설물들은 음영으로 표기하였다. 우선 순도제와 안벽·잔교·호안·물양장 등의 해변 인접 시설물 및 구조물은 상대적으로 적은 피해를 입었던 것으로 볼 수 있다. 순도제는 항만에 출입하는 선박의 항로 유지와 연안 수송을 위한 방파제 시설이고, 호안은 유수에 의한 하안과 제방의 침식을 막기 위한 시설물이었다. 이 밖에도 안벽은 화물의 하역과 승객의 승하선시 안전을 위해 선박을 접안하는 구조물이고, 물양장과 잔교는 선박의 접안을 위한 간이부두와 접안시설물이었다.[23] 해당 시설물들은 대부분 수중이나

---

22 국방부 정훈국 전사편찬회, 『한국전란 1년지』, 1951, D26~D27쪽(같은 책, 569~571 쪽)의 인천항 피해 부분을 종합.

23 항만시설물의 명칭과 용도에 대해서는 인천항만공사에서 운영하는 '항만용어' 사이트를 통해 내용을 확인할 수 있다(www.icpa.or.kr/dictionary/list.do?menuKey=74, accessed : 2021.09.06.).

해수면에 맞닿아 있는 것들이었기에 전쟁으로 인한 피해를 상대적으로 덜 받았던 것으로 유추할 수 있다.

접안시설물들의 가벼운 피해 상황에 비해 기계시설 쪽의 피해는 막대했다. 인천항의 급격한 조수차를 조절하여 선박의 정거를 위해 필수적인 갑문과 개폐장치는 전량 파손되었다. 상대적으로 접안시설이 보존되었음에도 불구하고 조수차를 조절해야 선박의 정박이 가능했던 인천항에 있어, 이는 상시적 정박을 불가능하게 하는 것이었다. 또한 조명장치나 급수시설 등이 50% 파괴되었고, 화물의 선적이나 하역, 선박수리에 필수적인 기중기 역시 전량 파괴되었다. 특히 공사용 선박 15척 중에서 13척이 파괴되었으며, 이러한 모든 피해 상황은 당시 인천항의 수송 통로로서의 역할을 완전히 상실하게 만들었다. 또한 수송화물의 보관 선별을 위하여 부두나 역 가까이에 지은 상옥 역시 100% 파괴되었으며, 공업용 건물 역시 70% 가까이 파괴되었다. 시설과 건축물 전반이 거의 전파된 상황이었다. 특히 피해액의 절반 이상은 건조물 파괴로 인한 것이었다.

일반적으로 우리는 위와 같은 인천항의 전쟁 피해가 한국전쟁 초기에 진행 되었을거라 생각한다. 물론 전쟁 초기의 격전과 인천상륙작전을 통해 인천항의 시설이 일부 파괴되기는 하였다. 하지만 완전한 시설물의 파괴는 1951년 1·4후퇴 당시 UN군에 의해 직접 수행되었다. 중공군 참전에 직면하여 UN군은 북으로부터 철수를 시작하였다. 다수의 물자와 장비를 한강 이남 지역의 새로운 방어선으로 수송하는 가운데, 철수할 수 없는 물자와 장비, 주요 교통시설들을 파괴하여 적군이 사용할 수 없게 만들었다. 이 시점에서 UN군은 인천항을 포기하고 인천항의 모든 시설을 파괴하였다. 이미 UN군의 후퇴 상황에서 갑문과 가스저장탱크 3기 등의 파괴 계획이 세워진 상황이었고, 1·4후퇴 당시 50공병항만건설중대(50th Engineer Port Construction Company)에 해당 임무가 하달되었다. 작전 수행 명령 하달 이후, 50공병항만건설중대는 1951

년 1월 5일 새벽 4시 30분경 작전을 수행하고 부산으로 후퇴하였다. 1·4 후퇴 당시 50공병항만건설중대에 의해 진행된 인천항 폭파 작전은 군 사적 목표에 따른 것으로, 민간 피해 없이 작전이 진행되었던 것으로 기록되어 있다.[24] 후퇴와 동시에 적군의 시설물 활용을 방해하기 위한 군사적 목표의 인천항 파괴였다라고 하더라도, 인천항의 전후 복구에 상당한 영향을 주었음은 부정할 수 없다. 다음 사진은 후퇴 당시 폭파 로 인해 불타고 있는 인천항의 모습이다. 사진 설명에는 '적에게 가치 있는 것은 아무것도 남겨 놓지 않았다'라고 적혀 있다.

〈그림 2〉 1951년 1·4후퇴 당시 UN군 철수 이후
불타고 있는 인천항[25]

1·4후퇴 이후 한 달이 약간 넘은 시점인 2월 10일, UN군은 영등포 와 김포비행장, 인천항을 탈환하였다. 인천시청 역시 탈환하여 인천지

---

24 "Rehabilitation of Tidal Locks, Inchon, Korea, 50th Engr. Port Const Co.", Box 59, Entry UD34407, RG 338, NARA, pp.1~3.
25 "Fires Burn Brightly at Inchon Harbor", Box 1739, RG 80, NARA(국사편찬위원회 사료건 AUS060_01_00V0004_768).

역에 대한 안정화 작업에 착수하기 시작하였다.[26] 당시 기사에는 20시간 내에 항구로서의 기능 회복에 대한 기대감이 표출되기도 하였다. 항구 복구를 위해 조사단이 항구로 출발하였다.[27] 앞에서도 살펴보았지만, 국도의 관문으로서의 인천항의 역할은 매우 중요하였다. 특히 전방의 전쟁 수행에 있어서 인천항은 군사적으로 매우 중요한 항구였다.

후퇴 당시 인천항을 파괴했던 UN군은 인천항 재점령 이후 다시 항만 복구 작업에 들어갔다. 복구 작업의 담당 부대 역시 인천항 파괴 작전을 수행했던 50공병항만건설중대였다. 중대장인 이스트우드 대위(Captain Gordon L. Eastwood)는 1951년 2월 6일자로, 인천항 복구 계획 명령을 지시받았다. 그는 3일 후인 2월 9일, 일본군수사령부(Japan Logistical Command)의 공병참모실을 방문하여 인천항의 피해 상황과 복구를 위한 장비를 보고하였다. 준비를 마친 50공병항만건설중대는 2월 15일, 후퇴했던 부산에서 LST를 타고 인천으로 복귀하여 복구 작전을 수행하였다. 건설 자재 부족과 혹한의 영향에 따른 작업의 어려움이 있었지만, 상대적으로 순조롭게 작전이 진행되었다. 항구 기능 회복을 위해 가장 시급했던 복구 작업은 '갑문(Tidal Lock)'의 복구였다. 총 4기의 갑문을 복구해야 했는데, #3-#4-#1-#2 갑문의 순서로 작업 계획이 수립되었다. 공방전 속에서 2주간 작업이 중단되기도 하였다.[28]

갑문의 복구 순서는 '기계화 상륙주정(Landing Craft Mechanized, LCM)'을 최대한 빨리 조수독(tidal basin)으로 들여놓기 위한 목적에서 계획되었다. 3·4번 갑문만 복구한다면 이것이 가능했다. 3월 8일, 3·4번 갑문이 복구되었다. 이후 5월 15일, 1·2번 갑문이 최종적으로 복구되면서

---

26 "首都는 다시 우리 手中에 서울市街에 突入", 『朝鮮日報』, 1951년 2월 12일자, 1면, 1단 ; "仁川市廳에 太極旗 봄 바람에 펄럭 平和는 깃들다", 『朝鮮日報』, 1951년 2월 12일자, 1면, 3단.
27 "仁川港機能發揮", 『朝鮮日報』, 1951년 2월 18일자, 1면, 5단.
28 "Rehabilitation of Tidal Locks, Inchon, Korea, 50th Engr. Port Const Co.", Box 59, Entry UD34407, RG 338, NARA, pp.3~7.

항구로서의 기능은 일정 부분 회복되었다. 최종적으로 5월 20일부터 7월 15일까지 통제소가 재건설 되면서 기본적인 항만시설을 다시 갖추게 되었다.[29]

갑문 복구가 완료되었던 1951년 중반, 인천항으로의 물자 하역이 가능하기에 이르렀다. 이에 따라 경기도 지역에 대한 구호양곡과 비료가 입하되기 시작하였다.[30] 1951년 연말에 이르러서는 부산-인천간의 객선도 취항할 수 있게 되었다. 12월 5일, '水安號'가 67명의 여객과 71톤의 화물을 적재하고 인천항에 입항하였다. 해당 여객선은 CAC(Unted Nations Civi Assistance Command, UN민사원조단)의 증명없이 승선이 가능하였다.[31]

또한 인천항으로부터 일본으로의 물자 수출이 진행되기도 하였다. 1951년 수출된 물자는 대부분 '선철(scrap iron)'이나 '고철(ferrous scrap)'이었다. 주요 목적지는 대부분 오사카항이었으나 간혹 고베항으로 들어가는 물자도 있었다. 1951년 5월부터 1951년 10월까지 수출된 물자의 총합은 13,808M/T이었다. 전쟁 중이었음을 감안하면 적은 수량은 아니었다.[32] 하지만 인천항은 전쟁기간중, 국도의 관문이자 병참기지였기에 UN군의 관리하에 있었다. 이에 일반물자를 수송하던 선박들은 외항에서 浮船 작업을 진행할 수밖에 없었다. 이는 자연스레 하역작업비의 증가로 이어졌다.[33] 그렇다면 한국전쟁을 전후로 한 인천항의 임시 복구 이후의 수출입 현황은 어떠했을까? 다음은 1946년부터 1956년까지의 남한의 주요 항구별 수출입액 변화를 나타낸 도표이다.

---

29 "First Lieutenant Frank C. Casillas, 0-1913206, Operations Officer, 50th Engineer Port Construction Company", Box 59, Entry UD34407, RG 338, NARA, pp.2~5.

30 "救護米도 仁川에", 『朝鮮日報』, 1951년 5월 20일자, 2면, 6단 ; "救護米陸續入荷", 『朝鮮日報』, 1951년 6월 24일자, 2면, 1단; "肥料, 仁川서 下役中", 『朝鮮日報』, 1951년 7월 6일자, 2면, 3단.

31 "釜山仁川間에 客船就航", 『朝鮮日報』, 1951년 12월 12일자, 2면 6단.

32 "Export Shipping from Inchon Harbor from May thru September 1951", Box 17, Entry A1-1301, RG 338, NARA(국사편찬위원회 사료건: AUS004_77_00C0003_018).

33 "仁川入港船舶爲해 독크使用緊急", 『朝鮮日報』, 1954년 7월 17일, 2면, 1단.

<표 4> 항별수출입액(1946~1956)³⁴

(단위 : 백만환)

연도		인천		부산		목포		군산		여수		마산		기타	
		수출	%	수출	%	수출	%	수출	%	수출	%	수출	%	수출	%
수출	1946	0.4	(80.0)	0.1	(20.0)	-	(0.0)	-	(0.0)	-	(0.0)	-	(0.0)	-	(0.0)
	1947	4.1	(36.9)	6.9	(62.2)	0.0	(0.0)	0.1	(0.9)	-	(0.0)	-	(0.0)	-	(0.0)
	1948	23.4	(32.5)	37.7	(52.4)	10.8	(15.0)	0.1	(0.1)	-	(0.0)	-	(0.0)	0.0	(0.0)
	1949	34.1	(30.3)	61.1	(54.2)	1.9	(1.7)	-	(0.0)	15.6	(13.8)	-	(0.0)	0.0	(0.0)
	1950	10.3	(3.2)	195.6	(60.1)	24.4	(7.5)	52.3	(16.1)	33.2	(10.2)	9.9	(3.0)	-	(0.0)
	1951	18.7	(4.1)	407.0	(88.7)	1.9	(0.4)	-	(0.0)	4.4	(1.0)	13.0	(2.8)	14.1	(3.1)
	1952	149.0	(7.6)	1,515.0	(77.7)	34.0	(1.7)	1.0	(0.1)	67.0	(3.4)	79.0	(4.1)	105.0	(5.4)
	1953	47.0	(1.2)	3,287.0	(82.4)	14.0	(0.4)	23.0	(0.6)	320.0	(8.0)	141.0	(3.5)	155.0	(3.9)
	1954	81.0	(1.2)	5,838.0	(87.5)	22.0	(0.3)	47.0	(0.7)	515.0	(7.7)	142.0	(2.1)	30.0	(0.4)
	1955	709.0	(7.8)	7,143.0	(79.0)	22.0	(0.2)	-	(0.0)	341.0	(3.8)	163.0	(1.8)	664.0	(7.3)
	1956	1,279.0	(10.1)	9,792.0	(77.3)	75.0	(0.6)	2.0	(0.0)	615.0	(4.9)	174.0	(1.4)	731.0	(5.8)
	합계	2,356.0	(6.7)	28,283.4	(80.1)	206.0	(0.6)	125.5	(0.4)	1,911.2	(5.4)	721.9	(2.0)	1,699.1	(4.8)
수입	1946	1.6	(94.1)	0.1	(5.9)	0.0	(0.0)	0.0	(0.0)	-	(0.0)	-	(0.0)	0.0	(0.0)
	1947	8.9	(42.6)	0.5	(2.4)	0.2	(1.0)	11.0	(52.6)	-	(0.0)	-	(0.0)	0.3	(1.4)
	1948	75.4	(85.1)	12.1	(13.7)	0.3	(0.3)	0.1	(0.1)	-	(0.0)	-	(0.0)	0.7	(0.8)
	1949	129.7	(88.0)	16.4	(11.1)	0.0	(0.0)	0.1	(0.1)	0.1	(0.1)	-	(0.0)	1.1	(0.7)
	1950	11.8	(22.6)	38.4	(73.7)	0.0	(0.0)	0.4	(0.8)	0.0	(0.0)	-	(0.0)	1.5	(2.9)
	1951	0.1	(0.0)	1,065.0	(87.4)	5.9	(0.5)	-	(0.0)	6.7	(0.5)	0.1	(0.0)	140.5	(11.5)
	1952	258.0	(3.7)	6,125.0	(87.0)	43.0	(0.6)	24.0	(0.3)	100.0	(1.4)	127.0	(1.8)	367.0	(5.2)
	1953	1,909.0	(8.5)	18,990.0	(84.9)	162.0	(0.7)	354.0	(1.6)	376.0	(1.7)	340.0	(1.5)	239.0	(1.1)
	1954	2,251.0	(8.1)	23,467.0	(84.5)	1,098.0	(4.0)	137.0	(0.5)	177.0	(0.6)	108.0	(0.4)	547.0	(2.0)
	1955	3,892.0	(8.1)	39,702.0	(82.3)	346.0	(0.7)	830.0	(1.7)	123.0	(0.3)	391.0	(0.8)	2961.0	(6.1)
	1956	5,973.0	(16.9)	25,948.0	(73.2)	146.0	(0.4)	599.0	(1.7)	257.0	(0.7)	167.0	(0.5)	2346.0	(6.6)
	합계	14,510.5	(10.2)	115,364.5	(81.0)	1,801.4	(1.3)	1,955.6	(1.4)	1,039.8	(0.7)	1,133.1	(0.8)	6,604.1	(4.6)

* 통계값은 민간무역과 정부무역만을 포함하고 있음. 원조물자수입과 북한과의 거래 밀무역은 포함되어 있지 않음.
* '기타'는 항공편을 통한 수출입액과 액수가 적은 묵호·제주·포항·재무부직수출입액을 합산한 금액임.

수출에서는 항상 부산이 제1항만이었다. 전체 수출액의 80.1%를 차

---

34 韓國銀行調査部, 『經濟年鑑』, 1957, IV-197~198쪽의 '표 131 港別輸出額'과 '표 132 港別輸入額'의 내용을 재구성하여 작성.

지할만큼, 남한의 수출은 대부분 부산항을 통해 진행되었다. 수입에서도 부산은 81.0%를 차지하면서 제1항만의 위치를 고수하였다. 물론 이는 한국전쟁기 임시수도로서의 역할이 부여된 측면이 컸다고 할 수 있다. 부산을 제외하고는 인천항이 가장 수출입이 활발했다. 해방 직후인 1946년도에 인천항은 가장 수출입이 많았던 항만이었다. 하지만, 당시의 무역액은 상당히 미미한 수준으로 한반도 전체 수출입이 활성화되지 않았기에 제1항만이라는 의미가 무색하였다. 그렇다고 하더라도 해방 이후부터 한국전쟁 직전까지 인천항과 부산항의 수출액 차이는 20% 내외 수준이었으며, 남한 수출의 30%가량을 담당하고 있었다. 해당 기간 인천항의 수입액은 부산항을 훨씬 상회하였다. 국도의 관문항으로서 인천항의 중요도를 보여주는 대목이다. 하지만 이러한 인천항의 위상은 오래가지 못했다.

1950년도 인천항의 수출과 수입액은 모두 대폭 감소했다. 수출은 1/10로, 수입은 1/4로 축소되었다. 인천항에 대한 전쟁의 영향은 1954년까지 이어졌다. 1953~1954년도의 인천항 수출액은 전체 수출액의 1.2%까지 축소되었다. 기존 인천항으로 수입되던 물자들은 여수항으로 수입되었다. 또한 1951~1952년도에는 전쟁의 영향으로 부산항을 제외하면 공항을 통한 항공 수입이 증가했다. 그나마 수도권에 대한 물자 공급을 위해 수입되었던 물자들이 있었기에, 1953년도부터 다시 인천항의 수입액이 증가하기 시작하였다. 이를 통해 종전 시점에서 국도 관문항으로서의 인천항의 위치는 다시 복구되기 시작했다고 볼 수 있다. 전후 복구가 어느 정도 완료되는 시점인 1955년도부터 인천항의 수출액이 다시 증가하기 시작한다. 이는 부산항이 UN군사령부로부터 한국정부로 이양됨에 따라 군수물자가 인천항으로 대거 입하되었기 때문이었다.[35] 한편으로 1956년도에는 전체 무역액의 16.9%에 이르는 물자가 인천항을 통해 수입되었다. 이러한 전후 복구 이후 국도 항구로

---

35 "仁川港에 活氣", 『朝鮮日報』, 1955년 7월 2일자, 2면, 1단.

서의 인천항의 역할 증대는 다시금 인천항의 복구와 개발 요구를 불러
일으키게 되었다.

4. 전후 인천항의 복구와 주변부 발전

일반적으로 인천항의 본격적인 복구와 확장은 제2선거 축조가 진행
되면서부터라고 평가받고 있다. 그렇기에 1966년 제2선거 축조 공사가
진행되면서부터 인천항이 다시 발전하기 시작한 것으로 기록하고 있
다. 하지만 역사는 단절된 이벤트가 아닌 연속된 사건의 흐름이기에,
일제강점기 1940년대에 멈췄던 인천항의 발전이 1966년이라는 시점에
갑자기 시작된 것이라고 볼 수 없다. 한국의 생산성이 전쟁 이전으로
복구된 시점인 1956년도부터 본격적인 인천항 복구와 개발 논의가 시
작되기 시작하였다.

인천항의 물자 하역량이 증가함에 따라 1954년 하반기에는 FOA(Foreign
Operation Administration, 대외활동본부) 원조를 통해 교통부에서는 $28,000
의 門型10톤 기중기를 5,000,000환의 공사비를 들여 8월부터 10월 10
일까지 설치하였다. 당시에 설치된 기중기는 한국 최대의 기중기였
다.[36] 3면이 바다이고, 북향으로의 육로 이동이 불가능한 한국에게 항
만은 무역을 위한 주요 통로였다. 그렇기에 인천항뿐만 아니라 다른
항만들의 복구는 주요한 국가 사업 중 하나였다. 이러한 항만의 전후
복구 업무는 海務廳에서 담당하였다. 이에 따라 한국의 148개 항구 중
에서 주요 40개 항구들에 대한 전후 복구사업이 원조 프로그램으로 진
행되었다. 이는 원조 프로그램 번호 89-34-261로, 명칭은 '항만복구(Port
and Harbor Rehabilitation)' 프로그램이었다.[37] 이중 1956회계연도의 인천항

---

36 "우리나라 最大 起重機 仁川港에 設置完了", 『朝鮮日報』, 1954년 10월 13일자, 2
　　면, 9단.

에 대한 복구 프로그램의 세부 내용은 다음과 같았다.

<표 5> 1956회계연도 인천항 복구 세부 내역[38]

항구	세부 내역	수량
인천항	급수시설 재건	8개소
	방파제 완공	1,100m
	잔교 재건	200m
	고정 부두 복구	2개소
	독의 재포장	$4500m^2$
	부두 완공	50m

한국전쟁 당시 50공병항만건설중대가 갑문을 중심으로 시설을 복구하였다면, 이 시기부터는 기타 접안시설과 외곽시설, 기타 육상시설에 대한 복구가 진행되었다. 위 표에서도 알 수 있는 바와 같이 잔교와 고정 부두 등의 접안시설 재건이 진행되었다. 더불어 방파제 완공, 독의 재포장 등, 시설 보완도 진행되었다. 또한 육상시설인 급수시설 8개소의 복구도 진행되었다. 하지만 이는 어디까지나 한국의 주요 항만들에 대한 복구 프로그램이었지, 인천항 자체에 대한 본격적인 복구와 개발 프로그램이라고 할 수 없었다.

본격적인 인천항 복구 및 개발은 일제강점기에 건설이 중단된 제2선거 건설과 제반 시설의 보완이 진행되어야 가능한 것이었다. 이에 1956년도부터 인천항 제2선거 건설과 시설 보완에 대한 논의가 불거지기 시작하였다. 제2선거 건설 재개를 통해 연간 230만톤의 화물을 취급할 수 있고, 이를 통해 연간 574,600,000환의 부선작업 비용을 저감할 수 있을 것으로 내다보았다. 또한 건설자금은 10년 이내에 보전될 것이라 예측하였다.[39]

---

37 "Port Rehabilitation, FY 56", Box 3, Entry UD 479, RG 469, NARA(국사편찬위원회 사료건 AUS014_58_00C0004_086), p.1.

38 같은 문서, p.1.

문제는 건설자금의 확보였다. 담당 기관인 해무청은 제2선거의 건설
자금을 ICA(International Cooperation Administration, 국제협조처) 원조자금에서
충당하고자 하였다.[40] 1956년 9월 22일, 해무청은 부흥부에 경제부흥특
별회계 예비비를 사용하여 인천항 시설 복구를 진행할 것을 요청하였
다.[41] 하지만 이는 부흥부의 결정사항이 아닌, 원조사업 검토기구인 합
동경제위원회의 기술분과위원회(Engineer Committee)의 의결 사안이었다.

9월 14일 회의(CEBEC-Min-56-3)에서 인천항 개발과 관련된 논의가
진행되었는데, 복구와 개발에 대한 개별 논의가 진행되었다. 인천항 제
1선거와 관련 시설의 복구에 대해 미국측 위원들은 작업지시서(Task
order) 발행에 동의하였다. 이에 대해 한국측 위원들은 한국 정부가 원
하는 것은 제2선거의 연내 공사 착공이라고 주장하였다. 이미 제1선거
는 군에서 전용하고 있었기에, 민간에서는 제2선거의 준공을 원하며,
일제강점기에 40%의 공정이 진행되었다고 하였다. 하지만, 이에 대해
미국측은 이미 제1선거 복구를 위해서만 1,000,000달러를 배정하기로
합의하였고, 제2선거에 대한 사전 조사가 진행되어야지만, 이를 바탕으
로 해당 사업에 대한 원조자금 배정이 가능하다고 한국측 대표들을 설
득하였다.[42]

인천항 개발과 제2선거 공사에 대한 조사와 연구는 이후 1957년 5월
24일자, 합동경제위원회 기술분과위원회 14차 회의에서 'CEB-P-57-183'
으로 의결되었다.[43] 물론 해당 프로젝트의 진행 과정에서 감독 및 책임
기구는 주한미군이었다.[44] 인천항은 국도의 관문이었기 때문에, 군사적

---

39 "仁川第二獨构建設決定", 『朝鮮日報』, 1956년 1월 19일자, 1면, 1단.
40 "仁川港第二船渠築造計劃을 推進", 『朝鮮日報』, 1956년 3월 8일자, 1면, 9단.
41 "仁川港復舊資金 海務廳融資要請", 『朝鮮日報』, 1956년 9월 22일자, 석간, 3면, 8단.
42 "4th CEBEC Sept 28, 1956", Box 1, Entry UD 1277KA, RG 469, NARA(국사편찬위
   원회 사료철 AUS014_98_00C0004).
43 "14th CEBEC meeting", Box 1, Entry UD 1277KA, RG 469, NARA(국사편찬위원회
   사료철 AUS014_98_00C0014).
44 "Rehabilitation of the Inchon Tidal Basin(8 Dec 1956)", Box 5, Entry P316, RG

으로도 요충지였다. 그렇기에 지속적으로 미군이 집중적으로 관리하고
자 하였다. 하지만 1950년대 미국의 대한경제원조정책에 따른 프로그
램들이 그러했듯, '인천항 개발'사업 역시 기술조사 및 검토, 계획 단
계에서 상당한 지연을 겪었고, 자재 배급도 원활하지 못하였다.[45]

지연 끝에 확정된 '인천항 복구(Inchon Port Rehabilitation)'사업의 원조
프로그램 번호는 '89-34-429'였다. 전체 $1,610,000의 원조자금이 배정
되었으며, 인천항의 선거와 갑문, 시설을 戰前의 여건으로 복구하는 것
을 목적으로 하였다.[46] 세부 내용으로는 갑문 설비와 전기 시스템의 정
비, 부두의 재건 및 준설, LST 착륙장 수리, 항만통제소 및 관리소 건
축, 야간 작업을 위한 조명 설치 등이었다. 최종적으로 군사 용도로서
의 시설 사용이 끝나면 한국 해무청에 인계될 계획이었다. 복구 이후
최소 25년간 안전하고 효율적인 항만 운영을 보장하고자 했다. 본격적
인 복구 작업은 1959년 6월에 계약이 진행되었다. 그 이전은 기술조사
와 설계 작업을 진행하였으며, 1960년 6월 30일 당시에는 준공비율이
88%에 달했다. 최종적인 준공일은 1960년 11월 30일로 계획되었다.[47]

결국 1956년부터 진행된 인천항의 전후 복구 사업은 1959년 7월 29
일 착공에 들어갔다. 당시 한국측에서 현장 업무를 담당했던 기업체는
'현대건설'이었다.[48] 최종적으로 1960년 말에 가서야 마무리되었다. 이

469, NARA(국사편찬위원회 사료건 AUS014_76_00C0061_013)

45 1950년대 기술원조에 따른 기술조사 및 검토 지연 과정과 원인에 대해서는 한봉
석, 「1950년대 미국의 대한원조에서 저개발국 '개발(development)'의 의미: 미국계
컨소시엄, 스미스 힌치맨 앤 그릴스의 '기술원조'를 중심으로」, 『한국사연구』 181,
2018 참고.

46 "Non-military Country Program: Inchon Port Rehabilitation" Box 23, Entry UD478,
RG 469, NARA(국사편찬위원회 사료건 AUS014_60_00C0064_052), p.2.

47 "Country Economic Program: Inchon Port Rehabilitation", Box 22, Entry UD478,
RG 469, NARA(사료건 AUS014_60_00C0097_071), p.2.

48 "93年12月에 竣工 仁川港第一독크復舊工事着手", 『동아일보』, 1959년 7월 30일자, 조
간, 3면, 1단 ; "仁川港復舊起工式", 『동아일보』, 1959년 7월 30일자, 조간, 4면, 3단.

마저도 한국 정부측에서 원했던 제2선거의 개발과 확장은 진행되지 못
하였다. 그럼에도 1950년대 인천항의 전후 복구는 분명히 인천항의 기
능 회복이라는 측면에서 유효했던 사업이었다.

앞에서 살펴본 바와 같이 1950년대 후반기 인천항의 전후 복구는 적
극적으로 추진되지 못하였다. 그렇기에 인천항의 수입액은 분명 부산
항에 비해 상대적으로 적은 양이었다. 그럼에도 살펴보아야 할 부분은,
인천항을 통해 수입된 물자의 종류이다. 다음은 1958년 항구별 주요
화물 입항 실적을 나타낸 도표이다.

<표 6> 1958년 항구별 주요 화물 입항 실적[49]

(단위: 千屯)

항별	양곡		비료		시멘트		목재		무연탄		유연탄		기타		합계	
인천	337	(39.9)	114	(16.3)	151	(57.2)	112	(55.2)	8	(2.6)	209	(37.9)	156	(10.7)	1,087	(25.2)
장항		(0.0)	32	(4.6)	10	(3.8)	1	(0.5)		(0.0)		(0.0)		(0.0)	43	(1.0)
군산	70	(8.3)	96	(13.7)	9	(3.4)	6	(3.0)		(0.0)	129	(23.4)	62	(4.3)	372	(8.6)
목포	24	(2.8)	95	(13.6)	6	(2.3)	12	(5.9)		(0.0)	35	(6.4)	31	(2.1)	203	(4.7)
여수	27	(3.2)	36	(5.1)	6	(2.3)	2	(1.0)		(0.0)	43	(7.8)	24	(1.7)	138	(3.2)
마산	25	(3.0)	14	(2.0)	5	(1.9)	1	(0.5)	182	(60.1)	1	(0.2)	38	(2.6)	266	(6.2)
부산	320	(37.9)	291	(41.5)	64	(24.2)	65	(32.0)	113	(37.3)	134	(24.3)	986	(67.8)	1,973	(45.7)
포항	37	(4.4)	15	(2.1)	11	(4.2)	2	(1.0)		(0.0)		(0.0)	14	(1.0)	79	(1.8)
묵호	1	(0.1)	2	(0.3)	1	(0.4)		(0.0)		(0.0)		(0.0)	119	(8.2)	123	(2.8)
제주	3	(0.4)	6	(0.9)	1	(0.4)	2	(1.0)		(0.0)		(0.0)	24	(1.7)	36	(0.8)
합계	844	(19.5)	701	(16.2)	264	(6.1)	203	(4.7)	303	(7.0)	551	(12.8)	1,454	(33.7)	4,320	(100.0)

* 비율은 해당 물자의 항구별 비율을 표기한 것이고, 세로 합계는 전체 물자 대비 항구별
비율, 가로 합계는 전체 물자 대비 물자별 대비를 나타내었다.

1958년 당시 가장 많은 물자가 하역되었던 곳은 단연 부산이었다.
다음으로 무게 단위로만 본다면, 인천항의 입항실적은 전체 실적의
25.2%에 이르고 있다. 이는 부산항 입항 실적에는 못 미치지만, 전체
입항 물자의 1/4에 이르는 수치였다. 세부 입항 물자의 종류를 본다면,

---

49 韓國銀行調査部, 『經濟年鑑』, 1959, Ⅰ-101쪽, "4291年間 港別貨物入港實績"의 내
용을 재구성. 원자료의 합계 오류 수정.

국도 관문항으로서 인천항의 위상을 더욱 분명히 알 수 있다. 부산항으로 들어온 물자 중에 41.5%는 농업을 위한 비료였고, 다음으로 양곡·무연탄 순임을 알 수 있다. 부산항을 통해 수입된 물자들은 대부분 농업생산이나 민간구호에 초점을 맞춘 것들이었다. 농사지역이 남부지역에 분포되었음을 고려한다면 부산항을 통한 비료의 수입은 적절한 것이었다. 더불어 가정용 연료로 주로 사용되는 무연탄과 양곡은 민간구호를 위한 것이었다.

구호물자 입항 실적은 인천항도 유사하였다. 당시의 시대적·지리적 배경과 도시지역 인구를 고려하면 도입된 물자의 39.9%에 달하는 양곡이 가장 높은 비율을 차지하는 화물이었다. 하지만 인천항에 입항된 다른 물자들의 비율은 부산의 것과 차이를 보여준다. 전체 시멘트의 57.2%와 목재 55.2%가 인천항을 통해 입항되었다. 이는 건축자재들로 서울과 수도권 인근의 건축시설 복구를 위한 것이었다. 또한 주목할 점은 부산과 군산보다 많은 37.9%에 이르는 유연탄의 입항 실적이다. 일반적으로 유연탄은 산업용 석탄으로 사용되는데, 군산과 부산의 산업용 유연탄 입항보다 인천항에 더 많은 수량이 도입되었던 것은 수도의 관문으로서 인천항이 갖는 특징때문이었다. 이는 산업시설 운영을 위한 것이었는데, 전쟁기 부산을 중심으로 발전했던 제조가공업 중심의 산업체들이 서울과 수도권을 중심으로 발전하기 시작했기 때문이었다.

인천항의 전후 복구는 단순히 항만복구에만 한정된 것이 아니었다. 항만의 활성화를 위해서는 주변부 발전 역시 필수적이었다. 하역 물자의 수송이 원활해야 하고, 항만 작업을 뒷받침할 수 있는 주변 사업체들의 발전이 동반되어야 한다. 1950년대 후반 인천항의 항만으로서의 문제점 중 하나는 바로 하역된 물자의 수송과 관련된 문제였다. UN군의 제1선거 사용으로 인한 하역작업의 비용 증가 이외에도, 물자를 하역하고 나면 화물을 신속하게 내륙으로 이송할 만한 수단이 부족하였다는 것이 문제가 되었다. 이는 인천항에만 한정된 문제가 아니었다.

1950년대 경제원조와 관련한 문제점 중에서 가장 먼저 언급되는 것이
물자 수송의 지체 상황이었다. 인천항 역시 이 문제에서 자유로울 수
없었다. 다음 사진은 당시 하역된 화물의 수송 상황이 여의치 못했음
을 단적으로 보여주는 사진이다.

〈그림 3〉 하역된 비료가 소로 각 마을에 운반되는 모습(1957.6.10.)[50]

위 사진은 영종도 임시하역장에서 하역한 원조물자인 비료를 운반하
는 사진이다. 인천항의 물자 수송과 직접 관련된 사진은 아니지만, 수
송의 열악함을 보여주는 사진이다. 철도나 트럭 등의 적절한 운송 수
단이 없거나, 도로가 제대로 갖추어져 있지 않았기에 위와 같이 소를
통한 운반이 비일비재했다. 원조물자가 입하되어도, 적절한 운송수단
이 없다면 해당 물자의 적시 사용이 불가능한 상황에 놓이게 되는 것
을 의미했다. 이러한 상황을 해결하기 위해 인천항 복구와 도로 개발
만 진행된 것이 아니라 철도 시설 건설에도 원조 자금이 투입되었다.
이와 같은 목적으로 건설이 시작된 '朱仁線'은 항만에 도착한 물류
의 체화기간을 단축시키고, 한정된 인천항의 물자 수용량을 확대하는

---

50 "Port Operations' Aid Fertilizer Transhipped from Inchon on Ferry Loaded for
"Inland Distribution"; Aid Fertilizer Moving out on Main Island 'Port Clearance'
Road After Rehabilitation of Water Front Area", Entry 286-C, RG 286, NARA(국사편
찬위원회 사료건 AUS056_03_00V0000_134).

데 목적이 있었다. 이 역시 ICA 원조 사업에 의해 착공되었으며, 1957년 9월 26일에 착수하여 1959년 2월 20일 준공되었다. 공사비는 104,700달러와 315,450,000환이 투여되었으며, 주안역에서 동인천역에 있는 부두를 연결시키는 3.8km에 이르는 '산업건설선'이었다.[51] 이후 3월 1일부터 본격적 운행에 들어가려 하였으나, 미군측에서 경비 소홀을 사유로 사용을 거절하여 실질적 운행이 지연되었다.[52] 결국 철로에 도난방지용 철조망을 설치하는 것으로 미군과 합의가 진행되었고, 본격적 운행은 1959년 7월 1일부터 시작되었다.[53] 하지만 이는 용현동과 숭의동을 단절시키는 결과로 이어져 당시에 지역 주민들의 항의가 이어졌다.[54] 결국 철조망은 철거되었다.[55]

앞서 보았던 1950년대 인천항의 복구와 입항 물자의 변화, 교통시설의 확충 이외에도 항만의 발전은 필연적으로 주변부 사업체들의 발전을 동반한다. 전후 한국의 기업체들이 갖고 있는 경영상의 어려움은 시설부족·기술부족·자본부족 등 다양한 원인을 갖고 있었다. 이러한 기업체 운영의 난맥상을 해소하기 위해서 미국의 대한경제원조 사업 중에 '중소기업개발계획(Industrial Projects)'이 전개되었다.[56] 사업 프로그램에 따라 인천에 소재한 기업체들 역시 원조자금을 받을 수 있었는데, 기업체 중에서는 인천항 개발과 관련 업체들이 속해 있었다.

우선은 조선소로 '인천조선공업주식회사'(FR 5-143, 489-23-459 #29)

---

51 철도청, 『철도건설사』, 1969, 134쪽. 주인선의 또 다른 목적은 주안염전 개발에 있었다. "試運轉에 成功", 『朝鮮日報』, 1959년 2월 20일자, 석간, 3면, 4단 ; "『朱仁線』 竣工", 『동아일보』, 1959년 2월 21일자, 조간, 3면, 3단.

52 "朱仁線 盜難防止時急", 『경향신문』, 1959년 3월 4일자, 석간, 3면, 5단.

53 "15키로의 도둑막는 鐵條綱-南仁川驛中心으로 朱仁線 沿邊에", 『朝鮮日報』, 1959년 6월 11일자, 석간, 3면, 1단.

54 "도둑으로 몰린 龍峴洞民 朱仁線 鐵條綱 設置에 따르는 것", 『朝鮮日報』, 1959년 6월 13일자, 조간, 3면, 1단.

55 "어제부터 撤去하기 시작", 『朝鮮日報』, 1959년 7월 17일자, 석간, 3면, 1단.

56 중소기업개발계획의 도입 과정에 대해서는 박광명, 「한국전쟁 이후 제조업 복구 논의와 중소기업개발계획의 도입」, 『한국민족운동사연구』 104, 2020 참고.

의 도입과 물자 수출은 지속적으로 증가하였으며, 국도의 관문으로서 인천항의 역할은 계속 증대되는 듯 보였다. 하지만 한국전쟁의 발발은 인천항의 기능을 마비시켰다. 한국전쟁기 인천상륙작전이 갖는 역사적 중요성에 따라, 인천상륙작전을 기점으로 한 인천과 인천항의 파괴에 대해서는 개략적으로 알고 있다. 특히 남한의 항구 중에서 가장 많은 전쟁 피해를 입었던 항구가 인천항이라는 부분 역시 인지하고 있다. 이러한 항구로서의 기능이 완전히 상실된 것은 1951년 1·4후퇴 당시였으며, 이것은 군사적 필요에 의해 UN군의 작전 수행에 따른 것이었다. 하지만 전황이 역전되었고, 50공병항만건설중대는 한달만인 1951년 2월에 항구로서의 기능 회복을 위한 갑문 복구에 착수하였다. 이를 통해 인천항은 일정 부분 기능을 회복하였다.

1950년대 인천항은 지속적으로 UN군과 미군의 관리하에 통제되었다. 그렇기에 한국정부는 군에서 사용중인 제1선거 이외에, 일제강점기에 건설이 중단된 제2선거를 준공하여 민간무역에 활용하고자 하였다. 1950년대 한국의 산업이 항상 그렇듯, 문제는 기술과 자본의 부족이었다. 인천항의 복구와 개발 역시 ICA 원조자금을 통해 진행될 수밖에 없었다. 그렇기에 1950년대 인천항의 전후 복구와 개발은 한국정부가 원하는 방향으로 진행되지 못하였다. 미군과 ICA는 제1선거의 전후 복구에 초점을 맞춘 계획을 수립하고 원조자금을 배정하였다. 제2선거 준공을 통한 인천항 개발은 1960년대에 이르러서야 가능하게 되었다. 하지만 미군과 ICA는 인천항의 전후 복구사업을 통해, 한국정부에 인천항의 관리를 이관한 이후에도 수십년간 항구의 기능이 활발할 수 있는 개발 방안들에 대해서도 조사를 진행하였다.

1950년대 인천항의 수출입 실적은 부산항에 비해 적었지만, 하역물자의 종류를 살펴보면 인천항의 중요성은 상당했던 것을 알 수 있었다. 양곡·시멘트·목재·유연탄 등, 전후 복구와 산업시설 운영에 필요했던 중요 물자들이 가장 많이 수입되었던 항구가 바로 인천항이었다.

비록 개발보다는 전후 복구에 초점을 맞춘 1950년대 인천항의 발전은 항만 자체의 발전으로만 그치지 않았다. 수입물자의 원활한 수송을 위해 동인천부터 주안에 이르는 3.8km의 주인선 철도가 설치 및 운영되었다. 이와 더불어 1950년대 후반으로 갈수록 인천항의 전후 복구에 따른 결과로, 인천항 인근의 자동차·상업무역·화물운수업·창고업 등의 기업체들이 증가하였다.

1950년대 인천항은 미군의 관리와 통제를 받던 시설이었다. 또한 개발보다는 전후 복구에 초점을 맞추어져 있었기 때문에 비약적인 발전은 불가능하였다. 그럼에도 중요 물자의 수입을 통한 국도의 관문으로서의 역할은 계속되었으며, 1950년대의 전후 복구와 장기적인 항만 운영 계획의 수립은 1960년대 이후 인천항의 발전에 분명 영향을 주었다. 인천항 역시 한국현대사의 질곡을 모두 담고 있는 항만이며, 수도 물류의 중심이었다.

참고문헌

HUSAFIK.

Box 59, Entry UD34407, RG 338, NARA.

Box 1298, RG 80, NARA.

Box 1739, RG 80, NARA.

Box 17, Entry A1-1301, RG 338, NARA.

Box 5, Entry P316, RG 469, NARA.

Box 22, Entry UD478, RG 469, NARA.

Box 1, Entry UD 1277KA, RG 469, NARA.

朝鮮銀行調査部, 1948, 『朝鮮統計年報』.

朝鮮銀行調査部, 1949, 1957, 1959, 『經濟年鑑』.

대한상공회의소, 1957, 1958, 『全國企業體總覽』.

한국산업은행 조사부, 1960, 『광업및제조업사업체명부』.

『미군정청 관보』, 1991, 원주문화사.

인천광역시, 2002, 『인천광역시사』 4.

해운항만청, 1978, 『港灣建設史』.

한국컨테이너부두공단, 2001, 『港灣變遷史』.

철도청, 1969, 『철도건설사』.

『朝鮮日報』, 『自由新聞』, 『경향신문』, 『인천일보』.

전갑생, 2020, 『인천과 한국전쟁 이야기』, 글누림.

「기획연재/현대사 한 바퀴-부둣가, 그 삶을 읽다」, 『인천일보』.

배석만, 2014, 「한국전쟁 전후 부산항 연구의 성과와 과제」, 『港都부산』 30.

박광명, 2019, 「미군정기 경제통제정책의 시행과 암거래 실태」, 『한국민족운동사학회』 101.

박광명, 2020, 「한국전쟁 이후 제조업 복구 논의와 중소기업개발계획의 도입」, 『한국민족운동사연구』 104.

한봉석, 2019, 「1950년대 미국의 대한원조에서 저개발국 '개발(development)'의 의미: 미국계 컨소시엄, 스미스 힌치맨 앤 그릴스의 '기술원조'를 중심으로」, 『한국사연구』 181.

경기인천 학술총서 2

한국의 교통물류 중심지, 경기·인천

발행인   한국역사연구회, 인천문화재단, 경기도박물관

진   행   조준호(경기도박물관), 박기훈(한국역사연구회)

발행일   2021년 12월 10일

판매가   10,000원

ISBN   978-89-999-0419-6(03910)

편집인쇄   경인문화사

주   소   경기도 파주시 회동길 445-1

대표전화   031-955-9300   팩 스   031-955-9310